GUERRA IRREGULAR

Terrorismo, guerrilha e movimentos de resistência ao longo da história

Proibida a reprodução total ou parcial em qualquer mídia
sem a autorização escrita da editora.
Os infratores estão sujeitos às penas da lei.

A Editora não é responsável pelo conteúdo deste livro.
O Autor conhece os fatos narrados, pelos quais é responsável,
assim como se responsabiliza pelos juízos emitidos.

Consulte nosso catálogo completo e últimos lançamentos em **www.editoracontexto.com.br**.

Alessandro Visacro

GUERRA IRREGULAR

Terrorismo, guerrilha e movimentos de resistência ao longo da história

Copyright © 2009 do Autor

Todos os direitos desta edição reservados à
Editora Contexto (Editora Pinsky Ltda.)

Foto de capa
Carl Mydans / Getty Images

Montagem de capa e diagramação
Gustavo S. Vilas Boas

Preparação de textos
Lilian Aquino

Revisão
Daniela Marini Iwamoto

Dados Internacionais de Catalogação na Publicação (CIP)
(Câmara Brasileira do Livro, SP, Brasil)

Visacro, Alessandro
Guerra irregular : terrorismo, guerrilha e movimentos
de resistência ao longo da história / Alessandro Visacro. –
1. ed., 9ª reimpressão. – São Paulo : Contexto, 2024.

Bibliografia.
ISBN 978-85-7244-433-0

1. Guerra 2. Guerrilhas 3. Movimentos de resistência 4. Política
5. Revoluções 6. Terrorismo I. Título.

09-03652   CDD-321

Índices para catálogo sistemático:
1. Guerra irregular : Ciência política 321

2024

EDITORA CONTEXTO
Diretor editorial: *Jaime Pinsky*

Rua Dr. José Elias, 520 – Alto da Lapa
05083-030 – São Paulo – SP
PABX: (11) 3832 5838
contato@editoracontexto.com.br
www.editoracontexto.com.br

Sumário

Prefácio 7
Da Antiguidade às Torres Gêmeas 13
    O século xx e a conduta da guerra 17
    A Terceira Guerra Mundial 23
    A guerra do futuro 25
    A guerra de quarta geração (4GW) 37
Os principais conflitos e campanhas irregulares do século xx ... 43
    A Revolta Árabe (1916-1918) 43
    Maquis & *partisans* na Segunda Guerra Mundial ... 54
    A Revolução Chinesa 76
    A longa jornada do IRA 88
    Vietnã 100
    A Guerra da Argélia (1954-1962) 133
    A Revolução Cubana e o foquismo 142
    Palestinos & israelenses: a guerra sem fim 154
    A Revolução Islâmica (Irã – 1979) 192
    A resistência afegã (1979-1989) 201

Pressupostos teóricos da guerra irregular **221**
    Definição e classificação 221
    Ambiente favorável 225
    Principais características da guerra irregular 237
    Operações de guerra irregular 257
    Forças irregulares 262
    A guerra irregular e o Direito Internacional Humanitário 269

Terrorismo **279**
    Definição 279
    O ato de terror 283

Narcoguerrilha e narcoterrorismo **295**
    Colômbia: a agonia de um povo 296
    Brasil: a guerra oculta 306

Vencendo a guerra irregular **341**
    A luta contra forças irregulares 343

Conclusão **369**

Bibliografia **377**

O autor **381**

Prefácio

A *guerra irregular* é a forma mais antiga de se combater e, desde meados do século passado, também, a mais usual. Analistas políticos e militares estimam que esse tipo de luta deverá predominar sobre os tradicionais métodos de beligerância durante, pelo menos, as primeiras décadas do século XXI.

Terrorismo, guerrilha, insurreição, movimento de resistência, combate não convencional e conflito assimétrico, por exemplo, são alguns dos conceitos ou práticas abarcados pelo conjunto de ideias, mais amplo e muito pouco compreendido, denominado *guerra irregular*.

Desde o fim da Segunda Guerra Mundial, em 1945, ocorreram mais de oitenta *guerras de natureza assimétrica*. Noventa e seis por cento dos conflitos transcorridos durante a década de 1990 foram assimétricos. Somente no biênio 1999-2000, especialistas registraram cerca de cinquenta incidentes possíveis de serem qualificados como "ações de guerra não convencional". Um breve olhar sobre as áreas de tensão e as áreas conflagradas em torno do planeta reforçará a ideia de supremacia das práticas qualificadas como "irregulares", pois grupos insurgentes, organizações terroristas e facções armadas romperam o pretenso monopólio estatal sobre a guerra, protagonizando os principais conflitos da atualidade.

A onipresença da mídia, o assédio de organizações humanitárias e a influência da opinião pública sobre a tomada de decisões políticas e militares têm caracterizado um cenário onde exércitos nacionais permanentes, com orçamentos dispendiosos e moderna tecnologia, parecem ineficazes e antiquados. Porquanto, rebeldes, guerrilheiros e terroristas subsistem a despeito de todos os esforços para erradicá-los. Nas sombrias selvas da América do Sul, nas magníficas montanhas da Ásia Central e, sobretudo, nos centros urbanos superpovoados dos países pobres ou em desenvolvimento, o Estado vem se defrontando com ameaças difusas e complexas, as quais não consegue extinguir. A guerra no século xxi tem assumido, de fato, a feição do combate irregular.

Tais considerações já bastariam para realçar a importância do tema deste livro. Entretanto, convém destacar o desconhecimento que o cerca, em especial o laicismo da opinião pública, que, apesar de desempenhar um papel decisivo nesse modo de beligerância, ignora por completo os aspectos elementares de sua natureza. Diariamente, sem que tenham a exata noção do tipo de fenômeno político, social e militar que constitui o combate não convencional, os órgãos de imprensa e o público em geral veiculam e têm acesso a uma torrente de informações sobre os conflitos irregulares em curso ao redor do mundo.

A guerra irregular, com grande frequência, se desenvolve sem que seja declarada, reconhecida ou sequer percebida. Por vezes, é oculta. Mas é invariavelmente incompreendida pelo Estado (incluindo parcela considerável de suas forças armadas) e por diferentes segmentos da sociedade civil.

Se, desde meados do século passado, a guerra irregular é a forma de conflito mais comum e se as perspectivas são de que continue assim, é de se surpreender, portanto, que a sociedade se mostre, ainda, tão vulnerável a esse tipo de ameaça. A questão central reside no fato de que, sem conhecimento, a sociedade se torna mais suscetível, tanto à propaganda e ao proselitismo de facções extremistas, quanto ao uso de métodos violentos de coerção e intimidação física e psicológica.

Na verdade, a partir da segunda metade do século xx, a guerra irregular tem sido objeto de uma atenção cada vez maior, pois as práticas de terrorismo, subversão e guerrilha difundiram-se de tal forma que afetaram, direta ou indiretamente, em maior ou menor grau, a quase totalidade das nações do globo, incluindo o Brasil. Com o término da Guerra Fria, criaram-se infundadas expectativas de que o sectarismo fratricida alimentado pelo radicalismo ideológico que afligia o Terceiro Mundo teria um fim. Não tardou para que os atentados terroristas perpetrados contra os Estados Unidos em setembro de 2001 e as subsequentes campanhas militares desencadeadas pela Casa Branca no Afeganistão e no Iraque renovassem o interesse pela guerra irregular, proporcionando-lhe inigualável destaque na literatura especializada.

Muitas são as obras que versam sobre o tema e, pela relevância que ora adquire, muitas outras ainda virão. Porém, a maior parte delas pertence a autores estrangeiros e, infelizmente, não se encontra traduzida para o português. Portanto, não será este livro que esgotará um assunto tão amplo e controverso, nutrindo a descabida ambição de constituir-se em "uma obra definitiva" – se é que existe ou existirá alguma. Seu objetivo é bem mais modesto, qual seja, introduzir o leitor ao tema da guerra irregular e colaborar com a reflexão e a formação de um melhor juízo acerca do conflito assimétrico. Compreender sua natureza e suas peculiaridades é imprescindível para que a sociedade exija, discuta e apoie políticas governamentais de defesa, quase sempre impopulares, dispendiosas e de longo prazo, que se anteponham às ameaças ditas de "Quarta Geração". Entender melhor o combate irregular é, obviamente, um pré-requisito para que a sociedade se torne, de fato, menos vulnerável a ele.

Este livro proporciona ao leitor meios para ampliar sua compreensão acerca das questões afetas à segurança. Enfocando a guerra como fenômeno social, ajuda a romper o rígido estereótipo, ainda tão arraigado na opinião pública, da confrontação militar formal, caracterizada pelo genocídio de infantes, duelos de artilharia e emprego de grandes formações blindadas.

Guerra irregular: terrorismo, guerrilha e movimentos de resistência facilita o entendimento de fatos históricos relacionados à prática da guerra irregular – um aspecto que merece especial atenção, pois muito se tem escrito sobre luta armada, guerrilha e terrorismo na história recente do Brasil. Porém, apesar de farta documentação, de minuciosa pesquisa e da reconhecida dedicação de seus autores, dificilmente o tema é tratado, em sua essência, como o que de fato foi: um conflito armado, uma forma peculiar de beligerância, com seus princípios e métodos específicos, mas que, mesmo assim, parafraseando Clausewitz, constituiu-se, como qualquer guerra, em um ato de violência mútuo, perpetrado por duas forças antagônicas que pretendiam submeter uma à outra.

Os militares, também, podem se beneficiar com esta leitura, pois a história nos tem revelado que o "modo castrense de pensar" não se adapta perfeitamente às peculiaridades do combate irregular. É curioso observarmos, por exemplo, que nenhum grande líder guerrilheiro do século xx foi um soldado profissional. T. E. Lawrence, Michael Collins, Joseph Broz Tito, Mao Tsé-tung, Fidel Castro, Vo Nguyen Giap ou Ahmad Shah Massoud, para citar apenas alguns nomes, foram todos civis. A resoluta obsessão pelos tradicionais padrões doutrinários e a lógica cartesiana que têm distinguido os militares pouca ou nenhuma serventia têm em uma guerra em que prevalecem fatores de ordem política, cultural e psicológica em detrimento do poder relativo de combate das partes beligerantes. Não foram poucas as forças convencionais que, mesmo dotadas de liderança e dos meios necessários, tornaram-se impotentes ou sofreram grandes reveses diante de pequenos contingentes guerrilheiros ou células terroristas.

Porém, para um restrito segmento das forças armadas, o presente livro não passa de um mero roteiro para reflexão. Refiro-me às forças especiais, cujos membros são rigorosamente selecionados, treinados e orientados para atender às exigências do combate irregular.

Iniciar ou mesmo limitar a abordagem da guerra irregular por seus princípios gerais ou fundamentos teóricos resultaria em um texto por demais abstrato. Por outro lado, escrever um "manual de guerrilha" ou um "guia prático de terrorismo" nunca foi, nem poderia ser, o objetivo do autor. Desse modo, recorremos a estudos de casos, com o intuito de respaldar e ilustrar as ideias apresentadas no corpo da obra.

O capítulo "Da Antiguidade às torres gêmeas" aborda a evolução da guerra irregular segundo uma perspectiva histórica. No capítulo "Os principais conflitos e campanhas irregulares do século xx", são apresentados, de forma bem sucinta, alguns dos principais conflitos e campanhas irregulares do século passado. Foram tantos que mencioná-los todos desviaria este livro de seu propósito. Os dez eventos selecionados contribuem, de algum modo, para sistematizar e dotar a guerra irregular de uma metodologia específica. Ainda assim, conflitos importantes como a contrainsurgência britânica na Malásia ou as guerras de independência na África Subsaariana, por exemplo, não são diretamente abordados.

O leitor poderá surpreender-se, também, com as raras alusões feitas à luta armada no Brasil durante as décadas de 1960 e 1970. Seus parcos resultados e a esmagadora derrota imposta pelos órgãos de repressão do

Estado desqualificam-na como evento útil aos objetivos deste livro, exceto, é claro, pelos seus grandes equívocos.

Muitos especialistas no assunto citam com frequência o famoso *Minimanual do guerrilheiro urbano*, escrito por Carlos Marighella – insigne revolucionário brasileiro. Trata-se de uma cartilha "traduzida para mais de 15 idiomas em todo o mundo", contendo um conjunto de ideias elementares, que conferiu a seu autor reputação internacional. O nome de Marighella, por exemplo, aparece nada menos do que 67 vezes no transcorrer da interessante obra de Von Der Heydte, *A guerra irregular moderna em políticas de defesa e como fenômeno militar*. Paradoxalmente, sua estoica trajetória como líder revolucionário foi marcada pelo insucesso. Por esse motivo, pouco recorremos a Marighella e ao período da história brasileira do qual se tornou o maior expoente.

No capítulo "Pressupostos teóricos da guerra irregular", é apresentada a "teoria da guerra irregular", propriamente dita. Graças ao seu caráter informal, dinâmico e flexível, persiste uma grande dificuldade em estabelecer conceitos e classificações doutrinárias abrangentes acerca desse tipo peculiar de conflito armado. Porém, sua essência não muda. A redação de conceitos formais é muito extensa, entretanto sua real utilidade é bastante limitada. Assim sendo, o emprego de definições doutrinárias, neste livro, foi até onde sua abordagem prática permitiu. Nessa oportunidade, também são tecidas algumas considerações sobre os óbices à aplicação do Direito Internacional Humanitário nos conflitos irregulares, algo que, hoje mais do que nunca, constitui um dos grandes desafios para os juristas em todo o mundo.

Nos dois capítulos seguintes, "Terrorismo" e "Narcoguerrilha e narcoterrorismo", são analisadas, pela relevância atual que o tema adquire, algumas questões afetas ao terrorismo e ao narcoterrorismo, incluindo uma importante abordagem sobre a escalada da violência urbana nas grandes cidades brasileiras. O último capítulo, "Vencendo a guerra irregular", dedica-se aos preceitos básicos da contrainsurgência, algo que, por razões óbvias, tem se tornado uma das principais preocupações entre militares e agentes de segurança do Estado.

Boa parte dos assuntos que aqui serão tratados é, no mínimo, controversa. Portanto, sugiro ao leitor que esteja despido de preconceitos e que se mostre acessível a novas abordagens. Vale a pena lembrar que a dialética contemporânea perde-se na dicotomia existente entre "o mundo como ele é" e "como ele deveria ser". Admito ter despendido um grande esforço no sentido de atribuir coerência e imparcialidade a este livro. Espero ter obtido êxito.

Da Antiguidade
às torres gêmeas

Em termos práticos, guerra irregular é todo conflito conduzido por uma força que não dispõe de organização militar formal e, sobretudo, de legitimidade jurídica institucional. Ou seja, é a guerra travada por uma força não regular. Esse conceito pode parecer excessivamente abrangente e vago, mas é, apenas, simples. Assim sendo, mesmo as conhecidas "correrias guerreiras" das tribos indígenas do Brasil, como aquelas praticadas pelos kayapós, à época do contato com as frentes econômicas pioneiras, podem servir como exemplo de uma forma arcaica de guerra irregular.

É lícito afirmar, portanto, que a guerra irregular é a mais antiga forma de guerra conhecida, pois estima-se que as primeiras forças armadas combinadas permanentes tenham surgido por volta de 3000 a.C., no Oriente Médio, e a prática guerreira dentro da coletividade humana, certamente, antecede esse período. Para o professor Friedrich von der Heydte, a guerra irregular consiste em "uma forma primitiva de condução da guerra",[1] tornando bastante difícil estabelecermos um precedente histórico a partir do qual possamos iniciar seu estudo.

Cerca de 500 anos a.C., a expansão do Império Persa já motivava a resistência armada de alguns dos povos subjugados. Em 166 a.C., o personagem bíblico Judas Macabeus derrotou, em Emaús, as forças gregas de Antíoco que haviam ocupado a Judeia. A insurreição fora deflagrada pelo pai de Judas, Mathias, com um exército improvisado e valendo-se de táticas de guerrilha. A motivação, é claro, encontrava-se na obstinada determinação dos judeus de preservarem sua identidade étnica e religiosa. De acordo com William Weir, "a vitória de Judas [em Emaús] assegurou a sobrevivência do judaísmo".[2]

Em 73 a.C., um gladiador chamado Spartacus comandou uma das mais importantes insurreições da Roma antiga. Liderando um exército de escravos contra seus mestres, derrotou sete expedições militares destinadas a sufocar a revolta que perdurou por anos. Spartacus tornou-se um símbolo de resistência armada. Para subjugá-lo, Crassus e Pompeu necessitaram mobilizar um contingente de dezenas de milhares de legionários. Ao término da luta, seis mil rebeldes foram crucificados, para servirem de exemplo, na via Ápia que conduzia a Roma.

No ano 532 d.C., eclodiu nas ruas de Constantinopla, capital do Império Bizantino, uma rebelião cujas causas residiam nos problemas sociais, econômicos e religiosos da cidade, especialmente, nas divergências entre católicos e monofisistas.[3] O episódio ficou conhecido como a Rebelião de Nika, em referência ao popular brado de vitória (*"nika!"*) das disputadas corridas de biga que ocorriam na cidade. Por pouco, uma malta de revoltosos não destronou o imperador Justiniano, abrindo um importante precedente.

Na Idade Média, a seita ismaelita dos Assassinos, liderada por Rashid al-Din, alcunhado "o Velho da Montanha", notabilizou-se pelo fanatismo suicida com o qual seus membros perpetravam crimes políticos. Muitos autores veem nos Assassinos a gênese do terrorismo fundamentalista contemporâneo.

Esses poucos exemplos servem para demonstrar como a guerra irregular tem permeado toda a história da humanidade. Porém, desde o advento da instituição militar grega no Ocidente, as guerras regulares passaram a monopolizar as mentes de soldados e estadistas. As falanges que marchavam em formação cerrada para um embate campal, direto e decisivo, fazem, hoje, parte do enorme legado da cultura helênica.

Segundo Mark McNeilly, a essência do conflito grego permaneceu enraizada no modo como o Ocidente tem feito a guerra, através dos tempos, "passando pelas Cruzadas e pela Primeira Guerra Mundial, até os dias atuais".[4] Obviamente, a razão para tanto reside no fato de que a falange grega tornara-se imbatível. Por trezentos anos, "de 650 a 350 a.C., nenhum exército estrangeiro, não importasse o grau de sua força, podia enfrentar uma falange grega".[5] Desde então, toda nação que ascende politicamente ou que, simplesmente, almeja sobreviver, busca dotar-se de uma organização militar tão eficiente quanto a dos gregos.

Mesmo assim, a guerra irregular nunca deixou de existir.

Para alguns povos, o sucesso da luta guerrilheira tornou-se um marco importante de suas respectivas nacionalidades. No século XVII, por exemplo, a Holanda, por duas vezes, invadiu o Brasil, então colônia portuguesa. Em ambas as ocasiões, especialmente na segunda, realizada contra a capitania de Pernambuco entre os anos de 1630 e 1654, os súditos portugueses valeram-se, de forma magistral, da guerra de guerrilhas, logrando subjugar as forças invasoras e expulsando-as, definitivamente, de seu território. Em 1775, nas cercanias de Lexington e Concorde, teve início a Guerra de Independência norte-americana, com ações tipicamente irregulares. Na chamada Guerra Peninsular, entre 1808 e 1814, 50 mil guerrilheiros espanhóis, apoiados pela Inglaterra, moveram tenaz resistência à ocupação militar francesa levada a cabo por um contingente de 260 mil homens, contribuindo sobremaneira para desgastar o Império Napoleônico.

Todavia, foi como a alternativa de luta dos "fracos" que a guerra irregular consagrou-se. Ela foi, em sua essência, o último recurso com o qual minorias desesperadas puderam contar para tentar resistir, de alguma forma, à opressão e, por vezes, à ameaça de extermínio físico.

Foi assim, por exemplo, com a bem organizada, longa e tenaz resistência dos negros quilombolas de Palmares. Acredita-se que o reduto escravo, surgido na serra da Barriga, estado de Alagoas, tenha recebido seus primeiros moradores por volta de 1602. A partir de então, o local atraiu cada vez mais escravos fugidos, expandindo-se progressivamente. Ao todo, Palmares reuniu 12 quilombos interligados por trilhas e caminhos desenfiados. Por aproximadamente 65 anos, entre 1630 e 1694, sua população proscrita resistiu a sucessivas expedições punitivas, sendo atacada, ao longo desse período, 25 vezes, quando, finalmente, foi subjugada pelo sertanista Domingos Jorge Velho.

Entre 1780 e 1783, na América espanhola, uma violenta rebelião popular convulsionou o vice-reino do Peru. Seu líder era um *curaca*[6] mestiço chamado José Gabriel Condorranqui, que, alegando descender da nobreza inca, intitulou-se Tupac Amaru II. As vis relações de trabalho às quais eram submetidos os indígenas, nas minas de prata, nas lavouras comerciais e nas *obrajes*,[7] impeliu a massa nativa para a luta rebelde. A rígida estratificação social da colônia e a cobrança de impostos motivaram os mestiços a fazerem o mesmo. Segundo John Charles Chasteen, "a rebelião, que consumiu talvez cem mil vidas antes de ser por fim sufocada, aterrorizou totalmente a elite peruana e afetou profundamente seu comportamento nas guerras de independência vindouras".[8] Ainda hoje, o nome Tupac Amaru permanece vivo no ideal de luta e justiça na América Latina. Algumas organizações subversivas sul-americanas do século XX, como os famosos uruguaios *tupamaros*, renderam-lhe homenagem ao adotar seu nome revolucionário.

Na América do Norte, Cochise e Gerônimo, dois chiricahuas, protagonizaram a chamada Campanha Apache, entre os anos de 1865 e 1886, numa tentativa desesperada de resistirem ao etnocídio de seu povo. "Durante um quarto de século, eles e outros chefes apaches travariam uma campanha de guerrilhas intermitentes que custaria mais em vidas e dinheiro que qualquer outra das guerras índias"[9] ocorridas nos Estados Unidos. Segundo Jake Lane:

> [...] os apaches [...] eram os inimigos mais difíceis nos anos de 1870 e 1880. Os apaches aperfeiçoaram a arte de guerrilha ao operar em pequenos grupos de no máximo cem elementos para realizar ataques surpresa. Os guerreiros tinham desenvolvido uma energia e uma aparente habilidade ilimitada para sobreviver com o básico por um período de tempo prolongado, em áreas quase impenetráveis como as montanhas áridas e os desertos do sul do Arizona e do norte do México. Organizando-se em pequenos grupos, perambulavam pelo território do Arizona até que, perseguidos pelo Exército, se refugiavam nas montanhas de Sierra Madre.[10]

No nordeste brasileiro do final do século XIX, subproduto da distorcida estrutura fundiária do país, uma malta de camponeses miseráveis, reunida no vilarejo de Canudos, resistiu, entre os anos de 1893 e 1897, a cinco expedições punitivas da força de segurança pública estadual e do Exército brasileiro. Incursões e emboscadas, habilmente executadas pelos rústicos sertanejos na caatinga hostil, tornaram a campanha longa e dispendiosa. O aniquilamento do arraial rebelde mobilizou a opinião pública do país e exigiu um invulgar esforço da jovem República.

Esses e dezenas de outros exemplos, com desfechos igualmente trágicos, ilustram o caráter crítico do qual, muitas vezes, se reveste a guerra irregular. Ela, frequentemente, é travada não como mero instrumento político do Estado na estrita acepção de Clausewitz, mas sim como única alternativa viável de luta pela sobrevivência.

Apesar de alguns elementos comuns, perfeitamente identificáveis, a guerra irregular, até então, fora conduzida de forma absolutamente empírica, sem metodologia, sem sistematização, sem princípios ou doutrina. Líderes rebeldes ou guerrilheiros dispunham de muito pouco, além de suas próprias experiências de luta. Valiam-se, exclusivamente, do talento inato, da nobreza de suas causas, do desespero de seus povos e, quase sempre, da brutalidade de seus inimigos para assegurarem a coesão de seus grupos e levarem adiante suas guerras.

O século xx iria mudar tudo isso.

O SÉCULO xx E A CONDUTA DA GUERRA

Frutos do processo de expansão neocolonialista europeu, inúmeras revoltas nativas ocorreram durante o século xix na Ásia e na África. Porém, foi somente no século seguinte que a guerra irregular, sem perder a sua essência, passou por significativas transformações. De um modo geral, isso se deu graças:

- ao enorme desequilíbrio do poderio bélico e à disparidade tecnológica, gerados pela Revolução Industrial, entre os povos "ricos" e "pobres";
- à difusão, em escala global, da guerra revolucionária marxista, em suas diferentes formas (leninismo, maoísmo, foquismo etc.);
- ao advento das operações especiais, que, apesar de contarem com remotos antecedentes, incorporaram-se, de fato, ao repertório de capacidades dos exércitos nacionais permanentes durante a Segunda Guerra Mundial;
- ao impasse estratégico gerado pela corrida atômica, que conduziu o confronto entre as duas superpotências (Estados Unidos e União Soviética) à via indireta do Terceiro Mundo.

Já com o fim da Guerra Fria, na década de 1990, a guerra irregular inseriu-se em um novo contexto, no qual o financiamento do narcotráfico e o extremismo fundamentalista islâmico passaram a exercer grande influência.

Mas, para entender as grandes transformações que afetaram tanto as guerras convencionais quanto a guerra irregular e a relação existente entre elas, é necessário compreender, mesmo que de forma sumária, as profundas mudanças que se operavam no mundo, na passagem do século xix para o século xx.

No início dos anos 1960, o major general inglês John Frederick Charles Fuller, tido como um dos mais proeminentes pensadores militares do século passado, elaborou um interessante estudo, intitulado *A conduta da guerra*, acerca das consequências das revoluções Francesa, Industrial e Russa sobre os conflitos armados. Enfatizando o caráter social da guerra, Fuller analisou como as transformações políticas, econômicas e sociais promovidas por essas três revoluções influenciaram, direta ou indiretamente, os grandes conflitos do século xx. Fuller foi, ainda, veemente na crítica a estadistas e militares que, equivocando-se ao interpretarem tais alterações, fizeram do século passado uma desastrosa e ininterrupta sucessão de violência.

A Revolução Francesa de 1789 substituiu os exércitos semiprofissionais dos reis absolutistas, permitindo o ingresso da massa de conscritos nos campos de batalha. Mais importante, porém, foi o advento da democracia moderna e com ela a necessidade de o Estado legitimar suas ações por meio do respaldo popular.

Como o "monopólio" do Estado fora rompido, o exercício político tornou-se, em tese, uma responsabilidade compartilhada por toda a sociedade. O mesmo aconteceu com a guerra – uma ação extrema de política externa. Dessa forma, para um Estado aventurar-se na empresa bélica, tornara-se pré-requisito indispensável inflamar as paixões populares, caso contrário, não haveria como exigir dessa mesma população o enorme sacrifício que lhe seria imposto. Assim sendo, a opinião pública passou a ter importância crescente no curso das operações militares. Por esse motivo, as guerras do século xx foram, invariavelmente, precedidas por intensa propaganda e preparação psicológica.

Em termos abstratos, democracia representaria menos guerra. Contudo, um breve olhar sobre os conflitos ocorridos desde 1789 revela que esse conceito é, no mínimo, duvidoso. Na verdade, a exacerbação do clamor público, habilmente explorada pela propaganda, só contribuiu para tornar a guerra ainda mais brutal.

Não é de surpreender, portanto, que uma corrente de pensadores passasse a ver na vontade popular um alvo militar legítimo, justificando o ataque a civis, com o propósito de quebrar-lhes o ânimo e impelirem seus governos à rendição. Essa concepção atingiu seu ápice nas campanhas de bombardeio estratégico, durante a Segunda Guerra Mundial, quando foram colocadas em prática as ideias do italiano Guilio Douehet e aniquiladas cidades inteiras, como Dresden, na Alemanha, ou Hiroshima e Nagasaki, no Japão. Não que o ataque a populações civis fosse uma prerrogativa das guerras pós-1789 ou de Estados democráticos, pelo contrário. Todavia, foi a partir da Idade Contemporânea, inaugurada pela Revolução Francesa, que tal prática difundiu-se amplamente, amparada pelo conceito de "guerra total" de Clausewitz.

Os reflexos da Revolução Industrial sobre a conduta da guerra não se limitaram aos avanços da indústria bélica. Surgiu a necessidade de garantir acesso a matérias-primas industriais e a fontes energéticas, como o petróleo, por exemplo; tornou-se vital expandir a oferta de mão de obra; houve êxodo rural; as fábricas absorveram a população campesina e os centros urbanos cresceram, redefinindo a geografia do poder político-econômico do campo para a cidade; a produção fabril gerou a busca insaciável por novos mercados; modificou as trocas comerciais entre as nações; alterou as relações entre o trabalho e o capital; substituiu a burguesia mercantil pela burguesia industrial; promoveu o advento do capitalismo industrial e de uma nova classe social, o proletariado, assim como as ideias socialistas. Desse modo, ao impor transformações tão profundas à sociedade, a Revolução Industrial propiciou mudanças estruturais na própria natureza da guerra, suas causas e seus objetivos.

Já a Revolução Russa de 1917 proporcionou ao socialismo científico de Karl Marx e Friedrich Engels uma primeira oportunidade de experiência concreta. Com o advento do Estado soviético, a guerra ampliou seu espectro de abrangência e adquiriu um novo caráter. O materialismo histórico, expresso no *Manifesto comunista* de 1848, ao afirmar que a história da humanidade reduzia-se à história da luta de classes, propunha, também, uma nova interpretação da natureza dos conflitos militares. Guerra e paz faziam, assim, parte de um único e contínuo processo histórico, o da luta perene entre as classes sociais. Para um marxista ortodoxo, a ofensiva de um exército na Europa, uma paralisação operária em Petrogrado, uma greve estudantil em Paris, lutas de independência na Ásia ou na África, guerrilhas na América Latina ou um atentado terrorista no Oriente Médio eram todos componentes de uma mesma luta, de uma única revolução mundial.

Foi, sobretudo, a adoção desse conceito como paradigma da política externa de Moscou e, posteriormente, de Pequim e Havana que gerou as condições necessárias para que a guerra irregular adquirisse a sistematização e a metodologia que sempre lhe faltaram.

Quando, em 1872, a obra de Marx chegou à Rússia, encontrou uma geração de revolucionários profissionais já amadurecida, com larga experiência subversiva e efetivamente empenhada em dar fim aos trezentos anos de dinastia Romanov. Não há dúvida acerca do inigualável sucesso que *O capital* obtivera na terra dos czares, todavia, o modelo do revolucionário russo fora construído pela própria *intelligentsia* nativa. Pensadores como Chernyshevsk (*Que fazer*, 1862), Sergei Nechaev (*Manual do revolucionário*, 1869), Mikhail Bakunin, fundador do anarquismo russo, e Petr Tkachev, considerado o grande teórico da revolução, estão entre os intelectuais que idealizaram o "super-homem" revolucionário – estoico, abnegado, cuja devoção exclusiva e integral à causa do "povo" assegurava-lhe o "poder para transformar o mundo".

Era, exatamente, esse o perfil de Vladimir Ilych Ulianov, que, ao contrário do que muitos creem, só se converteu ao marxismo no final da década de 1880. Atento leitor de Clausewitz, ambicioso e dotado de uma fé inabalável em si mesmo e em sua causa, Lenin foi capaz de antecipar-se ao curso caótico que a Revolução Russa tomara e, distinguindo-se de outros protagonistas, agiu com oportunismo e iniciativa. Com o mérito de avaliar corretamente o cenário político-social no qual estava imerso e os atores que dele faziam parte, liderou os comunistas no golpe de outubro de 1917. Amparando-se nas ideias-força de retirar a Rússia da Primeira Guerra Mundial, "pão, terra e paz" e de "todo poder aos sovietes", Lenin derrubou o governo de Alexander Kerenski e, progressivamente, alijou mencheviques e socialistas revolucionários do poder.

Em 1918, após a tomada do poder pelos bolcheviques, eclodiu violenta guerra civil entre brancos e vermelhos.[11] Com a atividade produtiva totalmente desorganizada pela Primeira Guerra Mundial, pela revolução, pela planificação econômica idealizada pelos comunistas e pela guerra civil, o frágil Estado soviético nascia imerso no caos e sob perspectivas não muito favoráveis. Para consolidar sua conquista de outubro, em meio a hercúleos desafios, Lenin, no âmbito interno, deflagrou o "terror vermelho" e impôs o "comunismo de guerra", que foi, posteriormente, substituído pela famosa Nova Política Econômica (NEP) – aprovada, em março de 1921, durante o x Congresso do Partido Comunista.

Naquele momento, as frentes externas soviéticas mostravam-se tão críticas quanto o degradado cenário interno. A Polônia avançava pelo oeste, a Finlândia era uma ameaça perene ao flanco norte e, na oriental Sibéria, ingleses, franceses, norte-americanos e japoneses ensaiavam uma aliança com o comandante branco almirante Kolchak. Tornava-se, portanto, absolutamente necessário exportar a revolução. Com esse propósito explícito, em 1919, Lenin fundou, em Moscou, a Terceira Internacional ou Internacional Comunista.

Portanto, o Kominter, como ficou mais conhecida, surgiu não só do dogmatismo marxista acerca do caráter universal da causa proletária, mas também da necessidade concreta de salvar a Revolução Russa das ameaças externas, tornando-se, de fato, a primeira organização terrorista-subversiva internacional. Apesar de nunca ter promovido uma revolução vitoriosa, o Kominter exportou e difundiu métodos, conceitos e procedimentos de subversão, sabotagem, terrorismo e espionagem para todo o mundo.

O núcleo do Kominter era o Serviço de Ligações Internacionais (Otdel Mezhdunarodnykh Suyazey – OMS), que mantinha estreitos vínculos com a inteligência militar do Exército Vermelho e com a OGPU – a polícia secreta precursora da KGB (Komityet Gosudarstvennoy Bezopasnosty, Comitê de Segurança do Estado). O OMS era responsável por financiar e controlar, com recursos provenientes do governo soviético, os partidos políticos filiados a Terceira Internacional; falsificar passaportes; planejar e operar com segurança rotas internacionais de viagem; cifrar e decifrar mensagens sigilosas; estruturar e controlar uma vasta rede de agentes, aparelhos e informantes; além de supervisionar operações clandestinas, incluindo operações de inteligência. A partir de 1926, o OMS manteve três escolas, que admitiam, após criteriosa seleção, militantes comunistas de todo o mundo: a Escola Lenin, famoso centro de formação de líderes e dirigentes políticos, cujo currículo incluía o estudo de Filosofia, História, Economia, Política e treinamento militar; uma escola de comunicações e uma "escola especial", responsável por cursos de espionagem, terrorismo, técnicas de falsificação e sabotagem.

Assim, os comunistas tornaram-se os "técnicos da revolução". De acordo com o jornalista William Waack, "esse clube de revolucionários profissionais, os homens do Kominter, tinha poderes praticamente irrestritos de intervenção nos diversos partidos comunistas e instruções muito precisas sobre como levar adiante as planejadas ações revolucionárias".[12]

Na década de 1920, a Terceira Internacional apoiou os partidos comunistas europeus na implementação de suas respectivas organizações clandestinas. Esses partidos passaram a contar com um segmento armado (militar), outro de inteligência e, ainda, com os chamados Grupos "T" (terrorismo). Anos mais tarde, essa estrutura, aliada à experiência adquirida na militância subversiva, permitiria aos comunistas europeus colocarem-se na vanguarda da resistência armada contra a ocupação nazista, durante a Segunda Guerra Mundial.

Ao longo de sua existência, de 1919 a 1943, quando foi extinto por determinação de Stalin, o Kominter fomentou e dirigiu movimentos sediciosos na China, na Europa, especialmente na Alemanha, e na América do Sul, incluindo o Brasil,[13] além de desempenhar importante papel na Guerra Civil Espanhola (1936-1939). Invariavelmente, o Kominter fracassou.

As causas de seu insucesso estavam relacionadas ao obtuso universalismo que advogava um único padrão revolucionário, aplicável a todo e qualquer país, independentemente de suas peculiaridades históricas, culturais, políticas e econômicas. Nesse ponto, o equívoco da organização era tal que lhe induzia a cometer o erro decisivo de atribuir aos partidos comunistas locais um papel secundário no planejamento específico de cada revolução. Ainda assim, o Kominter foi capaz de contribuir para a sistematização e para a difusão global dos fundamentos e da metodologia de uma forma bem peculiar de combate subterrâneo. A guerra irregular adquiria, com isso, novas perspectivas.

No transcurso da Segunda Guerra Mundial, Inglaterra e Estados Unidos criaram agências vocacionadas para a guerra irregular, fomentando e patrocinando movimentos de resistência na Europa ocupada. Tornou-se possível, portanto, complementar, ampliar e apoiar operações militares convencionais por meio de ações coordenadas nos dois espectros de conflito. Na verdade, não se tratou de um fato totalmente inédito. Os ingleses já haviam apoiado a resistência espanhola contra a ocupação napoleônica, coordenando as operações do duque de Wellington com intensa atividade da guerrilha nativa, assim como patrocinaram a revolta árabe durante a Primeira Guerra Mundial. Já os alemães não só se comprometeram em fornecer armamento e munição ao levante nacionalista de Dublin, na Irlanda, em 1916, como também viabilizaram o retorno de Lenin à Rússia em 1917. Entretanto, a guerra de 1939-1945 distingue-se, nesse aspecto, dos conflitos que a precederam pelo grau de especialização que tais práticas alcançaram.

Contudo, a Segunda Guerra Mundial foi, essencialmente, um confronto de grandes forças armadas levado ao seu extremo – o lamentável ápice da guerra total de Clausewitz. Não há dúvidas de que a participação de forças irregulares, por mais meritória que tenha sido, desempenhou um papel apenas secundário. Entretanto, no conflito mundial seguinte já não seria mais assim.

A TERCEIRA GUERRA MUNDIAL

O mundo pós-guerra viu-se dividido ao meio, como disse Churchill,[14] por uma "cortina de ferro" que caiu sobre a Europa. O Exército Vermelho expandira o Império Soviético do mar de Okhotsk, no Extremo Oriente, ao rio Elba, na Alemanha. A destruição causada pela guerra gerou um ambiente bastante permeável às ideias revolucionárias marxistas. Aos poucos, Estados Unidos e Inglaterra convenceram-se de que, tão somente, haviam trocado um ditador por outro – Hitler por Stalin. Parecia que o curso da história, finalmente, impeliria o comunismo e o capitalismo para seu derradeiro confronto.

Entretanto, a contínua evolução tecnológica dos meios de apoio de fogo, isto é, dos diferentes sistemas de armas, que culminou com o desenvolvimento de artefatos atômicos de destruição em massa, gerou um impasse. Com muita propriedade, Fuller comparou a Europa da era nuclear à chamada "terra de ninguém" da Primeira Guerra Mundial – o pedaço de chão, revolvido por granadas de artilharia, que separava duas trincheiras inimigas e que representava a morte para quem se aventurasse a atravessá-lo. De um lado, as forças da Organização do Tratado do Atlântico Norte (Otan), do outro, todo o poderio militar do Pacto de Varsóvia. "Chegamos, desse modo, a um impasse que ambos temem romper e que, com receio de que o outro possa fazê-lo, leva os dois antagonistas a multiplicar freneticamente suas armas..."[15] – disse ele. Foi assim que esse impasse conduziu, naturalmente, a "Terceira Guerra Mundial" à via indireta do Terceiro Mundo.

Liddell Hart, o emérito capitão inglês, no prefácio de seu livro *Estratégia*, aborda as questões do advento da bomba atômica, da corrida armamentista que dele se originou e de suas consequências sobre a conduta da guerra:

> Ficamos, cada vez mais, na dependência de "armas convencionais" para a "contenção" da ameaça. Isto, entretanto, não significa que devemos voltar aos métodos convencionais; deve antes servir de incentivo ao desenvolvimento de novos métodos.
>
> Penetramos numa nova era da estratégia que é bastante diferente daquela dos defensores do poder atômico aéreo – os "revolucionários" da era passada. A estratégia que vem sendo atualmente desenvolvida pelos nossos oponentes [os soviéticos] é inspirada pela dupla ideia de evitar e anular o poderio aéreo superior. Ironicamente, quanto mais temos desenvolvido o efeito da "massa" das armas de bombardeio, mais temos auxiliado o progresso dessa nova estratégia do tipo guerrilha.
>
> Nossa própria estratégia deveria basear-se na adoção franca desse conceito e nossa política militar necessita ser reorientada. Esta ideia tem funda-

mento e podíamos realmente desenvolvê-la tendo em vista estabelecer uma contraestratégia semelhante.[16]

Muitos teóricos admitiam que a energia nuclear levara o poder de destruição a seu ápice e que, a partir daquele momento, motivaria um retrocesso, um retorno às formas clássicas de guerra. Entretanto, esse retrocesso foi, de fato, bem além das tradicionais formas de combate. Durante o período de polarização político-ideológica da Guerra Fria, a humanidade retornou às formas primitivas de beligerância. Assistimos ao paradoxal uso de estacas de bambu infectadas por fezes humanas, numa era em que mísseis balísticos intercontinentais poderiam destruir o planeta. Em sua obra *A guerra irregular moderna*, editada em 1972, von der Heydt concluía: "Como a guerra com armas nucleares é impensável, a humanidade transferiu seus conflitos armados, no sentido literal dessas palavras, para cavernas e florestas."[17]

O professor alemão observou, ainda, que "a guerra irregular está progressivamente tomando o lugar da guerra convencional de grande escala".[18]

Assim, o equilíbrio dos arsenais termonucleares norte-americano e soviético, a ampla difusão da teoria da guerra revolucionária marxista e o declínio do Império neocolonial europeu convulsionaram o Terceiro Mundo em um número sem fim de conflitos de baixa intensidade.[19] Apesar da grande incidência de guerras convencionais localizadas, a partir da segunda metade do século xx, não há dúvidas acerca do predomínio da guerra irregular. Em 1976, outro general inglês Richard Clutterbuck, autor de *Guerrilheiros e terroristas*, afirmava: "As guerrilhas e o terrorismo, rural ou urbano, nacional ou internacional, são, indubitavelmente, as formas mais importantes de conflito em nossos dias."[20] E, acertadamente, concluía que a guerra irregular continuaria a ser a forma de conflito mais comum.[21]

Guerrilhas na América Latina; guerras de independência na África; revoluções na Ásia; lutas nacionalistas na Irlanda, na Espanha ou no Oriente Médio; a radicalização do movimento estudantil, que serviu de nascedouro para o euroterrorismo ou, até mesmo, qualquer outra forma de antagonismo eram, invariavelmente, atraídos, no contexto da Guerra Fria, para um dos extremos da polarização político-ideológica daquela época. Tornou-se, então, evidente para as duas superpotências, Estados Unidos e União Soviética, que apoiar ou patrocinar forças irregulares locais, além de não acarretar em desprestígio junto à opinião pública interna e internacional, era bem menos oneroso, menos perigoso e politicamente menos desgastante do que se engajar diretamente, por meio de intervenções militares, nas "guerras dos outros".

Naturalmente, nesse cenário global de intensa atividade, a guerra irregular foi sendo, paulatinamente, transformada e aperfeiçoada. A longa trajetória do Exército Republicano Irlandês, a luta nacionalista palestina e, sobretudo, o êxito e a exportação das revoluções de Mao, na China em 1949, e de Castro em Cuba, dez anos depois, contribuíram sobremaneira para expandir a doutrina da guerra irregular.

Porém, quando a Guerra Fria ainda caminhava para o seu fim, importantes acontecimentos no Oriente Médio já sinalizavam para uma futura alteração do contexto ideológico e geopolítico. A Revolução Iraniana de 1979, que instituiu um Estado fundamentalista islâmico, e a tenaz resistência afegã contra a ocupação militar soviética, que foi incorreta e exclusivamente avaliada sob ótica simplista da Guerra Fria, na verdade, possuiriam, ambas, implicações bem mais profundas e duradouras, particularmente, no mundo muçulmano.

Finalmente, após quase meio século de Guerra Fria e para a completa perplexidade de muitos, entre os anos de 1989 e 1991, o Império Soviético ruiu. Daquele longo conflito, no qual se sagraram indubitavelmente vencedores, os Estados Unidos emergiram como potência econômica e militar hegemônica. Teve início, portanto, um controverso processo de recomposição da ordem mundial e de redefinição e redimensionamento do poder global.

A GUERRA DO FUTURO

Em agosto de 1990, o ditador iraquiano Saddam Hussein determinou que suas forças invadissem o Kuwait, ferindo a Doutrina Carter, segundo a qual "qualquer tentativa por parte de qualquer força externa para controlar a região do Golfo Pérsico seria vista como um confronto aos interesses vitais dos Estados Unidos da América e que seria repelida com todos os meios necessários, incluindo a força das armas".[22] Assim, obtendo o respaldo das Nações Unidas e coerentes com sua condição de potência naval, os Estados Unidos lideraram uma coalizão internacional de quase quarenta países que expulsou os iraquianos do pequeno Kuwait e normalizou o abastecimento mundial de petróleo, fazendo o preço do barril retornar a patamares equivalentes àqueles anteriores à agressão iraquiana.

As tropas de Saddam Hussein contavam com fraca liderança, pequena motivação e treinamento deficiente – tudo aquilo que mais importa às forças armadas. Ainda assim, possuíam um considerável poder relativo de combate, graças, sobretudo, à grande disponibilidade de material bélico, incluindo artilharia e carros de combate. Porém, ante o enorme poderio norte-americano, nada significaram. Saddam Hussein sofreu uma derrotada esmagadora. Contudo, é um engano supor que o fracasso iraquiano, em 1991, na guerra aérea ou no deserto, deveu-se mais à sua própria inépcia do que à proficiência militar dos Estados Unidos.

Observando esse conflito, Bevin Alexander concluiu que os Estados Unidos dispunham de forças armadas tão poderosas e eficientes que se tornaram, virtualmente, imbatíveis em um campo de batalha convencional e que somente poderiam ser vencidos por meio da guerra irregular. Essa foi a síntese de seu livro que, sugestivamente, chamou de *A guerra do futuro*.[23]

Dois coronéis da força aérea chinesa chegaram a conclusões um pouco semelhantes. Para Qiao Liang e Wang Xiangsui a "Tempestade do Deserto" (codinome da campanha de 1991) tornara-se um marco importante na história militar. Autores de um livro intitulado *Unrestricted warfare*, apresentaram sua obra no oitavo aniversário do início da Guerra do Golfo, em 17 de janeiro de 1999, e tiveram-na publicada pelo próprio Exército Popular da China. Para os dois oficiais:

> [...] a guerra como nós a conhecíamos, descrita em termos gloriosos e dominantes, até a conclusão do recente conflito, marcando um ápice na história militar, deixou de ser considerada um dos mais importantes eventos no cenário mundial e passou a ter a importância de um ator secundário.
> [...] A questão é que as forças multinacionais lideradas pelos EUA, operando na região desértica do Kuwait, marcaram o fim de um período, inaugurando, assim, uma nova era.
> [...] Tudo isso ainda é indeterminado. A única conclusão certa é a de que, a partir de agora, a guerra não será mais como sempre foi.
> [...] A guerra, que se submeteu às mudanças da moderna tecnologia e do sistema de mercado, será desencadeada de formas ainda mais atípicas. Em outras palavras, enquanto presenciamos uma relativa redução na violência militar, estamos evidenciando, definitivamente, um aumento na violência política, econômica e tecnológica.[24]

Apesar da vitória no Kuwait, os militares norte-americanos admitiam que suas forças armadas necessitavam de reformulações. A Guerra do Golfo fora conduzida segundo a doutrina da "batalha ar-terra", concebida para sobrepujar as poderosas forças do Pacto de Varsóvia, no teatro de guerra europeu. Nessa hipótese, as forças norte-americanas disporiam de unidades pré-posicionadas e da infraestrutura da Europa Ocidental: portos, aeroportos, depósitos, armazéns, hospitais, extensa malha rodoferroviária, bases militares etc. A campanha de 1991 evidenciou que, no mundo pós-Guerra Fria, os Estados Unidos deveriam estar aptos a desdobrarem, com rapidez, tropas em qualquer parte do planeta, projetando força a partir de seu próprio território.

O cerne do problema residia no fato de que o Exército dos Estados Unidos possuía, basicamente, dois tipos de unidades: as leves, capazes de desdobrarem-se com a rapidez desejada, porém dotadas de um poder relativo de combate tal que as impedia de conduzirem operações independentes; e as pesadas, cujo grande poder relativo de combate assegurava-lhes a capacidade de operar de forma isolada, no entanto, partindo da América do Norte, consumiam excessivo tempo para encontrarem-se prontas em uma longínqua zona de guerra. Era necessário, portanto, organizar unidades de forças combinadas "médias" – rápidas o bastante para atenderem a qualquer contingência e suficientemente fortes para engajarem sozinhas qualquer tipo de inimigo. A partir de então, iniciaram-se estudos objetivando implementar essa nova estrutura operacional.

Porém uma série de acontecimentos, transcorridos em um espaço de tempo relativamente curto e aparentemente isolados, sugeria que algo estava mudando no modo segundo o qual os "inimigos da América" lutavam.

No dia 21 de dezembro de 1988, o Boeing 747 da Pan Am que fazia o voo 103, de Londres a Detroit, com escala em Nova Iorque, explodiu sobre a localidade escocesa de Lockerbie, matando todas as 295 pessoas a bordo, a maioria norte-americanos, e vitimando, ainda, 11 civis em terra. As investigações concluíram que se tratava de um atentado terrorista e apontaram a participação da Líbia. Um suspeito ligado ao serviço de inteligência de Kadafi, Abdel Baret al-Megrahi, foi preso e condenado. Apesar de continuar negando seu envolvimento, em 2003, o governo líbio consentiu pagar indenização às famílias das vítimas.

Numa sexta-feira, 26 de fevereiro de 1993, quinhentos quilos de explosivo caseiro, colocados em uma van estacionada em uma das garagens do World Trade Center, em Nova Iorque, explodiram, ferindo quase cem pessoas e matando outras seis. O atentado foi creditado a Ramzi Yousef, militante islamita que recebera treinamento militar em um dos campos da rede Al-Qaeda no Afeganistão. O terrorismo internacional, finalmente, chegara aos Estados Unidos.

No dia 3 de outubro daquele mesmo ano, na capital da Somália, Mogadíscio, guerrilheiros urbanos de um clã tribal conhecido como Habr Gidr, que se opunham, por motivos políticos, à ajuda humanitária oferecida pelas Nações Unidas às vítimas da fome no país (Unosom), infligiram sério revés a uma força-tarefa de operações especiais norte-americana, empenhada em capturar o líder miliciano Mohamed Farrah Aidid. As imagens difundidas pela mídia, em todo o mundo, de corpos de militares norte-americanos mutilados, arrastados pelas ruas da cidade e cercados por uma malta furiosa de civis, levaram a administração Clinton a retirar suas tropas do paupérrimo país africano e à renúncia do secretário de Defesa. O jornalista Mark Bowden afirmou, com muita propriedade, que o episódio

> "encerrou o curto período estimulante de inocência pós-Guerra Fria, uma época em que os Estados Unidos e seus aliados achavam que podiam varrer do planeta ditadores corruptos e violência tribal com a mesma facilidade e relativa ausência de derramamento de sangue com que Saddam Hussein fora varrido do Kuwait".[25]

A despeito da excelência da força tarefa empenhada em capturar Aidid, a operação *Restore Hope* terminava em fiasco político.

Em 25 de junho de 1996, um caminhão carregado de explosivos atacou o alojamento da 4404ª Esquadrilha de Socorro Aéreo da Força Aérea norte-americana, instalado nas torres Khobar, em Dhaaran, na Arábia Saudita. Dezenove soldados morreram e quase quatrocentas pessoas ficaram feridas. No dia 12 de outubro do mesmo ano, o saudita Osama bin Laden ousou conclamar uma *jihad* contra os Estados Unidos. O que para muitos não passava de devaneios de um lunático tratava-se, na verdade, de uma declaração formal de guerra. Em 1998, as embaixadas norte-americanas no Quênia e na Tanzânia tornaram-se alvos de atentados a bomba, que deixaram o saldo de 301 mortos. Os ataques foram atribuídos à organização de Bin Laden.

Em 12 de outubro de 2000, o contratorpedeiro USS Cole, atracado no golfo de Aden, no Yemen, foi alvo de um "bote-bomba" da rede Al-Qaeda. A belonave sofreu avarias no casco. Dezessete marinheiros morreram e 39 ficaram feridos – baixas que dificilmente qualquer outra esquadra do mundo conseguiria infligir à Marinha norte-americana.

Em retrospecto, todos esses acontecimentos podem ser vistos como indícios de uma nova ameaça que se delineava. Entretanto, ninguém poderia imaginar o vulto que tomaria ou o quanto os Estados Unidos eram, de fato, vulneráveis a ela. Foi, então, que o mundo assistiu incrédulo aos atentados terroristas de 11 de Setembro de 2001.

Naquela manhã, duas aeronaves comerciais, um Boeing 767 da American Airlines e um Boeing 757 da United Airlines, que realizavam voos domésticos, foram sequestradas por terroristas muçulmanos e utilizadas como "mísseis" em um ataque suicida às torres gêmeas do World Trade Center. Momentos depois das duas colisões, ambas as torres desabaram. 2.838 pessoas morreram. Simultaneamente, em Washington, outro avião, um Boeing 737 da American Airlines, atingia o Pentágono, o prédio do Departamento de Defesa norte-americano, resultando em 189 vítimas fatais. Na Pensilvânia, uma quarta aeronave sequestrada, outro Boeing 757 da United Airlines, caiu sem atingir seu alvo, provavelmente a Casa Branca ou o Capitólio, matando todas as 44 pessoas que se encontravam a bordo.

Para que obtenhamos um parâmetro ou, pelo menos, uma simples referência, segundo a qual possamos avaliar as dimensões dos atentados do dia 11 de Setembro, basta compará-los ao ataque japonês à base aeronaval de Pearl Harbor no Havaí durante a Segunda Guerra Mundial. Muitos críticos consideram essa comparação inadequada, acusando-a de possuir forte cunho maniqueísta. Entretanto, de forma alguma encontramos elementos que nos induzam a crer que essa comparação seja imprópria. Mesmo porque nos permite confrontar um ataque convencional com um ataque irregular.

A agressão perpetrada no domingo, 7 de dezembro de 1941, por não ter sido precedida de uma declaração formal de guerra, foi considerada um ato "infame", que provocou forte comoção popular. No dia seguinte à incursão nipônica,

> "os jornais de todo o país publicaram os detalhes do devastador ataque japonês. Logo depois do meio-dia, realizou-se uma sessão conjunta no Capitólio de Washington. As galerias, lotadas de público, aguardavam, com ansiedade, o resultado da reunião [...] dezenas de milhares de homens solicitaram voluntariamente sua incorporação às fileiras das Forças Armadas".[26]

A mobilização da opinião pública norte-americana deu ao presidente Roosevelt o pretexto que tanto esperava para entrar na guerra contra o Eixo.

O ataque japonês foi dirigido contra um alvo militar legítimo – a esquadra norte-americana do Pacífico. Apesar da grande vitória, o êxito não foi completo, pois boa parte da frota não estava na ilha, incluindo as belonaves mais importantes, isto é, seus três porta-aviões. Já os atentados do dia 11 de Setembro foram perpetrados contra alvos psicológicos. O World Trade Center simbolizava tanto o vigor do capital globalizado quanto o poderio econômico norte-americano e mesmo o Pentágono possuía um apelo psicológico bem maior do que o mero objetivo militar que se busca atingir ao atacar um quartel-general. O terceiro alvo terrorista não foi atingido.

Em Pearl Harbor, as baixas do pessoal militar dos Estados Unidos foram 3.303 mortos e 1.272 feridos. Os atentados de 11 de Setembro mataram 3.071 pessoas, a maior parte delas constituída por civis inocentes, deliberadamente transformados em alvos.

Para levarem a cabo seu ousado ataque, os japoneses foram obrigados a navegar 5,6 mil quilômetros sem serem detectados, com uma esquadra composta por 31 unidades de guerra, incluindo seis porta-aviões, dois encouraçados e três cruzadores. O complexo aeronaval dos Estados Unidos foi atacado por 354 aeronaves, sendo 183 empregadas logo na primeira investida. Os meios utilizados pelos terroristas no dia 11 de Setembro foram apenas quatro aeronaves comerciais norte-americanas sequestradas por uns poucos militantes fundamentalistas, 19 ao todo. Se, em 1941, a porção do território norte-americano que se tornou alvo de uma incursão inimiga foi um arquipélago no oceano Pacífico, quase seis décadas depois, em 2001, o ataque foi perpetrado diretamente contra as cidades de Washington e Nova Iorque.

Como em todo ato terrorista, a difusão pela mídia foi essencial para o êxito alcançado pelos militantes da Al-Qaeda. A natureza dos alvos, a perfeita coordenação e a sincronização dos ataques asseguraram que as imagens dos atentados fossem transmitidas em tempo real e repetidas, incessantemente, para todo o mundo.

Indubitavelmente, os atentados de 11 de Setembro possuíram a magnitude da agressão que determinou a entrada dos Estados Unidos, como beligerante, na Segunda Guerra Mundial. Entretanto, ao contrário do conflito de 1939-1945, quando a ameaça externa, representada pelos países do Eixo, era perfeita e incontestavelmente reconhecida, o inimigo que emergia dos escombros das torres gêmeas era, não só para a opinião pública interna, mas também para a opinião pública internacional, abstrato e difuso. Logo mostraria, ainda, que era capaz de explorar habilmente esse fato a seu favor. Muitos cometeram o equívoco de considerar os perpetradores dos atentados de 11 de Setembro meros fanáticos suicidas. Assim sendo, a resposta norte-americana, qualquer que fosse, estava predestinada a ser controversa.

Contudo, mesmo que não soubesse exatamente o que fazer, era imprescindível para Washington apresentar uma reação imediata no campo militar. A ausência de uma pronta resposta armada seria vista pelos "inimigos da América" como demonstração de fraqueza e vulnerabilidade ainda maiores. Se os Estados Unidos soubessem como capturar Osama bin Laden, já o teriam feito antes mesmo dos atentados. Porém eram conhecidos os estreitos vínculos existentes entre a organização do terrorista saudita e o regime afegão do Talibã e esse se tornou o primeiro alvo das forças norte-americanas, em outubro daquele mesmo ano.

A Casa Branca declarou formalmente "Guerra Global Contra o Terror". Porém o terrorismo nada mais é do que uma modalidade de guerra irregular, um mero recurso operacional. Então, quem eram os verdadeiros inimigos? Quais suas motivações? Quais seus objetivos políticos e militares? Em suma, qual guerra estava sendo, de fato, travada?

Uma resposta já havia sido dada, cinco anos antes dos atentados de 11 de Setembro. Em 1996, foi publicada a polêmica obra *O choque de civilizações e a recomposição da ordem mundial,* cujo autor, um renomado cientista político norte-americano, Samuel Phillips Huntington, apresentava uma teoria, no mínimo, "inconveniente" para muitos dos estados protagonistas da política internacional. O livro tornou-se motivo de comentários, debates, controvérsia e, é claro, de deturpações. *O choque de civilizações* atraiu, em todo mundo, pujantes críticas de seus detratores e a discreta aquiescência daqueles que achavam plausíveis os argumentos do autor. De qualquer forma, o 11 de Setembro provocou uma nova "rodada" de discussões em torno da teoria de Huntington, que afirmava:

> Se os muçulmanos alegam que o Ocidente faz guerra contra o Islã e se os ocidentais alegam que grupos islâmicos fazem guerra contra o Ocidente, parece razoável concluir que algo muito parecido com uma guerra está em andamento. [...] Do ponto de vista militar, ela tem sido sobretudo uma guerra de terrorismo *versus* poder aéreo. Dedicados militantes fundamentalistas islâmicos se aproveitam das sociedades abertas do Ocidente e colocam carros-bombas em alvos selecionados. Os profissionais militares ocidentais se aproveitam dos céus abertos do Islã e lançam bombas inteligentes sobre alvos selecionados. Os participantes fundamentalistas islâmicos planejam o assassinato de ocidentais proeminentes; os Estados Unidos planejam a derrubada dos regimes fundamentalistas islâmicos extremistas.
> [...] O problema subjacente para o Ocidente não é o fundamentalismo islâmico. É o Islã, uma civilização diferente, cujas pessoas estão convencidas da superioridade de sua cultura e obcecadas com a inferioridade de seu poderio. O problema para o Islã não é a CIA ou o Departamento de Defesa dos Estados Unidos. É o Ocidente, uma civilização diferente cujas pessoas estão convencidas da universalidade de sua cultura e acreditam que seu poderio superior, mesmo que em declínio, lhes impõe a obrigação de estender sua cultura por todo o mundo. Esses são os ingredientes básicos que alimentam o conflito entre o Islã e o Ocidente.[27]

Todavia, com ou sem as ideias de Huntington, o Oriente Médio era o "epicentro" do terrorismo fundamentalista internacional e a presença, desde o fim da Primeira Guerra Mundial, das potências ocidentais – com seu grande poder de ingerência sobre a região – sua principal motivação.

A necessidade norte-americana de assegurar o acesso a matérias-primas essenciais, no caso o petróleo, não permitia aos Estados Unidos, simplesmente, abrirem mão de sua presença no Oriente Médio. Mas tornava-se claro que o frágil equilíbrio político, que eles próprios mantinham, não lhes bastava para garantir a consecução dos objetivos de sua pragmática política externa, salvaguardar seus interesses econômicos, assegurar o abastecimento de petróleo, preservar a estabilidade regional e, ainda, erradicar a ameaça terrorista. Era necessário, portanto, rever a política para o Oriente Médio como um todo e reconstruir o equilíbrio do poder regional.

A maioria dos estados árabes era alinhada a Washington. Porém, essas alianças careciam de solidez, em virtude do forte sentimento popular antiamericano e da crescente oposição fundamentalista interna que cada governo local enfrentava. O único aliado incondicional de que os Estados Unidos dispunham era Israel, o que gerava, ainda, mais ressentimento no mundo islâmico. Irã e Síria eram os grandes antagonistas e a ditadura secular da minoria sunita iraquiana, que poderia ter sido derrubada em 1991, foi preservada, justamente, para servir de "contrapeso" à República islâmica xiita do vizinho Irã.

A ocupação militar do Afeganistão e a derrubada do regime Talibã fortaleceram a posição norte-americana no flanco leste iraniano. Um Estado aliado no Iraque permitiria fazer o mesmo sobre o flanco oeste, além de isolar geograficamente o Irã da Síria. Portanto, ao contrário do que foi, insistentemente, difundido à época do início das operações anglo-americanas em 2003, as razões da segunda investida contra a ditadura de Saddam Hussein e do partido Ba'ath estavam bem menos associadas ao petróleo do que a Guerra do Golfo de 1991. A questão tornara-se mais política do que econômica. Tratava-se de impor uma redefinição dos papéis avocados a cada Estado e buscar um equilíbrio intrarregional que melhor convergisse para os objetivos norte-americanos, reduzindo os antagonismos a Washington. Tudo isso significava depor alguns regimes e enfraquecer ou isolar outros. Obviamente, em se tratando de Oriente Médio, os resultados eram incertos.

Para iniciar a próxima campanha, os Estados Unidos travaram e perderam duas importantes "batalhas" preliminares. A primeira delas, no campo diplomático, em que a inesperada oposição franco-germânica impediu que Washington cooptasse o apoio internacional, negando-lhe o respaldo das Nações Unidas. A segunda grande derrota norte-americana deu-se junto à opinião pública internacional, que se tornou obcecada pela ideia de uma nova guerra imperialista.

Apesar da objeção internacional, na madrugada do dia 19 de março de 2003, forças norte-americanas e seus tradicionais e eficientes aliados, os ingleses, irromperam as fronteiras do Iraque. As tropas de Saddam Hussein, a despeito da sensível redução de seu poder relativo de combate, sofrida desde a guerra de 1991, mostraram-se um inimigo mais resoluto, determinado e criativo, o que tornou o plano de campanha norte-americano alvo de críticas, especialmente pela relativa pequena alocação de meios. No transcorrer das três semanas que separaram o início da ofensiva militar da conquista de Bagdá, em 9 de abril, as forças dos Estados Unidos engajaram-se em combates mais intensos e contra um oponente mais capaz do que aqueles enfrentados na libertação do Kuwait, durante a operação "Tempestade do Deserto". Entretanto, as forças norte-americanas também apresentaram uma performance superior, assegurando, com notável proficiência, o êxito da campanha regular.

A vitória já havia sido oficialmente proclamada, quando, para a surpresa de Washington, as coisas começaram a dar errado. A queda de Bagdá libertou forças até então contidas pela violência do regime de Saddam Hussein; motivou a oposição armada da minoria sunita, que se tornara, ao longo de décadas, num país de maioria xiita, tão convenientemente acomodada ao poder e, ainda, fortaleceu a causa de extremistas muçulmanos e jihadistas internacionais que comungavam o ideal de derrotar os invasores "cruzados". Assim, antes que os Estados Unidos pudessem se voltar contra a Síria, provavelmente seu próximo alvo, o Iraque mergulhou no caos.

A vitória norte-americana na operação "Iraqi Freedom" convertera-se em terrorismo e guerrilha urbana com o requinte de grandes embates, como os ocorridos em Fallujah e Samarra. Emboscadas a comboios militares; ataques com morteiros e rojões às áreas de estacionamento das tropas da coalizão; sabotagens à infraestrutura de transporte dutoviário; atentados a bomba; sequestros[28] e execuções de civis; decapitações veiculadas pela rede mundial de computadores; "justiçamentos" de autoridades do novo governo e de membros das forças de segurança locais prolongaram a agonia do castigado Iraque. A insurgência sunita, a resistência iraquiana e o terrorismo fundamentalista internacional confundiam-se na rotina de sangue da população. O ciclo crescente de violência degenerou-se em guerra civil. Até dezembro de 2006, 2.878 militares norte-americanos já haviam morrido, desde o encerramento da ofensiva militar terrestre e o início da ocupação do país. O número contrasta com os 122 soldados mortos durante a campanha convencional. Até a mesma data, os feridos norte-americanos chegavam a 20 mil. Entre os iraquianos, as vítimas eram muito maiores. Desde o início da invasão até fevereiro de 2007, mais de 650 mil iraquianos haviam sido mortos. Cento e trinta e sete mil foram vítimas de ataques aéreos, 373 mil foram mortos por armas de fogo, 54 mil pereceram em virtude das precárias condições sanitárias, 92 mil perderam suas vidas em atentados suicidas. Somente no ano de 2006, 16 mil iraquianos morreram vítimas da violência sectária.

Começara uma nova guerra. O que havia dado errado? A insurgência iraquiana não parecia se constituir, como de costume, em apenas duas facções antagônicas, que por divergências políticas, étnicas ou ideológicas lutavam pelo poder ou pela reformulação do Estado. Apresentava, na verdade, um mosaico de interesses conflitantes que reunia um conjunto de atores (estatais e não estatais) disposto a recorrer à violência armada, como o terrorista jordaniano Abu Musab Al-Zarqawi (naquele momento, apontado como "representante" da rede Al-Qaeda no Iraque), a Brigada Badr, o Exército de Mehdi, a milícia Peshmerga, as organizações Mujahidin Ansar Al-Sunna e Tawhid Al-Jihad, os insurgentes sunitas do partido Ba'ath do norte de Tal Afar, dentre muitos outros.

A Brigada Badr e os Peshmerga foram incorporados à Força de Segurança Iraquiana. Em 1980, o regime dos aiatolás no Irã, interessado em derrubar a ditadura secular do país vizinho, criou o Conselho Supremo da Revolução Islâmica no Iraque, a fim de apoiar atividades sunitas sediciosas. O Conselho contava com uma milícia treinada por militares iranianos denominada Brigada Badr. Durante a Guerra Irã-Iraque, a Brigada Badr lutou ao lado de seus patrocinadores iranianos. O Conselho Supremo da Revolução Islâmica tornou-se uma das mais influentes organizações dentro do governo da Aliança Iraquiana Unida, que assumiu a direção do país após a queda de Saddam Hussein. A milícia Peshmerga é um grupo paramilitar curdo, associado a dois grandes partidos tribais: o Partido Democrático Curdo e a União Patriótica do Curdistão.

O Exército de Mehdi é uma milícia paramilitar xiita, liderada por Muqtada Al-Sadr, cuja família tentou, por meio da luta armada, destituir a ditadura sunita ba'athista, substituindo-a por um regime clérigo xiita. Muqtada Al-Sadr não foi incluído no governo da Aliança Iraquiana Unida do qual tornou-se ferrenho opositor, empreendendo sistemática campanha pelo controle da população xiita e lutando continuamente contra as forças da coalizão. Com o vácuo de poder gerado pela abrupta deposição do regime ditatorial de Saddam Hussein, o Exército de Mehdi, os seguidores de Abu Musab Al-Zarqawi e as organizações Mujahidin Ansar Al-Sunna e Tawhid Al-Jihad passaram a exercer o controle efetivo sobre parcela significativa da população iraquiana, convertendo bairros, distritos e até cidades inteiras em "áreas liberadas" e "protetorados urbanos sem lei".

Washington, que não contara com o curso imprevisto e desfavorável que a ocupação do Iraque tomara, era incapaz de adotar uma estratégia de fato consistente, capaz de conter a violência, erradicar a insurgência e pacificar o país, sobretudo porque tal estratégia necessariamente deveria focar objetivos a longo prazo, demandando o tempo que a volúvel opinião pública norte-americana jamais concederia. Se a Casa Branca e o Pentágono estavam determinados a vencer no Iraque e dispunham dos meios humanos e materiais para tanto, não eram capazes de tornar factível um dos "cinco fatores constantes da guerra" segundo Sun Tzu: a Lei Moral – aquela capaz de fazer "com que o povo fique de completo acordo com seu governante" – e seus inimigos sabiam explorar muito bem essa vulnerabilidade.

Portanto, se o verdadeiro alvo da invasão do Iraque era a redefinição do equilíbrio de poder no Oriente Médio, fortalecendo a posição de Washington em detrimento da crescente influência antiocidental dos governos de Damasco e Teerã, a violência sectária que afligia, cada vez mais, a população iraquiana sinalizava para o fracasso da intervenção militar norte-americana. Os Estados Unidos perderiam se a derrubada do regime de Saddam Hussein levasse, a médio prazo, a um desfecho semelhante à intervenção israelense na guerra civil libanesa. Isso porque a ofensiva militar israelense e a subsequente ocupação do sul do Líbano – apesar de causar sérios danos à infraestrutura e à capacidade operacional da OLP (seu objetivo imediato) – levaram, em termos práticos, à perda do apoio da opinião pública internacional, ao fortalecimento da posição política e militar da Síria junto ao governo de Beirute, ao aumento da influência iraniana sobre a população xiita libanesa e ao surgimento de um dos mais combativos e obstinados antagonistas de Israel, o Hezbollah. Este tendo como principais aliados e patrocinadores, justamente, o Irã e a Síria. Portanto, as rotineiras explosões em Bagdá eram, na verdade, um grande alento para Teerã e seus aiatolás.

Entrementes, os norte-americanos constatavam que a derrubada do regime talibã, no Afeganistão, também não fora suficiente para acabar com a longa tradição de violência e estabilizar o país. A luta contra grupos irregulares recomeçara. Somente no ano de 2005, os combates deixaram aproximadamente 1,5 mil mortos, dos quais cerca de sessenta eram militares norte-americanos. De fato, ao derrubar governos antixiitas radicais no Iraque e no Afeganistão, Washington inadvertidamente permitia que o antigo Império Persa, isto é, o Irã, restabelecesse sua histórica área de influência.

Portanto, no contexto da "Guerra Global Contra o Terror", as reconstruções do Iraque e do Afeganistão revelar-se-iam tarefas com magnitude e importância semelhantes às reconstruções da Alemanha e do Japão, empreendidas após a Segunda Guerra Mundial, cujos sucessos desempenharam um significativo papel na vitória dos Estados Unidos sobre a União Soviética quatro décadas depois. Contudo, em virtude da resistência armada e da luta fratricida que persistia entre as populações iraquiana e afegã, o desafio dessas reconstruções seria ainda maior.

Os profissionais militares norte-americanos viram-se, então, profundamente envolvidos no mesmo tipo de guerra que grupos insurgentes chechenos moviam contra a Rússia, desde 1994; no mesmo tipo de guerra travada por israelenses e palestinos, durante décadas a fio; no mesmo tipo de guerra que convulsionava a Colômbia há meio século; no mesmo tipo de guerra que se perpetuara ao sul do deserto do Saara, mutilando as esperanças dos povos da África negra. Os fatos confirmavam as assertivas de Richard Clutterbuck e de Bevin Alexander – a guerra irregular tornara-se, de fato, a "guerra do futuro". Até os mais céticos discípulos de Clausewitz e Mahan convenceram-se de que as pequenas guerras e os conflitos irregulares, no século XXI, seriam a regra e não a exceção.

A demanda pelas forças de operações especiais, que já era grande, aumentou. Surgiu uma necessidade urgente de rever conceitos doutrinários, reformular a educação militar, fomentar um novo tipo de liderança, repensar a influência das culturas nativas no curso das operações militares e assegurar às forças armadas um grau de proficiência compatível com as novas exigências táticas e estratégicas. "Conflito assimétrico" e "ataque idiossincrático" tornaram-se clichês nas preleções teóricas sobre a guerra do século XXI.

O termo conflito assimétrico surgiu, em 1974, na obra *The Concept of Power and Its Use Explaining Asymmetric Conflict*, de autoria de Andrew Mack. Naquela época, von der Heydte falava de "natureza não equivalente".[29] Apesar da frequência com que vem sendo empregado, muitos militares e acadêmicos ainda se equivocam ao usá-lo. Segundo o general Reynolds Mendes, do Exército de Portugal, guerra assimétrica significa, em termos gerais:

> [...] aquela que é empreendida no interior de um Estado, por forças que se lhe opõem e que, sendo muito menores em efetivos e em meios militares, acabam normalmente por conseguir, a mais longo ou mais curto prazo, e por recurso a um conjunto de capacidades próprias – culturais e materiais ou circunstanciais – obter a vitória.[30]

Em uma palestra proferida na Escola de Guerra Naval, no Rio de Janeiro, em março de 2008, o coronel Miguel Angel Ballesteros Martín, do Centro Superior de Estudos da Defesa Nacional da Espanha, afirmou tratar-se de "um novo termo para um conceito antigo". Para Montgomery Meigs, oficial general reformado do Exército dos Estados Unidos:

> A assimetria significa a ausência de uma base comum de comparação relativa a uma qualidade, ou, em termos operacionais, uma capacidade. A idiossincrasia tem conotação diferente – posse de um padrão peculiar ou excêntrico. No sentido militar, a idiossincrasia significa uma abordagem ou maneira não ortodoxa de aplicar uma capacidade, que não segue regras e é sinistramente peculiar.[31]

Entretanto, nos parece mais apropriada e objetiva a abordagem do coronel Michael R. Kershner, também do Exército dos Estados Unidos, segundo o qual: "Os termos 'da moda' para as próximas ameaças serão 'assimétrica e assíncrona'. Esses termos, na realidade, significam não convencional."[32] Isto é, irregular.

A GUERRA DE QUARTA GERAÇÃO (4GW)

Um conceito bem mais interessante foi apresentado, em outubro de 1989, numa série de artigos publicados nas revistas *Marine Corps Gazette* e *Military Review*. Em um esforço para antever a natureza e as características dos próximos conflitos, William S. Lind, os coronéis Keith Nightengale, Joseph Sutton, Gary Wilson e o capitão John Schmitt elaboraram uma classificação da guerra moderna, segundo as mudanças qualitativas em sua conduta tática. Dessa classificação originou-se o conceito de "guerra de quarta geração" (*fourth generation warfare* – 4GW). Especula-se que cópias desses artigos teriam sido encontradas, por soldados norte-americanos, nas cavernas de Tora Bora no Afeganistão, que serviram de locais de homizio para militantes da Al-Qaeda.

De acordo com os autores, a primeira geração da guerra moderna está compreendida entre o término da Guerra dos Trinta Anos, em 1648, e a era napoleônica. Ou seja, são as guerras pré-industriais, caracterizadas pelo combate linear, por formações cerradas, ordem unida e batalhas campais que se assemelhavam a paradas ou desfiles militares, com toques de clarins e estandartes desfraldados. O valor combativo de uma tropa podia ser medido pelo modo como desfilava ou como se portava em forma. Para os soldados de primeira geração, a disciplina reduzia-se à rígida obediência às ordens emanadas dos escalões superiores e podia ser expressa por gestos e saudações formais. A iniciativa e a liberdade de ação, em geral, eram indesejáveis, pois comprometiam os planos e as ordens de batalha previamente elaborados.

Em meados do século xix, as inovações tecnológicas promovidas pela Revolução Industrial deram origem a uma nova geração – a segunda. Batalhas genocidas como Gettysburg, Curupaiti e Balaclava, por exemplo, marcaram a transição entre as duas primeiras gerações da guerra moderna. Contudo, foi durante a Primeira Guerra Mundial (1914-1918) que a guerra de segunda geração atingiu seu ápice, sendo caracterizada pela ascendência do sistema de apoio de fogo sobre a manobra.

O que ocorreu, de fato, foi uma defasagem entre a tecnologia e a tática, prevalecendo a "guerra de atrito", a defesa como forma de guerra mais forte e uma sensível perda de mobilidade tática. A batalha permaneceu linear, seguindo padrões formais de planejamento e métodos rígidos de execução, com o propósito de concentrar o máximo poder relativo de combate e cerrar sobre o inimigo para destruí-lo. O dispositivo defensivo francês da Linha Maginot, em 1940, os sucessivos ataques aliados a Monte Cassino, em 1944, durante a Segunda Guerra Mundial, ou mesmo as operações de busca e destruição realizadas pelos norte-americanos no Vietnã traduzem as concepções da guerra de segunda geração. Para os autores, os Estados Unidos ainda combatem, essencialmente, conforme os dogmas e preceitos da guerra de segunda geração.

Já a guerra de terceira geração representou um renascimento da tática e um retorno à mobilidade. Obra de J. F. C. Fuller, Liddell Hart e Heinz Guderian, materializando-se na *blitzkrieg* alemã. De acordo com William Lind:

A guerra de terceira geração é baseada não no poder de fogo e atrito, mas na velocidade, surpresa e no deslocamento mental e físico. Taticamente, durante o ataque, o militar da terceira geração procura adentrar nas áreas de retaguarda do inimigo, causando-lhe o colapso da retaguarda para a frente. Ao invés de "aproximar e destruir", o lema é "passar e causar colapso" [...]. A guerra de terceira geração é não linear.[33]

Nesse tipo de guerra, liberdade de ação, iniciativa, flexibilidade de raciocínio, discernimento tático, senso de oportunidade e capacidade de decisão tornaram-se atributos mais importantes que a disciplina formal e o rígido ordenamento das forças que caracterizavam as duas gerações anteriores. Unidades capazes de operar em profundidade com rapidez e independência, como unidades blindadas, de paraquedistas ou de assalto aéreo (quando bem empregadas), podem ser consideradas típicas de terceira geração.

Nesse momento, os autores refletiram sobre as prováveis características da guerra do futuro e delinearam uma "quarta geração". Com notável lucidez, fizeram acertadas previsões, dentre as quais se destacam: a perda do monopólio estatal sobre a guerra; uma mudança de enfoque da vanguarda do exército inimigo para o interior da própria sociedade oponente; os elevados custos para um Estado antepor-se a uma ameaça de quarta geração; o emprego de forças de efetivos bem reduzidos e independentes (ou células), que atuarão com o máximo de iniciativa e liberdade de ação, com ordens do tipo "missão pela finalidade"; essas pequenas forças poderão contar com um mínimo suporte de retaguarda, incluindo apoio logístico; mostrar-se-ão capazes de tirar "proveito da abertura proporcionada pela liberdade", bem como de empregar "o poder de combate do inimigo contra ele próprio", privilegiando a manobra e priorizando os objetivos psicológicos em detrimento dos objetivos físicos.[34]

Muito embora essas ideias possam surpreender pela correção, elas foram praticamente ignoradas, permanecendo na obscuridade, por quase uma década, até que os atentados de 11 de Setembro reavivaram-nas.

Para os teóricos da "quarta geração", o que caracterizará a guerra do futuro "não serão grandes mudanças em como o inimigo combate, mas quem estará lutando e para quê".[35] Como eles mesmos admitem, muitas dessas características não constituem, de fato, nenhuma inovação. Assistiremos, assim, a um retorno às formas de beligerância que precederam a Paz de 1648 – um mundo de culturas em conflito, com significativa participação de atores não estatais:

[...] muitas entidades diferentes – não apenas os governos de países – travarão a guerra e o farão por muitas razões distintas, não apenas como "uma promoção de políticas por outros meios". Usarão de muitas ferramentas diferentes para combater, não se restringindo ao que reconhecemos como forças militares.

[...] No seu fundamento se encontra uma crise universal da legitimidade do Estado, e essa crise significa que muitos países terão evoluída a guerra de quarta geração em seu território.

[...] Em todo o mundo, os militares se encontram combatendo oponentes não estatais tais como a Al-Qaeda, o Hamas, o Hezbollah e as Forças Armadas Revolucionárias da Colômbia. Quase em toda parte, o Estado está perdendo.[36]

Segundo os teóricos, a guerra de quarta geração será decidia nos níveis operacional, estratégico, mental e moral, ao invés dos níveis tático e físico. Portanto, a forma de emprego das forças armadas e o uso que se fará de suas unidades depois de subjugadas as forças inimigas serão tão importantes quanto a própria vitória no campo de batalha.

Detrações à parte, o conceito 4GW é esclarecedor e rompe, definitivamente, com o estereótipo, ainda tão arraigado, da guerra como a mera confrontação formal e direta entre duas forças regulares de Estados nacionais antagônicos. Em termos gerais, podemos afirmar que, atualmente, a esmagadora maioria dos profissionais militares, graças à ortodoxia e ao ceticismo de sua formação, são soldados de, no máximo, "segunda geração". Em muitos poucos exércitos, predomina uma cultura de "terceira geração", assim como são poucos os exércitos que dispõem, de fato, de unidades vocacionadas e aptas a travarem uma guerra de quarta geração e, mesmo assim, representam um segmento minoritário de suas forças armadas.

Guerra de quarta geração não significa, simplesmente, guerra irregular, tampouco, apenas, terrorismo. Porém, não resta dúvida de que, mesmo dentro dessa teoria, a guerra irregular, por definição e prática, permanecerá como a forma de conflito predominante.

NOTAS

[1] Friedrich August Freiherr von der Heydte, A Guerra irregular moderna em políticas de defesa e como fenômeno militar, Rio de Janeiro, Bibliex, 1990, p. 129.
[2] William Weir, 50 batalhas que mudaram o mundo, São Paulo, M. Books, 2003, p. 151.
[3] Monofisistas: seguidores da doutrina cristã que admite uma só natureza em Jesus Cristo.
[4] Mark McNeilly, Sun Tzu e a arte da guerra moderna, Rio de Janeiro, Record, 2003, p. 56.
[5] Idem, ibidem.
[6] *Curaca*: capataz.
[7] *Obrajes*: manufaturas artesanais indígenas, sobretudo de têxteis, cujo funcionamento era autorizado nas colônias espanholas.

[8] Jonh Charles Chasteen, América Latina: uma história de sangue e fogo, Rio de Janeiro, Campus, 2001, p. 77.
[9] Dee Brown, Enterrem meu coração na curva do rio, São Paulo, Melhoramentos, 1996, p. 153.
[10] Citado por Ike Skelton, "As guerras da fronteira americana: lições para conflitos assimétricos", Military Review, 4th Quarter 2002, edição brasileira, p. 9.
[11] Brancos: grupo heterogêneo constituído por reacionários conservadores e czaristas. Vermelhos: segmento leal ao governo revolucionário bolchevique.
[12] William Waack, Camaradas, Bibliex, Rio de Janeiro, 1999, p. 24.
[13] Para um estudo mais profundo acerca do movimento sedicioso comunista no Brasil em 1935 e a participação do Kominter, sugere-se a leitura da obra supracitada.
[14] Na verdade, a famosa expressão "cortina de ferro", atribuída ao primeiro-ministro britânico, foi empregada pela primeira vez, com o mesmo sentido, por Joseph Goebbels, ministro da Propaganda de Hitler.
[15] J. F. C. Fuller, op. cit., p. 306.
[16] B. H. Liddell Hart, Estratégia, Rio de Janeiro, Bibliex, 1966, p. 7.
[17] Friedrich August Freiherr von der Heydte, op. cit., p. 97.
[18] Idem, p. 31.
[19] CBI – de acordo com a terminologia militar norte-americana.
[20] Richard Clutterbuck, Guerrilheiros e terroristas, Rio de Janeiro, Bibliex, 1980, p. 18.
[21] Idem, p. 12.
[22] Frank N. Shubert e Theresa L. Kraus, Tempestade do deserto, Rio de Janeiro, Bibliex, 1998, pp. 52 e 53.
[23] Bevin Alexander, A guerra do futuro, Rio de Janeiro, Bibliex, 1999 [título original: *The Future of Warfare* (1995)].
[24] Qiao Liang e Wang Xiangsui, Unrestricted Warfare, Beijing, People's Liberation Army Literature and Arts Publishing House, 1999.
[25] Mark Bowden, Falcão negro em perigo, São Paulo, Landscape, 2001, p. 406.
[26] A Segunda Guerra Mundial. O Japão ataca Pearl Harbor. São Paulo: Codex, n. 21, p. ii-213.
[27] Samuel P. Huntington, O choque de civilizações, Rio de Janeiro, Bibliex, 1998, pp. 272-3.
[28] Mais de 120 estrangeiros foram sequestrados no Iraque no período compreendido entre o início da ocupação militar norte-americana e janeiro de 2005.
[29] Friedrich August Freiherr von der Heydte, op. cit., p. 200.
[30] Reynolds Mendes, "Guerra assimétrica, riscos assimétricos", Military Review, 2nd Quarter 2003, edição brasileira, p. 46.
[31] Montgomery C. Meigs, "Ideias pouco ortodoxas sobre a guerra assimétrica", Military Review, 1st Quarter 2004, edição brasileira, p. 2.
[32] Michael R. Kershener, "Forças especiais na guerra não convencional", Military Review, 4th Quarter 2002, edição brasileira, pp. 75-6.
[33] William S. Lind, "Compreendendo a guerra de quarta geração", Military Review, jan.-fev. 2005, edição brasileira, p. 13.
[34] Greg Wilcox e G. I. Wilson, "Resposta militar à quarta geração de guerra no Afeganistão", Military Review, 1st Quarter 2004, edição brasileira, pp. 38-9.
[35] William S. Lind, op. cit., p. 17.
[36] Idem, pp. 17 e 14.

Os principais conflitos e campanhas irregulares do século xx

A REVOLTA ÁRABE (1916-1918)

Durante a Primeira Guerra Mundial, enquanto centenas de milhares de vidas chafurdavam na lama e no ceticismo das trincheiras da frente ocidental, a África e o Oriente Médio tornaram-se palcos de formidáveis campanhas irregulares. Elas representaram a antítese do conflito na Europa, pois não possuíam frentes, eram fluidas, móveis, travadas por pequenos efetivos que, fazendo da ofensiva uma forma de guerra mais forte que a defesa, operavam em profundidade contra os pontos fracos da retaguarda inimiga.

Nas colônias da África Oriental, atuais Quênia, Tanzânia e Moçambique, o general alemão Paul von Lettow Vorbeck revelou-se competente, determinado e habilidoso ao liderar um reduzido exército nativo de askaris, que, por quatro anos, reteve significativos contingentes britânicos, desviando-os do principal teatro de guerra na Europa. A campanha de Lettow Vorbeck, apesar de pouco conhecida, foi, indubitavelmente, um feito militar notável. Sua força móvel de guerrilha permaneceu invicta durante todo o conflito e só depôs suas armas quando a Alemanha se rendeu, em outubro de 1918.

Porém foi a Revolta Árabe que adquiriu maior notoriedade e contribuiu com os ensinamentos e os resultados mais duradouros.

No início do século xx, algumas organizações secretas árabes, imbuídas de um tênue sentimento nacionalista, conspiraram contra o domínio turco. Todavia, seus esforços sediciosos mostraram-se incipientes. Coube a Hussein Ibn Ali, xerife de Meca (supostamente descendente direto do Profeta), deflagrar a Revolta, em junho de 1916, graças ao respaldo que sua autoridade religiosa lhe conferia.

O velho Hussein, que rejeitara o apelo turco para que a luta contra os infiéis ingleses fosse considerada uma guerra santa, entregou a condução do movimento a seus filhos. Dentre eles, destacou-se o príncipe Faissal. Faissal foi líder carismático, comandante militar e astuto diplomata, demonstrando possuir visão nacionalista e sabedoria para ponderar os riscos da cobiça e da ajuda britânica que lhe era oferecida.

Os ingleses, que logo se interessaram pela Revolta, buscaram dela tirar o melhor proveito contra o Império Turco Otomano – seu maior inimigo no Oriente Médio. Na verdade, os militares britânicos, no Cairo, mostraram-se céticos quanto à utilidade de uma revolta que, até aquele momento, não dispunha do incondicional apoio da população nativa e cujas forças restringiam-se a grupos mal armados de nômades beduínos. Foi o Serviço Árabe do Departamento do Exterior quem, de fato, idealizou o patrocínio inglês e empenhou-se em levá-lo adiante. Sir Henry McMahon, alto-comissário britânico no Egito, apoiado pelo general Reginald Wingate, foi o responsável direto pelo acordo firmado com Hussein, estabelecendo, assim, a garantia formal de ajuda do governo britânico aos rebeldes árabes.

Inicialmente, o apoio de Sua Majestade limitou-se a assessores militares, armamento leve e à libertação de prisioneiros de guerra que se predispusessem a lutar sob as ordens de Faissal. Entretanto, com o sucesso do movimento, em especial a captura dos portos de Wejh e de Akaba e a renovação do comando britânico, com a chegada do resoluto general Sir

Edmund Allenby, o patrocínio inglês ampliou-se, abrangendo cobertura de fogo naval na costa do Mar Vermelho, aeroplanos, carros blindados, artilharia, milhares de camelos, libras esterlinas, suprimentos diversos e unidades militares (egípcias, indianas e, até mesmo, os famosos gurkhas do Nepal). Em pouco tempo, os turcos já empenhavam mais tropas e maiores efetivos na defesa de sua retaguarda contra as incursões dos guerreiros árabes do que na linha de frente contra o Exército britânico.

Com o êxito dos irregulares em Akaba, o general Allenby redefiniu o papel da Revolta Árabe no esforço de guerra aliado, insistindo em complementar, ampliar e apoiar as operações militares convencionais de seu exército com as manobras em profundidade das forças de Faissal. Depois da longa jornada pela península arábica, Palestina e Síria, os árabes ladearam os ingleses na conquista de Damasco, marcando, ao mesmo tempo, o ápice e o fim da guerra no deserto. A importante participação nativa na vitória aliada no Oriente Médio influenciou a redefinição do mosaico político regional que se seguiu ao desmembramento do já decadente Império Turco Otomano, em 1918.

Lawrence da Arábia

O mais brilhante assessor militar inglês junto aos árabes foi Thomas Edward Lawrence, que desempenhou com inigualável talento o papel que, hoje, compete aos soldados das forças especiais. "Considerado um dos criadores da moderna técnica de guerrilha",[1] publicou, em 1927, *Os sete pilares da sabedoria*, obra na qual narrou sua decisiva participação na Revolta Árabe. Seu livro tornou-se um clássico da literatura mundial e uma inestimável fonte de ensinamentos sobre a guerra irregular.

Lawrence revelou ser possuidor de conhecimento etnológico, além da habilidade e sutileza de um diplomata – virtudes que sua missão tanto exigia. Bacharel em História com louvor pela Universidade de Oxford, percorrera, durante anos, o Oriente Médio em escavações arqueológicas. Convivendo com os mais humildes, tornou-se conhecedor da cultura nativa e fluente no idioma local. Com a eclosão da guerra, ingressou no Exército como oficial de informações. Sempre acreditou na Revolta Árabe como um ideal seu, acalentando o ambicioso sonho de uma grande nação árabe soberana, livre da dominação turca ou de qualquer outra potência imperialista.

Dono de uma controvertida personalidade, via a si mesmo como um "falso soldado".[2] Sua rigorosa disciplina interior contrastava com sua aparente indolência. Avesso à vida na caserna e inclemente crítico dos profissionais militares de sua época, rejeitava aquilo que os soldados chamavam de "disciplina", considerando-a um artifício destinado a preservar as instituições castrenses em tempo de paz. "A sujeição à ordem proporcionava economia de pensamento"[3] – dizia ele. Em sua missão, um "cérebro flexível", "capacidade de observação",[4] criatividade e, é claro, iniciativa (muita iniciativa!) eram mais importantes que a tola obediência dos soldados.

Sempre disposto a aprender mais com os árabes, abdicou do universalismo e da prepotência característicos de sua cultura e revelou a rara faculdade entre os ocidentais para empenhar-se na compreensão do mundo segundo as perspectivas das populações nativas, tornado-se precursor daquilo que é, hoje, conhecido como "inteligência cultural". Perspicaz observador da natureza humana e dos indivíduos ao seu redor, concluía quanto ao melhor uso que se podia fazer deles. Negociou, articulou, mentiu e conspirou.

Em sua primeira missão, foi enviado como observador britânico ao acampamento de Faissal. Sua curta jornada de dez dias tinha por propósito estabelecer o contato inicial com o líder rebelde e formular um juízo próprio acerca do movimento sedicioso. Em seu relatório declarou:

> [...] a situação era bastante promissora. A necessidade principal era de assistência especializada. A campanha deveria se desenrolar vitoriosamente se alguns oficiais regulares britânicos, profissionalmente competentes e que falassem árabe, fossem designados para servir junto aos líderes árabes como conselheiros técnicos [...].[5]

Entretanto, logo percebeu, também, que as cisões clânicas e tribais permaneciam no seio das forças de Faissal, comprometendo-lhes a eficiência e influenciando a própria concepção do nacionalismo árabe:

> [...] Não podíamos misturar ou combinar tribos, por causa das desconfianças recíprocas. Também não podíamos usar uma tribo no território de outra.
> A ideia semita de nacionalismo era a independência dos clãs e aldeias; o ideal de união nacional era apenas episódico, uma resistência conjunta a um intruso. As políticas construtivas, um Estado organizado, um Império expandido [...] eram coisas que estavam muito além de suas pretensões, a ponto de lhes serem até odiosas. Eles estavam lutando para se libertar do Império, não para conquistá-lo.[6]

Essa perpétua rivalidade tribal sempre exigiu muita atenção e esforços de Lawrence, a fim de evitar a desagregação das forças rebeldes e a dissipação do próprio movimento. Todavia, julgando-se mais um homem de intelecto do que de ações, jamais idealizou para si o papel de líder guerrilheiro que o transformou em mito, chegando mesmo a rejeitar tal possibilidade:

> [...] o dever de comandar homens, orientá-los para qualquer propósito, seria duplamente difícil para mim. Aquele não era o meu ambiente, não estava acostumado à técnica. Era o contrário de um soldado, pois detestava a vida militar. Claro que eu já lera os livros usuais (até demais), Clausewitz e Jomini, Mahan e Foch, estudara as campanhas de Napoleão e as táticas de Aníbal, sem falar das guerras de Belisário, como todos os outros estudantes de Oxford. Mas nunca pensara em mim como um autêntico comandante, compelido a empreender uma campanha por conta própria.[7]

Porém, uma vez designado para servir junto aos guerrilheiros de Faissal, Lawrence suportou toda a inclemência de um ambiente hostil – o deserto. Vivendo como um árabe, em prol de sua missão, despido do inquebrável orgulho britânico, atraiu a reprovação da aristocrática oficialidade de seu Exército. A esse respeito nos conta: "os britânicos locais tinham as mais fortes objeções à minha presença. Dois generais tiveram a fineza de me explicar que minha missão (que eles não conheciam) era desonrosa demais para um soldado (coisa que eu não era)".[8]

Estando entre os beduínos, desprovido da autoridade que a rígida hierarquia militar confere aos oficiais perante a tropa, foi obrigado a exercer uma liderança atípica, orbitando entre duas culturas tão distintas. Ao assumir as inconvenientes responsabilidades de um chefe árabe, ponderou:

> Minha negligência do dever seria compreendida, já que eu era estrangeiro. Mas era justamente uma alegação que eu não podia permitir, em meus esforços para ajudar os árabes em sua própria revolta. Já era difícil para um estrangeiro influenciar o movimento nacional de outro povo, e duplamente difícil para um cristão, e sedentário, orientar os muçulmanos nômades. Seria impossível reivindicar, simultaneamente, os privilégios das duas sociedades. [...] nenhum homem pode se tornar um líder autêntico se não comer a mesma comida, se não vestir as mesmas roupas, se não viver da mesma forma que seus homens, ainda assim parecendo ser melhor.[9]

Todavia, seu entendimento acerca da guerra irregular não era absoluto e, ainda, carecia de amadurecimento. Enquanto convalescia de uma enfermidade, dedicou-se à reflexão sobre a natureza de seus métodos não convencionais e chegou a notáveis conclusões. Foi Lawrence quem concebeu e levou a cabo pessoalmente a manobra indireta que resultou na conquista de Akaba, no Mar Vermelho, atacando a importante cidade portuária pela retaguarda. Emergindo da vastidão do deserto, fez uso de uma improvável direção de ataque, surpreendendo a despreparada guarnição turca. Essa foi, de fato, a primeira ação planejada da campanha de Faissal, o que levou Lawrence a insistir para que o empirismo fosse abandonado.

Entretanto, mesmo acumulando sucessos e tendo seu êxito reconhecido, Lawrence nunca esteve livre dos atritos e das desavenças com os militares mais ortodoxos. Condenava-os por reprovarem seus métodos pouco usuais e, sobretudo, por não compreenderem, com suas óticas restritas, as possibilidades políticas e estratégicas da revolta que assumira como sua:

> [...] os soldados estão sempre dispostos a acreditar na inferioridade dos nativos... O Estado-maior achava que sabia mais sobre a guerra do que eu, e recusou-se a aprender comigo algo sobre as estranhas condições em que os irregulares árabes tinham de agir.[10]

Cônscio de que a Inglaterra não honraria os compromissos firmados em tempos de guerra, Lawrence via a si próprio como um "impostor".[11] Durante os dois anos de sua extenuante jornada, foi consumido pelo conflito interior que antepunha o dever patriótico de sua missão de contribuir com o esforço de guerra britânico a uma impossível (porém almejada) sinceridade com os nativos de quem angariara o respeito e a admiração, compartilhando os riscos e as privações da campanha no deserto. Ainda assim, fez deles um instrumento útil para a vitória inglesa – "explorava os seus ideais mais elevados e convertia o seu amor pela liberdade em mais um instrumento para ajudar a Inglaterra a vencer [...]. Ali na Arábia, por necessidade da guerra, estava trocando a minha honestidade pela defesa da Inglaterra"[12] – confessou.

O método empregado por Lawrence e pelos outros assessores britânicos, segundo o qual dirigiram as irreconciliáveis tribos árabes, consagrou-se como um padrão para as futuras forças especiais na condução de segmentos irregulares locais. Manipulando e seduzindo a liderança nativa, assegurou que suas ações convergissem para os próprios objetivos ingleses:

> Sempre tivéramos por princípio só dar ordens aos árabes através de seus próprios chefes. Assim, não havia precedente para a obediência ou desobediência – e eles seguiam como cordeirinhos.
> [...] Eram nossos fantoches, lutando encarniçadamente contra o inimigo.[13]

Em retrospecto, T. E. Lawrence,

> Com sua excepcional astúcia e coragem física, obteve a admiração unânime dos árabes. Nenhuma privação física lhe era estranha: experimentou a fome, a tortura e, muitas vezes, testava suas forças além do que era requeri-

do pela ação a que se propunha. Entre 1917 e 1918, Lawrence chefiou tribos, conquistou cidades, dinamitou trens, desnorteou o inimigo com suas estratégias ousadas e eficazes, manipulou e deturpou informações, enganando os turcos e alemães, e, quando chegou a vitória, retirou-se anonimamente.[14]

A desordem máxima era o nosso equilíbrio

Não sendo um soldado profissional, Lawrence não estava impregnado das ideias de Clausewitz ou pelo dogmatismo intransigente do pensamento militar do início do século passado, o que, aliado ao seu aguçado senso crítico, lhe permitiu refletir livremente sobre a natureza da Revolta Árabe e da guerra irregular em si. Identificou equívocos na imatura campanha de Faissal e procurou explorar em toda a sua plenitude as vantagens proporcionadas pela heterodoxia da guerra irregular. Seu sucesso como comandante guerrilheiro em campanha transformou-o em uma lenda, mas suas ideias colocaram-no à frente de seu tempo.

Bem cedo, identificou que na guerra irregular os aspectos puramente militares são os menos importantes, ao admitir que "[...] a rebelião não era como a guerra; na verdade, estava mais para a natureza da paz".[15]

Estando o sucesso ou o fracasso da Revolta diretamente associados ao apoio da população nativa e à superação das divergências tribais, aperfeiçoou aquilo que chamou de "escadas de tribos" – cooptando sucessivamente, uma a uma, assegurava o aumento do efetivo das forças rebeldes por meio do ingresso de maior número de guerreiros cujos clãs aderiam voluntariamente ao movimento e, ainda, ampliava a área geográfica sob a influência de Faissal. Fazendo uso do termo "pregação" para definir o que, hoje, é conhecido como "operações psicológicas", foi capaz de distinguir públicos-alvo e mostrou-se sensível ao advento dos modernos meios de comunicação de massa:

> Eu não percebera que a pregação já era uma vitória, e que a luta em si não passava de uma ilusão. No momento ainda vinculava as duas coisas. Felizmente, como Faissal gostava de mudar as mentes dos homens mais do que destruir ferrovias, a pregação correu melhor do que o esperado.
>
> Uma província seria conquistada quando tivéssemos ensinado aos civis que nela habitavam a morrer por nosso ideal de liberdade. A presença do inimigo era secundária.
>
> Tínhamos de arrumar suas mentes [dos guerrilheiros] em ordem de batalha, com o mesmo cuidado que outros oficiais arrumavam formalmente seus corpos [...]. Devíamos também arrumar as mentes do inimigo, na medida

em que pudéssemos alcançá-las. Havia também as outras mentes que nos apoiavam por trás da linha de combate, já que mais da metade da batalha se travava na retaguarda. E não podíamos esquecer as mentes da nação inimiga [...] assim como os neutros que nos observavam.

A imprensa e todos os meios de comunicação recentemente descobertos favoreciam o intelecto acima do físico.[16]

Por ocasião do início da Revolta, prevalecia o consenso, tanto entre os árabes quanto entre os britânicos, de que a conquista de Medina era algo imprescindível – um objetivo de campanha óbvio e natural. Ao contrário do que todos acreditavam, Lawrence percebeu que conquistá-la seria um erro. Uma grande batalha de sítio divergia da natureza das forças rebeldes. Contrariando a obtusa lógica militar do início do século XX, Lawrence optou por desenvolver uma estratégia nitidamente indireta.

Os turcos não abririam mão da cidade santa do Islã cuja posse conferia certa legitimidade ao domínio do Império. Todavia, manter uma posição tão meridional implicaria em uma retaguarda distendida e exposta, aumentando o eixo logístico e as linhas de comunicações turcas, que se materializavam na ferrovia do Hejaz. Já uma eventual queda de Medina motivaria o retraimento do dispositivo inimigo, deixando sua retaguarda menos vulnerável. Assim sendo, o que os rebeldes árabes deveriam fazer era atacar, em profundidade cada vez maior, a ferrovia. Foi justamente com esse propósito que Lawrence concebeu a conquista de Akaba – para dispor de uma base que permitisse realizar incursões na Palestina. Os turcos, em contrapartida, permaneceriam confinados em Medina, com o sistema logístico seriamente comprometido, sem condições de empreenderem operações ofensivas a partir da cidade santa. De fato, a capacidade ofensiva inimiga foi dissipada pelas inúmeras guarnições posicionadas ao longo da ferrovia, destinadas a protegê-la das incursões guerrilheiras.

Gozando da inigualável capacidade dos nômades beduínos de superarem grandes distâncias através do deserto com o mínimo de provisões, as forças árabes determinavam onde e quando a ferrovia seria atacada, desaparecendo em seguida na vastidão das dunas de areia. Suas ações eram calcadas na surpresa e na rapidez. Assim, os guerrilheiros detinham a iniciativa, enquanto as forças turcas se limitavam a responder aos "estímulos táticos" dos rebeldes. Em suas incursões, os homens de Faissal demoliram pontes, descarrilaram composições, destruíram dezenas de quilômetros de trilhos, dinamitaram aquedutos, pilharam estações ferroviárias, derrubaram postes e cortaram cabos telegráficos.

Em suas reflexões, Lawrence concluiu que conduzir os árabes para um enfrentamento campal deliberado, o propósito natural de todo exército regular, seria um grave erro. Ao contrário, continuar a luta evitando a "batalha decisiva" era a essência da guerrilha:

> [...] a guerra de Foch parecia apenas uma variante do extermínio... Podia-se perfeitamente chamá-la de "guerra de assassinato".
> [...] comecei a definir os alvos da guerra. Os livros descreviam uma parte, a destruição das forças inimigas através de um processo, a batalha. A vitória só poderia ser conquistada pelo sangue. Era algo que não se aplicava muito ao nosso caso.
> As batalhas na Arábia eram um equívoco... nossa melhor ação era não defender nada, não atirar em nada. Nossos trunfos eram a velocidade e o tempo, não a capacidade de agressão.
> Quase todas as guerras eram guerras de contato, em que as duas forças se empenhavam nele a fim de evitar alguma surpresa tática. A nossa deveria ser uma guerra de separação. Deveríamos conter o inimigo pela ameaça de um deserto vasto e desconhecido, sem revelar a nossa presença, até o momento de atacar.
> Nossa tática se basearia em ataques inesperados e recuos subsequentes, não em ofensivas. Nunca deveríamos tentar consolidar e aprofundar uma vantagem. Deveríamos usar a menor força, com a maior rapidez, no local mais distante.[17]

O controvertido assessor britânico percebeu que a vulnerabilidade do Exército turco encontrava-se em seu sistema logístico, sobretudo na reposição do material de emprego militar. Logo, causar danos materiais aos turcos era mais útil à causa árabe do que causar baixas entre suas fileiras. "As mortes eram dispensáveis"[18] – disse ele. Já o contrário era válido para as forças rebeldes. Acostumados a subsistirem na pobreza, os guerreiros nômades sempre careceram de meios materiais, na guerra ou na paz. Todavia, as perdas humanas poderiam minar a vontade de lutar das diversas tribos e essas observações convergiam para a "negação da batalha decisiva".

Contudo, próximo à vila de Tafileh, Lawrence, acompanhando um grupo guerrilheiro, identificou a oportunidade de subjugar um contingente turco, impondo-lhe um grande revés tático. Depois de intenso combate, os turcos foram vencidos. Infelizmente, as baixas entre os árabes também foram consideráveis. Lawrence, apesar de haver concebido a Batalha de Hesa (como ficou conhecida), admitiu mais uma vez a inconveniência dos processos diretos e a inutilidade daquela vitória tão laureada pelo alto-comando:

> Poderíamos ter vencido recusando uma batalha.
> [...] Por minha decisão de lutar, eu matara vinte ou trinta de nossos seiscentos homens, e os feridos atingiram um número três vezes maior. Era uma

parcela considerável de nossa força perdida por um trunfo verbal, pois a destruição daqueles mil pobres turcos não afetaria o resultado da guerra.
[...] Eu não era um palhaço que apregoava as teorias de Foch, como eles [os militares profissionais] faziam, com a cabeça inebriada pela perspectiva de derramamento de sangue, ao melhor estilo de Clausewitz.
[...] Nunca mais fomos combativos.[19]

A partir do combate de Hesa, Lawrence predispôs-se a sofrer baixas tão somente quando o objetivo e a missão tornavam-nas inevitáveis. Caso contrário, esperava nova oportunidade para agir, o que demonstrava claramente que imprimia seu próprio ritmo às operações. De fato, não importava a manobra que o inimigo levasse a cabo na linha de frente, os árabes detinham a iniciativa nas ações em profundidade contra a retaguarda turca. Logo, os árabes travavam um combate não linear, em um mundo em que predominava a guerra de segunda geração.

Além dos níveis tático e estratégico, Lawrence passou a considerar três elementos distintos. Os elementos algébricos relacionavam-se com fatores mensuráveis como a área geográfica, as distâncias, o terreno e as condições meteorológicas. O que chamou de elemento biológico era afeto ao "gênio dos guerreiros tribais". Por fim, determinou um elemento psicológico na guerra irregular, empregou o termo "propaganda" e afirmou que "era mais sutil do que a tática e valia mais a pena ser feita, porque lidava com o incontrolável, com coisas que escapavam à ordem direta".[20]

Lawrence identificou que não só o apoio ativo da população era importante. Era vital também gozar da simpatia da maior parte dos nativos, que não se envolvia diretamente nas hostilidades, sobretudo para vencer a guerra da informação. Assim, a Revolta Árabe obtinha sucesso nos pontos-chave da guerra irregular, não na linha de frente, mas no apoio da população, no campo da inteligência militar e nas incursões contra a retaguarda profunda do Exército turco.

As incursões da guerrilha seguiam princípios simples – surpresa, rapidez, ataque a pontos fracos e "independência de artérias de suprimento".[21] Em fragmentos de sua obra, Lawrence corrobora essa afirmação:

[...] quanto mais desguarnecido o alvo, maior seria o sucesso tático [...] desenvolvendo o hábito de jamais empenhar o inimigo em combate.
Nossas batalhas se travavam em minutos, a trinta quilômetros horários.
A surpresa era o nosso principal aliado.
[...] precisávamos estar preparados e postos no lugar em que nosso peso e nossas táticas fossem menos esperados e mais danosos.
Vivíamos de nossa precariedade e derrotávamos os turcos com a nossa incerteza.[22]

Todavia, percebeu também que essa campanha de incursões guerrilheiras só poderia ser levada com bom termo por pequenos efetivos, e sobre os guerreiros tribais árabes escreveu:

> Em conjunto, não eram formidáveis, já que não possuíam um espírito de união, disciplina ou confiança mútua. Quanto menor a unidade, melhor o seu desempenho. Mil homens constituíam uma turba descontrolada, completamente ineficaz diante de uma companhia de turcos bem treinados. Mas três ou quatro árabes, em suas colinas, podiam deter uma dúzia de turcos.[23]

Analisando o que hoje seria chamado de assimetria de seus métodos ante as forças regulares do Império Turco Otomano, Lawrence concluiu:

> Os desdobramentos administrativos da guerra científica haviam afetado a sua mobilidade e destruído o seu ímpeto.
> [...] Os turcos eram estúpidos; os alemães por trás deles eram dogmáticos. Pensariam que a rebelião era absoluta como a guerra e a enfrentariam com base na analogia da guerra. Só que a analogia nas coisas humanas era sempre impalpável. Fazer guerra a uma rebelião era algo lento e incômodo, como tomar sopa com uma faca.
> [...] Os exércitos eram como plantas, imóveis, enraizados, alimentados através de hastes compridas. Podíamos ser um vapor, soprando por toda parte. Nossos reinos estavam na mente de cada homem. Como nada queríamos de material com que viver, nada podíamos oferecer de material para matar. Parecia que um soldado regular podia tornar-se impotente sem um alvo, subjugando apenas aquilo para que podia apontar seu fuzil, sob ordens [...]. Mas suponhamos que fôssemos (como podíamos ser) uma influência, uma ideia, uma coisa intangível, invulnerável, sem vanguarda nem retaguarda, pairando por toda parte como um gás?[24]

Sem metodologia ou sistematização pragmática, dispondo apenas da reflexão pessoal e da experiência em campanha, Lawrence elaborou, durante os dois anos de guerra no deserto, um conjunto de ideias, conceitos e princípios acerca da guerra irregular que proporcionou uma base teórica à campanha guerrilheira das forças rebeldes de Faissal. Suas conclusões, muitas vezes, são perfeitamente associáveis e úteis na compreensão das ideias advogadas pelos teóricos da guerra de quarta geração:

> Num sentido concreto, a desordem máxima era o nosso equilíbrio... não tínhamos disciplina no sentido restritivo, que sufoca a individualidade...
> A guerra árabe deveria... ser simples e individual. Cada homem deveria servir na linha de frente e ser autossuficiente lá. A eficiência de nossas forças era a eficiência pessoal de cada homem.
> A guerra irregular era muito mais intelectual que uma carga de baioneta, muito mais extenuante do que a obediência cômoda de um exército ordenado. Os guerrilheiros deviam dispor de uma margem ampla para ma-

nobrar. Na guerra irregular, havendo dois homens juntos, um deles estava sendo desperdiçado. Nosso ideal deveria ser o de transformar a batalha numa série de combates individuais, e nossos homens numa feliz aliança de comandantes-em-chefe.[25]

A magnitude das ideias e práticas de T. E. Lawrence só pode ser corretamente dimensionada e avaliada se confrontada com a realidade dos duelos de artilharia e com o genocídio das trincheiras que caracterizaram a ignóbil guerra na Europa Ocidental entre os anos de 1914 e 1918. Suas considerações acerca da natureza da guerra irregular atravessaram o século xx e ainda permanecem válidas. Não é de surpreender, portanto, que, transcorridos cerca de cem anos, seu livro *Os sete pilares da sabedoria* tenha despertado um invulgar interesse entre os soldados da força de coalizão, empenhados na conturbada ocupação do Iraque.

MAQUIS & PARTISANS NA SEGUNDA GUERRA MUNDIAL

Durante a Segunda Guerra Mundial (1939-1945), forças irregulares desempenharam um destacado papel na luta contra o Eixo, tanto na Europa quanto na Ásia. Algumas campanhas assumiram grandes proporções. Todavia, permaneceram como um desdobramento secundário do conflito, cujo papel principal coube, essencialmente, aos exércitos regulares nacionais, que com suas grandes batalhas de atrito, uma após a outra, conduziram a "guerra total" de Clausewitz a seu trágico apogeu.

Por definição, a guerra irregular assumiu o caráter de "guerra de resistência", ou seja, foi conduzida por grupos nativos contra forças estrangeiras de ocupação. O uso da expressão "guerra de *partisans*" (*partisans warfare*) consagrou-se como sinônimo de "guerra de guerrilhas". O termo *partisan* tem sua origem na França medieval e faz alusão aos soldados conhecidos por "*partis* de guerra", os quais eram incumbidos de realizar pequenas incursões, emboscadas, ações de espionagem e coisas do gênero.

O êxito alcançado por alguns movimentos europeus e, sobretudo, o envolvimento de ingleses e norte-americanos com organizações clandestinas e forças guerrilheiras contribuíram tanto para o desenvolvimento, a sistematização e a difusão das operações não convencionais quanto para a integração de operações militares nos dois espectros de conflito – regular e irregular.

Em 1939, a Alemanha ocupou a Europa Oriental; em 1940, a Europa Ocidental; em 1941, a península balcânica e, em 1943, com a capitulação de seu principal aliado, a península itálica. A "lógica" da ideologia nazista fez com que as ocupações no leste e no oeste assumissem significados bem distintos. De acordo com a teoria do Espaço Vital, os objetivos expansionistas do III Reich encontravam-se nas vastas planícies do Leste Europeu e, em termos raciais, os povos eslavos, que lá viviam, eram considerados inferiores, *untermenschen* (subumanos). Logo, o domínio alemão estava predestinado a ser (como de fato foi) terrivelmente mais cruel no leste.

Entretanto, contrariando o que era difundido pela propaganda de Berlim, a ocupação nazista, onde quer que ocorresse, em vez de estender às nações derrotadas militarmente os tão apregoados "benefícios" do nacional socialismo, impôs-se pela opressão da conquista que se respaldava exclusivamente na força das armas. A despeito do colaboracionismo que se manifestou, em maior ou menor grau, em todos os países e territórios invadidos, a intolerância e a violência dos nazistas, que avançaram "muito além de qualquer razoável necessidade militar",[26] frustraram as poucas chances que tinham de seduzir "corações e mentes" dos povos subjugados. Na verdade, nunca tiveram essa pretensão. E, assim sendo, não tardaram a surgir, de forma espontânea, movimentos de resistência por toda a Europa.[27]

No decorrer da guerra, as condições das populações dos países conquistados agravaram-se continuamente. Como se não bastassem a aplicação das leis raciais de Nuremberg em todos os territórios sob a jurisdição do Reich e as campanhas assassinas dos Einsatzgruppen no leste, a implementação da chamada "solução final" desencadeou, a partir de janeiro de 1942, um franco e sistematizado processo de extermínio físico dos judeus. A ampliação do conflito, com o ingresso da União Soviética e dos Estados Unidos, em 1941, passou a exigir da Alemanha um esforço de mobilização cada vez maior. Em decorrência, a espoliação das economias dos países ocupados também aumentou. A produção interna, a força de trabalho e a infraestrutura de transportes e energia passaram ao controle direto da administração alemã, que não hesitou em empenhá-las em proveito próprio. As requisições de bens e alimentos tornaram-se frequentes, assim como os trabalhos forçados. Deportações, racionamento e fome afligiam as populações subjugadas. Tudo isso contribuiu para aprofundar o ressentimento e a insatisfação com a ocupação militar germânica e, por conseguinte, fomentar a resistência armada.

SOE e OSS

Em julho de 1940, Hitler regozijava-se com um repertório notável de vitórias conquistadas em um espaço de tempo relativamente curto. A Wehrmacht, com campanhas surpreendentemente rápidas e brilhantes, ocupara a Dinamarca, a Noruega, os Países Baixos e infligira uma derrota humilhante à França. A Força Expedicionária Britânica ou o que restou dela escapou por pouco da derrota total em Dunquerque, retirando-se pelo canal da Mancha. No ano anterior, os alemães haviam ocupado boa parte da Europa Oriental e, no campo diplomático, firmaram um inesperado pacto de não-agressão com os soviéticos.

A Inglaterra parecia sitiada e tornara-se o último baluarte contra a expansão nazista na Europa. Existiam dúvidas quanto à capacidade de suas desorganizadas defesas conterem uma eminente invasão alemã. Mesmo estando disposta a não se render e continuar lutando, não dispunha dos meios militares convencionais necessários para desferir contra-ataques de grande envergadura contra os territórios continentais ocupados.

Churchill, determinado a manter vivo o espírito combativo dos ingleses e seus aliados e adotando uma postura ofensiva, mesmo que limitada, estava propenso a apelar para qualquer recurso que o permitisse a continuar lutando, mostrando-se, dessa forma, acessível a abordagens menos ortodoxas da guerra. A tradição imperial britânica de travar pequenas guerras coloniais proporcionou alternativas atraentes para o primeiro-ministro. A intensa atividade irregular dos nacionalistas católicos na Irlanda e do movimento sionista na Palestina forneceu um aprendizado ímpar para inúmeros oficiais incumbidos de erradicá-la. Diante de um inimigo mais poderoso, poderiam recorrer aos mesmos artifícios empregados pelos insurretos na África do Sul, na Irlanda, na Palestina e em tantos outros rincões do Império. A aquisição de capacidades não convencionais por parte das Forças Armadas britânicas promoveu o singular desenvolvimento das operações especiais durante a Segunda Guerra Mundial, como as "ações do tipo comandos", por exemplo.

Churchill afirmou possuir, ainda, a intenção de "incendiar a Europa", fomentando a resistência nos países ocupados. Para tanto, determinou a criação de um órgão específico, que nasceu da fusão da seção de sabotagens da agência de inteligência MI6, de um dos departamentos de propaganda do Ministério das Relações Exteriores e do ramo de pesquisas do Ministério da Guerra. Esse organismo, cujo primeiro chefe foi Gladwyn Jebb, recebeu a denominação de Executiva de Operações Especiais (Special Operations Executive – SOE).

A SOE contava com um núcleo de 13 mil homens e mulheres, distribuídos em seções de países (como a seção francesa, a seção polonesa, a seção iugoslava etc.). A maior parte de seus agentes era constituída por estrangeiros que, depois de treinados, retornavam a seus lares para atuar nos diversos movimentos de resistência locais. O comando da SOE mantinha estreito contato com os governos exilados na Inglaterra, por meio dos quais coordenava suas ações clandestinas. A partir de 1943, o major general Colin Gubbins, um escocês veterano das campanhas contra o IRA que fora, também, o primeiro diretor de operações e treinamento da SOE, assumiu a liderança da organização.

Inspirados pelos bons resultados obtidos por seus aliados britânicos no combate subterrâneo, os Estados Unidos criaram o Escritório de Serviços Estratégicos (Office of Strategic Services – OSS). Juntos, SOE e OSS recrutaram, treinaram e infiltraram agentes na Europa ocupada. Suas tarefas básicas consistiam em organizar, instruir, coordenar e suprir grupos de resistência, com ênfase nas práticas de guerrilha, que poderiam comprometer as comunicações inimigas e diversos outros recursos empenhados no esforço de guerra. No repertório de missões dos agentes que se lançavam de paraquedas ou se infiltravam por submarinos constavam assassinatos, sabotagens, sequestros e operações de informações. SOE e OSS foram responsáveis pelo envio de toneladas de armas, munição, explosivos, comida, remédios, equipamento de radiotransmissão e toda sorte de suprimentos para forças irregulares na Europa e na Ásia.

Se, por um lado, a natureza similar e a íntima colaboração promoviam um trabalho harmonioso entre SOE e OSS, por outro, o relacionamento da Executiva de Operações Especiais com a comunidade de inteligência britânica, em especial com o MI6, e com o Ministério das Relações Exteriores era marcado por rivalidades e desavenças, tornando a atuação da SOE alvo de constantes críticas.

Mesmo com a longa experiência subversiva soviética do NKVD (Comissariado Popular de Assuntos Internos, a polícia política que antecedeu a KGB) e do Kominter, e com os bons serviços prestados pela OSS, a SOE consagrou-se como a mais importante organização do gênero durante a Segunda Guerra Mundial. Ela esteve por trás do assassinato de Reinhard Heydrich, da incursão contra a Norsk Hydro, da operação Jaywichy, que afundou cerca de 30 mil toneladas em embarcações e cargas japonesas no porto de Singapura em 1943, e do patrocínio a diferentes movimentos de resistência.

A resistência

A luta contra a dominação alemã não esteve imune às divergências internas, fossem elas políticas, ideológicas ou mesmo étnicas. Os diversos movimentos de resistência apresentaram cisões que, por vezes, revelaram-se trágicas, como na Iugoslávia ou na Polônia, por exemplo. Já em outros países, como a França, os esforços pela unificação dos diferentes segmentos de oposição ao regime nazista foram mais bem-sucedidos.

De qualquer forma, a resistência, na Europa, constituiu uma força complementar que, sem dúvida, concorreu para a derrocada do III Reich. Em seu amplo repertório de feitos, que abarcou desde a resistência passiva à guerra de guerrilhas, encontram-se a execução deliberada de sabotagens; greves; operações psicológicas conduzidas por uma atuante e criativa imprensa clandestina; operações de coleta de informações; cobertura e auxílio à fuga e evasão de pessoas perseguidas; incursões; ações diretas; emboscadas; destruições; assassinatos de lideranças nazistas ou de colaboradores e, é claro, combates de maior envergadura travados por grandes contingentes guerrilheiros. Por tudo isso, a Gestapo não tardou em qualificar os militantes desses movimentos como "terroristas" e empreender-lhes dura repressão.

De um modo geral, a resistência iniciou-se com grupos desorganizados e mal preparados, mas que paulatinamente transformaram-se em grandes e bem estruturados movimentos subterrâneos. Os comunistas que poderiam ter protagonizado a resistência desde o início, por já disporem de longa tradição de militância clandestina e de organismos subversivos atuantes, só aderiram incondicionalmente à luta contra as forças de ocupação em junho de 1941, quando a Alemanha de Hitler invadiu a Rússia de Stalin, rompendo o pacto de não-agressão firmado entre as duas potências dois anos antes. Uma vez engajados definitivamente na luta, os comunistas desempenharam um papel decisivo. A identificação que os alemães faziam entre "comunistas" e "terroristas" serviu, apenas, para aumentar-lhes o prestígio junto à opinião pública.

Algumas ações ligadas à resistência tornaram-se célebres, como o atentado que matou um dos principais artífices do holocausto, Reinhard

Heydrich, ou a incursão da resistência norueguesa contra a fábrica eletroquímica Norsk Hydro, produtora de "água pesada" – um óxido utilizado no enriquecimento do urânio, que poderia ter ajudado a Alemanha a desenvolver seu próprio artefato nuclear. Entretanto, foi a contínua e sistemática atuação de grupos guerrilheiros que contribuiu efetivamente para a vitória final, mobilizando significativos contingentes inimigos a lhes dar combate e infligindo danos pequenos, porém continuados, ao III Reich. Na Iugoslávia, por exemplo, onde a guerra de guerrilhas atingiu seu ápice, encontravam-se empenhadas na luta contra os *partisans* de Tito, na primavera de 1944, nada menos do que 15 divisões alemãs. Na Polônia, o principal movimento de resistência, o Armija Krajowa (AK), contabilizou, ao longo de sua trajetória, 800 descarrilamentos, 20 mil vagões avariados, 25 mil sabotagens e 6 mil atentados contra alemães.

Obviamente, em cada território ocupado, a reação clandestina e a guerra irregular manifestaram-se de forma distinta e atingiram proporções diferenciadas. Para tanto concorreram fatores endógenos, como, por exemplo, a fisiografia local, a distribuição demográfica e diferentes aspectos psicossociais, quanto fatores externos, como a natureza e a dimensão do apoio proveniente do exterior e a própria política de ocupação nazista. O principal traço em comum da resistência em toda a Europa, contudo, foram as brutais represálias alemãs perpetradas de forma indiscriminada contra a população civil indefesa.

A RESISTÊNCIA FRANCESA

No ano de 1940, em pouco mais de dois meses de campanha, a Wehrmacht infligiu uma humilhante derrota à França. O armistício que se seguiu impôs seu desmembramento, permanecendo o norte militarmente ocupado. Na porção meridional de seu território, foi instaurada uma república títere com sede na cidade de Vichy. O sul manteve sua nominal autonomia até novembro de 1942, quando os alemães estenderam sua ocupação a todo o país.

Bem cedo, surgiram inúmeras organizações clandestinas que se opuseram ao domínio nazista e ao colaboracionismo de Vichy. Nos primeiros anos após a derrota, graças à ausência das tropas germânicas no sul, as forças irregulares dedicaram-se, sobretudo, à propaganda e à estruturação do movimento de resistência. No norte, ao contrário, defrontaram-se, desde o princípio, com a repressão dos órgãos de segurança alemães, em especial a Gestapo.

O general Charles de Gaulle, responsável pelo governo da França Livre no exílio, reconheceu a grande contribuição que a resistência interna poderia prestar ao esforço de guerra aliado e admitiu a necessidade de unificar os diversos segmentos da luta clandestina. Em 1942, empenhou Pierre Brossolette nessa missão. Todavia, coube a Jean Moulin fundar, em maio do ano seguinte, o Comitê Nacional da Resistência, congregando movimentos de diferentes matizes ideológicos.

Atuando em todo o país e desenvolvendo todo tipo de operação de guerra irregular, da propaganda à guerra de *partisans*, da sabotagem ao terrorismo, a resistência francesa abrangeu consideráveis contingentes guerrilheiros (estruturados em *maquis* por todo o território nacional) e organizações subterrâneas, como o Resistance Fer – que dirigiu a luta clandestina dos ferroviários empreendendo sistemática campanha de sabotagens. Estima-se que, em 1944, ano da libertação, aproximadamente 400 mil pessoas estavam envolvidas com a resistência, das quais 116 mil empunhavam armas.

Quando se aproximou o fim da ocupação, com os desembarques dos exércitos aliados ao norte, na Normandia, e ao sul, na Riviera, a resistência pôde, com justo respaldo, reivindicar sua significativa participação na vitória sobre o nazismo. Em 18 de agosto de 1944, foi deflagrada uma greve geral. No dia seguinte, Paris sublevou-se. A principal força irregular na batalha pela libertação da cidade foram as Forces Françaises de l'Interieur (FFI), lideradas pelo comunista coronel "Rol" Tanguy, sofrendo cerca de 2,5 mil baixas nos combates subsequentes. A 2ª Divisão Blindada (francesa), que desembarcara com os Aliados na Normandia, comandada pelo famoso general Leclerc, atingiu a capital com seus elementos de vanguarda no dia 24. Menos de 48 horas depois, Paris já era dada como libertada.

OS *PARTISANS* DE TITO E A RESISTÊNCIA IUGOSLAVA

Foi na península balcânica que a guerra de guerrilhas adquiriu maiores proporções. Em nenhum outro país os *partisans* desempenharam um papel tão proeminente na libertação da pátria como na antiga Iugoslávia, onde a longa tradição de violência étnica contribuiu tanto para o êxito da resistência contra as forças de ocupação do Eixo quanto para a luta fratricida que se desenvolveu em seu seio.

Como Estado nacional, a Iugoslávia nasceu do desmembramento do Império Austro-Húngaro ao término da Primeira Grande Guerra, sofreu um período de ocupação estrangeira durante a Segunda Guerra Mundial e deixou de existir com o fim da Guerra Fria, quando se fragmentou em meia dúzia de Estados menores. Era uma entidade política sul-eslava que encobria grandes tensões sociais e apresentava frágil coesão interna. Suas fronteiras abrigavam, ao mesmo tempo, o catolicismo, o cristianismo ortodoxo e o islamismo. As regiões da Eslovênia, Croácia, Sérvia, Monte Negro, Bósnia-Herzegovina e Macedônia constituíam grupos étnicos que reivindicavam identidades nacionais próprias e aspiravam autonomia. Como se não bastasse, no período entre-guerras (1918-1939), a difusão de ideologias radicais, especificamente o fascismo e o comunismo, contribuiu para exacerbar, ainda mais, os antagonismos internos já existentes.

Em abril de 1941, os alemães intervieram militarmente na península. Vitoriosos, optaram por desmembrar a Iugoslávia, conferindo autonomia à Croácia, cuja milícia *ustachi* empreendeu sistemática perseguição não só aos judeus, como também aos dois milhões de sérvios, que constituíam a minoria local. Refugiando-se nas montanhas, oficiais e praças remanescentes do Real Exército Iugoslavo e sérvios fugidos da Croácia organizaram, sob o comando do coronel Draza Mihailovitch, grupos de guerrilha denominados *chetniks*. Mihailovitch foi considerado o "primeiro líder da resistência na Europa ocupada".

Entrementes, o secretário-geral do partido comunista, Joseph Broz "Tito", a quem caberia, de fato, protagonizar a guerra nos Bálcãs, protelara o início da resistência. Como filiado do Kominter, Tito viu-se obrigado a acatar o Pacto Nazi-Soviético, que só foi rompido em 22 de junho, quando Hitler determinou a invasão da Rússia, e Moscou conclamou todos os comunistas a travarem a "Grande Guerra Patriótica". Tito suplantou Mihailovitch na liderança da luta armada. Na verdade, depois de débeis esforços para unificar a resistência, a relação entre ambos degenerou-se em franca hostilidade.

O resoluto e carismático Tito foi, ao longo de sua vida, camponês, operário, revolucionário, *partisan*, general e estadista. Sagrou-se como um dos mais notáveis comandantes guerrilheiros da história ao liderar a resistência iugoslava. Como marxista, sua abordagem materialista das relações de classes ajudou-o na formulação de uma alternativa política capaz de superar as divergências étnicas e o nacionalismo sectário que ameaçavam a coesão do movimento de luta contra a ocupação estrangeira. Como secretário-geral do PC, criara, no período que antecedera a eclosão do conflito, a estrutura subterrânea destinada a dar suporte à militância revolucionária e às suas práticas subversivas. Todavia ainda não dispunha de forças guerrilheiras quando a guerra teve início. Para compor o núcleo de seu futuro exército *partisan*, procurou arregimentar os comunistas veteranos das Brigadas Internacionais que combateram durante a Guerra Civil Espanhola.

Tal qual Mao Tsé-tung, que naquele momento opunha-se à ocupação japonesa da China, Tito interpretava a guerra de resistência contra as forças do Eixo como uma luta efêmera, uma etapa transitória na busca de um objetivo maior – a edificação de um Estado marxista. Entendia a vitória militar, portanto, como um pré-requisito para a revolução política. O comandante *partisan* manteve-se, dessa forma, focado em seu mais ousado projeto: a revolução proletária, cujo processo deveria avançar após o fim da intervenção armada estrangeira. Como Mao, Tito também se convenceu de que o universalismo das ideias impostas pela Internacional Comunista, à qual se subordinara fielmente, divergia das peculiaridades locais e acabou libertando-se do dogmatismo do Kominter e da intransigência de Moscou, proporcionando uma identidade própria ao comunismo iugoslavo. A luta conduzida por Tito apresentou significativas semelhanças com a estratégia de Mao Tsé-tung, segundo a qual o líder comunista chinês consubstanciou sua consagrada teoria da guerra irregular:

- luta política e militar indissociáveis, compartilhando o mesmo nível de comando (Tito tornou-se, ao mesmo tempo, comandante militar e líder político, enquanto o comitê executivo do Partido Comunista iugoslavo converteu-se no Estado-Maior Geral do Movimento de Libertação do Povo);
- expansão contínua dos grupos guerrilheiros, a fim de transformá-los em um poderoso exército regular;
- respeito à população civil com vistas a angariar-lhe o apoio (no caso específico da Iugoslávia, tal conduta constituiu um aspecto quase inovador, em virtude da tradição balcânica de violência interétnica);
- culto à férrea disciplina militar, sobretudo no trato com a população;
- educação ideológica como alicerce para a motivação dos guerrilheiros e a coesão do exército de libertação;
- papel preponderante do exército guerrilheiro como instrumento da revolução política e de promoção da coesão nacional;
- recusa em defrontar-se abertamente contra um inimigo mais forte, oferecendo-lhe batalhas decisivas;
- recusa em defender terreno ante poderosas ofensivas inimigas, realizando movimentos retrógrados por meio de longas marchas habilmente executadas.

O Partido Comunista iugoslavo contava, inicialmente, com cerca de 12 mil militantes, articulados em uma razoável rede de células clandestinas. Para as primeiras ações de guerrilha, foram constituídas companhias com cinquenta *partisans*. Cinco companhias formavam um destacamento. Tito promoveu a contínua e obstinada expansão de sua força de resistência, organizando "brigadas proletárias", cuja designação deixava clara a feição marxista de sua luta. No final de 1941, já contava com aproximadamente 80 mil voluntários. Um ano depois, dispunha de 28 brigadas e um efetivo de 150 mil *partisans*. Em 1943, de acordo com algumas estimativas, esse número era superior a 300 mil e, quando a guerra chegou ao seu fim, Tito comandava 800 mil patrícios. Com invulgar habilidade, combatendo alemães, italianos, *ustachis* e *chetniks*, o líder *partisan* conduziu, por quase quatro anos, uma tenaz e violenta campanha, evitando, por pouco, a derrota em consecutivas e vultusas ofensivas inimigas.

Os comunistas não negligenciaram o caráter político de seu movimento de resistência. Paralelamente à estrutura militar e às operações guerrilheiras, organizaram a administração dos territórios liberados por meio de Comitês de Libertação do Povo, cuja capilaridade abrangia municípios, distritos, comunas e aldeias. Nas áreas ocupadas pelo inimigo, criaram Comitês Secretos de Libertação. Para coordenar as atividades dos milhares de comitês espalhados por todo país, em novembro de 1942, foi criado o Conselho Antifascista de Libertação Nacional.

Questões logísticas mereceram especial atenção, pois nos estágios iniciais da luta os guerrilheiros de Tito padeceram da falta de suprimentos, subsistindo com o que capturavam do inimigo. A disponibilidade de armamento era insuficiente. Da mesma forma, era severamente precária a situação dos milhares de feridos, que os comunistas insistiam em não abandonar. Quando os italianos capitularam, em 1943, grande parte de suas armas e provisões caiu nas mãos da resistência, proporcionando-lhe novo alento.

Durante os primeiros anos da guerra, os *partisans* careciam do apoio externo que os Aliados ofereciam, exclusivamente, aos destacamentos *chetniks*. Entretanto, no decorrer do conflito, a postura anticroata e anticomunista do coronel Mihailovitch levou-o à inação e à colaboração com as tropas do Eixo, fazendo de Tito seu verdadeiro inimigo. Ao constatar que o patrocínio dos *chetniks* era infrutífero e que, ao contrário, os comunistas acumulavam vitórias contra os alemães, Londres suprimiu todo apoio enviado a Mihailovitch, transferindo-o aos *partisans*. A partir da Conferência de Teerã (1943), nenhum outro movimento de resistência europeu recebeu ajuda tão significativa. Os ingleses proporcionaram armas e fartos suprimentos, incluindo equipamento motorizado; assessoria técnica por meio do envio de consultores militares; cobertura de fogo aéreo e, ainda, transporte aeromédico para que dezenas de milhares de feridos fossem evacuados para hospitais de campanha instalados na península itálica, onde receberam tratamento adequado.

Em 1944, quando o Exército soviético em sua ofensiva vitoriosa penetrou nos Bálcãs, os *partisans* de Tito lançaram-se com sucesso na libertação dos territórios ocupados ao lado das tropas de Stalin. Ainda assim, os iugoslavos pagaram um alto preço pela vitória – além de um país devastado, um milhão e seiscentos mil mortos. Com o término da guerra, o grande líder da resistência, mantendo-se fiel a seu maior propósito, dedicou-se à criação de um Estado de orientação marxista.

O LEVANTE DO GUETO DE VARSÓVIA (1943)

Sob o jugo do nazismo, os judeus se defrontaram com a ameaça de destruição total. A derradeira tentativa de resistirem, de alguma forma, ao processo de extermínio ao qual estavam sujeitos levou-os, em Varsóvia, a um dos mais dramáticos episódios da Segunda Guerra Mundial.

A partir de 1939, judeus de toda a Europa ocupada foram deslocados e confinados em superpovoados guetos localizados, sobretudo, nas cidades polonesas, onde conviviam, cada vez mais, com a fome, o tifo, e toda sorte de privações. Em 1942, os nazistas alteraram o curso aleatório de sua campanha antissemita, ao implementar a "solução final para a questão judaica", empenhando-se de modo explícito na erradicação física daquela minoria. Tiveram, então, início as evacuações dos diversos guetos e as subsequentes deportações em massa para as câmaras de gás e fornos crematórios dos campos de extermínio. Foi apenas no último momento que um incipiente movimento de resistência lançou-se, diante da apatia e indiferença do resto do mundo, em uma luta desesperada, cujo desfecho trágico já era esperado.

Em janeiro de 1942, foi criada, na cidade polonesa de Vilna, a Organização dos Guerrilheiros Unidos (FPO), primeiro grupo de resistência judaico na Europa. Porém, em Varsóvia, a resistência ganhou forma somente no auge das deportações que se iniciaram em julho daquele mesmo ano.

Concebido para dar cabo dos judeus confinados na capital polonesa, o campo de extermínio de Treblinka localizava-se a, apenas, sessenta quilômetros de distância da cidade e possuía somente "instalações para matar". Durante as sete semanas da primeira operação de evacuação de Varsóvia, que aconteceu entre final de julho e meados de setembro de 1942, "cerca de 300 mil judeus foram expulsos ou assassinados".[28] A população do gueto foi reduzida a aproximadamente sessenta mil pessoas. Tudo ocorreu sem oposição, sem luta, sem resistência, sem que os poucos alemães, empenhados na remoção de centenas de milhares de judeus, sofressem uma única baixa.

Cônscios, finalmente, de que estavam sendo mortos aos milhares, membros da juventude sionista, sob a liderança de Yitzhak Zuckerman e Zivia Lubetkin, fundaram, no gueto de Varsóvia, a Organização Combatente Judaica (ZOB)[29]. Enquanto isso, do movimento juvenil Betar surgiu a União Combatente Judaica (ZZW), chefiada por Pavel Frenkel, Nathan Shultz, S. Hasensprung, Leon Rodal, Eliahu Alberstein e Yitzhak Bilawski. Esses e outros grupos menores não dispunham de nenhum tipo de treinamento militar, não dispunham de tradição de militância clandestina, não dispunham de armas e munições, não dispunham de apoio externo e mesmo os vínculos estabelecidos com a resistência polonesa eram extremamente frágeis.

Quando, em janeiro de 1943, a Schutzstaffel ("esquadra de proteção") – SS – reiniciou as deportações, militantes da ZOB, sob o comando de Mordecai Anielewicz, e da ZZW ofereceram resistência. Depois de quatro dias, a evacuação foi suspensa. Finalmente, os judeus opuseram-se às ações criminosas de seus algozes e não se entregaram passivamente a seu triste destino.

Nos dois meses seguintes, as organizações clandestinas intensificaram suas ações, ampliando sua influência sobre a população remanescente e preparando-se para o confronto final. Numa segunda-feira, 19 de abril, véspera da Páscoa judaica, homens da SS irromperam os portões do gueto. Teve início uma violenta "guerra de *bunkers*", com intensos combates urbanos. Não houve deportações. Apesar de mal armados, os insurretos opuseram-se a sucessivas tentativas alemãs de restabelecer o controle absoluto sobre a área conflagrada. Aqueles que não combatiam efetivamente o inimigo procuravam sobreviver ocultos em esconderijos previamente preparados. Com algum sucesso, portanto, o processo de genocídio ao qual estavam sujeitos foi interrompido.

Os desafortunados judeus combateram sós. Os Aliados nada fizeram. Nem mesmo a resistência polonesa se predispôs a intervir na luta. De certa forma, ela poderia oferecer apenas ajuda limitada, mas não acorrer à batalha aberta contra as forças alemãs que lhe eram muito superiores, o que, certamente, a teria levado a um fim prematuro. Pode-se dizer, portanto, que o Levante do Gueto aconteceu tarde demais para os judeus e cedo demais para os poloneses.

O gueto foi colocado sob vigoroso bombardeio de artilharia e aviação, enquanto civis desesperados lançavam-se dos prédios em chamas. O bairro foi totalmente arrasado e reduzido a escombros. Somente a 15 de maio de 1943, depois de surpreendentes 27 dias de luta renhida, o assassino travestido de general Jürgen Stroop anunciou o término das operações em Varsóvia, isto é, a total destruição do gueto e de sua população remanescente. Em seu famoso relatório, Stroop fez constar: "O bairro Judeu já não existe. Número total de judeus já liquidados 56.065." Segundo Israel Gutman, "o levante no gueto foi a primeira rebelião urbana de importância em qualquer dos países sob a ocupação nazista e um marco significativo na história judaica".[30]

A RESISTÊNCIA POLONESA E O LEVANTE DE VARSÓVIA (1944)

Na Polônia, a história da resistência revestiu-se de maior dramaticidade. Na avaliação de Norman Davies, os poloneses foram responsáveis pelo maior e mais bem estruturado movimento de resistência europeu. De acordo com Günther Deschner, "em nenhum outro país ocupado os alemães enfrentaram oposição tão generalizada e em nenhum outro foram as represálias tão bárbaras".[31]

Na verdade, a Polônia foi vítima de uma dupla agressão perpetrada, simultaneamente, pela Wehrmacht e pelo Exército Vermelho. Em setembro de 1939, o país foi invadido pelos alemães a oeste (o que deflagrou a guerra na Europa) e, pouco depois, pelos russos a leste. Em outubro, a nação já se encontrava inteiramente dividida entre nazistas e bolcheviques. Os alemães incorporaram, ao Reich, os distritos ocidentais poloneses e instituíram um governo geral no território oriental adjacente à área ocupada pelos soviéticos. O governador-geral Hans Frank era responsável por um aparato administrativo diretamente controlado pela SS, motivo pelo qual seus domínios tornaram-se pejorativamente conhecidos por "gestapolândia", onde a brutalidade doentia dos nazistas impôs o mais cruel regime de ocupação da Europa – é difícil supor um infortúnio maior para uma nação do que ver-se dividida entre a Gestapo de Hitler e o NKVD de Stalin. Entretanto, transcorridos menos de dois anos, em junho de 1941, o Führer ordenou a invasão da União Soviética e, com isso, ocupou todo o território originalmente pertencente à Polônia.

A resistência polonesa nasceu antes mesmo da derrota formal do Exército em 1939. Na véspera da capitulação de Varsóvia, o Estado-Maior Geral determinou a criação de um movimento clandestino denominado "Serviço da Vitória" (szp). Com o país militarmente ocupado, o general Wladislaw Sikorski fundou, em Paris, um governo no exílio, posteriormente transmigrado para Londres por contingência da guerra. Sikorski avocou, também, o comando da resistência em solo pátrio, que em 1941 recebeu a designação de União da Luta Armada (zmz). Em 14 fevereiro de 1942, foi rebatizada Exército da Pátria (Armija Krajowa – ak).[32]

Existiam outros movimentos de resistência. O comunista Exército do Povo (Armia Lodowa – al), em particular, desempenharia um papel político crucial nos estágios finais da guerra. Mas como organização de luta armada, o ak exerceu uma hegemonia inquestionável. Na verdade, o menor desempenho dos comunistas poloneses no movimento de resistência deu-se em virtude deles próprios haverem sido vítimas dos colossais expurgos stalinistas da década de 1930. O partido comunista polonês deixara de existir entre 1939 e 1941.

O comando do Exército da Pátria foi atribuído a um soldado profissional, o general Tadeusz Komorowski – codinome "Bór". Subordinado ao governo exilado em Londres, o ak constituía-se basicamente de cinco departamentos gerais, a saber: (i) organização; (ii) informações; (iii) operações, armas e produção clandestina; (iv) intendência, serviços e inspetoria e (v) Diretoria de Operações Diversionárias ou, como era mais conhecida, "K-Div". Um sexto departamento, ainda, era diretamente subordinado ao Comando Operacional Geral do ak e destinava-se à "informação e propaganda".

O Exército da Pátria contava com batalhões de *partisans* ocultados nas áreas rurais, enquanto células das Operações Diversionárias conduziam o combate subterrâneo por todo país. A K-Div experimentou uma notável expansão nos anos de 1943 e 1944. Dentre seu vasto repertório de ações, encontram-se a execução de resgates de prisioneiros, assaltos a banco, atentados a bomba, sabotagens, destruição de pontes, descarrilamento de trens, "justiçamento" de traidores (colaboradores) e assassinatos de lideranças nazistas – dentre os quais o atentado que vitimou o general ss Franz Kutschera foi o mais notório. Boa parte do êxito do ak se deve a três fatores principais: à rigorosa compartimentação de sua estrutura organizacional, ao apoio da população e à descabida repressão alemã, que impelia os poloneses, cada vez mais, para a "trincheira da resistência".

Quando, em meados de 1944, a vitoriosa ofensiva do Exército Vermelho avançou pelo território polonês, aproximando-se das margens do Vístula (o rio que banha Varsóvia), o comando do AK tomou a controversa decisão de deflagrar um grande levante urbano na capital. Elementos de vanguarda dos exércitos soviéticos de Rokossovski aproximaram-se da cidade, fazendo sua libertação parecer eminente. No final de julho, os russos conclamaram, pelo rádio, os poloneses a rebelarem-se contra a ocupação alemã. Uma sublevação popular espontânea não era apenas possível como também provável. Assim, o general Bór emitiu a ordem crucial de iniciar, às 17 horas do dia 1º de agosto de 1944, aquele que se tornaria o maior levante urbano da história. O comando da operação foi atribuído ao general Antoni Chrusciel – codinome "Monter".

Em termos puramente militares, o levante era desnecessário, uma vez que, mais cedo ou mais tarde, o Exército Vermelho ocuparia Varsóvia. Seu verdadeiro objetivo era claramente político, pois os líderes da resistência estavam determinados a evitar que a libertação do país se concretizasse exclusivamente pela atuação dos soviéticos e se revertesse, portanto, em benefício de Moscou (como, de fato, acabou acontecendo). Libertando sua capital, os poloneses esperavam respaldar sua autoridade política, reivindicar seu direito à autodeterminação e, em seu incerto destino no pós-guerra, conservar sua independência, pois eram realistas quanto ao fato de que o libertador de 1944 fora o invasor de 1939.

O plano era relativamente simples: atacar as unidades militares e policiais que guarneciam Varsóvia e conquistar os pontos-chave da cidade, assegurando seu controle até a chegada dos russos – o que acreditavam deveria acontecer em torno de uma semana. Os planejadores do AK dividiram a zona de ação em oito distritos, que, por sua vez, subdividiam-se em setores menores, cobrindo toda a área urbana.

As conexões internacionais e o apoio externo eram vitais para alimentar qualquer perspectiva de vitória. Por intermédio do governo exilado em Londres, os líderes do AK pleitearam junto aos governos britânico e norte-americano garantias de que receberiam o reconhecimento formal como componentes das forças aliadas, suprimentos aéreos e, ainda, que seria determinado o bombardeio dos campos de pouso alemães localizados nas cercanias de Varsóvia. Solicitaram, também, o envio de uma missão militar aliada à capital; o envio da 1ª Brigada Paraquedista Independente (polonesa) estacionada na Inglaterra e o envio dos esquadrões poloneses de caças subordinados à RAF (Royal Air Force – Real Força Aérea Inglesa).[33] Entretanto, as chances de sucesso do levante estavam depositadas, sobretudo, no rápido avanço do Exército Vermelho, com o qual o AK carecia de qualquer tipo de ligação.

Na tarde daquele 1º de agosto, mais de quarenta mil insurgentes, organizados em 860 pelotões e distribuídos por toda a cidade, emergiram da clandestinidade e lançaram-se na batalha pela capital. Outras organizações clandestinas prontamente aderiram à luta, incluindo o AL. Mas seus contingentes, se comparados com o número de militantes do AK, eram irrisórios. Muitos populares, incluindo crianças, também se juntaram aos revoltosos. Por ordem do general Bór, grupos da resistência que se encontravam fora dos limites urbanos, dentre os quais destacava-se o grupo localizado na floresta de Kampinos, tentaram em vão romper o cerco que se levantara em torno de Varsóvia e se juntar aos insurgentes na batalha.

Entretanto, apesar da euforia e de alguns sucessos iniciais, certos equívocos táticos começaram a se tornar claros. O levante fora desencadeado às pressas, sem que todas as unidades estivessem em posição. Os ataques não obtiveram surpresa, pois, de certa forma, uma sublevação já era esperada pelos alemães, que puderam desencadear o alerta em tempo oportuno. Os combates iniciaram-se prematuramente, antes das 17 horas. O AK carecia, ainda, de informações adequadas e de planos alternativos. O sistema de comando e controle mostrou-se deficiente. Algumas ordens chegaram atrasadas e o comando do levante foi incapaz de coordenar eficazmente todas as ações. O número de armas disponíveis era insuficiente e representava apenas 25% das reais necessidades dos insurgentes (pouco antes do levante, o próprio comando do AK determinara o envio de armas para fora da cidade, a fim de serem empregadas em ações nas áreas rurais). A população da cidade também não fora corretamente orientada. Monter cometera, ainda, dois erros de avaliação. Primeiro, superestimou a capacidade de suas tropas controlarem Varsóvia, pois apenas 20% dos primeiros ataques lograram conquistar seus objetivos. Segundo, julgou que seis dias de luta seriam suficientes para realizar a junção com as forças soviéticas que avançavam pelo leste. Na verdade, os russos, premeditadamente, deixariam de intervir na batalha.

Moscou já havia rompido relações com o governo polonês exilado em Londres e, é claro, não reconhecia sua autoridade. Para o seu lugar, os pragmáticos soviéticos apoiaram a criação de uma organização títere denominada Comitê Polonês de Libertação Nacional (PKWN) ou, simplesmente, Comitê de Lublin. Quanto ao AK, os comunistas referiam-se a seus militantes de forma depreciativa como "polacos brancos", "bandidos", "rebeldes" ou "formações ilegais". Assim, satisfeitos em constatar que o possível adversário político seria aniquilado pelos alemães, os soviéticos, desavergonhadamente, estacionaram na margem oriental do rio Vístula e esperaram pelo término do malfadado levante. É verdade que, ao contrário do que os poloneses acreditavam, o Exército russo não estava em condições de transpor o Vístula nos primeiros dias de agosto. Mas os meses de inação que se seguiram foram injustificáveis. Como se não bastasse, Moscou protelou, até setembro, a autorização de uso dos aeródromos "russos" para reabastecimento das aeronaves aliadas empenhadas em lançar suprimentos para a resistência na capital. Somente a 16 de setembro, o 1º Exército (polonês) do general Zygmunt Berling – subordinado às forças soviéticas do general Rokossovski – conquistou uma tímida cabeça de ponte na margem esquerda do Vístula, mas, sem o devido apoio, não tardou a perdê-la. O setor central da frente russa permaneceria estático até janeiro de 1945.[34]

Os alemães, por sua vez, reforçaram prontamente a guarnição de Varsóvia com unidades do 9º Exército de Campanha e forças da ss, reunindo dois "grupos de batalha" contra os insurgentes. O Grupo de Batalha Rohr possuía cerca de 6.250 homens, enquanto o Grupo de Batalha Reinefarth, mais poderoso, contava com um efetivo de quase 17 mil militares e policiais. Ambos dispunham do apoio de fogo aéreo proporcionado pelos caças da Luftwaffe e eram dotados de artilharia e unidades blindadas. O comando dessa força heterogênea, constituída de unidades da Wehrmacht, tropas da ss e batalhões disciplinares, compostos por criminosos condenados, foi atribuído ao ss Obergruppenführer Erich von Dem Bách-Zelewski. Suas ordens iam além da supressão do levante. Mais do que conter a insurgência, Von Dem Bach deveria, também, destruir Varsóvia.

A batalha converteu-se em uma luta encarniçada, travada nos esgotos, nas ruas barricadas e nas ruínas dos prédios destruídos. A companhia, contando com efetivos que variavam entre cinquenta e cem insurgentes, tornou-se a unidade básica de emprego da guerrilha urbana, conduzindo uma luta fragmentada, descentralizada e independente. Sua constituição flexível podia alterar de acordo com as necessidades de cada combate. Seus rápidos contra-ataques seguidos de retiradas furtivas revelaram-se uma tática bastante eficaz. Contra a mobilidade superior e a defesa resoluta das pequenas frações da resistência polonesa, os alemães atearam fogo nas edificações e empregaram indiscriminadamente seu avassalador poder de fogo aéreo e terrestre, elevando, cada vez mais, os danos colaterais e o número de baixas civis. Sem a chegada dos russos, que poderiam ter alterado o curso trágico que a insurreição tomara, a luta foi se prolongando indefinidamente à custa da obstinação dos insurgentes e dos suprimentos capturados dos alemães nos primeiros dias do levante. A falta de munição era compensada com a tática de "a cada bala, um alemão". Trezentas e seis aeronaves aliadas, decolando da Grã-Bretanha e, principalmente, da Itália, com perdas superiores a 13%, empenharam-se, durante 19 noites, para lançar suprimentos aos revoltosos.

Quando os alemães iniciaram a reconquista da cidade, esmagando metodicamente o levante com seu poder de combate superior, as unidades do AK viram-se confinadas em quatro enclaves principais: no centro da cidade, na Cidade Velha e nos bairros de Zoliborz e Mokotow. No momento em que a manutenção da Cidade Velha tornou-se insustentável, os insurgentes realizaram um hábil retraimento noturno em três fases. Na primeira noite, o comando do AK retraiu pela rede de esgotos. Na segunda noite, uma série de pequenos contra-ataques locais encobriu a retirada do grosso do efetivo. Na terceira noite, o lendário Batalhão Parasol, que guarnecera a retaguarda, retirou-se. Ainda assim, 35 mil civis e 7 mil feridos foram deixados para trás. Aqueles que não foram prontamente fuzilados pelos alemães e seus aliados foram deportados para campos de concentração.

Ante a ausência absoluta de alimentos, a enorme escassez de água, a compressão gradativa dos perímetros defensivos e a inação premeditada dos soviéticos, o AK rendeu-se em 2 de outubro. O levante, que deveria durar menos de uma semana, arrastara-se por 63 longos dias. Pouco antes da capitulação, Bór passou o comando do AK ao general Leopold Okulicki – codinome "Niedzwiadek", que, cumprindo ordens, evadiu-se com sucesso de Varsóvia com destino à zona rural, de onde deveria dar continuidade à luta contra a ocupação alemã.[35]

Os números do levante, além de surpreendentes, são lamentáveis. Traduzem não só as enormes proporções da luta, como também as dimensões do flagelo polonês. Somente nos primeiros dias da batalha, o AK sofreu cerca de duas mil baixas. Ao todo, os combates na capital custaram ao AK mais de dez mil mortos. Antes do final de agosto, isto é, do primeiro mês de luta, os alemães já haviam perdido nove mil homens. Entretanto, as maiores vítimas, é claro, foram os civis. Acredita-se que, apenas nos primeiros dias do levante, cerca de 35 mil homens, mulheres e crianças tenham sido executados pela SS. Quando tudo terminou, dezenas de milhares foram deportados para campos de concentração nazistas. Entre duas e três mil pessoas permaneceram homiziadas entre os escombros da cidade, sobrevivendo em esconderijos de onde só saíram quando os soviéticos ocuparam a capital, no início do ano seguinte. Estima-se que ao todo o Levante de Varsóvia tenha consumido, em seus 63 dias de duração, até duzentas mil vidas.

Quando os russos finalmente entraram na cidade, em 17 de janeiro de 1945, Varsóvia, submetida a uma devastação maior do que a cidade alemã de Dresden, estava destruída, reduzida a pilhas de escombros e ruínas. Apesar de sua heróica trajetória, as unidades do AK, em todo o país, foram desarmadas e dissolvidas pelo Exército Vermelho, que avançava vitorioso para o oeste. Após a "libertação", seus militantes foram vítimas da obcecada perseguição comunista. Muitos daqueles que escaparam da Gestapo ou dos campos de concentração nazistas pereceram nas câmaras de tortura do NKVD ou nos longínquos campos do Gulag soviético.

Poucos meses depois do sangrento levante, em fevereiro de 1945, na Conferência de Yalta, o presidente dos Estados Unidos, Franklin Delano Roosevelt, e o primeiro-ministro britânico, Winston Churchill, pressionados por Stalin, ratificaram a decisão tomada na Conferência dos Três Grandes ocorrida em Teerã no ano de 1943, quanto ao destino da Polônia no pós-guerra. Muito embora a Segunda Guerra Mundial tenha eclodido em defesa da independência da Polônia e da inviolabilidade de suas fronteiras, quando da agressão alemã, perpetrada em setembro de 1939, Roosevelt e Churchill consentiram em entregar deliberadamente, depois de mais de cinco anos de guerra e à revelia dos poloneses, grande parte do território da Polônia oriental aos russos. Sob o manto da "cortina de ferro", os poloneses viram-se subordinados à "esfera de influência soviética", o que significava, em termos práticos, que sua independência também fora suprimida. De acordo com a ótica polonesa, portanto, o sacrifício exigido durante a maior guerra da história da humanidade fora absolutamente em vão.

Além de reconhecer e louvar a abnegação dos militantes do AK, há que se colher os ensinamentos da batalha por Varsóvia. Apesar de exceder, em muito, as expectativas de luta, taticamente o levante fracassou. Em termos estratégicos, foi inútil e, politicamente, foi um desastre. Para a população da capital, foi uma tragédia. Às forças irregulares não basta a superioridade tática, proporcionada pela assimetria de técnicas, táticas e procedimentos. Na guerra irregular, como em qualquer guerra, é imprescindível uma estratégia consistente, orientada para objetivos políticos claros e exequíveis. O apoio externo é vital.

OUTROS MOVIMENTOS DE RESISTÊNCIA NA EUROPA

A atividade de *partisans* nos territórios soviéticos também foi intensa, especialmente nos vastos pântanos do Pripet. Moscou conclamou a população das áreas ocupadas a resistirem ao invasor quando a Wehrmacht irrompeu as defesas russas em junho de 1941. Em maio do ano seguinte, o Alto-comando Soviético criou o Estado-Maior do Movimento Partisan. Ao longo do conflito, os alemães foram obrigados a empenhar meio milhão de homens para tentar proteger sua retaguarda da atuação de 250 mil guerrilheiros soviéticos.

Durante seu lento e dispendioso avanço pela península itálica, os aliados também puderam contar com atuação da guerrilha nativa contra a retaguarda alemã. Duzentos mil *partisans* italianos opuseram-se ao regime fascista de Mussolini e, posteriormente, à ocupação nazista, adquirindo reconhecida importância no conjunto da resistência europeia.

Na Holanda, a fisiografia local, especificamente suas pequenas dimensões territoriais e a ausência de áreas de refúgio, como montanhas ou florestas, impediu a estruturação de um segmento guerrilheiro, restringindo a resistência às práticas clandestinas. Em 1944, cerca de dois mil holandeses integravam os diversos movimentos subterrâneos.

Já na Bélgica, a floresta das Ardenas, no sul do país, pôde abrigar *maquis*. Entretanto, os diferentes grupos de resistência belgas destacaram-se por fornecer inteligência de boa qualidade, pela atuação de sua imprensa clandestina e pelas redes de auxílio à evasão.

A sabotagem industrial e dos transportes ferroviários foi a tônica da luta subterrânea na Dinamarca, que ainda organizou eficientes serviços de informações. Aproximadamente 25 mil dinamarqueses estiveram envolvidos com a resistência.

Na Grécia, assim como na antiga Iugoslávia, a oposição armada à presença das tropas do Eixo degenerou-se em luta fratricida, graças às divergências ideológicas entre comunistas e liberais.

Redes de evasão

As redes de auxílio à fuga e evasão tornaram-se uma contribuição particular da Segunda Guerra Mundial para o desenvolvimento das operações não convencionais. Grupos de resistência na Europa Ocidental estruturaram grandes redes clandestinas em coordenação com a agência de inteligência britânica MI9. Tratavam-se de organizações subterrâneas, controladas sobretudo pelos próprios movimentos de resistência, destinadas a conduzir em segurança, para fora dos territórios ocupados, pessoas procuradas pela polícia e demais órgãos de repressão alemães. Para que isso acontecesse, era necessário acolher os "evasores" em locais seguros; proporcionar-lhes, quando necessário, atendimento médico; mantê-los escondidos; alimentá-los; certificar-se de que não se tratava de delatores ou agentes da Gestapo infiltrados; fornecer-lhes orientação, documentos falsos, vestimentas apropriadas, transportes, guias nativos e rotas seguras. Agentes secretos, prisioneiros de guerra em fuga, opositores políticos do regime nazista, militantes da resistência e, sobretudo, tripulantes das aeronaves aliadas abatidas sobre o continente beneficiaram-se da intensa atividade e eficácia dessas organizações. Algumas redes, antes de serem desmanteladas pela Gestapo, foram responsáveis pela evasão de centenas de pessoas. As principais "rotas de fuga" convergiam para Paris, normalmente prosseguiam para o sul, passando pela República de Vichy, até chegarem à península ibérica, de onde os fugitivos eram conduzidos, por ar ou mar, para seu destino final na Inglaterra.

Na verdade, anos antes da guerra, os comunistas já atuavam de forma semelhante no exercício de suas práticas subversivas. Nas décadas de 1920 e 1930, o Kominter estabelecera um padrão, dispondo de eficientes redes clandestinas internacionais para a inserção e a retirada de seus militantes em diferentes partes do globo. Por razões óbvias, era imprescindível aos agentes do Kominter entrar e sair de um determinado país sub-repticiamente, furtando-se da vigilância dos órgãos de segurança locais.

Porém, durante a Segunda Guerra Mundial, tais procedimentos foram aplicados com tanta intensidade e importância que puderam ser considerados uma forma específica de operação de guerra irregular. Isso só foi possível graças à oportuna combinação de uma série de condições subjetivas experimentada durante a guerra na Europa, dentre as quais se destacam as peculiaridades da guerra aérea travada nos céus do Velho Mundo.

O que hoje pode ser feito por uma única aeronave militar ou por um único míssil balístico intercontinental, no início dos anos 1940, exigia uma força constituída por dezenas de bombardeiros, escoltada por outra dezena de caças. Os modernos aviões de ataque com propulsão a jato são, em geral, pilotados por um ou dois homens. Na Segunda Guerra Mundial não era assim. Os bombardeiros Halifax ou Lancaster B-1, por exemplo, eram tripulados por sete militares; o B-24 Liberator, por dez, enquanto a Fortaleza Voadora B-17 era guarnecida por uma tripulação que variava de seis a dez homens. As aeronaves também não dispunham de armas inteligentes. Os recursos para a execução da pontaria eram bastante rudimentares, o que tornava os bombardeios noturnos (mais seguros) extremamente imprecisos. Desse modo, boa parte das incursões aéreas eram realizados em plena luz do dia, aumentando o número de aeronaves abatidas pelos caças da Luftwaffe e pelas baterias FLAK (Flug Abwehr Kanone – canhão antiaéreo) da artilharia antiaérea inimiga. Com isso, o percentual de baixas em algumas unidades aéreas aliadas chegou a superar a média de baixas sofrida na própria infantaria de linha.

O "volume" da campanha aérea aliada na Europa Ocidental foi imenso, arrastando-se por cinco longos anos. A título de ilustração, tomemos alguns exemplos. No dia 30 de maio de 1942, 1,1 mil aviões atacaram a cidade alemã de Colônia, 44 aparelhos foram abatidos. Nos cem dias que se seguiram a essa ação, foram realizadas 43 incursões de vulto contra a Alemanha, com forças que variavam de 200 a 600 aeronaves. A 1º de junho, 1.036 aviões bombardearam Essen, ao custo de 35 aeronaves. No dia 25 do mesmo mês, o alvo de 1,3 mil aviões foi o porto de Bremen, 52 aeronaves foram destruídas. Nesse período da guerra, eram perdidos, em média, 200 bombardeiros por mês.

Os tripulantes mais afortunados, que sobreviviam à queda de suas aeronaves e escapavam da captura imediata em solo, encontravam-se em territórios cujos habitantes locais lhes eram, na maioria das vezes, amistosos e se mostravam predispostos a colaborar, empenhando-se em evitar que caíssem nas mãos dos alemães. Esses territórios abrigavam, ainda, ativos movimentos de resistência, com os quais os aviadores compartilhavam o inimigo comum, e cujos abnegados militantes também empenhavam-se em salvá-los.

Desse modo, portanto, a campanha de bombardeio estratégico contribuiu indiretamente para fomentar o invulgar desenvolvimento das operações de auxílio à fuga e evasão durante a Segunda Guerra Mundial. Todavia, as peculiaridades que caracterizaram a campanha aérea aliada sobre a Europa Ocidental deixaram de existir nos conflitos posteriores, em virtude não só do incremento tecnológico, como também em decorrência da própria alteração da natureza das guerras pós-1945. Com isso, as operações de auxílio à evasão perderam consideravelmente a importância. Para atender à necessidade de trazer os pilotos abatidos de volta à segurança das linhas amigas, o emprego de forças aeromóveis de pronta resposta e efetivos reduzidos em missões de salvamento e resgate tem se mostrado mais eficaz do que as complexas e delicadas redes clandestinas.

Ainda assim, as redes de auxílio à evasão conservam parte de seu valor como recurso operacional, mesmo porque suas técnicas e procedimentos de estruturação, funcionamento e, sobretudo, seus dispositivos de segurança são basicamente os mesmos utilizados por terroristas, agentes subversivos e militantes vivendo na clandestinidade. Processos de movimentação semelhantes àqueles empregados pelas redes de evasão asseguram o deslocamento através de fronteiras internacionais, a inserção e, quando necessário, a fuga de áreas controladas ou politicamente sensíveis em todo planeta.

A REVOLUÇÃO CHINESA

A partir do término da Segunda Guerra Mundial, em 1945, muito embora a ocorrência de confrontos entre exércitos nacionais permanentes ainda fosse grande, os conflitos irregulares tornaram-se cada vez mais comuns. Graças ao impasse estratégico gerado pelo equilíbrio do poder atômico norte-americano e soviético, ao desmoronamento do Império Colonial europeu e à disseminação da ideologia marxista, a guerra irregular foi, aos poucos, superando as formas tradicionais de beligerância, particularmente na África, Ásia e América Latina. Nesse contexto, a vitória dos comunistas chineses, em 1949, reveste-se de especial valor, não só por suas grandes proporções e consequências, como também por sua significativa contribuição para o desenvolvimento da guerra não convencional.

A Revolução Chinesa iguala-se em importância à Revolução Russa de 1917. Elas foram as duas grandes revoluções socialistas do século xx e ofereceram modelos distintos e alternativos de guerra revolucionária marxista. Esses "modelos" ou "estratégias para a tomada do poder" receberam o nome de seus mais importantes líderes – "leninismo" e "maoísmo" – e vieram a ser adotados por diferentes movimentos marxistas em todo o mundo. Na verdade, eram teorias consistentes e, quase sempre, impregnadas de um proselitismo de difícil entendimento, mas que traduziam, apenas, as experiências vitoriosas dos comunistas em seus próprios países (Rússia e China). A tabela a seguir ilustra, de maneira genérica, as principais diferenças existentes entre as duas doutrinas.

Tabela 1 – Principais diferenças existentes entre as estratégias revolucionárias russa e chinesa

Fatores de comparação	Leninismo (1917)	Maoísmo (1949)
Vanguarda revolucionária (responsável pela condução do processo revolucionário)	Partido político (Partido Comunista)	Exército de Libertação Nacional
Segmento social de maior potencial revolucionário	Proletariado urbano	Campesinato
Ambiente principal	Centros urbanos	Zonas rurais
Principal operação de guerra irregular	Subversão	Guerra de guerrilhas
Pré-requisito fundamental	Controle das organizações de massa	Apoio da população
Principais trabalhos de massa	Infiltração Defecção Manipulação	Doutrinação ideológica
Desenvolvimento do processo revolucionário	Revolução comunista precedida de revolução democrático-burguesa	Guerra revolucionária em três etapas

Assim, Pequim rompeu o monopólio de Moscou como principal centro exportador da "revolução proletária". Soviéticos e chineses difundiram suas respectivas doutrinas; patrocinando guerras e insurreições; forneceram armas, assessores militares e treinamento a movimentos revolucionários; infiltraram agentes subversivos em outros países e, não raro, enviaram tropas, fomentando a guerra irregular em um convulsionado Terceiro Mundo.

Pode parecer desnecessário, mas convém relembrar que revolução e guerra irregular são coisas bem distintas. A revolução é um fenômeno político-social que consiste na ruptura violenta de uma ordem preestabelecida. Guerra irregular é a forma de beligerância conduzida por forças e métodos não formais ou regulares. Não obstante, as revoluções, frequentemente, manifestam-se, no campo militar, por meio da guerra irregular.

Uma revolução camponesa

A China, uma das mais antigas e ricas civilizações da humanidade, possui uma longa tradição guerreira, que remonta a séculos antes de Cristo. Rebeliões de camponeses livres e banditismo rural sempre foram comuns em sua história milenar. No país, nunca houve exemplos de democracia, no entanto não foram poucas as revoltas camponesas bem-sucedidas, que lograram depor os governantes e assumir os seus papéis despóticos. A Revolução de 1949, em sua essência, não deixou de ser coerente com esse passado.

A China havia hesitado, por demais, em romper com o nobre legado ancestral e em buscar seu ingresso na modernidade industrial, mesmo porque isso não lhe era facultado. Em meados do século XIX, a decadente dinastia Manchu mostrava-se incapaz de conter os interesses imperialistas que penetravam vorazmente no país. No campo militar, a impotência do governo central pôde ser constatada nas sucessivas derrotas na Guerra do Ópio (1840), para a Inglaterra, na Guerra Sino-Japonesa (1894-1995) e, ainda, na Revolta dos Boxers (1898-1900), que só foi debelada graças à intervenção de uma força multinacional.

Politicamente, o poder central também era débil. Grandes proprietários rurais dotados de exércitos próprios detinham o controle provincial, lutando entre si. Com interesses divergentes, esses "senhores da guerra", como eram conhecidos, transformavam o cenário político interno em um mosaico de pequenos conflitos, dissociados dos objetivos nacionais e das aspirações populares.

Em 1911, uma sublevação de cunho nacionalista depôs o último imperador Manchu. No ano seguinte, Sun Yat-sen, um médico de educação ocidental (como tantos outros líderes revolucionários do Terceiro Mundo), fundou o Partido Nacional do Povo (Kuomintang – KMT), que se expandiu como organização de massa e tornou-se a principal força política na China, muito embora não lograsse unificar todo o país, sobrepujando o poder local dos senhores da guerra.

Impressionado com o êxito dos revolucionários russos em 1917, o doutor Sun Yat-sen reestruturou seu partido segundo os moldes bolcheviques e estabeleceu estreitos vínculos com o governo de Moscou. Todavia, os nacionalistas chineses não se converteram ao credo marxista, apesar de advogarem profundas reformas sociais e receberem apoio formal e material dos soviéticos.

Foi em julho de 1921, na cidade de Xangai, que os comunistas chineses fundaram seu próprio partido, filiando-o à III Internacional Comunista (Kominter). Cumprindo determinações de Moscou, o Partido Comunista Chinês (PCC), enquanto começava a organizar o insipiente operariado urbano como força política, estabeleceu uma aliança com o Kuomintang. A aproximação de diferentes segmentos progressistas da sociedade chinesa atendia às metas estabelecidas por Sun Yat-sen para derrotar os senhores da guerra, e assim a união com os comunistas lhe era vantajosa. Entretanto, com a morte do líder nacionalista em março de 1925, as relações entre os dois partidos começou a deteriorar-se. Seu sucessor, Chiang Kai-shek, rompeu definitivamente com o PCC, em 1927, empreendendo dura perseguição a seus quadros.

Seguindo o padrão moscovita, os marxistas chineses deflagraram revoltas operárias nas cidades de Cantão e Xangai, somente para ampliar a lista de malogros das revoluções patrocinadas pelo Kominter. Depois do fracasso, começaram a aceitar que o modelo "leninista" não lhes era apropriado. Foi quando o jovem Mao Tsé-tung iniciou sua grande ascensão como líder revolucionário.

Mao, acertadamente, percebeu que, com 80% de sua enorme população vivendo no campo e com um longo histórico de revoltas camponesas, o sucesso da pretensa revolução comunista na China não poderia estar no atrofiado proletariado urbano, mas sim nas zonas rurais. Segundo Wladimir Pomar:

> Tradicionalmente, os grandes proprietários rurais chineses sempre foram senhores de guerra, dominando seus feudos e regiões inteiras por meio de exércitos próprios. Mas isso nunca impediu que as zonas rurais vivessem em estado de permanente beligerância.
> [...] A tradição camponesa na China é de embate violento contra os abusos e injustiças. No entanto, sem objetivos políticos claros, muitos desses levantes descambaram para o banditismo social.
> [...] Os camponeses, no entanto, constituíam a grande massa das rebeliões. E os motivos destas estavam sempre relacionados a queixas e interesses dos camponeses contra os proprietários fundiários e/ou seus representantes políticos e culturais...
> [...] As grandes rebeliões da China do século XIX [...] tiveram os camponeses como força principal [...] embora tenham apresentado motivações diversas, inclusive religiosas, ganharam uma conotação política que estava fora da compreensão de seus participantes e líderes.
> [...] No contexto das mudanças e crises introduzidas pelo capitalismo ocidental, as rebeliões camponesas [...] em vez de perpetuar o sistema, tendiam a destruí-lo.[36]

Para Mao, competiria aos comunistas amalgamar essas forças dispersas e explorar seu incomensurável potencial revolucionário. Ao proporcionar uma profunda e sólida orientação política ao campesinato, catalisaria o processo revolucionário chinês. Munido dessas ideias, nas montanhas Ching Kang, começou a organizar suas unidades de guerrilha, embrião do Exército Vermelho. Em 1931, fundou a República Comunista de Juichin (Ruijin), atraindo a repressão armada das forças nacionalistas de Chiang Kai-shek, que, a essa altura, já conquistara Pequim e instalara seu governo em Nanquim.

Entre os anos de 1930 e 1934, empregando antigas tropas dos senhores da guerra, Chiang Kai-shek lançou quatro ofensivas para desalojar os comunistas de seus redutos e destruí-los, procurando qualificá-las como "campanhas para a supressão do banditismo rural". Todas falharam. Porém, em outubro de 1934, lançou um quinto e mais vigoroso ataque, que logrou infligir sério revés às forças do PCC. A fim de romper o cerco que lhes era imposto e escapar da derrota eminente, os comunistas empreenderam uma retirada estratégica para o norte, que, ainda hoje, é aclamada como o maior feito da Revolução Chinesa, tornando-se conhecida como a Grande Marcha.

Com cerca de 90 mil remanescentes, dos quais a esmagadora maioria era constituída por camponeses, incluindo mulheres e crianças, os comunistas retiraram-se, percorrendo 9.650 quilômetros de terrenos impraticáveis, expostos às intempéries do clima e perseguidos pelas forças nacionalistas. Aproximadamente 75% do efetivo total pereceu durante a extenuante jornada que durou um ano. Os sobreviventes, liderados por Mao Tsé-tung, Lin Piao e Chou En-lai, chegaram, em outubro de 1935, à pobre e árida província de Shensi (Shaanxi), próxima à Mongólia Interior, e, no final de 1936, ocuparam a cidade de Yenan, lá estabelecendo sua principal base de operações. Em decorrência da Grande Marcha, o epicentro da revolução foi transferido do sul para o norte do país e a liderança absoluta de Mao Tsé-tung tornou-se incontestável.

Porém, o curso da história chinesa seria alterado pela ingerência de um ator externo, o Japão, e a guerra revolucionária de Mao converter-se-ia, momentaneamente, em guerra de resistência. Anos antes, em 1931, o Império do Sol Nascente havia invadido a Manchúria, no extremo nordeste do país, e instaurado, no ano seguinte, o governo fantoche de Manchuquo. Foi então que comunistas e nacionalistas acordaram formar, muito a contragosto de Chiang Kai-shek, uma "frente única" que se opusesse à expansão japonesa e a novas agressões iminentes. De fato, em 1937, teve início a violenta invasão das forças nipônicas, que se lançaram na conquista das regiões central e norte do país e de zonas litorâneas da costa meridional. Controlando grande parte da China, os japoneses impuseram uma brutal ocupação, pródiga em crimes e atrocidades contra a população civil.

A resistência chinesa, que perdurou até a derrota final do Japão em agosto de 1945, foi decisiva para a posterior vitória da Revolução Comunista. Como as unidades regulares de Chiang Kai-shek muito pouco podiam fazer em face da superioridade bélica convencional do invasor e o líder nacionalista mostrou-se predisposto a conservar seus recursos militares para quando a guerra civil retomasse seu curso natural, coube aos comunistas, com sua eficiente guerra de guerrilhas, obter resultados mais palpáveis contra os japoneses. Todavia, o Exército Vermelho não esteve a salvo de grandes derrotas na luta contra as forças de ocupação nipônicas, especialmente a malfadada "Campanha dos Cem Regimentos", mas ainda assim, em termos políticos e estratégicos, a resistência lhe foi favorável:

> Quando a revolução voltou a bifurcar-se na terceira guerra civil revolucionária, o povo chinês reconheceu nos comunistas aqueles que haviam realmente contribuído para evitar a colonização da China pelos japoneses e os apoiou, majoritariamente, na instauração da República Popular da China, em 1949.[37]

Em 1945, o PCC já controlava uma área habitada por noventa milhões de chineses, suas forças totalizavam novecentos mil homens e, ainda, dispunha de unidades de guarda locais com efetivo aproximado de dois milhões de milicianos. Quando os japoneses se renderam, os comunistas apoderam-se de parte de seu valioso arsenal e assumiram o controle da Manchúria, libertada pelos russos.

A guerra civil reiniciou no ano seguinte. Em 1947, os nacionalistas desalojaram o Exército Vermelho de seu reduto em Yenan e conquistaram as principais cidades da Manchúria. A Revolução entrava em sua última fase, com os comunistas exercendo o controle sobre imensas áreas rurais e as forças do Kuomintang ilhadas nos centros urbanos, controlando os portos litorâneos, o espaço aéreo e os eixos ferroviários. Apesar do apoio material fornecido pelo governo de Washington, o poder dos nacionalistas decrescia em virtude de sua impopularidade, de sua liderança deficiente, da corrupção que grassava nos altos escalões e das divergências pessoais que persistiam no alto-comando.

Contrariando seus assessores, Chiang Kai-shek insistiu em defender a Manchúria. No final de 1948, cerca de trezentos mil soldados nacionalistas haviam sido derrotados pelo general Lin Piao, o que permitiu aos comunistas operarem ao sul da Grande Muralha da China. Chiang Kai-shek, mais uma vez, optou por uma linha de ação inadequada, ao determinar a defesa do território localizado ao norte do rio Huai e do entroncamento ferroviário da cidade de Hsuchow (Xuzhou).

A Campanha do Huai-hai, como ficou conhecida, consagrou mais uma vitória do Exército Vermelho. Com manobras envolventes, levadas a bom termo graças à sua maior capacidade ofensiva e mobilidade superior, as forças de Mao infligiram aos nacionalistas, em 65 dias de operações, a perda de aproximadamente 550 mil homens, dos quais 327 mil foram feitos prisioneiros. Com o sucesso da Campanha do Huai-hai, a vitória dos comunistas tornou-se irreversível.

No dia 1º de outubro de 1949, Mao proclamou a República Popular da China, com sede em Pequim (Beijing). Chiang Kai-shek, com remanescentes de seu exército, fugiu para a ilha de Formosa (Taiwan), onde morreu em 1975.

A guerra popular de Mao

Mao Tsé-tung (1893-1976) foi um dos maiores líderes guerrilheiros da história e autor de diversos trabalhos acerca da guerra irregular. Como não possuía formação militar, a clara percepção que desenvolveu sobre a natureza do combate irregular não sofreu nenhum tipo de restrição dogmática. Não subordinou seu pensamento nem mesmo à ortodoxia do leninismo advogado pelos revolucionários do Kominter e que predominava nos círculos marxistas de então, julgando-o inadequado à realidade de seu país. No decorrer de quase duas décadas, organizou e desenvolveu as forças irregulares do Partido Comunista Chinês, transformando-as no Exército de Libertação, cujo efetivo, em 1949 (ano da vitória), correspondia a aproximadamente dois milhões de homens; revelou-se hábil estrategista, enfrentando, em sucessivas campanhas, as divisões nacionalistas do Kuomintang e as tropas de ocupação japonesas. Em última análise, os aspectos essenciais de toda sua teoria simplesmente traduziam os sábios ensinamentos de Sun Tzu – fato que apenas comprova seu brilhantismo.

Em 1937, com o propósito de orientar a luta contra a invasão nipônica, editou uma "cartilha" intitulada *A arte da guerra*. Seu modelo de guerra popular mostrou-se eficiente tanto na guerra revolucionária quanto na guerra de resistência, demonstrando como uma nação militarmente inferior poderia se opor a uma grande potência. Ho Chi Minh e Vo Nguyen Giap aplicaram-no com sucesso na península da Indochina, vencendo franceses e norte-americanos.

A teoria de guerra popular de Mao consiste, basicamente, em conquistar e fortalecer o apoio da população em áreas remotas, obrigando o exército regular inimigo a adentrar nos rincões do território nacional, onde será consumido em uma campanha interminável, desgastado por uma combinação de guerra móvel e guerrilha, na qual lhe será negada uma batalha decisiva. Os longos anos de luta, os pequenos êxitos táticos acumulados e o crescente apoio da população permitirão a transformação dos grupos de guerrilha em unidades regulares capazes de sobrepujar o oponente em grandes embates.

Marxistas de diferentes partes do mundo advogaram a adoção da estratégia de Mao para a tomada do poder em seus próprios países. Conhecer os principais elementos da teoria de Mao Tsé-tung, sem dúvida, é imprescindível para a formulação de um juízo acurado acerca da guerra irregular. Antes, porém, é importante não esquecer que a China era um país de grande extensão territorial (que oferecia espaço para manobra e refúgios remotos para reorganizar forças dispersas e momentaneamente débeis), populoso e predominantemente rural. Essas três características exerceram grande influência sobre o pensamento maoísta e não podem ser desconsideradas quando se avaliam as perspectivas de sucesso ou a aplicabilidade dessa doutrina revolucionária.

APOIO DA POPULAÇÃO

Muitos líderes rebeldes e guerrilheiros já haviam admitido a importância do apoio da população no combate irregular, entretanto, não há precedente para a relação estabelecida entre as forças comunistas e a população civil durante a Revolução Chinesa. Logo cedo, Mao reconheceu que, em seu país, os camponeses não poderiam desempenhar um papel secundário. Ao contrário, qualquer perspectiva de sucesso, necessariamente, estaria associada a eles e, assim, concluiu que o apoio da população era o verdadeiro *schwerpunktt*[38] da guerra irregular. Esse correto entendimento fundamentou-se na percepção de que a guerra revolucionária não se restringe aos aspectos militares, ela é, antes de mais nada, uma luta psicológica, política e social e deve ser vencida prioritariamente nesses campos.

Para representar a extrema dependência que caracterizava a relação entre forças irregulares e população civil, Mao, com muita propriedade, comparou os guerrilheiros a peixes e a população, às águas do mar. Dos camponeses, os revolucionários obtinham elementos essenciais para o combate, como gêneros para a subsistência das tropas, informações sobre o terreno e o inimigo e recrutas para expandir suas unidades e recompletar suas baixas. O que era oferecido de bom grado aos guerrilheiros comunistas era igualmente negado aos soldados nacionalistas.

Mao fez do seu Exército de Libertação Popular o principal instrumento para a conquista do apoio do campesinato. Esse papel transcendia a função militar e adquiria uma conotação essencialmente política, algo que só foi possível graças à intensa doutrinação ideológica a que eram submetidas as tropas comunistas.

> [...] seus próprios exércitos realizavam o trabalho de educação política, pelo qual pretendiam obter uma disciplina consciente, fazer de cada soldado um ativista político e transformar as pessoas do povo em combatentes. Nas relações entre oficiais e soldados proibiam qualquer abuso contra os soldados e, nas relações do exército com o povo, proibiam qualquer violação dos interesses do povo e os maus-tratos de prisioneiros.
>
> Suas Três Principais Regras de Disciplina (obedecer às ordens em todas as ações, não tomar uma simples agulha ou linha de coser das massas e entregar tudo o que foi capturado) e seus Oito Pontos de Atenção (falar polidamente, pagar estritamente tudo o que comprar, devolver tudo o que tomar de empréstimo, pagar por tudo o que danificar, não agredir ou golpear as pessoas, não danificar as plantações, não tomar liberdade com as mulheres e não tratar mal os prisioneiros) eram não só orientações de comportamento, mas pontos vitais de educação política.[39]

Mais do que a rígida obediência a regras de conduta, o que existia de fato era a absoluta devoção das forças revolucionárias à população camponesa. Nas áreas controladas pelo PCC foram implementadas reformas sociais positivas, como reforma agrária, construção de escolas, redução e eliminação de impostos e supressão dos juros. Organizaram-se milícias populares com a finalidade de oferecer segurança e ordem aos vilarejos. Com uma administração local mais justa e orientada para os interesses coletivos, os comunistas conquistaram o apoio do campesinato secularmente oprimido.

Ao contrário do que aconteceu durante a Revolução Russa, quando a população civil tornou-se vítima da violência e das atrocidades perpetradas tanto por brancos quanto por vermelhos, na China, os comunistas empenharam-se efetivamente em conquistar "corações e mentes", enquanto os nacionalistas do Kuomintang, perdendo seu discurso progressista, conservavam as distorções da sociedade chinesa que os revolucionários tanto condenavam, como a estratificação e a corrupção interna. Foi no campo psicológico, de forma subjetiva, portanto, que as forças de Mao venceram a batalha mais importante. E foi na obtenção do incondicional apoio da população camponesa que a Revolução Comunista, na China, assegurou sua vitória.

A GUERRA REVOLUCIONÁRIA EM TRÊS FASES

Mao concebeu uma guerra popular em três etapas, determinadas segundo o grau de maturação das forças irregulares. A tabela a seguir sintetiza sua teoria:

Tabela 2 – Etapas da guerra irregular maoísta

Fase		Atividades principais
1ª Fase	Organização e expansão	– Recrutamento e treinamento de grupos guerrilheiros. – Intenso trabalho de doutrinação ideológica de guerrilheiros e camponeses. – Convencimento das massas e obtenção do apoio da população. – Criação de unidades de guerrilha. – Organização de bases guerrilheiras.
2ª Fase	Guerrilha	– Guerra de guerrilhas – ações ofensivas de pequena envergadura, calcadas na surpresa e seguidas de rápido retraimento; incursões; emboscadas etc. – Emprego de pequenos efetivos. – Ataque a alvos militares para a obtenção de suprimentos, armas e munições. – Combates contra grandes unidades são evitados. – Nega-se ao inimigo o enfrentamento na "batalha decisiva", gerando um impasse estratégico.
3ª Fase	Guerra móvel	– Nessa fase, as unidades de guerrilha expandiram-se a ponto de constituírem unidades regulares. – Emprego maciço de tropas (divisões de exército e exércitos de campanha). – São travados grandes combates, envolvendo grandes efetivos. – As forças regulares inimigas são isoladas geograficamente uma das outras. – O inimigo é derrotado por meio da "batalha decisiva".

Para Mao, a guerra de guerrilhas por si só não era suficiente para infligir ao inimigo uma derrota decisiva e assegurar a tomada do poder. Na verdade, não competia à guerrilha vencer, apenas desgastar as forças oponentes, obrigando-as a lutar campanhas longas e inconclusivas – bastava não ser derrotada. Ao mesmo tempo em que desempenhavam um importante papel na conquista do apoio da população, os grupos guerrilheiros, acumulando pequenos sucessos, expandiam continuamente sua estrutura organizacional, até converterem-se em unidades regulares. Por fim, em um último estágio, sem perder algumas das qualidades essenciais da guerrilha, como rapidez de mobilização e deslocamento, capacidade de manobra, iniciativa, liberdade de ação, apoio da população e conhecimento do terreno, as unidades irregulares transformavam-se em tropas convencionais capazes de lutar e vencer grandes batalhas.

Em determinadas ocasiões, no decorrer do longo processo revolucionário chinês, os comunistas fizeram uma avaliação equivocada da relação de forças e aceitaram embates que lhes eram desfavoráveis, como na ofensiva nacionalista de outubro de 1934 e na malfadada "Campanha dos Cem Regimentos". Porém, foram capazes de recompor suas forças e retornar aos métodos guerrilheiros, que, no momento, ainda mostravam-se os mais apropriados. Foi a partir da campanha da Manchúria, nos anos de 1947 e 1948, que o Exército de Libertação Nacional ingressou efetivamente na guerra móvel (terceira fase).

EVITANDO A BATALHA DECISIVA

Por saber que suas unidades de guerrilha não possuíam poder relativo de combate suficiente para sobrepujar as divisões do Exército nacionalista em batalhas convencionais, Mao Tsé-tung recusou-se a engajá-las, deliberadamente, em confrontos abertos. De acordo com sua teoria, isso só seria possível em uma última fase, quando já dispusesse de meios humanos e materiais compatíveis com as necessidades da "guerra móvel". Até lá, o mais importante era não ser derrotado e, para tanto, se fazia necessário negar ao inimigo a oportunidade de concentrar seu poderio superior em uma batalha decisiva – "não há para a guerrilha uma batalha decisiva",[40] afirmou Mao. Por conseguinte, sua guerra revolucionária tornou-se uma prolongada guerra de desgaste.

O líder comunista não tardou a reconhecer que, no tipo de luta popular que travava, diferentemente do que acontecia nos conflitos regulares, a posse do terreno ou de seus acidentes capitais era irrelevante. Sempre que o combate lhe era desfavorável, Mao retirava-se, sem nenhum apego ao terreno. Até mesmo a cidade de Yenan, convertida depois da Grande Marcha na principal base revolucionária, foi perdida em 1947. A grande extensão territorial chinesa viabilizava essa postura estratégica, ao oferecer remotas áreas de refúgio, que abrigavam as forças que rompiam o contato com o inimigo momentaneamente mais forte. O maior inconveniente era justificar para a população local que ela seria abandonada à mercê das represálias nacionalistas. Ainda assim, a guerrilha só deveria engajar-se em combate quando suas perspectivas de sucesso fossem, de fato, consideráveis, caso contrário era preferível retrair e esperar por uma nova oportunidade.

ATAQUE A PONTOS FRACOS

Coerente com o pensamento milenar de Sun Tzu, Mao Tsé-tung preconizava os ataques aos pontos fracos do inimigo, mesmo porque o limitado poder ofensivo de suas forças guerrilheiras não lhe permitia agir de outra forma. Com o apoio da população, o conhecimento do terreno e a inexistência de longas caudas logísticas, pois cada homem conduzia consigo o pouco de que necessitava para subsistir e combater, os comunistas adquiriram grande capacidade de manobra, rapidez de mobilização e velocidade de deslocamento. Valendo-se dessas características, típicas das unidades irregulares, o líder revolucionário podia calcar suas ações na surpresa, o que lhe permitia compensar sua aparente inferioridade bélica.

Para levar a bom termo seus ataques, Mao enfatizava a importância do princípio da massa, concentrando (no tempo e no espaço) o máximo das forças e dos meios disponíveis, a fim de causar, ao inimigo, o maior dano possível. Dizia ele: "Ferir todos os dedos de um homem não é tão eficaz quanto cortar fora um deles, e desbaratar dez divisões inimigas não é tão eficaz quanto aniquilar uma delas."[41]

Já na terceira fase, ampliando o apoio popular nas áreas rurais, Mao buscava "ilhar" as cidades chinesas, cercando-as por todos os lados com as "águas hostis" do campesinato. Confinadas nos centros urbanos, as forças de Chiang Kai-shek tornavam-se vulneráveis quando se predispunham a aventurar-se fora de seus limites e, com seus eixos logísticos demasiadamente distendidos, viam-se obrigadas a empenhar guarnições cada vez maiores para defendê-los. Dessa forma, a iniciativa foi sendo gradativamente monopolizada pelos comunistas, ao mesmo tempo em que as unidades nacionalistas fechavam-se numa atitude passiva, nutrindo a vã esperança de travar uma guerra de posições, em que seus maiores efetivos e seu maior poder de fogo fossem capazes de derrotar as forças revolucionárias.

SUPERIORIDADE NOS ASPECTOS SUBJETIVOS DA GUERRA

A intensa doutrinação ideológica proporcionou uma sólida base moral às unidades comunistas. Enquanto os soldados regulares nacionalistas ignoravam as razões pelas quais supostamente lutavam, o elevado grau de politização disseminado entre as fileiras revolucionárias gerou forças coesas, motivadas e disciplinadas. Muito embora a férrea disciplina das tropas do PCC não fosse encenada por homens bem uniformizados em gestos formais ou desfiles militares, ela manifestava-se de modo explícito no correto trato com a população civil, na conduta humana com os prisioneiros e, sobretudo, na eficiência em combate.

A atitude amistosa com os prisioneiros de guerra encobria o propósito de incentivar as deserções entre as tropas nacionalistas. Alguns inimigos capturados, depois de bem tratados e submetidos à propaganda revolucionária, eram libertados para retornarem às suas unidades e fomentarem, direta ou indiretamente, a insubordinação e a indisciplina.

Os guerrilheiros e, depois, os soldados comunistas evidenciavam maior comprometimento com seu grupo e com sua causa e, ainda, gozavam de maior liberdade de ação. A iniciativa era mais bem aceita entre eles e a responsabilidade compartilhada em todos os níveis. Seus comandantes, desprovidos das prerrogativas que, comumente, caracterizam a oficialidade nos exércitos regulares, exerciam uma liderança construtiva, fundamentada no respeito mútuo entre superiores e subordinados. De acordo com Bevin Alexander:

> O Exército era também tão democrático quanto uma estrutura de comando hierárquico poderia ser. Mao desencorajava o sistema tradicional de castas existentes em muitos exércitos, escolhendo os chefes nas fileiras e não formando corpos de oficiais, ficando as funções destes a cargo dos delegados políticos "vermelhos". Em contraste com o costume chinês da época, os chefes tratavam os soldados com gentileza, conviviam nos mesmos alojamentos espartanos, comiam os mesmos alimentos e usavam os mesmos uniformes. Os oficiais eram eleitos pelos soldados e não usavam insígnias, mas eram chamados pelas suas patentes, tais como "camarada comandante de pelotão" ou "camarada comandante de companhia".
>
> Os "dirigentes vermelhos" proibiam os soldados de se apossarem de comida ou bens dos camponeses e puniam severamente estupro, roubo e violências. Incentivavam os soldados a resolverem sozinhos vários problemas do dia a dia. Antes dos combates eram feitas exposições pormenorizadas para a tropa sobre a situação tática e os planejamentos de combate. Uma prática virtualmente inaudita em outros exércitos cujos chefes raramente confiavam nos soldados em geral. As exposições contribuíam bastante para o senso de responsabilidade dos soldados no exercício de suas atribuições como parte de uma organização com objetivos elevados de transformação social. Eles se tornavam participantes, não meros cumpridores de ordens.[42]

A LONGA JORNADA DO IRA

O Exército Republicano Irlandês (Irish Republican Army – IRA) foi uma das mais destacadas e influentes forças irregulares do século XX. No violento e conturbado cenário político-militar em que se transformou a ilha da Irlanda, a longevidade do IRA, subsistindo e ressurgindo ao longo de décadas com ímpeto renovado, por si só já pode ser considerado um feito digno de menção, sobretudo se admitirmos que, em determinados momentos de sua história, o IRA enfrentou simultaneamente o aparato repressivo do governo de Belfast, o Exército e as forças de segurança britânicos e, ainda, grupos terroristas e paramilitares protestantes da Irlanda do Norte. Porém, foi sua extrema violência, que não raro ultrapassou o limiar da barbárie, convertendo deliberadamente civis inocentes em alvos de atentados terroristas, que colocou a organização na vanguarda do combate não convencional, contribuindo para redefinir a conduta da guerra irregular em todo o planeta.

O IRA estabeleceu ligações com a Líbia do coronel Muamar Kadafi e desenvolveu vínculos de cooperação com guerrilheiros e terroristas de grupos árabes-palestinos, incluindo a Organização para a Libertação da Palestina (OLP) de Yasser Arafat. Na Europa, os irregulares irlandeses inspiraram grupos extremistas, como o Baader-Meinhof alemão e as Brigadas Vermelhas italianas, sem que fossem, contudo, superados por qualquer outro movimento de luta armada do Velho Mundo. Alguns autores advogam, ainda, a existência de indícios que ligariam militantes do IRA à organização separatista basca ETA (Pátria Basca e Liberdade) e às Farc (Forças Armadas Revolucionárias da Colômbia).

A origem da violência na Irlanda possui raízes históricas tão profundas que tornam difícil estabelecer, com precisão, um marco a partir do qual possamos identificar a gênese do conflito entre católicos e protestantes. O século XVII parece ser esse referencial.

Desde a Idade Média, os ingleses falhavam ao tentar impor sua dominação sobre os irrequietos clãs nativos da Irlanda. Com o passar do tempo, subjugar os católicos irlandeses tornara-se também uma questão de segurança para os monarcas protestantes da Inglaterra, pois temiam eles que o território da ilha vizinha pudesse ser utilizado como plataforma de uma possível invasão perpetrada pelos reis católicos da França e, em especial, da Espanha.

Em 1601, a rainha Elizabeth I incumbiu lorde Mountjoy da conquista da conturbada Irlanda. A campanha que se seguiu foi brutal, marcada pela destruição e pela pilhagem, gerando, ainda, fome, devastação e, é claro, profundos ressentimentos na população local. Contudo, permitiu que, durante o reinado de Jaime I, as terras mais férteis do norte da ilha fossem confiscadas e distribuídas a colonos ingleses e escoceses. Desde o princípio, a "colonização" da Irlanda valeu-se da religião como um instrumento útil de segregação social entre colonizadores e colonizados. Em 1649, foi a vez dos fanáticos puritanos de Oliver Cromwell lançarem-se furiosamente contra os católicos irlandeses em mais uma campanha militar ignóbil.

Porém a absoluta supremacia protestante só ocorreu após a Batalha do Boyne, travada no dia 12 de julho de 1690, quando Guilherme de Orange derrotou as forças leais a Jaime II.[43] A partir de então, o parlamento irlandês aprovou um conjunto de leis anticatólicas reunidas no "código penal", que assegurou a completa hegemonia protestante. Entretanto, na avaliação de Richard Clutterbuck:

> A religião é pouco mais do que um rótulo. A verdadeira separação está entre os colonos e os nativos. A Irlanda foi colonizada por ingleses e escoceses. Na maioria das colônias os nativos eram morenos e os colonos, brancos. Na Irlanda, todos eram da mesma cor, mas os nativos rapidamente se apegaram à diferença vital de sua religião, a qual os colonizadores vieram especificamente a desafiar.[44]

No século XIX, a Irlanda encontrava-se incorporada constitucionalmente à Grã-Bretanha. O norte de seu território prosperava graças ao florescimento da indústria têxtil, enquanto o sul católico e agrário permanecia estagnado. O país sofreu, também, um considerável incremento demográfico. Entre 1779 e 1841, o número de habitantes da Irlanda quase triplicou. Na década de 1840, a fome e a falta de perspectivas que se abateram sobre a população de um sul desolado pela "praga da batata" motivaram a emigração em massa para a América do Norte. Desde então, os norte-americanos de origem irlandesa passaram a desempenhar um papel crucial, enviando os recursos que subsidiariam a guerra contra os protestantes e o governo inglês.

No alvorecer do século XX, era grande o apelo pela autonomia da Irlanda e o quadro político deteriorava-se com celeridade. Em 1908, Arthur Griffith, jornalista de Dublin, fundou o partido nacionalista católico Sinn Fein,[45] que congregou extremistas determinados a tornar realidade o sonho de um Estado irlandês independente. Entretanto, a minoria protestante, concentrada no norte da ilha, opunha-se vorazmente ao projeto emancipacionista, defendendo a manutenção da Irlanda no Reino Unido.[46] Londres encontrava-se, portanto, diante de uma encruzilhada, qualquer alternativa parecia levar o país inexoravelmente à guerra civil.

O levante da Páscoa (1916)

Durante a Primeira Guerra Mundial (1914-1918), enquanto a Inglaterra encontrava-se integralmente empenhada na luta contra a Alemanha, os nacionalistas irlandeses identificaram a oportunidade de conquistar sua independência e lançaram-se numa malfadada aventura. No dia 24 de abril, segunda-feira de Páscoa, militantes de algumas das mais importantes organizações políticas do país sublevaram-se, deflagrando a revolta em Dublin.

O poeta Patrick Pearse, presidente da Irmandade Republicana Irlandesa (Irish Republican Brotherhood – IRB), e o líder trabalhista James Connolly, "comandante" do Exército de Cidadãos Irlandeses, foram os grandes protagonistas do levante. A eles uniram-se muitos partidários do Sinn Fein e Voluntários Irlandeses (organização nacionalista na qual a IRB se infiltrara). Dentre os revoltosos encontravam-se o professor de matemática Eamon De Valera e o corpulento ativista da IRB Michael Collins.

Os insurretos assaltaram o centro da cidade, erguendo barricadas e ocupando alguns dos principais prédios públicos da capital, como os Quatro Tribunais de Justiça e a sede da Agência Central dos Correios – este último convertido no quartel-general da rebelião. Os revoltosos proclamaram a "República da Irlanda", elegendo Patrick Pearse presidente de um "Governo Provisório", e intitularam-se o Exército Republicano Irlandês. Nascia, portanto, o IRA.

Contudo, o levante da Páscoa foi uma ação improvisada, baseada em um plano bastante imperfeito e mal executado, realizada sem ímpeto por forças desprovidas de meios e métodos adequados, carente de coordenação e, o que é pior, sem apoio popular. Nas palavras de William Weir, "um empreendimento suicida".[47] Até mesmo o carregamento vital de armas e munições que deveria ser contrabandeado pelos alemães foi interceptado e não chegou às mãos dos revoltosos. Na verdade, a única coisa que deu certo, nesse ato prematuro e irresponsável, foi a previsão do próprio James Connolly de que seriam "massacrados".

Quando reforços britânicos chegaram à cidade munidos de artilharia, o levante foi "metodicamente esmagado".[48] No sábado, já estava tudo terminado. O centro de Dublin foi reduzido a escombros e ruínas. Mais de mil pessoas, entre homens, mulheres e crianças, foram mortos ou feridos.

Porém os ingleses transformaram o fiasco rebelde em uma vitória irlandesa sem precedentes. Como? Simples, com uma repressão descabida. A resposta britânica ao ato de guerra não convencional perpetrado pelos insurretos de 1916, além de inadequada, restringiu-se a uma reação puramente militar. O maior ensinamento do levante da Páscoa reside no exemplo de como, no combate irregular, a inépcia de estadistas e soldados é capaz de facilmente transformar uma vitória tática em um desastre político.

O levante não contara com apoio popular. As intenções e os atos dos insurretos e de seus líderes não foram compreendidos pelo irlandês comum, que desaprovou as mortes desnecessárias e a destruição inútil do coração de Dublin. Entretanto, a lei marcial imposta pelo comandante militar britânico John Maxwell reverteu esse quadro. A execução de 16 líderes rebeldes, as detenções arbitrárias, a recusa em aceitar denúncias e investigar as atrocidades cometidas pelas tropas inglesas durante os combates e outros excessos cometidos por Maxwell em nome da repressão levaram a população a reexaminar sua postura. O sentimento geral de animosidade em relação aos rebeldes nacionalistas converteu-se em admiração. O Sinn Fein, partido político envolvido no levante, que sempre fora minoritário, tornou-se o grande vencedor das eleições parlamentares de 1918. O "24 de Abril" passou a ser uma data anualmente comemorada pelos católicos irlandeses. Em seu livro *Irlanda sangrenta*, o coronel Barker avalia os resultados da sublevação:

> Como golpe militar, o levante da Páscoa foi um fracasso ignóbil. Contudo, como aventura política, a insurreição deu mais resultados do que provavelmente seus organizadores esperavam [...] em grande parte da Irlanda, de repente passaram todos a ver as coisas de um modo muito diferente e os que sobreviveram à revolta foram aceitos como líderes de uma nova Irlanda.[49]

Dentre os sobreviventes encontravam-se Eamon De Valera e Michael Collins.

A guerrilha urbana de Michael Collins

A nova fase da luta nacionalista irlandesa, compreendida entre os anos de 1919 e 1922, viu o amadorismo que caracterizou o levante da Páscoa ser substituído por uma das mais eficientes campanhas guerrilheiras do século XX. Seu mais destacado líder foi Michael Collins, que ascendeu ao comando do IRA.

Collins deixou a prisão em dezembro de 1916. Nos dois anos seguintes, dedicou-se à estruturação de uma bem articulada rede de informantes, angariou fundos e criou um esquadrão de execução conhecido como os "12 Apóstolos". Em 1920, Collins já tinha sua cabeça posta a prêmio pelo governo inglês.

Nesse período, Eamon De Valera liderava o movimento político, Michael Collin a luta armada e Erskine Childer a campanha de propaganda. Tornara-se impossível afirmar se o IRA era o braço armado do Seinn Fein ou se o Seinn Fein era o setor político do IRA.

Os postos policiais e os quartéis do Exército britânicos tornaram-se alvos de incursões. Emboscadas e assassinatos tornaram-se frequentes. As ações eram de pequena envergadura, quase sempre marcadas por extrema brutalidade, calcadas na surpresa e na rapidez. Os guerrilheiros irlandeses não se empenharam desnecessariamente em conquistar terreno ou estabelecer o controle sobre porções territoriais, ao contrário, atacavam e desapareciam como fantasmas em meio à população local.

Michael Collins percebeu, ainda, a importância de preservar a estrutura clandestina de sua força irregular e sua grande vulnerabilidade em face da atuação dos órgãos de informações ingleses. Decidiu, portanto, mover tenaz campanha contra os agentes da inteligência inimiga e seus informantes. No dia 21 de novembro de 1920, por exemplo, guerrilheiros irlandeses assassinaram 14 oficiais ligados ao serviço de inteligência britânico, arrancando-os de seus leitos e fuzilando-os diante de suas famílias.[50] Entre janeiro e abril do ano seguinte, 73 "delatores" foram eliminados.[51]

Para conter a crescente onda de violência, a administração britânica decidiu reforçar seu contigente policial, recrutando corpos auxiliares entre a Força de Voluntários do Ulster (Ulster Voluntary Force – UVF) – organização extremista protestante. Surgiram, assim, três grupos: os *Specials "A"*, *"B"* e *"C"*. Com o passar do tempo os *Specials "A"* e *"C"* foram dissolvidos, mas os agressivos *"B" Specials*, também conhecidos como *"black and tans"*, foram mantidos como força de repressão.

Enquanto católicos nacionalistas e protestantes unionistas digladiavam-se renhidamente, a crueldade do combate subterrâneo irlandês motivava reações também brutais por parte do aparato repressivo inglês, fomentando um ciclo incontrolável de violência sectária. Normalmente, essa espiral de violência não favorece o governo estabelecido, beneficiando as forças irregulares. Foi o que aconteceu na Irlanda no início da década de 1920. A situação tornara-se insustentável e, a despeito da voraz oposição movida pela minoria protestante do norte do país, Londres mostrou-se disposta a discutir um novo projeto de lei de autonomia.

Em março de 1922, a ilha da Irlanda foi dividida em duas. A maior parte do país (cerca de 85% do território) conquistou a tão almejada independência com a criação de um "estado livre", tendo Dublin como capital. Todavia, os seis condados do norte ou Ulster, onde a maior parte da população era protestante e rejeitava a ideia de submeter-se a um governo católico, permaneceram como parte integrante do Reino Unido. A cidade de Belfast foi feita capital da Irlanda do Norte e um parlamento, sediado em Stormont, encarregou-se de salvaguardar os interesses unionistas.

Com a saída dos ingleses, eclodiu violenta guerra civil, fazendo de Michael Collins, assassinado em 22 de agosto de 1922, uma de suas vítimas. A causa da luta, obviamente, encontrava-se nas divergências existentes entre aqueles que achavam, ao menos momentaneamente, plausíveis os termos do tratado que impôs a fragmentação da Irlanda e os republicanos, que julgavam tal divisão inadmissível.

Em 1927, o Sinn Fein cindiu-se, dando origem ao Fianna Fail e ao Fine Gael. Em 1932, com o apoio do IRA, Eamon De Valera foi eleito governador-geral da República Livre da Irlanda, cargo que suprimiu ao instituir o de presidente do Eire (nova denominação da Irlanda católica).

A Campanha das Fronteiras (1956-1962)

A partir de 1923, a atividade guerrilheira do IRA declinou, ficando seriamente comprometida durante os anos 1930 e 1940. Todavia, mesmo impotente, a organização manteve-se fiel ao propósito de erradicar a fronteira "ilegítima" imposta pelo governo de Londres com a fervorosa aquiescência dos protestantes do Ulster. No início da década de 1950, sob a liderança de Patrick Mac Logan, Thomas Mac Curtain e Tony Magan, o IRA ressurgiu com novo vigor.

Inicialmente, o grupo rebelde conduziu pequenas ações contra instalações policiais e militares, com o objetivo de capturar armas e munições. A partir de 1956, foi deflagrada efetivamente a chamada Campanha das Fronteiras. Doze colunas guerrilheiras moviam-se ao longo da área lindeira, atacando postos da alfândega, unidades do Exército britânico e quartéis da Polícia Real do Ulster (Royal Ulster Constabulary – RUC).

Apesar de estender-se até 1962, proporcionando considerável publicidade para os irregulares irlandeses, em termos militares, a campanha foi um enorme fracasso, perdendo o ímpeto já em 1958. Em cinco anos, foram realizados cerca de 600 ataques, dos quais resultaram apenas 6 mortos e 32 feridos. Nove militantes do IRA morreram e outros 46 foram feitos prisioneiros. Pior ainda, mesmo intensa, a atividade guerrilheira não levou o governo de Belfast a adotar medidas repressivas impopulares.

O malogro da Campanha de 1956-1962 deveu-se, sobretudo, à ausência de um sólido apoio da população local, ao insipiente conhecimento do terreno e à considerável capacidade de resposta das forças legais. Tanto o Exército inglês quanto as forças de segurança do Ulster possuíam um sistema de comando e controle satisfatório que permitia difundir com oportunidade o alerta em caso de incursão guerrilheira. Com isso, podiam empregar sua mobilidade tática superior para oferecer uma reação imediata.

Por fim, o fracasso da Campanha das Fronteiras motivou a renovação da liderança do IRA, permitindo a ascensão da ala marxista, o que viria, a curto prazo, alterar a tradicional postura política da organização.

"IRA, I Ran Away"

O principal combustível do conflito na Irlanda do Norte, durante a década de 1960, foi a obtusa intransigência da maioria protestante do Ulster em não conceder igualdade de direitos à minoria católica, conservando um rígido e inflexível apego à legislação discriminatória. Entre 1963 e 1969, o primeiro-ministro em Stormont Terence O'Neill buscou implementar uma política de aproximação com o governo de Dublin ao mesmo tempo em que tentava promover reformas que permitissem reduzir a fenda psicossocial que separava católicos e protestantes. Porém, as intenções de O'Neill naufragaram no conservadorismo unionista. Se, por um lado, os católicos reivindicavam mudanças maiores e mais rápidas do que o primeiro-ministro de fato podia efetivar, por outro, os protestantes, especialmente nas camadas mais baixas do proletariado urbano, não estavam dispostos a ceder.

Nesse momento, emergiu como principal líder unionista o reverendo Ian Paisley, fundador da Igreja Presbiteriana Livre. Paisley era um demagogo que, com seu discurso agressivo, inflamou a paixão das massas protestantes, atacando a minoria católica e movendo ferrenha oposição à política conciliatória de O'Neill.

Em 1967, diferentes segmentos da comunidade católica do Ulster fundaram a Associação dos Direitos Civis da Irlanda do Norte (Northern Ireland Civil Rights Association – Nicra), cuja mais célebre ativista foi Bernadette Devlin. Em agosto do ano seguinte, a Nicra realizou sua primeira "marcha". As mobilizações e passeatas pelos direitos civis tiveram um início pacífico, porém logo surgiram grupos unionistas predispostos a empregar a força e métodos fascistas de enfrentamento, com o propósito de impedir ou dissolver as manifestações públicas católicas, tornando o choque inevitável.

No início de 1969, irrompeu a violência com turbas rivais enfrentando-se nas ruas das principais cidades do Ulster, especialmente em Londonderry e na capital Belfast. Com a RUC e os truculentos *"B" Specials* adotando uma postura pouco imparcial, os católicos, acuados em seus guetos, ergueram barricadas, enfrentando a polícia e a malta protestante com pedras, paus, coquetéis molotov e tiros esparsos de armas de fogo.

Uma das missões implícitas do IRA era promover a segurança da população católica dessas áreas. Porém a cúpula marxista da organização, que ascendera após o fracasso da Campanha das Fronteiras, estava determinada a reinterpretar a política irlandesa, não da maneira tradicional centrada no arraigado antagonismo entre católicos e protestantes, mas sob a ótica da luta de classes contida no materialismo histórico. Assim sendo, acalentando o sonho de unir todo o proletariado, omitiu-se nos confrontos de rua daquele ano. Pichações nos muros dos distritos e favelas de Belfast acusavam: *"IRA – I ran away!"* ("Eu fugi!").

Em dezembro, inconformados, dissidentes sob a liderança de Sean Mac Stiofain fundaram o IRA Provisório, numa deferência ao Governo Provisório proclamado em Dublin durante o levante da Páscoa de 1916. Os *"provos"*, como tornar-se-iam conhecidos, ao contrário do "IRA Oficial", mantiveram-se fiéis ao objetivo de destituir o governo "ilegítimo" de Stormont e unir toda a Irlanda em uma República desvinculada do Reino Unido.

Em agosto de 1969, Londres interveio, enviando um contingente do Exército para controlar a situação. A tropa britânica foi bem recebida pela população católica, que viu nos soldados de sua majestade uma força neutra, bem distinta dos policiais da RUC e dos "B" Specials. Entretanto, esse relacionamento pacífico logo seria dilapidado pelo curso trágico dos acontecimentos.

Provisional IRA

Em seu primeiro ano de vida, o IRA Provisório dedicou-se à sua estruturação e expansão como força irregular, adotando uma postura defensiva e limitando-se a garantir a segurança dos enclaves católicos nas principais cidades do Ulster. Entretanto, no ano seguinte (1971), a organização lançou sua primeira ofensiva, convertendo civis em alvos – prática infelizmente consagrada na Irlanda. Somente no mês de agosto, foram realizados cem atentados a bomba. Nesse mesmo mês, com o ativo envolvimento da população católica, o IRA Provisório transformou os guetos e favelas sob sua "responsabilidade" em áreas liberadas.

Inicialmente, os *provos* organizaram-se em três "brigadas", desdobradas em Belfast, Londonderry e ao longo da fronteira com o Eire. Todavia, com o passar do tempo e a permanente necessidade de se adequar às condições mutantes do combate irregular, o IRA Provisório redefiniu sua estrutura operacional interna, constituindo, com grupos de cinco a oito militantes, as chamadas "unidades de serviço ativo", mais adequadas à guerrilha urbana. Em meados da década de 1970, no auge de sua campanha terrorista contra a Inglaterra, os *provos* atuaram de forma bem mais compartimentada, empregando células estanques.

Quando Brian Faulkner assumiu o cargo de primeiro-ministro da Irlanda do Norte, em 1971, mostrou-se disposto a adotar medidas repressivas mais severas, a fim de refrear a crescente onda de violência. Dentre elas, Faulkner advogava a necessidade de investir as forças de segurança no Ulster da prerrogativa de realizar prisões arbitrárias, dispensando denúncia formal ou processo legal. Quando implementado, esse dispositivo repressivo revelou ser um verdadeiro "tiro pela culatra", pois o descabido número de detenções fortaleceu o crescente apoio dado pela população católica aos *provos* e o discurso agressivo do IRA Provisório propagou-se facilmente. O Exército britânico, por sua vez, deixou de ser empregado como uma força neutra interposta entre os dois segmentos sociais antagônicos e passou à contrainsurgência. A imposição e a manutenção do toque de recolher, as buscas invasivas à procura de armas e explosivos e os confrontos de rua fizeram desaparecer a simpatia inicial que os católicos nutriram pelos soldados ingleses.

No domingo, 30 de janeiro de 1972, Bernadette Devlin e Ivan Cooper organizaram uma manifestação de protesto em Londonderry. Como sempre terminavam em violência, atos públicos como aquele estavam proibidos. Desafiando a autoridade unionista, aproximadamente seis mil pessoas iniciaram a marcha pelo bairro de Bogside. O confronto com o Exército, responsável por conter os manifestantes, tornara-se inevitável. Paraquedistas ingleses abriram fogo contra uma turba na rua Rossville, 12 civis morreram e outros 12 ficaram feridos. Em represália, no dia 22 de fevereiro, o IRA Oficial fez explodir uma bomba no quartel do regimento paraquedista em Aldershot na Inglaterra. Ironicamente, o único paraquedista morto foi o capelão católico da unidade.

A grande cobertura da mídia, operando como agente catalisador da crise, converteu o "Domingo Sangrento" em um enorme desastre para os protestantes do Ulster. No dia 24 de março, Londres dissolveu o parlamento de Belfast, enviando William Whitelaw como secretário de Estado para a Irlanda do Norte. Depois de cinco décadas, o IRA conquistara uma vitória decisiva, alcançando um de seus mais importantes objetivos – destruir o governo protestante de Stormont.

Porém, os *provos* cometeram um erro fatal, permitindo inadvertidamente que "os meios (militares) monopolizassem o fim (político)". Guerra irregular é guerra! E assim sendo, deve subordinar-se incondicionalmente a objetivos políticos mais elevados e claramente definidos, ao melhor estilo de Clausewitz. Deixando de substituir, ao menos momentaneamente, o ímpeto de suas ações agressivas por uma "ofensiva" no campo político, o IRA tornou sem efeito os resultados de sua vitória. Cito, mais uma vez, Richard Clutterbuck:

> Se 1972 deu provas do potencial militar do IRA Provisório, também demonstrou sua incapacidade política. Com um triunfo de tal ordem, eles tiveram a oportunidade de acabar com a violência e deixar que sua ala política – Sinn Fein – negociasse um acordo político à altura de seu prestígio. De fato, pouco tempo depois de empossado, Whitelaw convidou os líderes do IRA Provisório para participar em Londres de discussões com essa finalidade. [...] Seus feitos foram consideráveis. Como guerrilheiros urbanos, exerceram durante um ano – de 71 a 72 – o controle incontestável de grandes "áreas proibidas" em Londonderry e Belfast. Contudo, muito mais importante foi o sucesso que conseguiram obtendo de Stormont uma reação tão desproporcionalmente forte que levou o Governo Britânico, em março de 1972, a terminar com um governo protestante discriminatório de cinquenta anos. Assim, conseguiram o prestígio e a oportunidade, da forma por eles escolhida, para emergirem como um legítimo partido político e poderem negociar um acordo favorável.
>
> Os pontos negativos, porém, pesaram muito em suas realizações. Não possuindo uma filosofia política coerente, não foram capazes de tirar vantagem da oportunidade política que eles mesmos haviam criado. Além disso, por seus próprios excessos (particularmente nos atentados a bomba), afastaram definitivamente seus partidários católicos do norte.[52]

No dia 21 de julho daquele ano, os *provos* explodiram 19 bombas no centro de Belfast, em um raio de apenas 1,5 quilômetro. Nove pessoas morreram e 130 ficaram feridas. A "Sexta-feira Sangrenta", como ficou conhecido o episódio, atraiu a desaprovação da opinião pública interna e internacional e impeliu o Exército britânico a tomar a iniciativa. Dez dias depois, os ingleses lançaram a Operação Motorman, destruindo os redutos urbanos do IRA nas "áreas proibidas" dos bairros católicos. Antes do final do ano, o IRA Provisório estaria praticamente desmantelado. Nos quatro meses que antecederam a Operação Motorman, de março a julho, os *provos* realizaram quinhentos ataques a bomba e foram registrados quase seis mil incidentes envolvendo disparos de armas de fogo. Nos quatro meses que se seguiram à ofensiva inglesa, o número de atentados foi reduzido para cerca de quatrocentos e os incidentes com armas de fogo caíram pela metade.

Diante da perspectiva de derrota, os irregulares irlandeses redefiniram sua estratégia de luta. Em março de 1973, teve início a longa campanha terrorista do IRA Provisório na Inglaterra. Os ataques estenderam-se por quase uma década e atingiram seu ápice em janeiro de 1977, quando 13 bombas explodiram em menos de uma hora no centro de Londres. Dois anos depois, os *provos* executaram o embaixador britânico nos Países Baixos e, no dia 27 de agosto de 1979, assassinaram o popular herói da Segunda Guerra Mundial almirante lorde Louis Mountbatten.

Entre 1969 e 1978, o IRA foi responsável pela morte de 289 soldados ingleses, 88 militares do Regimento de Defesa do Ulster e 117 policiais do RUC. Muito embora grupos terroristas protestantes, como a Força de Voluntários do Ulster e Associação de Defesa do Ulster (Ulster Defence Association – UDA) tenham empregado os mesmos métodos sanguinários e, em diversas oportunidades, tenham superado o número de vítimas produzido pelos extremistas católicos, o IRA Provisório tornou-se uma das mais destacadas e importantes organizações subterrâneas do planeta.

Nesse contexto, sua articulação internacional adquiriu um caráter de extrema relevância. Primeiro, pela aproximação com forças irregulares de outros países, as quais pôde, de algum modo, influenciar. Segundo, pelo fornecimento do apoio externo, sem o qual teria sido impossível mover tão intensa e duradoura guerra. Boa parte dos recursos do IRA era proveniente da comunidade irlandesa da América do Norte, o que incluía o contrabando de armas. Junto a países do bloco soviético, o IRA adquiriu armamento e fundos, e do governo líbio de Kadafi estima-se que os irregulares irlandeses tenham recebido, além de dinheiro, cerca de 120 toneladas em armas, explosivos e munição.

Reivindicando *status* de presos políticos, militantes do IRA que se encontravam confinados no sistema carcerário britânico recorreram a greves de fome para obter publicidade e reiterar a natureza política da luta na qual a organização estava engajada. Graças à repercussão que obtiveram, nos anos de 1980 e 1981, conseguiram abrir uma "nova frente" do conflito no interior das próprias prisões inglesas. Essa conduta auferiu significativo resultado psicológico, pois permitiu, junto à opinião pública internacional, romper o consagrado estereótipo dos membros do IRA de meros terroristas, colocando-os como vítimas da opressão estrangeira.

Entre 1982 e 1984, a organização promoveu uma nova onda de atentados. Mas na década seguinte a violência sectária refluiu, não a ponto de cessar completamente, é claro, mas o suficiente para gerar uma perspectiva concreta de superação da histórica divergência entre católicos e protestantes na Irlanda do Norte, pondo termo ao conflito que, em quase três décadas, resultou em aproximadamente 3,6 mil mortos e 33 mil feridos. Nesse período, a Inglaterra foi obrigada a desdobrar no Ulster 20 mil soldados e 8 mil policiais. Em julho de 1997, foi aceita uma trégua. Em abril do ano seguinte, foi firmado o acordo de paz que restabeleceu a autoridade política do governo de Belfast.

O aparente êxito do processo de estabilização do Ulster e as negociações de paz de 1998, obviamente, desagradaram os radicais que se mantinham fiéis ao propósito de congregar toda a Irlanda em uma só República. O IRA Continuidade (Continuity Irish Republican Army – Cira), ala militar do Sinn Fein Republicano (dissidência política do Sinn Fein surgida em 1986), não reconheceu o cessar-fogo de 1997. Os *provos* também não ficaram imunes à dissidência interna. A cisão no IRA Provisório gerou o IRA Real (Real Irish Republican Army – Rira), organização responsável por mais de oitenta ataques terroristas, incluindo a explosão de dois carros-bombas em Omagh no dia 15 de agosto de 1998 – atentado que matou quase 60 pessoas e feriu outras 130.

Em outubro de 2001, o IRA começou a desfazer-se de seu arsenal. Dois anos depois, divulgou um comunicado lamentando a morte de civis inocentes ao longo de sua jornada sangrenta. No dia 28 de julho de 2005, o Exército Republicano Irlandês renunciou à luta armada.

VIETNÃ

É provável que, ao nos referirmos à guerra irregular no século XX, o primeiro nome que venha em mente seja "Vietnã". É, acima de tudo, muito "inspiradora" a ideia de humildes e obstinados guerrilheiros comunistas, saídos de pequenos vilarejos rurais, derrotando sucessivamente duas grandes potências industriais, primeiro a França e depois os Estados Unidos, cujas respectivas forças militares gozavam de uma superioridade bélica incontestavelmente superior. Criar um "novo Vietnã" tem sido a síntese das aspirações e metas de muitos grupos irregulares. Che Guevara, por exemplo, sofreu uma derrota que lhe custou a vida, nas selvas da América do Sul, perseguindo esse objetivo.

Há, contudo, alguns aspectos da Guerra do Vietnã que merecem uma reflexão maior. Até que ponto as práticas e os procedimentos empregados pelos vietnamitas, tanto no nível tático quanto no nível estratégico, podem ser aplicados em outro contexto histórico, em outro ambiente geopolítico, em outra época, por outra cultura e com outras motivações? Qual povo pode e está disposto a pagar o preço em vidas humanas que os vietnamitas pagaram em mais de três décadas de uma guerra cruel? Quais as semelhanças e, sobretudo, quais as *diferenças* existentes entre a Guerra do Vietnã e outros conflitos irregulares (reais ou potenciais)?

Antes de mais nada, é preciso reconhecer que a Guerra do Vietnã e, antes dela, a Guerra da Indochina não se limitaram à guerra de guerrilhas e à luta subterrânea. Mesmo não tendo abandonado o combate irregular, os vietnamitas transformaram, ao longo de anos de conflito, seus incipientes e mal armados grupos guerrilheiros em poderosas forças regulares, organizadas formalmente em divisões de exército muito bem treinadas, muito bem equipadas (graças à enorme ajuda material chinesa e soviética) e capazes de conduzir operações ofensivas em larga escala.

Seja como for, o sucesso político e militar dos comunistas no Vietnã foi absoluto e inquestionável. Eles lutaram ininterruptamente contra japoneses, ingleses, franceses e norte-americanos, conquistaram a independência de seu país, impediram sua fragmentação política, garantiram sua integridade territorial, implantaram um Estado de orientação marxista e, ainda, mantiveram-se no poder.

Para os Estados Unidos, a derrota política e psicológica sofrida no sudeste asiático constituiu um trauma que sua sociedade ainda não foi capaz de superar por completo. Sua própria mídia, convertida pelo inimigo em um poderoso instrumento militar, tornou-se responsável pela difusão de imagens que marcaram de tal forma a opinião pública interna que o "fantasma do Vietnã" insiste em rondar as decisões militares de Washington. No momento em que o Departamento de Defesa norte-americano encontrou-se direta e simultaneamente engajado, no Afeganistão e sobretudo no Iraque, em complexas campanhas contrainsurrecionais, a amarga lembrança do Vietnã, que parecia haver sido exorcizada durante a rápida e fulminante campanha do Golfo em 1991, retornou, e, graças a ela, líderes políticos e militares, além de parcela significativa da opinião pública, continuam a nutrir sérias reservas quanto à real capacidade de os Estados Unidos vencerem uma guerra de natureza não convencional.

A colônia francesa

Ao longo de sua história, o Vietnã construiu uma formidável tradição de resistência à ocupação estrangeira: chineses songs no século XI, mongóis no século XIII, chineses mings no século XV, japoneses, franceses e norte-americanos no século XX.

Em meados do século XIX, fruto do processo de expansão neocolonialista europeu, os franceses chegaram à península da Indochina e lá se fixaram, explorando os grandes rios que adentram ao continente. Tinham por objetivo abrir uma rota alternativa para o cobiçado mercado do sul da China. Entretanto, graças à fisiografia local, malograram em seu intento.

Mas, ainda assim, em aproximadamente três décadas e meia, os franceses expandiram o seu controle sobre a região, formando aquilo que se tornou conhecido por "Indochina Francesa": em 1863, estabeleceram sua primeira colônia na Cochinchina (o extremo sul da península); a partir de 1884, empreenderam uma longa campanha para subjugar o Império Vietnamita de Aname ou Império Anamita, que compreendia as regiões de Anam e Tonquim (respectivamente, o centro-sul e o norte do Vietnã); em 1884, subjugaram o reino do Camboja; em 1892, o reino do Laos e, por fim, em 1897, conseguiram submeter a obstinada Tonquim à administração colonial, conservando apenas nominalmente o poder do antigo imperador.

A inconformidade perante o domínio francês, é claro, sempre existiu. Todavia, no início do século XX, carentes de sólidas instituições políticas e sem instrumentos que lhes assegurassem efetiva representatividade, os nativos ofereciam apenas uma desorganizada e débil oposição ao poder metropolitano.

Em 1925, Ho Chi Minh fundou o Parido Comunista Indochinês e, nos cinco anos seguintes, dedicou-se à sua expansão, estruturando sua principal rede de agentes nas aldeias e vilarejos do delta do rio Vermelho em Tonquim. Em 1930, o Partido Comunista deflagrou uma onda de violentos distúrbios ao norte de Anam. Após dois anos de repressão, cerca de dez mil vietnamitas haviam perecido e o levante, fracassado, marcando, dessa forma, o início da luta que só terminaria quarenta e cinco anos mais tarde.

Entretanto, o destino da colônia seria alterado por importantes acontecimentos no campo externo. Em 1939, na Europa, iniciava-se a Segunda Guerra Mundial. No ano seguinte, a França foi derrotada pela Alemanha, colocando a colônia à mercê das pretensões expansionistas japonesas. Não contando com nenhuma alternativa plausível, o governador francês da Indochina sujeitou-se sem resistência às reivindicações de Tóquio, aceitando a presença militar japonesa na península e colocando seus recursos econômicos à disposição do Império do Sol Nascente, o aliado oriental do Reich alemão.

Após os insucessos da década de 1930, Ho Chi Minh convencera-se de que a libertação e a unificação da Indochina deveriam preterir a criação de um Estado marxista e decidiu postergar sua revolução socialista. Assim, em 1941, fundou a Frente pela Independência do Vietnã ou Vietminh, congregando, em torno de si, outros segmentos nacionalistas, além dos comunistas que, é claro, compunham a grande corrente majoritária entre os quadros militantes.

No segundo semestre de 1944, como a iminente libertação da França pelos exércitos aliados alteraria a postura do governo da Indochina, os japoneses confinaram as tropas francesas e suprimiram a administração colonial. O momento político parecia ser bastante oportuno para a ação nacionalista, pois a antiga metrópole, outrora poderosa, encontrava-se então destituída de poder e o decadente Império nipônico, que assumira o papel de força de ocupação, mais cedo ou mais tarde seria derrotado pelos Estados Unidos na Guerra do Pacífico. Em dezembro, o Vietminh colocou em operação nas montanhas do norte, junto à fronteira da China, pequenos grupos de guerrilha, incumbidos de empreender resistência armada à ocupação japonesa.

O comando dessa insipiente força guerrilheira foi entregue a Vo Nguyen Giap, um humilde professor de História, cujo êxito na aplicação da estratégia de Mao Tsé-tung transformá-lo-ia em um dos mais notáveis e bem-sucedidos chefes militares do século xx. Em plena conformidade com os preceitos de Clausewitz, naquilo que diz respeito à subordinação da guerra à política, foi estabelecida uma promissora relação, que subordinava Giap, o comandante militar, a Ho Chi Minh, o líder político. Nesse sentido, o tempo revelaria que a eficiência de Ho Chi Minh e Giap na condução da guerra irregular seria semelhante ao perfeito equilíbrio alcançado por Bismark e Moltke na guerra regular.

A guerra de guerrilhas movida contra as tropas japonesas em Tonquim e no norte de Anam durou menos de um ano. Em agosto de 1945, os japoneses finalmente reconheceram sua derrota na guerra contra os Estados Unidos e renderam-se, pondo termo à Segunda Guerra Mundial. No mês seguinte, sem perder tempo, Ho Chi Minh proclamou, em Hanói, a República Democrática do Vietnã.

Muito embora os Estados Unidos não rejeitassem a ideia de independência do Vietnã e o imperador anamita Bao Dai, conservado nominalmente no poder por franceses e japoneses, houvesse abdicado em favor do Vietminh, a França estava disposta a reassumir seu Império Colonial, o que, logicamente, incluía a Indochina. Conforme ficara definido na Conferência de Potsdam, forças aliadas retomariam o controle da península, até que o aparato administrativo colonial fosse posto novamente em funcionamento e, é claro, novos contingentes militares franceses fossem deslocados para a região. Dessa forma, com unidades chinesas do Kuomintang, ao norte, e forças inglesas, ao sul, a Indochina francesa foi reocupada.

Determinado a não retroceder, o Vietminh lutou contra tropas britânicas e unidades japonesas remanescentes. Quando os ingleses deixaram a Indochina, no início de 1946, os vietnamitas já haviam sofrido cerca de três mil baixas fatais. Novas negociações foram abertas com a administração francesa que reassumira a colônia, mas sem sucesso. Em novembro daquele ano, a guerra de independência recomeçou.

A Guerra da Indochina (1946-1954)

A população vietnamita, predominantemente rural, possuía seus maiores adensamentos na costa de Anam e, sobretudo, nos dois grandes deltas fluviais – o do rio Vermelho ao norte e o do rio Mekong ao sul. O planalto central e a cordilheira anamita, povoados por tribos montanhesas dispersas, apresentavam menores índices demográficos. Assim sendo, a luta guerrilheira movida pelo Vietminh concentrou-se no sul e, principalmente, no norte da colônia. Seu principal reduto estava localizado junto à fronteira da China meridional, numa região montanhosa de selva densa, quase inacessível, denominada Viet Bac.

Giap optou, basicamente, pela aplicação da estratégia de guerra revolucionária em três fases concebida por Mao Tsé-tung. Como sempre, a escalada da violência foi gerada por um ciclo crescente de ataques guerrilheiros e represálias governamentais que não poupou os civis – até então, apolíticos em sua grande maioria. Cada vez mais, o conflito foi adquirindo um caráter particularmente cruel. A população nativa tornou-se vítima de crimes perpetrados por ambos os lados. Entretanto, as "ações seletivas" do Vietminh, que buscavam identificar, entre os moradores locais, os colaboradores inimigos (reais ou supostos), antepunham-se à repressão indiscriminada das forças coloniais. Não tardou para que os guerrilheiros passassem a contar com o apoio vital da população.

Enquanto isso, na Europa, a opinião pública francesa pouco se interessava pela remota Indochina. A Segunda Guerra Mundial mal terminara e a ideia de um novo conflito era, por razões óbvias, bastante inoportuna. Além do mais, a influente esquerda francesa era simpática às causas nacionalistas do Terceiro Mundo. Por esse motivo, a força militar da qual dispunha a administração colonial constituía-se apenas de soldados profissionais e contingentes nativos, pois as perdas humanas nesse tipo de tropa certamente causariam menos impacto sobre a opinião pública interna do que a morte de recrutas conscritos.

Apesar de sua elevada combatividade, as unidades francesas eram em número insuficiente para controlar todo o território e, dessa forma, foram obrigadas a concentrarem-se nas áreas mais densamente povoadas, adotando uma postura defensiva. Tal fato conferia certa liberdade de ação e de movimento aos grupos guerrilheiros, que, aos poucos, foram capazes de assegurar a Giap o monopólio da iniciativa.

A guerra de independência da Indochina foi, mais uma vez, afetada por acontecimentos de caráter externo, quando a revolução de Mao sagrou-se vitoriosa em outubro de 1949. A ameaça nacionalista, ao norte, representada pelas forças de Chiang Kai-shek, deixou de existir. O território chinês transformou-se definitivamente em um local seguro, oferecendo, sempre que necessário, refúgios ativos aos guerrilheiros vietnamitas. O Vietminh passou a contar com o apoio político e militar da China, que, além de assessores, forneceu farto material bélico.

A atividade irregular ao norte de Tonquim era cada vez mais intensa. Nas montanhas setentrionais da colônia, os franceses mantinham quatro guarnições destacadas, localizadas na cordilheira Cao Bang-Lang Son. Esses fortins encontravam-se todos interligados por uma estrada cujo traçado geral era paralelo à fronteira com a China. Denominada "rota colonial número 4" (RC-4), essa estrada acidentada e sinuosa, graças às emboscadas do Vietminh, ficou praticamente intransitável, tornando-se conhecida por "*route de la mort*" (rota da morte).

Da mesma forma que Lawrence chegara à conclusão de que conquistar a cidade de Medina traria menos resultados para a Revolta Árabe do que comprometer o fluxo logístico turco na ferrovia do Hejaz, Giap percebeu que conquistar as posições inimigas por meio de assaltos diretos lhe proporcionaria menos vantagens do que as constantes emboscadas realizadas na RC-4. Entretanto, o comando francês também reconheceu tal fato e decidiu evacuar os postos ao longo da estrada, retraindo suas guarnições para o sul e posicionando-as na região mais densamente povoada do delta do rio Vermelho.

Nesse momento, Giap identificou a oportunidade de lançar uma grande ofensiva e infligir um sério revés a seus inimigos europeus. Em setembro de 1950, os vietnamitas isolaram a guarnição de Cao Bang. A malfadada retirada francesa transformou-se em um desastre – quatro mil homens pereceram.

A vitória do Vietminh em Cao Bang surpreendeu a metrópole, levando-a a renovar sua liderança militar na Indochina. O famoso general Jean De Lattre de Tassigny assumiu o comando das tropas francesas na distante colônia e logo reorganizou as forças à sua disposição. De Lattre concebeu uma estratégia equilibrada, combinado, na medida certa, ações ofensivas e defensivas. Sua opção revelou-se, também, adequada aos meios que lhe eram disponíveis. O velho soldado estabeleceu um dispositivo defensivo, que recebeu seu nome, no delta do rio Vermelho. Paralelamente, a fim de engajar e destruir pelo combate ofensivo unidades do Vietminh, De Lattre constituiu grupamentos táticos com acentuada mobilidade e poder de fogo, denominados "*groupes mobiles*".

Giap, por sua vez, respaldado pelo sucesso de Cao Bang, decidiu lançar-se à fase três da estratégia maoísta, empreendendo operações ofensivas em larga escala (guerra móvel). Em 1951, forçou a Linha De Lattre em Vinh Yen, Mao Khe e Phat Diem. Foi derrotado nas três batalhas e obrigado a retroceder. O comandante vietnamita reconheceu as virtudes e a habilidade em campanha de De Lattre e admitiu que suas forças ainda não estavam prontas para grandes confrontos diretos com o exército inimigo, retornando à segunda fase (guerrilha).

Entretanto, o êxito da metrópole seria passageiro. Em janeiro de 1952, a França perdeu seu consagrado general, que veio a falecer de causas naturais. Nesse mesmo ano, buscando explorar o êxito alcançado na defesa da Linha De Lattre, as forças francesas ofereceram combate em Hoa Binh, às margens do rio Negro na RC-6, mas foram derrotadas pelos rebeldes do Vietminh. Essa vitória permitiu a Giap traçar uma ofensiva na direção estratégica do Laos.

A escolha do Laos deu-se em virtude da grande concentração de tropas francesas atrás das defesas do delta do rio Vermelho, o que deixava desguarnecidas outras áreas da Indochina. Os franceses, agora, sob o comando do general Salan, contra-atacaram com uma incursão no Viet Bac, tendo como alvos as bases logísticas de Phu Tho e Phu Doan. Apesar de algum êxito, não obtiveram resultados significativos. O ímpeto ofensivo de Giap levou as unidades vietnamitas próximas da fronteira do Laos, onde foram detidas pela bem-sucedida resistência da guarnição francesa de Na San.

Nos primeiros meses de 1953, os vietnamitas tentaram novamente e lograram penetrar no Laos, mas foram obrigados a recuar em virtude de problemas logísticos. Motivo pelo qual Giap empenhou-se no estabelecimento de um eixo de comunicação seguro com sua retaguarda no Viet Bac. Quando isso acontecesse, as portas da capital laosiana, Luang Prabang, certamente se abririam para ele.

Determinados a impedirem a ofensiva Vietminh, o general Navarre, sucessor de Salan, e seu chefe de Estado-maior, general Cogny, conceberam a controversa "operação Castor", que selaria o destino francês na Indochina. No final de novembro de 1953, seis batalhões paraquedistas assaltaram a pequena vila de Dien Bien Phu, localizada às margens do rio Nam Yum, próxima à fronteira do Laos. Sua conquista foi rápida e a ela se seguiram desembarques de novos contingentes, que prontamente dedicaram-se a trabalhos de fortificação que nunca seriam concluídos.

Tratava-se de um vale pobre e descampado, completamente dominado pelas grandes elevações que o circundavam. Sua irrelevância tática era compensada pelo seu pretenso valor estratégico – Dien Bien Phu poderia interromper a ligação existente entre o Viet Bac e Luang Prabang e, assim, comprometer os planos de Giap no vizinho Laos.

O estabelecimento de um ponto forte em Dien Bien Phu poderia atender a dois propósitos distintos. O primeiro, de caráter ofensivo, permitiria irradiar ataques contra a retaguarda Vietminh, tal qual os chindits na Campanha da Birmânia, durante a Segunda Guerra Mundial. O segundo, de cunho defensivo, funcionaria como uma "isca", atraindo os vietnamitas para uma batalha decisiva, na qual os franceses, graças à sua suposta superioridade bélica convencional, acreditavam ser invencíveis. Em ambos os casos, o êxito dependeria da capacidade da *Armeé de l'Air* prover o adequado suporte à operação, mantendo ininterrupta a ponte aérea proveniente de Hanói.

Giap soube aproveitar a oportunidade que lhe era oferecida nas margens do pequeno Nam Yum. Ao contrário de seus inimigos, que subestimaram sua capacidade de mobilização, Giap avaliou corretamente suas possibilidades e os óbices que as forças francesas enfrentariam em uma batalha decisiva, caso reunisse, nas montanhas que circundavam o vale, homens, artilharia e suprimentos nas quantidades necessárias.

O comandante vietnamita concentrou vinte e oito batalhões de cinco divisões do Vietminh, sendo uma delas a poderosa 351ª Divisão Pesada. Quase 38 mil combatentes ao todo. Desdobrou mais de 200 peças de artilharia, incluindo armas antiaéreas e toda munição de que seus homens precisariam. Preparou excelentes posições de tiro, ocultas nas contraencostas das elevações que dominavam Dien Bien Phu. Tudo sem que o inimigo se apercebesse do enorme perigo que se delineava ao seu redor. Na verdade, os franceses não acreditaram na capacidade de o sistema logístico Vietminh suprir a demanda de uma grande batalha de atrito, nem na capacidade do sistema de apoio de fogo vietnamita sobrepujar o seu. Não é de se surpreender, pois a preparação para o ataque levada a cabo pelos comunistas foi, por si só, um feito militar magnífico. Um trabalho hercúleo que compreendeu abrir estradas sem máquinas, através da selva, e transportar a braço ou em bicicletas toneladas em armamento e munição por longas distâncias em regiões de relevo muito acidentado, desde o Viet Bac. Estima-se que dezenas de milhares de vietnamitas, sem distinção de sexo, com idades entre 18 e 45 anos, foram empenhados nas penosas atividades logísticas de retaguarda.

No dia 13 de março de 1954, o mundo desabou em chamas sobre os franceses entrincheirados no vale longínquo. Perplexos, não sabiam explicar como o inimigo pôde concentrar tamanho poder de fogo. Emblemática foi a postura tomada pelo coronel Charles Piroth, comandante da artilharia francesa, que admitiu sua culpa por haver assegurado a impossibilidade de os vietnamitas, em virtude do terreno acidentado e da selva densa, desdobrarem artilharia em torno das posições defensivas francesas. Já ferido, em um ato de desespero e penitência, suicidou-se com uma granada.

Dien Bien Phu tornou-se um episódio dramático da história militar contemporânea. Cercados, com efetivos inferiores ao do inimigo e com menor poder de fogo, paraquedistas e legionários lutaram desesperadamente contra as ondas de assalto do Vietminh que se sucediam sem trégua.

Na capacidade da *Armeé de l'Air* abastecer o enclave defensivo francês pelo período que fosse necessário repousavam as poucas chances de sucesso das forças coloniais. Não bastasse a atuação da artilharia antiaérea inimiga e o mau tempo, ainda lhe faltavam aeronaves em número suficiente para tão importante tarefa. Com a compressão do perímetro defensivo, não tardou para que as duas pistas de pouso em Dien Bien Phu fossem colocadas sob o pesado fogo da artilharia de campanha vietnamita. Os estoques de suprimento atingiam níveis críticos, enquanto feridos, em número cada vez maior, deixavam de ser evacuados.

Os sucessivos assaltos frontais às posições francesas também provocaram um número muito elevado de baixas entre as fileiras de Giap, obrigando-o a alterar sua tática. Os vietnamitas passaram a cavar trincheiras em forma de "anéis concêntricos" que avançavam lentamente, "estrangulando" o dispositivo francês, travando um combate de artilharia e trincheiras tal qual a Primeira Guerra Mundial.

Tabela 3 – Quadro comparativo da batalha de Dien Bien Phu

	Efetivo estimado	Artilharia	Carros de combate	Baixas estimadas
Forças francesas	– No momento da rendição: 10.814.	– 24 peças de 105 mm. – 4 peças de 155 mm.	– 10 CC M24 *Chaffee* (com canhão de 75 mm).	– Mortos: entre 4.000 e 5.000. – Feridos: 6.928, dos quais aproximadamente mil o Vietminh permitiu serem evacuados para as linhas francesas. – Prisioneiros de guerra (PG): 9.000.
Vietminh	– Diretamente engajado: 37.500. – Número total estimado: até 80.000.	– Mais de 200 bocas de fogo de diferentes calibres, incluindo artilharia antiaérea.	Nenhum.	– Mortos: 8.000. – Feridos: 15.000.

Depois de 57 dias sitiada, Dien Bien Phu caiu e esse fato pesou decisivamente na Conferência de Genebra, que foi aberta no dia seguinte, conforme data previamente marcada. Em termos puramente militares, a França ainda poderia continuar lutando. Mas, politicamente, a perda do campo entrincheirado às margens do Nam Yum foi irreparável. Ademais, há muito tempo, a opinião pública na metrópole condenava a guerra na Ásia. Derrotada, a França foi obrigada a abrir mão de sua antiga colônia. Nesse mesmo ano (1954), a Indochina Francesa deixou de existir. O Laos e o Camboja receberam cada qual a sua independência e o Vietnã foi desmembrado. Tonquim foi entregue ao Vietminh, que estabeleceu um governo de orientação marxista em Hanói. A Cochinchina e Anam (até o paralelo 17) formaram o Vietnã do Sul, com um regime pró-ocidental sediado em Saigon.

Entretanto, a paz estava muito distante do Sudeste Asiático. O pior ainda estava por vir.

A Guerra do Vietnã (1964-1975)

Logo nos primeiros anos da Guerra Fria, o presidente Harry Truman deixou claro que os Estados Unidos opor-se-iam à expansão comunista e a qualquer "ameaça ao mundo livre", onde quer que elas ocorressem. A "doutrina" que recebeu seu nome e explicitava a política de contenção de Washington, cedo colocada a prova durante a Guerra da Coreia, não passava de uma postura inerente à condição norte-americana de potência naval, fundamentando a defesa dos interesses nacionais em sua capacidade de projetar poder. Entretanto, os anos seguintes traziam enormes desafios para a Casa Branca e sua pragmática política externa, em um cenário complexo, caracterizado pela difusão do marxismo, pelo desmoronamento do Império Colonial europeu e pela força crescente dos movimentos nacionalistas do Terceiro Mundo.

Foi dentro desse contexto que a antiga Indochina Francesa atraiu a preocupação do governo de Washington. O frágil equilíbrio político, legado das decisões tomadas em Genebra em 1954, não proporcionava estabilidade e, menos ainda, os Estados débeis, que delas se originaram, constituíam um anteparo seguro à expansão comunista na Ásia. A tão criticada "teoria do dominó", segundo a qual a queda de um governo levaria à queda de outro, numa espécie de reação em cadeia, consumou-se em 1975, com a reunificação do Vietnã, a vitória do Khmer Vermelho no Camboja e a ascensão do Pathet Lao no Laos, todos de orientação marxista.

A derrota política e militar sofrida pelos Estados Unidos no Sudeste Asiático foi completa e absoluta. Avaliar seu verdadeiro impacto sobre o desenrolar da Guerra Fria é difícil. Porém sugerir os possíveis resultados do não-envolvimento é pura especulação. O fato é que, apesar de sua feição local, a luta travada na Indochina por mais de uma década, entre os anos de 1964 e 1975, não deve e não pode ser dissociada do contexto da Guerra Fria. Nesse sentido mais amplo, não passou de uma campanha longa e cruel. Os Estados Unidos perderam a campanha, mas, no final, venceram a guerra.

Ainda assim, o Vietnã foi um problema sem solução que se arrastou por quatro administrações consecutivas – Eisenhower, John Kennedy, Lyndon Johnson e Richard Nixon. Mesmo Kennedy e Nixon, que advogaram uma postura menos belicosa, postularam "respostas flexíveis", comprometeram-se perante a opinião pública interna a reavaliar o envolvimento norte-americano no Sudeste Asiático e, até por isso, elegeram-se presidentes; em termos práticos, não deixaram de tomar decisões políticas e apoiar decisões militares que contrariaram seus próprios discursos, mostrando que a política externa norte-americana é muito mais dogmática e inflexível do que aparenta ser no exercício cotidiano da democracia.

Os Estados Unidos tinham um objetivo político claro na Indochina: promover um Estado capitalista e pró-ocidental estável no Vietnã do Sul, capaz de antepor-se a Hanói e conter a expansão comunista na península. Entretanto, graças à degradação do governo de Saigon, esse objetivo não podia ser traduzido em metas políticas exequíveis. Sem metas políticas possíveis de serem alcançadas, qualquer estratégia militar torna-se inconsistente. Mesmo com relativo êxito tático no campo de batalha, Washington não poderia vencer, pois, alicerçou sua política de contenção na defesa de um regime corrupto, impopular e incapaz de se autossustentar.

Os Estados Unidos também não estavam preparados para vencer uma guerra em que predominavam as características peculiares da guerra irregular e da contrainsurreição. O pensamento militar norte-americano começara a ser forjado em meados do século XIX, durante a Guerra de Secessão, tida como a primeira guerra da era industrial e, depois disso, recebera grande influência de Alfred Thayer Mahan, o "Clausewitz dos mares". Mas foram as duras experiências dos combates convencionais travados durante os dois conflitos mundiais e a Guerra da Coreia que, de fato, moldaram a concepção norte-americana de guerra. A contribuição das chamadas Guerras Índias no período de 1870 a 1900 e das operações clandestinas do OSS na Segunda Guerra Mundial foi irrisória para o desenvolvimento da mentalidade militar predominante no início dos anos 1960. Portanto, a estratégia e a tática das Forças Armadas dos Estados Unidos orientavam-se necessariamente para a guerra total e os profissionais militares norte-americanos apresentavam uma inclinação natural para um embate direto contra a União Soviética, fosse ele calcado no poderio aéreo e na força destrutiva dos arsenais atômicos ou em um confronto aberto contra as forças mecanizadas do Exército Vermelho na Europa Ocidental. Faltava-lhes a vocação para o combate irregular. Essa vocação, por outro lado, era encontrada na interpretação russa ou chinesa da guerra, influenciada por um nítido caráter marxista revolucionário. Os comandantes norte-americanos, de um modo geral, estavam condenados a não compreender a natureza singular da Guerra do Vietnã e nela ver-se-iam encurralados.

Para o governo comunista de Hanói, a divisão do país em 1954 fora arbitrária e artificial. Sua admissão fora circunstancial e não existia nenhuma predisposição para aceitá-la definitivamente. Abaixo do paralelo 17, o regime instaurado no Vietnã do Sul conservou as contradições sociais da administração colonial, preservando o legado nocivo da exploração capitalista europeia.

O regime de Saigon era presidido por Ngo Dinh Diem. Segundo Bevin Alexander,

> Diem criou uma oligarquia estreita e autoritária, composta principalmente de membros de sua família e de amigos católicos. A oligarquia explorava seus cargos para ganhos pessoais, perseguia budistas e opunha-se a reformas, protegendo as propriedades de latifundiários e exigindo dos camponeses pagamento pelas terras recebidas dos *vietminhs*.[53]

Com a crescente oposição de seitas religiosas, organizações criminosas e, é claro, dos comunistas, Diem adotou medidas repressivas excessivamente violentas. Seu governo corrupto e impopular tornou-se, também, autoritário. Apesar do apoio proveniente de Washington e de trazer consigo o estigma de ser um governo fantoche, Diem, repetidas vezes, contrariou a Casa Branca, tomando decisões próprias, ou melhor, impróprias.

Durante a guerra contra a França, o sul da península, sobretudo o populoso delta do rio Mekong, fora palco de intensa atividade guerrilheira. Transcorrido tão pouco tempo, o inconformismo e a predisposição para a luta ainda permaneciam latentes entre os camponeses. O inábil regime de Saigon, por sua vez, catalisava os fatores causais da deterioração do quadro político no país. A violenta repressão, desencadeada em resposta à atuação da militância revolucionária, entre os anos de 1957 e 1959, tão somente ampliara o apoio popular dado aos comunistas.

No início de 1960, o Exército Sul Vietnamita (ESV), que muito pouca confiança inspirava, sofreu uma derrota que alertou os governos de Washington e Saigon para a gravidade da situação no Vietnã do Sul. Em dezembro, os comunistas criaram uma frente de libertação nacional e, no ano seguinte, surgiu seu braço armado – o Exército Vietcongue (vc). Meses depois, o país já estava sob estado de emergência.

O envolvimento dos Estados Unidos no Sudeste Asiático foi gradativo. Iniciou-se durante a Guerra da Indochina com o fornecimento de material bélico aos franceses. Eisenhower limitou-se a proporcionar apoio político, material e treinamento militar ao Vietnã do Sul. Em 1961, existiam menos de mil assessores militares no país. Todavia, o montante da ajuda norte-americana cresceu paulatinamente. Em seguida, veio a permissão para que esses assessores acompanhassem o ESV em missões de combate. O próximo passo foi o envio de helicópteros com suas tripulações e contingentes das forças especiais, os lendários "Boinas Verdes", para as selvas do Vietnã. Em 1962, o número de consultores militares crescera para 12 mil. Operações clandestinas foram autorizadas em território norte-vietnamita. O presidente Kennedy aprovou um programa abrangente de contrainsurgência, mas seus planos foram abruptamente interrompidos pelos controversos disparos ocorridos em Dallas no dia 22 de novembro de 1963.

No início desse mesmo mês, o presidente Diem fora deposto e assassinado com uma bala na nuca. Uma junta militar, comandada pelo general Nguyen Van Thieu, assumiu o poder em Saigon. Mas, ainda assim, o colapso do regime sul-vietnamita parecia iminente. Estimativas da CIA apontavam para uma vitória comunista em 1966.

Em 1964, um incidente envolvendo o contratorpedeiro Maddox no golfo de Tonquim deu ao presidente Lyndon Johnson o pretexto, que tanto aguardava, para ampliar o envolvimento norte-americano no conflito. Em julho, tomou-se a decisão de enviar 125 mil homens para lutar na Indochina e, em agosto, iniciaram-se os bombardeios aéreos contra o território norte-vietnamita. Mesmo sem declaração formal, "começava" a Guerra do Vietnã.

Em 1965, quando teve início o desembarque de grandes contingentes norte-americanos, a situação era muito grave. Cerca de 80% da área rural do Vietnã do Sul já estava sob controle da guerrilha vietcongue. Nessa época, o país possuía uma população de 19 milhões de habitantes constituída em sua maior parte por camponeses.

Diplomaticamente, a situação de Washington não era mais confortável. Nenhuma outra grande potência capitalista predispôs-se a enviar tropas para as selvas do Sudeste Asiático. Foram unidades da Coreia do Sul, Austrália, Nova Zelândia e Filipinas que se engajaram na luta ao lado dos norte-americanos.

Teoricamente, os Estados Unidos deveriam travar uma guerra limitada. Em termos práticos, com algumas poucas restrições, a guerra na península da Indochina foi total. Hanói, por sua vez, conduzia, simultaneamente, uma guerra irregular com o Vietcongue e uma guerra convencional por meio de suas tropas regulares, que, de forma bem tangível, conservavam algumas importantes virtudes da guerrilha Vietminh.

Os soviéticos, que, ao menos oficialmente, sempre defenderam uma solução negociada, impediam que os Estados Unidos exercessem seu poder de dissuasão nuclear sobre o governo de Hanói. Uma ofensiva militar terrestre no Vietnã do Norte também foi descartada pela certeza do envolvimento direto da China. A intervenção no Laos e no Camboja, por onde passava a grande artéria logística dos comunistas – a famosa "trilha Ho Chi Minh" –, estava vetada.

Tudo isso dava aos norte-vietnamitas a posse da iniciativa estratégica.

Taticamente, nos engajamentos diretos, os Estados Unidos eram superiores aos seus inimigos. Sua grande capacidade de concentrar, com rapidez, todo o poder de fogo aéreo e terrestre disponível sobre seus oponentes, fossem aéreos ou de artilharia, e sua inigualável mobilidade, proporcionada pelos helicópteros, tornavam as unidades de infantaria norte-americana imbatíveis. Elas poderiam ser castigadas, mas não destruídas. Entretanto, eram inábeis na contrainsurgência, delegando tão importante tarefa ao despreparado, corrupto e impopular ESV. De forma um pouco simplista, foi assim que o comandante norte-americano, general William Westmoreland, definiu os papéis avocados para suas tropas e seus aliados nativos: as forças norte-americanas dedicar-se-iam às operações ofensivas de "busca e destruição", enquanto os sul-vietnamitas conduziriam as ações de contrainsurgência nas aldeias.

Logo no segundo semestre de 1965, os norte-vietnamitas lançaram uma ofensiva no vale do rio Ia Drang, localizado na província de Pleiku, no planalto central. Nessa batalha, a 1ª Divisão de Cavalaria Aérea fez sua estreia, deixando claro que, em confrontos abertos de maior envergadura, as unidades convencionais do Exército do Vietnã do Norte seriam subjugadas. Mesmo tendo "apostado" aquilo que poderiam perder, os comunistas sofreram baixas elevadas e aprenderam a lição. Evitariam cometer o mesmo erro novamente.

Apesar da escalada do conflito, promovida pelo contínuo aumento do efetivo norte-americano, os dois anos que se seguiram foram um período caracterizado pelo impasse estratégico. Os Estados Unidos não podiam ser derrotados em uma batalha decisiva, mas também não podiam vencer a obstinada guerrilha vietcongue. De fato, em 1967, mesmo com a crescente desaprovação da opinião pública, Westmoreland chegou a alcançar alguns êxitos táticos. No início do ano, o reduto guerrilheiro denominado "triângulo de ferro", localizado a apenas 25 quilômetros da capital Saigon, foi erradicado em uma grande operação, que envolveu três divisões de infantaria (sendo uma delas do ESV), uma brigada de paraquedistas e um regimento de carros de combate. Outra operação de vulto restabeleceu temporariamente o controle militar, junto à fronteira com o Camboja. Finalmente, progressos significativos foram feitos no delta do Mekong. Até esse momento, apesar da guerra interminável, poucos, exceto os comunistas, reconheceram ou admitiram a possibilidade de uma derrota norte-americana. Foi quando a ofensiva do Tet alterou o curso do conflito.

No dia 30 de janeiro de 1968, data em que os vietnamitas comemoram a chegada do ano novo lunar, quase cem mil guerrilheiros emergiram das sombras e realizaram ataques por todo o país. Valendo-se do período de chuvas torrenciais que comprometia a eficiência da Força Aérea norte-americana, os comunistas travaram combates em 36 capitais de província e 64 capitais de distrito. Cinco grandes cidades, incluindo Saigon, tornaram-se palco da luta sangrenta, que televisionada chamou a atenção do mundo para a agonia do Vietnã. Na capital, quatro mil guerrilheiros, distribuídos em pequenos grupos, atacaram alvos táticos e objetivos psicológicos, dos quais o mais destacado foi a própria Embaixada dos Estados Unidos. Na porção setentrional do país, o Exército regular do Vietnã do Norte lançou-se contra a cidade imperial de Huê, antiga capital anamita, e a localidade de Ke Sanh, que, guarnecida pelos fuzileiros navais, foi submetida a um cerco de 11 semanas e alimentou o medo de uma nova Dien Bien Phu.

A ofensiva do Tet surpreendeu pela sua ousadia, pela sua abrangência territorial, pelo número e pelas dimensões dos ataques. Entretanto, recuperados do sobressalto inicial, o comando norte-americano e seus aliados venceram combate após combate, subjugando as forças guerrilheiras do sul e a infantaria do norte. Os objetivos principais da ofensiva (deflagrar um levante popular e provocar o colapso do ESV) pareciam haver malogrado. O povo não se sublevara e o ESV sobrevivera à enorme onda de ataques. Muito mais expressivo, porém, foi o elevado número de baixas sofridas nas fileiras do Vietcongue. Após o Tet, o exército guerrilheiro praticamente perdera seu poder de combate. O revés foi tamanho que se especulou sobre uma iniciativa deliberada dos comunistas de Hanói de, ao conceberem uma ofensiva "suicida", nutrirem o obscuro interesse de erradicar uma potencial força política antagônica do pós-guerra.

De imediato, a avaliação militar norte-americana dos combates travados no início de 1968 foi bastante positiva. Porém estava equivocada. O Tet exporia as peculiaridades da relação existente entre os resultados táticos, psicológicos, estratégicos e políticos nos conflitos atuais, demonstrando que o tradicional conceito de vitória necessitava de uma nova interpretação.

Sob uma perspectiva histórica, não podemos afirmar que, até então, os aspectos psicológicos da luta fossem desconsiderados por completo, mas, de certa forma, eram tratados com um grau de importância secundário e, na maioria dos casos, limitavam-se à predisposição dos soldados para a luta. Mesmo Clausewitz, que tanto influenciara o pensamento militar do século xx e a quem se credita o mérito por enfatizar os aspectos morais e subjetivos da guerra, não dissociava a vitória tática na batalha de atrito do êxito estratégico da campanha e do sucesso político da guerra. Ao contrário, postulava que um necessariamente conduziria ao outro numa sequência lógica e natural – algo que era inquestionavelmente aceito por estadistas e chefes militares.

Mesmo que a "contagem dos corpos" tenha dado a vitória tática aos Estados Unidos, não resta dúvida de que a ofensiva do Tet foi um desastre para o esforço de guerra norte-americano – uma derrota psicológica que repercutiria profundamente nos níveis estratégico e político. Anos mais tarde, o coronel Harry Summers Jr., do Exército dos Estados Unidos, pôde afirmar a um militar de igual patente do Exército norte-vietnamita: "Vocês nunca nos derrotaram no campo de batalha". Ao respondê-lo de forma simples e objetiva, o soldado comunista revelou a incompatibilidade do pensamento militar ortodoxo, invalidando os argumentos de seu interlocutor ocidental: "Pode ser, mas isso é irrelevante".[54]

O impacto das imagens dos combates sobre a descontente opinião pública interna foi decisivo ao revelar dois aspectos essenciais do conflito. Primeiro, apesar de seu elevado custo e dos pronunciamentos oficiais, a Guerra do Vietnã estava muito longe de seu fim. E, segundo, os Estados Unidos desempenhavam o papel de potência opressora. O resultado da ofensiva comunista sobre a opinião pública internacional foi igualmente danoso, levando o governo de Washington ao isolamento político.

Quando o general Westmoreland solicitou o aumento do contingente norte-americano no Vietnã, analistas da própria Casa Branca concordaram que tal medida não proporcionaria nenhuma melhora substancial no degradado quadro do conflito. Westmoreland foi substituído pelo comandante de tanques da Segunda Guerra Mundial Creighton Abrams, e Lyndon Johnson anunciou que não concorreria à reeleição.

Ao crescente descontentamento da opinião pública interna somava-se a aceitação do fato de que o custo político da guerra não era compensador e que seu fim não estava próximo. Dessa forma, Washington convenceu-se da necessidade de implementar o processo de "vietnamização" do conflito, adotando uma política cujo propósito era promover uma redução gradual no envolvimento norte-americano, ao mesmo tempo em que criava condições e capacitava o ESV a vencer a guerra sozinho. Apesar da "vietnamização" estar associada aos resultados da ofensiva do Tet e à eleição de Richard Nixon, na verdade, ela iniciou-se ainda durante a gestão de Lyndon Johnson. Em meados de 1969, as primeiras unidades do Exército dos Estados Unidos retiraram-se do Vietnã.

Foi justamente nessa fase da guerra que ocorreu o colapso moral das tropas norte-americanas. Além de liderança militar deficiente e do elevado percentual de conscritos, as forças desdobradas no Sudeste Asiático traziam consigo toda virulência das contradições sociais da América: a segregação racial e a luta pelos direitos civis; a disseminação do uso de drogas entre os jovens; a conveniente condenação da guerra pela primeira geração de norte-americanos acomodada ao privilégio de ser a maior economia capitalista do planeta e a difusão da mensagem pacifista, fortalecida pela projeção do movimento hippie. Tudo isso contrastava de maneira profunda com a predisposição para a luta das ideologicamente motivadas forças comunistas.

Como a guerrilha vietcongue ficara seriamente comprometida após o Tet, as operações do Exército regular norte-vietnamita, no Vietnã do Sul, aumentaram em importância e intensidade. As unidades comunistas manobravam pela fronteira oeste, a partir dos territórios do Laos e do Camboja, por onde se infiltravam e, principalmente, eram supridas. O fluxo logístico da trilha Ho Chi Minh, que já era enorme, sofreu um considerável incremento. Os Estados Unidos já vinham promovendo operações clandestinas nos dois países vizinhos, com o propósito de interromper o intenso fluxo de homens e suprimentos, sobretudo com ataques aéreos.

Acreditando que desarticular a estrutura logística inimiga e interditar a trilha Ho Chi Minh no Laos e no Camboja eram ações imprescindíveis para gerar as condições favoráveis que permitiriam ao ESV, a médio prazo, prosseguir na luta sem a participação dos Estados Unidos, o presidente Nixon estendeu a guerra aos países vizinhos. Em 1970, unidades norte-americanas invadiram o Camboja, com o propósito de destruir bases, depósitos, armazéns e outras instalações logísticas, além de interromper o fluxo de suprimento proveniente do norte. No ano seguinte, o ESV, apoiado pela artilharia de campanha e pela Força Aérea norte-americanas, invadiu o Laos. Ambas as operações, obviamente, tiveram um custo muito elevado e resultados duvidosos.

A invasão do Camboja desencadeou uma onda de protestos nos Estados Unidos. Quatro estudantes foram mortos pela polícia durante uma manifestação realizada na Universidade de Kent, em Ohio. A oposição à política de Washington no Vietnã e o descontentamento da opinião pública interna atingiram seu ápice. A guerra não estava sendo perdida nas selvas do Sudeste Asiático, mas nas ruas da América do Norte.

Tabela 4 – Envolvimento militar norte-americano no Vietnã (1965-1971)

		1965	1966	1967	Tet 1968	"Vietnamização" do conflito 1969	1970	1971	TOTAL
Efetivo total		184.300	385.300	485.600	536.100	475.200	334.600	156.800	
Mortos	Total	1.369	5.008	9.378	14.592	9.414	4.221	1.380	45.362
	%	0,7%	1,3%	1,9%	2,7%	2,0%	1,3%	0,9%	
Feridos	Total	6.114	30.093	62.025	92.820	70.216	30.643	8.936	300.847
	%	3,3%	7,8%	12,8%	17,3%	14,8%	9,2%	5,7%	

Fonte: Adaptado de *Guerra na paz* (1984).

Em 1972, somente a Força Aérea dos Estados Unidos mantinha seu contingente inalterado. O efetivo do exército fora reduzido a menos de cem mil militares. Já Moscou ampliara o fornecimento de material bélico a Hanói, incluindo artilharia de grosso calibre, carros de combate e mísseis antiaéreos SAM 7.

No dia 30 de março, Giap lançou uma grande ofensiva em quatro frentes. Apesar de ser acusado de pecar contra o princípio da economia de meios, não elegendo um esforço principal, o general vietnamita evitou, com sua opção estratégica, que o inimigo concentrasse seus meios, prioritariamente, contra uma única frente. Ademais, um ataque em frente ampla possibilitaria solapar o moral inimigo, pois desgastá-lo-ia perante uma opinião pública inconformada. Entretanto, a Ofensiva da Páscoa (ou da Primavera), como tornou-se conhecida, "naufragou" no poderio aéreo norte-americano. Os comunistas foram obrigados a admitir que não obteriam uma vitória decisiva enquanto o ESV contasse com a cobertura aérea dos Estados Unidos.

Washington, por sua vez, julgava imprescindível comprometer a estrutura logística inimiga. Conciliando essa necessidade com o uso de seu poderio aéreo para exercer pressão sobre as improdutivas negociações diplomáticas, a Casa Branca autorizou o bombardeio indiscriminado de todo o território norte-vietnamita. Em dezembro de 1972, imponentes B-52 cortaram os céus do Sudeste Asiático, dessa vez sem restrições para lançarem suas toneladas de bombas.

No ano seguinte, 1973, as Negociações de Paris[55] chegaram a um "acordo". Um cessar-fogo, que não foi cumprido por nenhum dos dois lados, permitiu a retirada completa dos contingentes norte-americanos. Naquele momento, praticamente toda porção ocidental do Vietnã do Sul encontrava-se sob o controle comunista. A libertação de cerca de trinta mil prisioneiros de guerra permitiu ao governo de Hanói reorganizá-los e reincorporá-los às suas fileiras. A Guerra do Vietnã entrava em sua fase final.

Durante 1974, as hostilidades não cessaram. Enquanto o Vietnã do Norte, graças ao apoio externo, fortalecia seu poder de combate, preparando-se para uma derradeira ofensiva, o ESV definhava sem o apoio norte-americano. No início de 1975, agora sob o comando de campo do general Van Tien Dung, o Exército norte-vietnamita atacou. Logo veio o colapso do ESV no norte e no planalto central. O pânico tomou conta do país. Em abril, Saigon já agonizava sob fogo da artilharia comunista. No dia 30, carros de combate irromperam os portões do palácio presidencial. Veiculadas a todo planeta, as imagens da fuga desesperada da capital, da tumultuada retirada da Embaixada dos Estados Unidos, de helicópteros lançados ao mar para que civis se refugiassem em belonaves norte-americanas e do desespero daqueles que não conseguiam escapar consagraram a humilhante derrota dos Estados Unidos.

A imposição da rendição incondicional marcou a vitória absoluta do governo de Hanói. A luta iniciada ainda na década de 1930, com malfadados distúrbios civis, chegava ao seu fim. A independência conquistada em 1954 tornava-se completa com a unificação do Vietnã. Saigon, a antiga capital meridional, foi rebatizada Cidade de Ho Chi Minh, em homenagem àquele que na década de 1920 fundara o Partido Comunista Indochinês e que liderara a obstinada luta de seu povo, morrendo em 1969, sem ver concretizado seu grande projeto nacional.

A vitória, entretanto, foi obscurecida pelo trágico saldo do conflito. Em dez anos de guerra, quase cinquenta mil norte-americanos morreram e mais de trezentos mil foram feridos. O ESV perdeu cerca de duzentos mil homens. Estima-se que aproximadamente um milhão de guerrilheiros vietcongues e soldados norte-vietnamitas tenham perecido. Acredita-se que o número de mortos e feridos entre os civis tenha sido ainda maior – vítimas inocentes de uma guerra cruel. Dois terços da população sul-vietnamita, ou seja, 12 milhões de pessoas, tornaram-se deslocados civis.

A conduta dos Estados Unidos no Vietnã

A conduta norte-americana no Vietnã demonstrou a ineficiência das formas tradicionais de beligerância em um conflito de características predominantemente irregulares. Desde então, ela tem sido o maior exemplo de conduta inadequada em guerra assimétrica. Ela também é, frequentemente, confrontada com a bem-sucedida contrainsurgência britânica na Malásia – os ingleses gozam de uma tradição imperialista que lhes assegura uma invulgar experiência contrainsurrecional. Todavia, o fracasso dos Estados Unidos no Sudeste Asiático não deve ser imputado exclusivamente à mentalidade obtusa dos militares mais ortodoxos. O cenário no Vietnã era muito mais complexo do que na Malásia. É provável que até mesmo os habilidosos e competentes ingleses não se saíssem melhor do que seus colegas norte-americanos.

É um engano, também, supor que os Estados Unidos não empreenderam ações efetivas de contrainsurgência. A questão é que elas se mostraram tardias e proporcionalmente insignificantes, quando comparadas às tentativas, quase desesperadas, de se travar e vencer a guerra segundo os métodos militares convencionais. Em 1969, no auge do conflito, cerca de 80% dos gastos norte-americanos no Sudeste Asiático destinaram-se às Forças Armadas. Teria sido melhor se a maior parte desse dinheiro houvesse sido eficazmente empenhada na reconstrução do Vietnã do Sul pós-Tet.

Mas quais teriam sido os esforços concretos de contrainsurgência?

Forças especiais atuavam no país desde 1957. Seu trabalho singular proporcionou bons resultados, sobretudo com as tribos montanhesas do planalto central. Os *montagnards*, como eram chamados seus habitantes, nutriam uma hostilidade histórica aos "anamitas das planícies" e os "Boinas Verdes" dela souberam se aproveitar, organizando os Grupos Civis Irregulares de Defesa (Civilian Irregular Defense Groups – CIDG). Na avaliação do chileno Luis Fernando Muñoz, "o Programa Grupo Civil de Defesa Irregular teve bastante êxito e suas unidades foram eficazes na contenção das infiltrações comunistas".[56] Entretanto, as forças especiais dispunham de um número limitado e insuficiente de tropas e suas ações indiretas receberam um grau de importância menor no conjunto da estratégia militar norte-americana.

Os Estados Unidos também conduziram operações clandestinas, dentro e fora do Vietnã do Sul. A mais conhecida delas foi o Programa Fênix, convertido em uma grande campanha terrorista, responsável pela morte de dezenas de milhares de nativos, supostamente envolvidos com o Exército vietcongue. Contudo, tamanha violência logo se revelou contraproducente. No Laos e no Camboja, a CIA apoiou exércitos regulares e patrocinou grupos irregulares que se opunham ao avanço comunista.

Em outra tentativa de isolar a população civil dos guerrilheiros comunistas, os norte-americanos buscaram reproduzir as eficientes "aldeias estratégicas" criadas pelos ingleses na Malásia. Entretanto, uma série de erros condenou de antemão o projeto ao fracasso. Primeiro, a localização das aldeias, em áreas onde os vietcongues possuíam algum poder de ingerência. Segundo, metas superestimadas previram a criação de um número muito grande de novas aldeias em um prazo incompatível. Em consequência, boa parte delas permaneceu inacabada e, o que é pior, desguarnecidas e desprotegidas. E, por fim, a relutância da população nativa em abandonar a terra natal de seus ancestrais.

Em maio de 1967, foi criada a Agência de Apoio a Operações Civis e Desenvolvimento Revolucionário (Civil Operations and Revolutionary Development Support – CORDS) com o propósito de desenvolver esforços de inteligência junto à população campesina, combater a presença política do Vietcongue nas áreas rurais, gerenciar os recursos destinados às ações de pacificação e fomentar o desenvolvimento das aldeias.

Mas nada disso surtiu efeito. Pois, além da profunda degradação do quadro político, social e militar do país, prevaleceu o ceticismo do pensamento militar ortodoxo. Em um artigo publicado na *Military Review*, o major Robert Cassidy do Exército dos Estados Unidos tratou daquilo que chamou de "convencionalismo arraigado":

A Guerra do Vietnã também foi essencialmente uma guerra de contrainsurreição até que os EUA tentaram convertê-la em alguma coisa que não era ao "americanizá-la". Em 1961 e 1962 as Forças Especiais do Exército norte-americano tiveram êxito inicial empregando táticas comprovadas de contrainsurreição tais como a patrulha agressiva de pequenas unidades, a coleta de dados e conquistando o apoio da população civil. No final de 1962, as Forças Especiais tinham recuperado e mantinham centenas de aldeias livres das forças do Vietcongue. Além disso, integrantes do Corpo de Fuzileiros Navais (CFN), operando na área do I Corpo de Exército, empregaram táticas semelhantes com seus pelotões de ações combinadas, conseguindo êxito local durante a maior parte da guerra. No entanto a equipe do general William C. Westmoreland minimizou os esforços das forças de operações especiais e o programa de pelotões de ações combinadas do CFN porque ambos discordavam do conceito de guerra para o Exército dos EUA que a equipe possuía: convencional, grande quantidade de poder de fogo e o aproveitamento da tecnologia para a busca e destruição.[57]

Quando os primeiros soldados norte-americanos chegaram ao Vietnã do Sul, como assessores e consultores técnicos, realizaram seu trabalho junto ao ESV tendo por base os recentes ensinamentos colhidos na Coreia. Isto é, voltaram-se não para a contrainsurgência, mas para os combates convencionais decorrentes de uma provável invasão do sul pelas forças regulares do Vietnã do Norte, o que de fato aconteceu nos anos de 1972 e 1975. Na verdade, eles próprios (os norte-americanos) careciam de conhecimento, doutrina e experiência consistentes em conflitos insurrecionais. Nesse ínterim, graças à inépcia do governo de Saigon, a situação agravou-se com extrema rapidez.

Ao desdobrar grandes contingentes no Sudeste Asiático, a partir de 1965, os comandantes norte-americanos empenharam-se em travar uma guerra de segunda geração, localizando o inimigo, fixando-o e mantendo-o em contato pela superioridade dos sistemas de apoio de fogo e manobra. Em seguida, procuravam cerrar, com rapidez, sobre o oponente, uma quantidade esmagadora de meios, destruindo-o pelo fogo. Em síntese, era essa a concepção geral das "operações de busca e destruição". Nessa tática, a companhia de infantaria tornou-se o elemento básico de emprego. Ela não lutava sozinha, mas era capaz de iniciar e dar prosseguimento a esse tipo de combate.

Sem terreno para conquistar, estandartes para capturar ou qualquer outro parâmetro que lhes permitissem avaliar os resultados da luta, os norte-americanos passaram a realizar a famosa "contagem dos corpos". Como o número de mortos inimigos espalhados pelo campo de batalha era, quase sempre, bem maior do que seu próprio número de baixas, esse critério inadequado sugeria que, aparentemente, os Estados Unidos estavam vencendo.

Dedicando-se à destruição das unidades regulares norte-vietnamitas e das forças guerrilheiras do Vietcongue, os norte-americanos atribuíram ao ESV a delicada tarefa de contrainsurgência. Alternativa plausível, se considerarmos a identidade comum e os vínculos culturais existentes entre os nativos e seu Exército nacional. Todavia, em termos práticos, foi um desastre. A própria organização do Exército sul-vietnamita conservava alguma similaridade com a estrutura das forças comunistas, contando com milícias populares nas aldeias e unidades de província. Mas o ESV, apesar de algum progresso, mostrou-se uma instituição politizada, corrupta, impopular, despreparada e ineficiente, fracassando em sua importante missão. Com isso, unidades norte-americanas acabaram sendo empenhadas na pacificação de áreas rurais conflagradas pela guerrilha. O resultado foi trágico.

Impotentes contra a grande presença guerrilheira nas aldeias, os soldados norte-americanos passaram a queimar vilarejos, expulsando suas populações desafortunadas. Denominadas "Zippo Reide", em deferência ao isqueiro utilizado para incendiar as palhoças, essas incursões não tardaram a se degenerar em crimes de guerra, dentre os quais o massacre perpetrado na aldeia de My Lai, em março de 1968, obteve maior repercussão. A medida extrema de destruir aldeias e remover seus moradores, a fim de privar os guerrilheiros do apoio popular, revelou o completo fracasso da política de "corações e mentes" no Vietnã.

Ainda, de acordo com os preceitos da guerra de segunda geração, os Estados Unidos tentaram fazer de seu enorme poderio aéreo um instrumento de sua estratégia inconsistente. Impedidos de realizarem uma ofensiva terrestre contra o Vietnã do Norte, não hesitaram em bombardear seu território. Os ataques começaram logo em 1965. Foram despejadas, sobre o Sudeste Asiático, mais bombas do que sobre a Alemanha ou o Japão durante a Segunda Guerra Mundial.[58] Tratou-se de uma versão adaptada dos "bombardeios estratégicos" realizados durante o conflito de 1939-1945. Pois a população civil, apesar de vitimada, não se constituiu em alvo deliberado dos ataques. Não houve nenhuma Dresden no Vietnã. Mas, ainda assim, a destruição provocada pelos bombardeios foi enorme e tornou-se objeto de condenação pública, agravada pelo intenso uso de desfolhantes químicos e napalm.

A remoção forçada gerou um número muito grande de refugiados. Os bombardeios e a violência indiscriminada, ante a frustração e incapacidade de distinguir o civil do guerrilheiro, fomentaram o ressentimento dos nativos. Nada parecia funcionar. Os Estados Unidos encontravam-se isolados no plano político, revelaram-se inábeis com a mídia e incapazes de controlar a crescente insatisfação da opinião pública interna. Não havia solução para o Vietnã.

Os militares norte-americanos, querendo ou não, estavam impregnados do conceito de guerra total de Clausewitz. Se tivessem feito melhor uso do pensamento do ilustre prussiano, saberiam também que "a eficácia superior não compete ao meio, mas ao fim...".[59]

> Depois do Vietnã, o Exército dos Estados Unidos reagiu à ameaça da guerra irregular simplesmente dizendo "nunca mais"[...] O Exército se convenceu de que o fracasso no Vietnã foi culpa de uma excessiva liderança civil, de um tímido alto-comando, de uma mídia hostil, de uma base de apoio popular fraca e da impossibilidade de cumprir aquela missão. Esses conceitos foram baseados na realidade, mas os fracassos institucionais do Exército mereciam a mesma atenção. Ao invés disso, apesar de oficiais do Exército desenvolverem atividades com habilidade, obtendo inúmeros êxitos na guerra irregular em países como a ex-Iugoslávia e El Salvador, a instituição continuou a tratar a guerra irregular como uma exceção, um dever adicional ou simplesmente um erro. O resultado foi um exército não tão bem preparado para travar combate como deveria contra os sofisticados inimigos insurretos no Iraque e no Afeganistão.[60]

Como os vietnamitas lutaram

GIAP E A ESTRATÉGIA MAOÍSTA

A Guerra do Vietnã nada mais foi do que a continuação da luta de independência da antiga Indochina Francesa, tendo como propósito a reunificação política do país. Toda estratégia comunista foi regida pela teoria da guerra de Mao Tsé-tung. Após vencerem os franceses em uma campanha regular típica de terceira fase, derrotando-os em uma "batalha de atrito decisiva" em Dien Bien Phu, os comunistas foram obrigados a retornar, por injunções políticas, à fase de guerrilhas, para derrubar o regime capitalista recentemente instaurado em Saigon.

Entre os anos de 1961 e 1965, isto é, entre a criação do Exército vietcongue e o início efetivo da intervenção norte-americana, a infiltração subversiva e a guerra de guerrilhas transcorreram com notável sucesso. Os comunistas estavam prontos para retomarem a fase 3 (guerra móvel) e derrotarem o instável governo sul-vietnamita. Todavia, a chegada de grandes contingentes oriundos dos Estados Unidos afetou o curso do conflito, prolongando-o por mais uma década, sem, contudo, alterar-lhe o resultado final.

Nesse mesmo ano (1965), os combates travados no vale do rio Ia Drang demonstraram que uma grande campanha regular deflagrada de imediato contra as tropas norte-americanas teria um resultado incerto, senão desastroso. Cauteloso, nos dois anos seguintes, Giap não abandonou por completo o combate convencional, combinando intensa atividade irregular com operações de pequena envergadura do Exército norte-vietnamita. A partir do final de 1967, os comunistas desfecharam três grandes ofensivas, buscando atingir resultados decisivos:

- Em janeiro de 1968, durante o Tet, as forças regulares do Vietnã do Norte lançaram ataques coordenados na porção setentrional do território sul-vietnamita. Os memoráveis combates em Ke Sanh e Huê empenharam, em batalhas convencionais, uma quantidade significativa de meios norte-americanos, que não puderam ser rocados em apoio ao ESV, que, naquele momento, enfrentava uma enorme onda de ataques guerrilheiros ao sul. Apesar de ser considerada um ponto de inflexão no curso da guerra, a Ofensiva do Tet não definiu o conflito, que se arrastou violentamente por mais sete anos.
- Em 1972, durante a Ofensiva da Páscoa, com uma inexpressiva participação guerrilheira, pois o Vietcongue praticamente perdera seu poder de combate após o Tet. Tratou-se de uma grande campanha regular em quatro frentes, que malogrou em face da resistência do ESV, em virtude do apoio aéreo fornecido pelos norte-americanos (nesse momento, já estava em curso o processo de "vietnamização" do conflito).
- E, por fim, em 1975, com uma maciça e derradeira ofensiva terrestre convencional.

Em retrospecto, observamos que Giap falhou em três oportunidades na execução da terceira fase: em 1951, ainda contra os franceses, ao forçar uma ruptura na Linha De Lattre; na Ofensiva do Tet (1968) e na Ofensiva da Páscoa (1972). Venceu, "apenas", em Dien Bien Phu. Pois, em 1975, o comando de campo estava nas mãos do general Van Tien Dung. Contudo, sempre que necessário, os vietnamitas retornaram com êxito à fase 2, aguardando nova oportunidade para passarem à "guerra aberta", o que fizeram sempre que o equilíbrio de forças lhes pareceu favorável.

FATORES DO SUCESSO

Todavia, as razões do sucesso comunista transcenderam a notória habilidade de Giap em aplicar a estratégia maoísta. Há que se considerar a importância de outros fatores, dentre os quais destacam-se: apoio externo; liderança superior; logística; apoio popular e motivação.

Apoio externo

O apoio externo proveniente de Pequim e Moscou foi determinante, não só pela ajuda financeira e pelo fornecimento de material bélico, mas também pelo apoio político que restringiu as opções estratégicas norte-americanas – isto é, a dissuasão nuclear e a invasão do Vietnã do Norte.

Liderança superior

Ao contrário de seus inimigos, os comunistas sabiam exatamente que tipo de guerra estavam lutando. Conheciam as vulnerabilidades de seus oponentes e souberam explorá-las, mas, ao mesmo tempo, aprenderam a respeitar seus "pontos fortes" e a evitá-los. Enquanto os guerrilheiros do Vietcongue e os soldados norte-vietnamitas eram coesos, acreditavam em seus líderes e nutriam uma crença inabalável na virtude de sua causa, o governo de Hanói e o ESV, salvo algumas unidades especiais, padeciam de uma corrupção endêmica, que solapava a liderança e a eficácia em combate. O Exército dos Estados Unidos apresentou liderança deficiente nos menores escalões e, depois de 1968, amargou o colapso moral de suas tropas. Segundo Jean Lartérguy:

> Os norte-vietnamitas são comandados por chefes aguerridos que não ignoram os ensinamentos de Clausewitz, de Mao Zedong [Tsé-tung] e do mestre Sun Tzu. Os norte-vietnamitas têm uma grande experiência de combate e um comando de prestígio, Vo Nguyen Giap, mesmo estando doente e cansado, é quem ainda dá as ordens. No sul não há Estado-maior, pois Thieu o desativou por medo dos complôs, e as promoções dos generais são feitas pela amizade ou são compradas, com o nepotismo reinando em todas as partes.[61]

Logística

A vitória do Vietminh em Dien Bien Phu deu-se graças à logística. Mas, durante a Guerra do Vietnã, os comunistas seriam obrigados a superar seus próprios feitos. A luta contra a maior potência militar do Ocidente não poderia limitar-se à obtenção de recursos locais, capaz de garantir, apenas, a subsistência de pequenos grupos de guerrilha. Ao contrário, exigiria um enorme esforço de mobilização nacional e um sistema logístico complexo e eficaz.

Armas e suprimentos, provenientes da China e da União Soviética, entravam no país em grandes quantidades por terra e por mar, especialmente pelo porto de Haifong. A produção fabril e a manufatura de artigos destinados à campanha militar foram fragmentadas pela área rural, como forma de atenuar os danos causados pelos intensos e constantes bombardeios da Força Aérea dos Estados Unidos.

O principal eixo logístico comunista desbordava por oeste (pelos territórios do Laos e do Camboja) – a zona desmilitarizada na fronteira entre os dois Vietnãs. Essa rota começou a ser utilizada, rudimentarmente, em 1959, antes mesmo do início da intervenção norte-americana. Ao longo do conflito e graças à sua crescente importância, tornou-se, a despeito do terreno acidentado, da selva densa e dos violentos bombardeios aéreos, um complexo de trilhas, estradas, itinerários alternativos, depósitos, armazéns, entrepostos, instalações logísticas de todo tipo e posições de defesa antiaérea. Até um oleoduto foi construído para atender à demanda na fase final da guerra.

A trilha Ho Chi Minh, como se tornou mundialmente conhecida, era operada por dezenas de milhares de vietnamitas.[62] Por ela circulavam milhares de caminhões e bicicletas, além de incontáveis unidades norte-vietnamitas que se dirigiam para o *front*. O esforço para manter a continuidade do fluxo logístico era tão grande que a "trilha" consumia dez vezes aquilo que podia prover às tropas em primeiro escalão. Além de todo pessoal de logística responsável pelo abastecimento, a "trilha" contava com milhares de artilheiros para guarnecê-la e outros tantos encarregados dos trabalhos de engenharia, como construção de pontes e instalações, abertura de estradas, reparação de danos decorrentes dos ataques aéreos etc. Acredita-se que, em 1973, mais de cem mil vietnamitas trabalhavam na trilha Ho Chi Minh, empenhados em fornecer cerca de dez mil toneladas de suprimentos por semana.

Cônscios da importância do papel desempenhado pela trilha Ho Chi Minh no esforço de guerra comunista, os Estados Unidos submeteram-na a intenso e ininterrupto bombardeio aéreo. Estima-se que 25% das bombas lançadas pelos norte-americanos no Vietnã o foram sobre a épica "trilha". Além disso, foram realizadas duas grandes ofensivas terrestres, no Camboja e no Laos, respectivamente em 1970 e 1971, com o propósito de interromper o fluxo logístico inimigo. Todo esse esforço foi em vão. Mesmo arcando com enorme sacrifício em vidas humanas, a principal rota logística comunista permaneceu aberta durante todo o conflito.

Apoio popular

O apoio da população, imprescindível para o êxito das forças irregulares, foi, naturalmente, uma das principais causas da vitória norte-vietnamita. A base do proselitismo comunista centrava-se na incompatibilidade entre a modernidade ocidental e a tradição ancestral da aldeia rural; na degradação do governo de Saigon e na inabilidade das forças de contrainsurgência, que faziam uso desproporcional e indiscriminado de seu poderio militar. Ainda assim, sempre que o "convencimento" não era suficiente para assegurar a conquista dos "corações e mentes", algo que acontecia com bastante frequência, os comunistas não hesitavam em recorrer ("na medida certa") ao terror, à coação e à intimidação.

O apoio popular proporcionava recursos para o controle das áreas rurais, obtenção de gêneros de subsistência, encoberta de guerrilheiros, recrutamento de pessoal, obtenção de informações sobre o inimigo e melhor utilização do terreno. Ademais, a mobilidade tática auferida pelo apoio da população permitia compensar a mobilidade tática oferecida pela tecnologia superior dos helicópteros norte-americanos ou aeromobilidade, ilustrando o caráter assimétrico do conflito.

Onde houvesse população, haveria guerra. Dessa forma, não existia um *front*, elemento característico dos conflitos lineares tradicionais. Os combates eram travados em qualquer parte do Vietnã do Sul. Frente, flancos e retaguarda tornaram-se, portanto, indistinguíveis. A concepção norte-americana de guerra (de segunda geração) não se ajustava a essa nova realidade. Os Estados Unidos, com suas operações de busca e destruição, na verdade, limitavam-se, apenas, a responder aos "estímulos táticos" inimigos. Quase todos os combates começaram por iniciativa comunista.

Motivação

Entretanto, talvez nenhum outro elemento tenha contribuído tanto para a vitória comunista quanto a férrea e invulgar determinação do povo vietnamita – o Major Robert Cassidy chamou esse fator de "assimetria de vontade". Com uma enorme predisposição para a luta e capacidade de renúncia, os vietnamitas suportaram todo infortúnio e toda brutalidade de uma guerra cruel, que se prolongava indefinidamente, exigindo sacrifícios cada vez maiores. Os comunistas vietnamitas puderam contar com um fator humano semelhante aos soviéticos na Segunda Guerra Mundial: a capacidade de arcar com um número de baixas muito elevado (entre militares, guerrilheiros e, sobretudo, entre civis). Tanta obstinação foi resultado de décadas ininterruptas de ressentimentos, lutas e inconformismo, que remontam às primeiras aspirações nacionais do período colonial, ainda no século XIX, amalgamados pela intensa educação política e doutrinação ideológica constantes na estratégia maoísta. Ou seja, os comunistas dispuseram de vidas humanas de uma forma inimaginável para seus inimigos.

A eficácia da doutrinação ideológica comunista no Vietnã pôde ser constatada com o surgimento das Células de Atividades Especiais, cujos membros tornaram-se vulgarmente conhecidos como "voluntários da morte", responsáveis por conduzirem atos suicidas, semelhantes às "operações de martírio", realizadas hoje no mundo muçulmano.

A ORGANIZAÇÃO MILITAR VIETNAMITA

A organização militar vietnamita combinou forças regulares e irregulares, essencialmente, segundo a mesma estrutura das forças do Vietminh, engajadas na luta de independência da antiga Indochina Francesa. O Exército norte-vietnamita, oficialmente denominado Exército Popular do Vietnã, desempenhou o papel de força principal, enquanto as forças irregulares foram reunidas no Exército vietcongue.

Tabela 5 – Organização militar comunista no Vietnã

Forças irregulares			Exército regular
Forças populares		Forças regionais	Força principal
– Segmento de apoio localizado nas aldeias rurais, responsável por atividades logísticas e de inteligência. – Força guerrilheira de atuação parcial. – Organizada em pequenos grupos de 10 a 30 militantes. – Dividiam-se em:		– Milícia paramilitar organizada em bases territoriais, sendo uma companhia por distrito e, por conseguinte, um batalhão por província. – Cada companhia com efetivo médio de cem militantes. – Responsável por ações de combate, propaganda, educação política (doutrinação ideológica) e controle da população.	– Também chamada de *Chu Luc*. – Força regular organizada em batalhões, regimentos e divisões de infantaria, apoiados por sapadores, morteiros e artilharia. – Durante a Guerra do Vietnã, o Exército norte-vietnamita desempenhou o papel de força principal.
Dan Quan	**Du Kich**		
– "Guerrilha de aldeia". – Militantes de ambos os sexos e todas as idades. – Responsável por tarefas de apoio típicas de uma força de sustentação: recrutamento; segurança e alerta; informações sobre a presença e as atividades das tropas inimigas; fornecimento de gêneros de subsistência e locais de homizio etc.	– "Guerrilha de combate". – Militantes do sexo masculino, com idade entre 18 e 45 anos. – Organizada em grupos de 8 a 15 homens. – Responsável por pequenas ações de guerrilha.		

ELEMENTOS ESSENCIAIS DO COMBATE VIETNAMITA

O modo pelo qual os comunistas orientaram sua conduta na guerra apresentou algumas características marcantes. Elas permitem definir, com certa propriedade, os princípios gerais da luta no Sudeste Asiático. Além do eficaz uso da estratégia maoísta, podemos citar a luta armada e a luta política como elementos indissociáveis de um grande processo de transformação político-social; o emprego simultâneo de ações regulares e irregulares; a ênfase nos resultados psicológicos da luta; a aplicação da estratégia da usura; o desapego às partes do todo e ao terreno.

Tabela 6 – Quadro-resumo

Conduta comunista no Vietnã (1961-1975)	
Fatores de êxito	**Elementos essenciais do combate vietnamita**
Apoio externo Apoio popular Motivação Liderança Logística	Aplicação da estratégia maoísta Luta armada e luta política indissociáveis Emprego simultâneo de ações regulares e irregulares Ênfase nos resultados psicológicos da luta Aplicação da estratégia da usura Desapego às partes do todo Desapego ao terreno

Luta armada e luta política indissociáveis

No Sudeste Asiático, as mais obscuras ações subterrâneas, como o emprego do terrorismo seletivo para coagir a população de uma determinada aldeia, por exemplo, justificavam-se pela necessidade de vencer a luta político-ideológica, antes mesmo de derrotar militarmente o inimigo. Nesse contexto, cada ação de combate trazia consigo um aspecto político prático, explorado de forma a fortalecer a convicção ideológica e a coesão de seus praticantes. Cada soldado ou cada guerrilheiro era politicamente motivado, pois possuía uma razão plausível pela qual lutar, gerando, por conseguinte, uma disparidade ou "assimetria" em relação aos norte-americanos e sul-vietnamitas no que tange à lei moral de Sun Tzu.

Na verdade, a maioria dos exércitos regulares tradicionais defronta-se com problema semelhante quando combatem guerrilheiros ou terroristas ideologicamente motivados. Seus contingentes profissionais não necessitam de razões complexas que justifiquem a guerra. Eles combatem, simplesmente, por uma questão de ofício. Já os grandes contingentes conscritos abandonam a euforia que os levou ao serviço militar logo nos primeiros contatos com os horrores do *front*. De certa forma, em termos de motivação política para o combate, podemos traçar um paralelo entre o que aconteceu durante a Guerra do Vietnã e a Revolução Francesa, quando o exército de cidadãos-soldados da jovem e frágil República confrontou-se com os poderosos exércitos permanentes dos monarcas absolutistas europeus.

Emprego simultâneo de ações regulares e irregulares

Os comunistas atuaram eficazmente nos dois espectros de conflito (regular e irregular), conduzindo operações militares de grande envergadura com o Exército norte-vietnamita, ao mesmo tempo em que a guerrilha vietcongue desencadeava ações tipicamente não convencionais. Um "mosaico" de pequenas ações irregulares isoladas, deflagradas simultaneamente ou segundo uma sequência ordenada, poderia caracterizar uma campanha geral mais ampla. Em 1968, ano da Ofensiva do Tet, ocorreram 3.921 ataques comunistas. Somente 126 foram desfechados por forças de valor igual ou superior a batalhão. Todos os outros foram realizados por pequenas frações, por pequenos grupos de guerrilha ou por células terroristas independentes. Nos centros urbanos, o combate subterrâneo atingia seu ápice com ações terroristas, como atentados a bomba e assassinatos.

Ênfase nos resultados psicológicos da luta

Como em outros conflitos, muitos dos combates travados no Vietnã foram considerados vencidos por ambos os lados. No Sudeste Asiático, tal fato deu-se, sobretudo, em virtude de os beligerantes perseguirem objetivos distintos no campo de batalha. Apesar de qualquer combate resumir-se basicamente a matar, as forças norte-americanas e o ESV empenhavam-se essencialmente em localizar e destruir as unidades inimigas, enquanto os comunistas buscavam, por processos indiretos, atrair o apoio popular e minar a vontade de lutar de seus oponentes. O efetivo resultado tático da batalha de atrito revelou-se menos importante do que seus possíveis resultados psicológicos.

Em termos práticos, os comunistas, cônscios de que a opinião pública na América opor-se-ia ao conflito, empenharam-se em causar um número crescente de baixas entre os jovens norte-americanos, em demonstrar que o fim da guerra estava longe e em divulgar os "danos colaterais" das operações militares dos Estados Unidos; fomentaram uma sensação generalizada de insegurança em todo território sul-vietnamita com ações de guerrilha e atos terroristas; empregaram com notável eficiência minas rudimentares e armadilhas improvisadas, a fim de provocar ferimentos e mutilações que aumentavam, ainda mais, o nível de tensão entre os soldados oponentes; e, sobretudo, impeliram o inimigo despreparado a realizar retaliações violentamente desproporcionais sobre a população civil.

Estratégia da usura

Sir Robert Thompson, chefe da Missão de Consultoria Britânica para o Vietnã entre os anos de 1961 e 1965, afirmou com muita propriedade que "se um lado arca indefinidamente com despesas aceitáveis e impõe ao inimigo custos que este não pode aceitar indefinidamente, não importa o que acontece no campo de batalha".[63] Ambos os beligerantes mantiveram firme esse propósito. Entretanto, a capacidade superior dos comunistas de arcarem com o ônus da guerra assegurou-lhes a vitória sobre os Estados Unidos e o regime de Saigon.

De acordo com Mark McNeilly, "líderes de nações muitas vezes têm expectativas irreais de suas chances de sucesso na guerra. Uma expectativa comum, por parte de uma nação agressora, é a de que a guerra será vencida com rapidez".[64] De certa forma, isso também se aplicou à política norte-americana no Vietnã. A opinião pública nos Estados Unidos, por não se sentir diretamente ameaçada pela expansão comunista a 16 mil quilômetros de distância, passou a questionar a validade dos objetivos políticos da Casa Branca e a condenar a guerra, assim que o número de corpos provenientes do Sudeste Asiático e os custos orçamentários do conflito começaram a crescer ininterruptamente. Os estrategistas de Hanói perceberam que o tempo corria ao seu favor. Ou seja, para que lograssem êxito, não necessitariam efetivamente de uma vitória, bastaria apenas que não fossem derrotados, prolongando indefinidamente o conflito.

Desapego às partes do todo

Em uma postura diametralmente oposta à dos norte-americanos, os comunistas, no Vietnã, não comprometiam o todo por suas partes. Isto é, se um pequeno grupo de guerrilha ou uma unidade regular inteira houvessem que ser sacrificados, o seriam sem hesitação, sem colocar em risco ou empenhar "desnecessariamente" outras tropas para desengajá-los de um inimigo numericamente superior ou momentaneamente em vantagem.

Essa postura pragmática contribuía para assegurar aos líderes guerrilheiros vietcongues e aos comandantes do Exército norte-vietnamita a posse da iniciativa tática – a atitude deliberada de sacrifício tornava mais difícil atraí-los para uma batalha ou impor-lhes o ritmo do combate.

Desapego ao terreno

Não defender terreno é um velho axioma guerrilheiro. Os comunistas no Vietnã entenderam que a única porção do terreno pela qual, de fato, valia a pena lutar eram "os poucos centímetros entre os ouvidos do público-alvo". A defesa de área na batalha de atrito somente era útil na medida em que desgastava o inimigo, causando-lhe um número elevado de baixas. A conquista ou a posse do terreno tinha utilidade secundária, normalmente relacionada com seu valor psicológico.

A GUERRA DA ARGÉLIA (1954-1962)

A guerra de independência da Argélia, antiga colônia francesa no norte da África, combinou grande atividade guerrilheira nas áreas rurais com intenso terrorismo urbano – cabendo a este último papel preponderante no desfecho do conflito. A luta de cunho nacionalista foi deflagrada em 1954, mesmo ano em que a França, batida na remota vila de Dien Bien Phu, perdeu sua colônia na Indochina. O conflito arrastou-se pelos oito anos seguintes e, após muita violência e ignóbil barbárie, terminou com uma derrota francesa ainda mais traumática do que a sofrida no Sudeste Asiático. Marco importante no processo global de descolonização, a luta argelina continua a proporcionar valiosos subsídios para os estudos da guerra irregular e da contrainsurgência.

A ocupação da Argélia pelos franceses, em 1830, pode ser considerada o evento inaugural da expansão neocolonialista europeia, que entregou a África e a Ásia à fúria insaciável do capitalismo industrial do Velho Mundo. O líder nativo Abd-el-Kader foi o primeiro argelino a empreender efetiva resistência armada à dominação estrangeira. Entretanto, sua guerrilha carecia, essencialmente, de uma identidade nacional forte o bastante para sobrepor-se aos interesses e às divergências das inúmeras tribos e clãs que compunham a Argélia. Em 1847, Abd-el-Kader e seus seguidores foram obrigados a depor suas armas.

Com o passar do tempo, floresceu uma importante "colônia de ocupação".[65] Próxima ao litoral sul da França, separada apenas pelo mar Mediterrâneo e com uma superfície quatro vezes maior do que o território da metrópole, a Argélia atraiu um significativo contingente de imigrantes, dando origem a uma elite nativa de ascendência francesa semelhante aos crioulos da América hispânica. Conhecidos por *colons* ou *pieds noirs* ("pés pretos"), gozavam dos plenos direitos assegurados pela cidadania francesa. Na metade do século xx, perfaziam um total de aproximadamente um milhão de pessoas e controlavam quase toda a economia local. Teoricamente, a Argélia era um departamento francês como outro qualquer. Em termos práticos, não era isso o que acontecia. Os dez milhões de muçulmanos, completamente despojados de seus direitos políticos, nutriam um crescente ressentimento em relação aos *colons* e à política metropolitana.

Por serem incompletas, algumas melhorias socioeconômicas implementadas pela administração colonial contribuíram, apenas, para intensificar o descontentamento da população argelina e a oposição nacionalista. A redução da taxa de mortalidade, promovida por programas sanitários elementares, gerou um incremento demográfico que sem aumento da produção interna e redistribuição de renda só agravou as condições de penúria da maioria dos muçulmanos. A melhora nos índices educacionais, desacompanhada de reais perspectivas de ascensão e transformação sociais, somente desenvolveu o senso crítico do homem comum, contribuindo para a politização do povo e o aumento do potencial revolucionário da área. O ingresso de sofisticada tecnologia de produção beneficiou, somente, os chamados pés pretos, fomentando ainda mais a insatisfação da maioria muçulmana.

Antes da Segunda Guerra Mundial, três correntes políticas reivindicavam mudanças na sociedade argelina. Os fundamentalistas postulavam que os preceitos do Islã eram incompatíveis com a sujeição colonial. Já os nacionalistas moderados advogavam, tão somente, reformas sociais que promovessem a igualdade de direitos entre muçulmanos e *colons*. E, por fim, os radicais apregoavam a espoliação dos pés pretos, a completa independência da Argélia e a ruptura definitiva com a França.

Durante a guerra, muitos argelinos, tanto *colons* quanto muçulmanos, lutaram estoicamente pela França livre, em particular na península itálica.

Ao término do conflito, em 1945, os muçulmanos esperavam ser, ao menos, recompensados com a igualdade de direitos. Lamentavelmente, o governo de Paris decepcionou-os. A postura inflexível adotada pela administração colonial e, sobretudo, pelos pés pretos ante as legítimas aspirações da maioria da população nativa revelou-se uma mistura de intransigência, insensibilidade, indiferença e burrice. Encastelados no topo da pirâmide social argelina e aferrados à ideia-força de uma *"Algérie Française"*, os *colons* estavam determinados a manterem seu *status quo* inalterado.

As comemorações do Dia da Vitória (8 de maio de 1945) na cidade de Sétif deram lugar a manifestações públicas contrárias à política colonial. O emprego da força para dispersar a multidão deflagrou uma onda de graves distúrbios. Terríveis atrocidades, como mutilações e estupros, foram perpetradas contra civis inocentes. A população muçulmana rebelada matou 103 europeus. A reação da administração colonial e a vingança dos *colons* foram ainda mais brutais, definindo o padrão que caracterizou a luta de independência da Argélia – crimes bárbaros seguidos de represálias violentas.

O antagonismo entre os dois segmentos da sociedade argelina cresceu e, com ele, o clima de tensão na colônia. Pouco a pouco, os nacionalistas moderados passaram a abandonar seus discursos conciliadores, aderindo às ideias e práticas emancipacionistas, como aconteceu, por exemplo, com o influente Ferhat Abbas. *Colons* e muçulmanos caminhavam para extremos irreconciliáveis.

Até então, competira ao Partido Progressista Argelino (PPA), dirigido por Messali Hadj, o papel de grupo político mais radical. Entretanto, uma dissidência, liderada por Mustafa Ben Boulaid, Larbi Ben M'hidi, Didouche Mourad, Rabah Bitah, Belkacem Krim e Mohamed Boudiaf, fundou o Comitê Revolucionário de Unidade e Ação (Crua). Em 1954, o Crua deu origem à famosa Front de la Libération Nationale (Frente de Libertação Nacional – FLN), que protagonizaria o difícil processo de independência da Argélia.

A FLN possuía um braço armado denominado Exército de Libertação Nacional. Em termos práticos, ambos tornaram-se indistinguíveis, pois a FLN fizera da luta armada seu principal instrumento político, cabendo a todo militante estar apto a empregar a violência e realizar ações agressivas. A FLN, a exemplo da resistência francesa na Segunda Guerra Mundial, organizou-se em *maquis* denominados *wilayas*. Cada *wilaya*, num total de seis, constituía uma espécie de comando territorial, organizado em companhias de guerrilha chamadas *katiba*. Cada *katiba* possuía cerca de cento e cinquenta homens. Apesar de independentes, mais de uma katiba poderia atuar em conjunto, por curtos períodos de tempo, a fim de realizar operações militares de maior envergadura. O *wilaya* 3, liderado por Belkacem Krim e pelo temido coronel Amirouche, destacava-se por ser o mais poderoso comando subordinado da FLN, operando a partir das montanhas Cabílias, principal reduto guerrilheiro em território argelino. A Frente de Libertação contava, também, com boa segurança organizacional, o que dificultava sobremaneira os esforços de inteligência das forças francesas encarregadas da contrainsurgência.

O apoio externo desempenhou papel importante na estratégia da FLN. A Argélia faz fronteira a leste com a Tunísia e a oeste com o Marrocos. Ambos os países são de maioria muçulmana e ex-colônias francesas, que alcançaram a independência mais cedo e de forma menos violenta que os argelinos. Durante o conflito, esses países, especialmente a Tunísia, forneceram valiosos refúgios ativos e apoio político aos guerrilheiros da FLN. No decorrer da luta, os homens do grande contingente guerrilheiro que incursionava em território argelino a partir de suas áreas de homizio na Tunísia tornaram-se conhecidos por "externos" da FLN, enquanto os militantes que, distribuídos em grupos menores, dissimulavam-se em meio à população nativa ou refugiavam-se nas montanhas do país constituíam o segmento "interno" da organização. No período em que permaneceu no Cairo, capital do Egito, Ahmed Ben Bella desempenhou o papel de articulador político internacional.

"Uma explosão de ódio, sangue e medo"

A guerra eclodiu em novembro de 1954. Nos dois anos seguintes, a FLN expandiu-se com notável rapidez, aumentando consideravelmente sua capacidade operacional em homens e armas. Entretanto, segundo o coronel Gilles Martin do Exército francês, "os líderes da FLN [...] perceberam [...] que os guerrilheiros não obtiveram muito sucesso em converter a população a se aliar a eles. Eles deduziram que deveriam aumentar a violência, criando uma explosão de ódio, sangue e medo entre as comunidades francesa e muçulmana".[66]

O plano deu certo. Ao fazer do terror sua principal arma, a guerrilha nacionalista da Argélia atraiu tanto os *colons* quanto as tropas francesas para um ciclo interminável de atrocidades e represálias violentas, que não tardou a degenerar-se em conflito étnico. Vítima de crimes e massacres perpetrados por ambos os lados, a população nativa, centro de gravidade do combate irregular, acabou aderindo aos argumentos nacionalistas e submetendo-se às metas e aos objetivos guerrilheiros. Os franceses não perceberam que o terrorismo alimenta-se de violência e, ao fomentá-la com descabida repressão, tão somente colocaram os militantes da FLN mais próximos da vitória final. Ao contribuir para que a fenda psicossocial que separava *colons* e muçulmanos se tornasse um abismo intransponível, os franceses selaram o destino da colônia.

Recorrendo, mais uma vez, ao coronel Gilles Martin:

> Em 1956, a FLN controlava regiões inteiras e impunha sua autoridade sobre a população muçulmana. O Exército francês aumentou seu efetivo para 50 mil homens, no entanto frequentemente tinham que manter uma postura defensiva.
>
> Apesar dos tangíveis ganhos militares, a FLN compreendeu que a vitória não seria de natureza militar, e sim política. Eles viam a necessidade de que a Guerra da Argélia fosse discutida pela mídia internacional e na Organização das Nações Unidas. Em 1957, a FLN começou a recorrer ao terrorismo urbano, detonando bombas nas ruas de Argel e causando dezenas de vítimas civis, o que atraiu a atenção do mundo e da ONU.
>
> [...] A FLN sabia, desde o princípio, que uma vitória militar era impossível. A Frente satisfazia-se com a duração dos efeitos da guerra e também em não perdê-la, a fim de obter uma vitória política. A estratégia deu certo... os líderes da FLN enfatizaram que uma emboscada em um vale isolado não causava mais do que um leve impacto psicológico e uma limitada cobertura pela mídia. Pelo contrário, uma bomba detonada em um teatro ou em um estádio em Argel era transmitida imediatamente pelos noticiários franceses e internacionais. Dessa forma, o terrorismo urbano era a inevitável linha de ação da guerra pela independência.[67]

Impotente diante da escalada da violência na capital, o ministro-residente Robert Lacoste delegou plenos poderes ao comandante da 10ª Divisão Colonial de Paraquedistas, general Jaques Massu, incumbindo-o de "pacificar" a cidade. A Batalha de Argel constituiu-se em um dos episódios mais importantes da guerra, confrontando o terrorismo urbano da FLN liderado por Yacef Saadi com as arbitrariedades das forças de repressão comandadas pelo general Massu.

O comandante francês dividiu Argel em quatro setores, atribuindo-os a cada um de seus quatro regimentos. A Casbah, bairro muçulmano que com seu casario e seu emaranhado de vielas tornara-se o epicentro da batalha, foi entregue ao 3º Regimento Paraquedista Colonial, comandado pelo coronel Marcel Bigeard, insigne veterano de Dien Bien Phu. A Divisão de Proteção Urbana do coronel Roger Trinquier, com trabalhos de inteligência, juntou-se aos esforços dos truculentos paraquedistas franceses.

A luta urbana atingiu seu ápice nos meses de fevereiro e março de 1957. De acordo com o tenente-coronel James Campbell, da Guarda Nacional dos Estados Unidos, "pelo uso desinibido de tortura, 'desaparecimentos', espancamentos públicos e outras formas de intimidação, o Exército rapidamente destruiu a rede terrorista da Frente de Libertação Nacional".[68] Em meio a tanta violência, o coronel Yves Godar, chefe do Estado-maior da 10ª Divisão, condenou o uso da tortura, acusando-o de ser contraproducente. De qualquer forma, as células terroristas da FLN foram desmanteladas e seus líderes Yacef Saadi, Larbi Ben M'hidi e Ali La Pointe caíram.

Ben M'hidi, um dos líderes fundadores da FLN, foi encontrado morto na prisão. A versão oficial falava em suicídio. Sua morte chamou a atenção da opinião pública internacional para os brutais métodos de contrainsurgência empregados pelos franceses em sua colônia no norte da África.

Mesmo derrotando militarmente a FLN na Batalha de Argel, Paris mostrou-se disposta a encontrar uma solução negociada para a guerra na Argélia. Inconformados, militares e *colons* conspiraram contra o governo central, deflagrando uma crise que resultou no fim da IV República e levou o general Charles De Gaulle, o grande herói da Segunda Guerra Mundial, à presidência da França em 1958. Todavia, nem a vitória militar nem o advento da V República foram suficientes para trazer paz e prosperidade à conturbada Argélia.

O Plano Challe

Contrariando as expectativas dos pés pretos e, sobretudo, do Exército, De Gaulle, desde o princípio, estivera disposto a conceder a independência à Argélia. Acertadamente, ele compreendera que o desmantelamento do Império Colonial europeu tornara-se um processo irreversível. Determinado a atrair a FLN para a mesa de negociações em busca de uma saída diplomática, De Gaulle propôs um cessar-fogo e mostrou-se, ainda, propenso a fazer concessões unilaterais. Intransigente, a liderança da FLN reafirmou seu compromisso com a luta armada, descartando qualquer tipo de diálogo com a metrópole. Desse modo, sem uma alternativa política consistente, De Gaulle determinou ao general Maurice Challe, da *Armeé de l'Air*, novo comandante militar francês na Argélia, que desencadeasse uma grande ofensiva.

Challe avaliou corretamente que a capacidade militar francesa dissipara-se na defesa de todo o território argelino. Em 1957 e 1958, a Linha Morice, destinada a interromper o apoio guerrilheiro proveniente da Tunísia, absorvia, com seus 320 quilômetros de extensão, cerca de 80% do contingente francês. Com isso, as forças de contrainsurgência eram obrigadas a adotar uma postura essencialmente defensiva. Challe admitiu que essa atitude não o levaria a uma vitória e concluiu que era necessário retomar a iniciativa perdida para os guerrilheiros da FLN.

Pioneiro no uso do helicóptero para auferir mobilidade tática a suas tropas, Challe concebeu uma ofensiva calcada na guerra de movimento. O comandante francês empregou forças de superfície "volantes" para vasculhar sucessivamente todo o território argelino, destruindo os grupos guerrilheiros por partes, valorizando, dessa forma, os princípios de guerra da ofensiva, da manobra, da massa e da economia de meios. Pequenas unidades eram encarregadas de identificar as forças inimigas em seus redutos, em seguida, unidades ligeiras cerravam sobre o inimigo, a fim de fixá-lo, até que maiores contingentes pudessem destruí-lo. Com aeronaves de treinamento T-6 Havard para ataques ao solo e helicópteros para transportar até dois batalhões, os franceses obtiveram notável sucesso. Entre fevereiro de 1959 e maio de 1960, as operações sucessivas de Challe infligiram sérios danos à estrutura guerrilheira da FLN. Em 1959, Si Salah, comandante do *wilaya* 4, admitindo a derrota, iniciou negociações isoladas com De Gaulle. Irredutível, a liderança da FLN eliminou-o.

As operações móveis concebidas pelo general Challe na Argélia seriam a base para as futuras "operações de busca e destruição" empregadas pelos norte-americanos, anos mais tarde, no Sudeste Asiático. O resultado seria também, essencialmente, o mesmo: vitória tática acompanhada de derrota política.

Vitória militar, derrota política

O êxito francês na Batalha de Argel (1957) e as bem-sucedidas campanhas do general Challe (1959-1960) foram autênticas "Vitórias de Pirro". Os sucessos militares não foram o bastante para proporcionar uma melhora no degradado quadro político da colônia. O tímido emprego de táticas comprovadamente eficazes de contrainsurgência revelou-se inútil, pois qualquer vantagem que pudesse auferir foi anulada pelo uso desproporcional da força coercitiva sobre a população civil.

Em 1960, De Gaulle abriu negociações com o governo provisório da República da Argélia, fundado pelos "externos da FLN" em 1958. A reação dos *colons* foi imediata com uma série de violentos protestos que culminou na famosa Semana das Barricadas. No Exército a desaprovação à política de Paris foi ainda mais longe. Inconformados por entenderem que os burocratas desperdiçavam suas duras vitórias, os militares voltaram-se contra De Gaulle – anos antes, eles próprios, ironicamente, haviam-no levado ao poder, por acreditarem que somente o velho herói nacional seria capaz de conduzir a questão argelina de forma apropriada.

Em abril de 1961, os generais ensaiaram uma malfadada tentativa de golpe em Argel. Dentre os reacionários encontrava-se o general Challe. Como se não bastasse tamanho desatino, os militares fundaram a Organisation de l'Armée Secrète (Organização do Exército Secreto – OAS), uma organização terrorista-subversiva de direita, de constituição heterogênea e com articulações na própria França. A OAS foi responsável, além de uma série de atos violentos, por duas tentativas frustradas de assassinar De Gaulle.

Na verdade, os militares franceses não estavam dispostos a amargar mais uma derrota consecutiva. Haviam sido derrotados, em 1940 (no início da Segunda Guerra Mundial), pelos alemães, e em 1954, na Indochina, pelo Vietminh. Em 1956, os Estados Unidos obrigaram-nos a deixar impotentes o canal de Suez, o qual, juntamente com os britânicos, haviam tomado de assalto. Na avaliação do ilustre historiador inglês John Keegan:

> [...] nem na Argélia nem na Indochina o Exército gozou de qualquer das pré-condições "objetivas" para o sucesso – superioridade numérica decisiva, informação fidedigna e apoio popular irrestrito. Obrigado a operar em ambientes que lhe eram por definição hostis, ele jamais conquistou o encorajamento compensador do apoio nacional unânime para o que estava tentando fazer. Cônscio de seu isolamento moral, ele veio a convencer-se de que o endosso do povo era menos importante que a opinião que fazia de si próprio. Seu último confronto com a vontade do povo, conforme personificada por De Gaulle, revelou que isso era uma ilusão e resultou em uma derrota para suas aspirações políticas tão completa quanto Dien Bien Phu o fora para sua estratégia.[69]

Os acordos de Evian, firmados em 1962, sagraram a vitória da FLN, consumando a completa independência da Argélia. O saldo do conflito foi trágico. A FLN foi responsável pela morte de quase 3 mil *colons*, pelo desaparecimento de outro milhar e pelo assassinato de 66 mil muçulmanos. Os pés pretos e as forças de segurança coloniais mataram 16 mil civis argelinos. Mais de 140 mil homens da FLN morreram em combate e incontáveis militantes desapareceram após a Batalha de Argel. Os franceses perderam quase 23 mil homens, além de 3,5 mil *harkis* (muçulmanos que lutavam ao lado da metrópole). Ainda assim, a independência não trouxe paz para a ex-colônia. Expurgos e lutas internas prolongaram a agonia da população argelina no período pós-independência.

Para o coronel Gilles Martin, as bem-sucedidas táticas da FLN basearam-se na disputa étnica; na guerrilha; no terrorismo urbano; no apoio popular; na destruição da administração colonial; no ataque à influência da cultura francesa sobre a população e no controle da população através de uma autêntica administração paralela.[70] Por outro lado, o tenente-coronel James Campbell, ao comparar a repressão à FLN na Argélia com as operações britânica contra o IRA na Irlanda do Norte, concluiu que:

> Uma lição fundamental das guerras europeias de descolonização é a necessidade da manutenção da legitimidade ao mesmo tempo em que são conduzidas operações de baixa intensidade. Sem a legitimidade, as operações conduzidas por uma nação democrática raramente serão bem-sucedidas.
> [...] A insurreição baseada no nacionalismo étnico é inerentemente política. Se, no decorrer de tal guerra, o governo e as forças armadas abandonarem os princípios que os colocaram acima do nível dos terroristas contra quem estão lutando, eles perderão a legitimidade de sua causa e enfrentarão uma derrota política e militar.[71]

A questão é que, paradoxalmente, mesmo derrotando a FLN no "campo de batalha", o Exército francês não foi capaz de alcançar a vitória. Na guerra irregular, vencer as batalhas de atrito não é o suficiente para vencer a guerra.

Na década de 1990, a violência voltou a assolar a Argélia, quando extremistas islâmicos empenhados em derrubar o Estado secular apelaram para a luta armada. Terrorismo urbano, guerrilha rural, tortura e massacres de civis por ambos os contendores, que tão bem caracterizaram a guerra de independência, foram reincorporados à realidade do país. Entre 1992 e 1997, cerca de 120 mil pessoas foram mortas.

A REVOLUÇÃO CUBANA E O FOQUISMO

No dia 1º de janeiro de 1959, em meio às festividades do Ano-Novo, o ditador cubano Fulgencio Batista deixou o país. Sua situação tornara-se insustentável diante da aproximação da coluna guerrilheira comandada por Ernesto "Che" Guevara. Dias depois, Fidel Castro entrava vitorioso em Havana, aclamado por uma multidão jubilosa. A revolução, que conquistara a simpatia da opinião pública internacional, inclusive a norte-americana, sagrava-se vitoriosa.

Todavia, uma vez no poder, Fidel Castro redefiniu sua postura, até então moderada, e, já em 1960, o novo regime era atraído para um dos extremos político-ideológicos da Guerra Fria. Em 1961, o governo de Havana sobreviveu a uma tentativa frustrada de contrarrevolução, conduzida por reacionários cubanos, que desembarcaram na baía dos Porcos, apoiados pela CIA. Em dezembro desse mesmo ano, Castro anunciou formalmente sua orientação "marxista-leninista".

Graças à localização estratégica da ilha caribenha, próxima ao Canal do Panamá e a apenas 170 quilômetros da costa meridional dos Estados Unidos, a oposição de Washington ao governo de Havana não tardou. Tal como ocorrera em 1919, na Rússia, tornou-se necessário exportar a revolução para preservar o regime das ameaças externas, isto é, do governo norte-americano. Assim, Cuba difundiu um terceiro modelo de guerra marxista, alternativo ao leninismo e ao maoísmo.

Na década de 1960, Havana converteu-se em uma espécie de "Meca revolucionária". Em 1966, a ilha sediou a I Conferência Tricontinental, que criou a Organização de Solidariedade dos Povos da Ásia, África e América Latina. No ano seguinte, com o propósito explícito de exportar a revolução para o subcontinente e transformá-lo em um "novo Vietnã", Castro criou a Organização Latino-Americana de Solidariedade (OLAS), atribuindo seu comando ao ícone rebelde Ernesto Guevara. Cuba não se limitou a difundir uma nova estratégia para a tomada do poder, mas também treinou militantes de todo o mundo – dentre os quais, muitos brasileiros –; enviou soldados e assessores militares para lutarem nas intermináveis guerras africanas[72] e, ainda, destacou um contingente guerrilheiro para a malfadada empresa boliviana no ano de 1967.

O modelo revolucionário proveniente de Cuba preconizava a luta armada como o principal instrumento para a tomada do poder. Compartilhando, no mesmo nível, o comando político e militar, o padrão cubano advogava uma guerra deflagrada a partir de um núcleo ou "foco" guerrilheiro, que se constituiria na vanguarda revolucionária, sem o envolvimento ativo das massas – daí o nome "foquismo". Esse foco deveria ser instalado em áreas remotas e inacessíveis, que proporcionassem, além de liberdade de ação, locais de homizio, redutos e "santuários" aos rebeldes. Ações urbanas, como, por exemplo, a subversão, a realização de greves ou sabotagens, desempenhariam um papel de apoio, meramente secundário. O êxito da guerrilha, progressivamente, minaria o poder do Estado, atrairia a atenção da mídia e o apoio popular, permitindo-lhe avançar sobre as áreas ainda controladas pelas forças armadas. O foquismo forneceu a ilusão de uma alternativa revolucionária viável a curto prazo, pois dispensava o lento amadurecimento de "condições objetivas", o fortalecimento das organizações de massa ou a disseminação de uma "consciência revolucionária" em escala nacional. A luta armada, desencadeada de imediato, sem o inchado aparato partidário ou a letargia da burocracia sindical, tornar-se-ia a grande força propulsora da revolução política e da transformação social.

Por diferentes motivos, nos anos 1960 e 1970, a teoria do foquismo cubano acabou prevalecendo, de uma forma ou de outra, entre os movimentos revolucionários latino-americanos. Mesmo o Partido Comunista do Brasil (PCdoB), por exemplo, que se autoproclamava maoísta, não foi além de um malfadado foco guerrilheiro, instalado no sul do estado do Pará, no início da década de 1970.

Cuba e a exploração internacional

A economia da Capitania Geral de Cuba organizara-se em torno da produção de gêneros agrícolas para exportação – tabaco, café e, sobretudo, cana de açúcar. A cana teve seu plantio introduzido no final do século XVIII e, em 1860, a colônia espanhola era responsável por quase um terço de toda a produção mundial de açúcar. Cuba absorveu um significativo contingente de escravos negros e desenvolveu uma sociedade tipicamente latino-americana, isto é, estratificada, injusta, marcada pelas contradições do maléfico legado colonial ibérico, caracterizada pela concentração de renda e pela dominação de uma minoria abastada de latifundiários e comerciantes sobre uma grande massa de camponeses desvalidos.

A primeira tentativa de emancipação política ocorreu em 1868 e arrastou-se por quase uma década, sem lograr êxito. Em 1895, o poeta e herói nacional José Marti reiniciou a luta, mas acabou morto em uma emboscada. Entretanto, os Estados Unidos já ensaiavam seus primeiros passos como uma potência naval e, em 1898, interferiram no processo de independência da ilha, declarando guerra à Espanha. No ano seguinte, a ex-metrópole ibérica era derrotada pelos norte-americanos, que governaram a ilha até 1902, quando a independência de Cuba foi formalmente reconhecida.

Contudo, Washington conservou um perverso artifício jurídico – a Emenda Platt, que lhe assegurava o poder de ingerência sobre os assuntos internos do novo país, a fim de salvaguardar seus próprios interesses. Obviamente, a independência política não promoveu alterações na irracional estrutura socioeconômica cubana, centrada, ainda, na monocultura de exportação do tipo *plantation*. A norte-americana United Fruit Co. assumiu, de fato, o controle da agricultura canavieira e da rentável produção de açúcar. Em 1906, 1909 e 1912, os Estados Unidos intervieram militarmente na ilha, fomentando o antiamericanismo e o desejo por soberania e autodeterminação.

Nas décadas de 1930 e 1940, o ex-sargento do Exército Fulgencio Batista ascendeu como figura proeminente na vida política do país. Em 10 de março de 1952, véspera de eleição, Batista, por meio de um golpe de Estado, instaurou uma ditadura corrupta, comprometida com os interesses das elites locais e do capital norte-americano. Cuba, a mais povoada ilha do Caribe, com aproximadamente 60% de sua população urbana, tornara-se um país marcado por violentos contrastes sociais. Sua capital, Havana, ostentava luxo e beleza, era pródiga em cassinos e prostituição e atraía grande número de turistas norte-americanos. Enquanto isso, no meio rural, a população campesina permanecia miserável e desassistida. O país caminhava inexoravelmente para a revolução.

A guerrilha de Sierra Maestra (1956-1959)

No dia 26 de julho de 1953, o quartel de Moncada, o segundo maior do país, foi atacado por 165 guerrilheiros, quase todos provenientes do movimento estudantil. A ação foi comandada por um jovem advogado nacionalista, líder estudantil e filho de proprietários de terra, chamado Fidel Castro.

A guarnição militar não foi subjugada. Mais da metade dos guerrilheiros foi morta e o restante, capturado ou disperso em fuga. O ataque, que fracassou taticamente, foi convertido em sucesso psicológico (o que, para o combate irregular, é bem mais importante), graças à violenta repressão que se seguiu. A brutal resposta do governo fez do líder dos guerrilheiros de Moncada um herói nacional – aos olhos do povo, revelava que, em Cuba, existia uma oposição disposta a pegar em armas contra a ditadura corrupta de Batista e a exploração internacional.

Castro e seu irmão, Raul, que escaparam com vida da incursão, entregaram-se, poucos dias depois, em troca do fim das represálias do governo. Em seu julgamento, Fidel conduziu a própria defesa, revelando-se um inflamado orador e hábil propagandista. Mesmo assim, foi condenado a 15 anos de prisão. No cárcere, escreveu *A história me absolverá*, título inspirado na célebre frase que proferiu, durante seu discurso de autodefesa. Vinte mil cópias dessa pequena obra foram distribuídas clandestinamente.

Entretanto, em maio de 1955, ou seja, transcorridos menos de dois anos de sua pena, Castro beneficiou-se de uma anistia geral concedida por Batista e exilou-se no México, onde conheceu o médico argentino Ernesto "Che" Guevara e fundou o Movimento 26 de Julho, numa deferência ao seu primeiro feito revolucionário. Fidel Castro mantinha-se irredutível em sua determinação de retornar a Cuba, "libertar" seu país e seu povo.

No dia 2 de dezembro de 1956, o iate Granma atracou na praia de Las Coloradas, no sudeste da ilha, transportando 82 guerrilheiros, que, comandados pelo próprio Fidel, se propunham a derrubar, de uma vez por todas, o regime despótico de Fulgencio Batista. Transcorridos apenas três dias do desembarque, em 5 de dezembro, ocorreu o primeiro revés – os revolucionários defrontaram-se com forças do Exército em Alegría Del Pio e foram dispersados. Somente doze deles, entre os quais Fidel, Raul e Che, conseguiram reorganizar-se em Puercas Gordas, no dia 14 de dezembro. Os doze guerrilheiros, armados com somente nove fuzis, buscaram refúgio em Sierra Maestra, enquanto o governo cometia o erro de anunciar prematuramente o fracasso da empresa revolucionária e a morte de Castro. Na verdade, a luta estava só começando.

Sierra Maestra é um movimento topográfico debruçado sobre o litoral sudeste da ilha, com cerca de 250 quilômetros de extensão, revestido por florestas tropicais e com terreno bastante acidentado. Suas altitudes não ultrapassam os dois mil metros e, à época, possuía uma parca população de, aproximadamente, cinquenta mil habitantes. Isolada e de difícil acesso, Sierra Maestra proporcionava homizio e liberdade de ação para o pequeno grupo rebelde. Nela, Castro instalaria seu foco guerrilheiro e de lá partiria a revolução que, em apenas dois anos, deporia Batista.

Todavia, Castro não dispunha, de fato, de uma estratégia clara. Na verdade, seus poucos e mal armados homens sequer estavam prontos para a guerra de guerrilhas – faltavam-lhes meios materiais; estruturas de apoio logístico e de informações; seu adestramento era insipiente; suas táticas, técnicas e procedimentos operacionais eram falhos. Só lhes sobrava motivação. Entretanto, graças à ineficiência do Exército de Batista, os guerrilheiros de Sierra Maestra tiveram a oportunidade de corrigir seus erros e aperfeiçoar seus procedimentos, tornando-se, sob todos os aspectos, muito superiores à força regular que lhes era inimiga. O Exército cubano, apesar de mais numeroso e bem armado, era truculento, desmotivado, mal treinado, dispunha de fraca liderança e a corrupção tornara-se comum em suas fileiras, sobretudo nos escalões mais altos.

Durante toda a campanha, as forças armadas foram os alvos prioritários da guerrilha. Os ataques a instalações militares atendiam a diferentes propósitos. Os quartéis do exército eram, obviamente, alvos militares, sobretudo porque deles poder-se-iam capturar armamentos e lotes de munição, que tanta falta faziam aos homens de Castro. Mas, acima de tudo, esses ataques atendiam a objetivos políticos, uma vez que as forças armadas eram o esteio da ditadura de Fulgencio Batista, e psicológicos, pois atraíam a simpatia popular, inflamavam o sentimento revolucionário e desmoralizavam as forças armadas e o regime de Havana. Em 17 de janeiro de 1957, o quartel de La Plata foi atacado e, no dia 28 de maio, foi a vez do quartel de El Uvero, localizado entre as escarpas da Sierra Maestra e o mar, tornar-se alvo de uma manobra convergente de três grupos rebeldes.

Se na longínqua Sierra Maestra, a guerrilha sobrevivera ao revés inicial de Alegría Del Pio e persistia fiel a sua causa, nas cidades, o descontentamento com o regime ditatorial de Havana era crescente, sobretudo, no meio estudantil. Em 13 de maio desse mesmo ano, outra organização de oposição a Batista, o Diretório Revolucionário, conduziu um assalto malsucedido ao palácio presidencial. Trinta e cinco militantes mortos. Em decorrência dessa infeliz ação, o Movimento 26 de Julho obteve a hegemonia da luta armada em Cuba.

Fidel contava com uma rede urbana clandestina de apoio logístico, coordenada por Frank País, que seria morto por forças da repressão, em julho de

1957. Os chamados "grupos de ação" eram responsáveis por conduzir suprimentos das cidades para Sierra Maestra. Todo esse apoio urbano estava centralizado em Santiago de Cuba, uma cidade litorânea, localizada imediatamente a leste de Sierra Maestra. Além das atividades logísticas, os centros urbanos tornaram-se palco de ações complementares de terrorismo e sabotagem.

Os guerrilheiros cubanos também obtiveram êxito nas operações psicológicas. Poucos meses depois de homiziar-se em Sierra Maestra, Fidel concedeu uma entrevista pessoal ao jornalista norte-americano Herbert Mattheus, que lhe rendeu a primeira página do *The New York Times* e transformou-o em uma lenda. Para o homem que havia sido dado como morto pela imprensa cubana, a divulgação internacional de sua guerrilha representou uma grande vitória publicitária. Logo depois, foi a vez da CBS interessar-se pela revolução e veicular um documentário televisivo. Castro dispunha, ainda, de um jornal e de uma estação rádio, em que explorava sua característica de excelente orador. Porém, o mais importante era a conduta de seus homens. Castro conduziu uma campanha sem atrocidades. Logo, a população nativa passou a identificar-se com os guerrilheiros, a fornecer-lhes apoio e, sobretudo, informações, enquanto negava às tropas do exército qualquer tipo de ajuda. Os próprios soldados inimigos eram tratados com respeito e humanidade, a fim de incentivá-los à deserção ou à rendição.

Com o propósito de acelerar o processo revolucionário, foi convocada, para abril de 1958, uma greve geral, que acabou fracassando. Esse episódio contribuiu para reduzir a influência urbana sobre os planos de Castro. Entrementes, a concorrência internacional do açúcar provocou uma nova crise nas exportações cubanas. A massa de camponeses sem terra, que sobrevivia como mão de obra temporária nas grandes plantações, teve sua miserável condição de subsistência agravada. Era generalizada a insatisfação contra o regime de Batista.

Em maio, logo após o fracasso da greve geral, o governo lançou uma grande ofensiva militar destinada a esmagar o foco guerrilheiro de Sierra Maestra. A operação, que perdurou até agosto, reuniu mais de dez mil homens e, mesmo assim, não obteve êxito contra umas poucas centenas de guerrilheiros. Em 29 de junho, o 11º Batalhão, com cerca de mil soldados, foi desbaratado por trezentos homens do "Exército Rebelde". O pânico e a confusão tomaram conta da unidade regular, que se tornou vítima de deserções e indisciplina.

A situação política e militar do regime de Havana foi rapidamente deteriorando-se. Os Estados Unidos suspenderam o envio de armas para as

Forças Armadas cubanas e, com a expansão do núcleo guerrilheiro, nesse mesmo ano, Raul Castro instalou um novo foco em Sierra Cristal, enquanto o Diretório Revolucionário começava a operar nos montes Escambray.

Castro já controlava a porção oriental da ilha, com suas forças divididas em duas colunas, comandadas por Che Guevara e Camilo "Cien Fuegos". Em Guisa, Che bateu cinco mil soldados do Exército, com apenas duas centenas de guerrilheiros. Em dezembro, Che atacou o centro da ilha, ocupando Placetas, e, no final do mês, chegava a Havana, motivando a fuga desesperada de Batista.

No primeiro dia do ano de 1959, uma força de apenas 1,5 mil guerrilheiros, constituída a partir dos 12 remanescentes do Granma que se homiziaram em Sierra Maestra, havia derrotado um exército regular com poder relativo de combate muito superior e deposto uma ditadura corrupta e impopular. Em sua vitoriosa revolução, Fidel Castro, que sabiamente não se "rotulara" socialista, comunista ou, mesmo, "anti-imperialista", estabeleceu convenientes alianças políticas com distintos segmentos de oposição ao governo de Havana; fez hábil uso da propaganda interna e internacional; conduziu, no campo, com criatividade e flexibilidade, uma eficiente guerra de guerrilhas e lançou mão, na medida certa, de sabotagens e de terrorismo urbano. Mas, acima de tudo, soube explorar as vulnerabilidades e os pontos fracos do alicerce do regime de Fulgencio Batista – suas Forças Armadas –, enquanto atraía, progressivamente, a simpatia e o apoio popular.

Bolívia – 1967: utopia e desilusão

No conturbado período da Guerra Fria, Havana tornou-se um terceiro polo exportador da "revolução mundial", em especial para a África e, é claro, para a América Latina. Naturalmente, o modelo cubano passou a exercer grande influência ideológica sobre os movimentos de esquerda do hemisfério ocidental. Todavia, a agressiva política externa de Fidel Castro, que se mostrara extremamente perigosa durante a Crise dos Mísseis de 1962, revelar-se-ia, de fato, disposta a assumir outros riscos em nome de uma pretensa "revolução continental".

Em meados da década de 1960, forças norte-americanas encontravam-se desdobradas no Sudeste Asiático, travando uma guerra impopular, que, apesar de absorver crescentes recursos de Washington, não caminhava para um desfecho favorável. Mesmo sem conseguir romper o impasse criado pela estratégia de Ho Chi Minh e Vo Nguyen Giap, a presença dos Estados Unidos, no Vietnã, mostrava seu comprometimento com a Doutrina Truman e sua determinação de opor-se ao comunismo, onde quer fosse.

Foi a partir dessa premissa que Havana predispôs-se a criar um "novo Vietnã" na América Latina. A estratégia cubana pretendia repetir o modelo vitorioso da campanha de 1956-1959 e transformar a cordilheira dos Andes em uma "Sierra Maestra continental", instalando nela um foco guerrilheiro que subverteria a América do Sul e motivaria a intervenção direta dos Estados Unidos. Com um novo Vietnã, localizado em sua principal área de influência, Washington seria obrigada a combater uma guerra indesejada em duas frentes.

Assim, foi criada, em Havana, a Organização Latino-Americana de Solidariedade, que, sugestivamente, abreviava-se Olas ("ondas"). Como existiam grupos guerrilheiros por todo o subcontinente, a estratégia da Olas era lançar uma campanha irregular que impelisse todos os diferentes movimentos latino-americanos para uma ação conjunta e coordenada. Che já havia deliberado sobre o assunto, quando, ainda, encontrava-se lutando em Sierra Maestra:

> Tenho um plano. Se algum dia tiver que levar a revolução ao continente, vou estabelecer-me na selva, na fronteira entre a Bolívia e o Brasil. Conheço muito bem a região porque lá já estive como médico. Dali é possível exercer pressão sobre três ou mais países e, tomando partido das fronteiras e das florestas, pode-se trabalhar à vontade e jamais ser apanhado.[73]

A Bolívia parecia uma escolha acertada. O país era, ao mesmo tempo, andino, platino e amazônico. Isto é, a Bolívia era a opção estratégica mais lógica para, simultaneamente, conflagrar as três grandes sub-regiões da América do Sul. A precariedade do quadro socioeconômico do país parecia criar as condições subjetivas adequadas à revolução. A principal atividade produtiva do país ainda era primária (extração e exportação de minérios); o índice de analfabetismo era de, aproximadamente, 70%; parcela significativa da população era vítima da fome e, supostamente, os bolivianos eram possuidores de um nobre espírito de luta, como já haviam demonstrado, em 1952, durante as rebeliões dos trabalhadores das minas de estanho.

Em 3 de novembro de 1966, Che Guevara entrou clandestinamente na Bolívia, disfarçado como um negociante uruguaio, chamado Adolfo Mena Gonzales, e credenciais falsas da Organização dos Estados Americanos (OEA). No início de 1967, nas selvas do distrito de Santa Cruz, Che, juntamente com outros 17 guerrilheiros cubanos (alguns deles veteranos de Sierra Maestra), iniciou a organização de seu foco revolucionário. Foi quando começaram a se tornar claros grandes equívocos.

Apesar da oposição dos trabalhadores das minas de estanho e do movimento estudantil, o presidente boliviano René Barrientos contava com um considerável apoio popular. Mesmo tendo chegado ao poder, anos antes, por meio de um golpe de Estado, Barrientos, ele próprio um nacionalista, fora eleito, em 1966, com 62% dos votos. Naquele ano, pela primeira vez desde 1952, as minas de estanho estavam operando com lucro. No distrito de Santa Cruz, os camponeses já haviam sido beneficiados pela reforma agrária e não encontravam motivos para aderirem a nenhuma revolução. Logo, o suposto espírito de luta dos bolivianos não existia. O embaixador francês teria perguntado: "O que deu nesses patetas para virem montar neste país uma frente guerrilheira?"[74]

A experiência de Che, durante a Revolução Cubana, fez com que o guerrilheiro argentino negligenciasse a importância dos partidos de esquerda, na pretensa revolução boliviana. Em Cuba, o Partido Popular Socialista ficara à margem da revolução de Castro e, graças à visão simplista que tinha do foquismo, Che pecou ao não subordinar as operações militares a objetivos políticos mais amplos. Os comunistas bolivianos dividiam-se entre as tendências moscovita e chinesa, mas não se mostraram inclinados a entregarem o comando da revolução nacional nas mãos de um estrangeiro. Mário Monge, secretário-geral do Partido Comunista, não aceitou a liderança de Che. Desde cedo, surgiram as divergências políticas que tanto contribuíram para o isolamento da guerrilha.

O grande número de estrangeiros no grupo de Che também se revelou outro óbice. Inicialmente, pelas dificuldades de comunicação com o dialeto dos habitantes locais. Posteriormente, pela falta de identidade comum entre os revolucionários cubanos e a população nativa. O Exército boliviano, que era constituído por pessoas de origem humilde, oriundas das zonas rurais, obteve maior êxito com os habitantes da área de operações do que os estrangeiros da coluna guerrilheira.

Ainda na fase de organização do foco guerrilheiro, depois de algumas poucas escaramuças com o Exército, dois bolivianos desertaram, sendo ambos capturados pelas forças legais. Um deles, ao ser interrogado, forneceu informações sobre a atividade revolucionária. Mesmo ciente da captura dos desertores, Che não determinou o abandono da base guerrilheira, contrariando procedimentos elementares de segurança.

Como acontecera com o jornalista norte-americano Herbert Mattheus, durante a Revolução Cubana, os guerrilheiros convidaram Roberto Bustos (jornalista argentino) e Regis Debray (marxista francês e apologista do foquismo, famoso nos círculos revolucionários sul-americanos) para visitarem a base de Nancahuasu, a fim de divulgarem a revolução boliviana para o mundo. Entretanto, eles foram reconhecidos por um dos desertores capturados e acabaram presos. A prisão de Debray e Bustos ganhou repercussão na mídia e expôs o governo de La Paz às críticas internacionais, todavia atraiu também o apoio dos Estados Unidos.

Com o envio de militares norte-americanos, as previsões de Che sobre uma intervenção de Washington pareciam se confirmar. Porém nada podia ser mais equivocado. Apesar dos reiterados pedidos de La Paz, os Estados Unidos, ao invés de armamento, helicópteros e unidades convencionais em grande número, limitaram-se a fornecer o que há de mais caro a um exército – treinamento. Um pequeno contingente das forças especiais norte-americanas, comandado pelo Major Ralph Shelton, cumpriu um programa de adestramento de 19 semanas, para formar uma unidade boliviana especializada em operações de contrainsurgência. O Exército boliviano era mal armado, mal treinado e não possuía tradição de luta. Mesmo assim, graças à origem camponesa de seus soldados, revelou maior facilidade em cooptar o apoio da população que os guerrilheiros cubanos.

Munido de informações, o Exército boliviano atacou a base de Nancahuasu. Como Che não havia previsto bases alternativas ou procedimentos eficazes de reorganização, os guerrilheiros passaram a deslocar-se sem destino, pelo interior da selva. Nesse momento tornou-se evidente a ausência de objetivos de campanha claramente definidos e o fato de terem iniciado prematuramente seu emprego em combate. Em virtude do ataque do Exército, as forças guerrilheiras foram divididas em duas colunas. A menor delas, que não se encontrava na base no momento da ação, permaneceu sob o comando do próprio Che. O segundo grupo ficou sob as ordens de Juan Vitalio Acuña Nuñez – codinome Joaquín. Graças ao deficiente sistema de comunicações, a ligação entre as duas colunas tornou-se ainda mais difícil. A partir de então, Che tentou sem sucesso reunir seus homens.

A mais importante ação da guerrilha foi a captura da localidade de Samaipata, que causou grande preocupação ao governo de La Paz, levando-o a determinar o fechamento das fronteiras com a Argentina e com o Peru. Em outro confronto, ocorrido no dia 30 de julho, o grupo liderado por Che

Guevara matou quatro soldados e feriu outros seis, sofrendo três baixas – dois mortos e um ferido. Todavia, o maior êxito foi do Exército, que capturou filmes e documentos da guerrilha que ajudaram a desmantelar a frágil e insipiente estrutura de apoio urbano. Sem o apoio da população local, do Partido Comunista e sofrendo mais esse revés, a questão da logística e dos suprimentos tornou-se crítica para os guerrilheiros.

Em julho de 1967, a primeira unidade treinada pelos Estados Unidos entrou em ação. Enquanto o Exército boliviano tornava-se mais eficiente, em virtude do apoio norte-americano, o contingente guerrilheiro, sem o apoio dos habitantes locais e dos comunistas, definhava. A área de operações foi isolada, dificultando, ainda mais, as ligações entre os revolucionários e outras regiões, incluindo os centros urbanos. O apoio externo proveniente de Havana também era precário.

O governo, por sua vez, tinha facilidade para infiltrar agentes e informantes entre os camponeses, o que era agravado pelas sucessivas falhas nos procedimentos de segurança e contrainteligência dos guerrilheiros. A coluna de Joaquín capturou três civis, sem saber que se tratavam de agentes disfarçados. Pecando na conduta com os prisioneiros, Joaquín não os isolou adequadamente. Quando um deles fugiu, forneceu mais informações ao Exército sobre o grupo rebelde.

As forças bolivianas mostraram-se mais criteriosas no emprego das táticas de pequenas frações e, sobretudo, realizaram, com eficiência, propaganda e ações de assistência social junto aos camponeses locais, angariando-lhes o apoio. Com níveis críticos de suprimento, as forças divididas, sem apoio da população e perdendo a guerra da informação, a guerrilha perdeu a iniciativa. Com a ofensiva do Exército boliviano, a campanha de 1967 converteu-se em uma caçada "de gato ao rato".

No final do mês de agosto, Joaquín solicitou a um fazendeiro a indicação de um local onde pudesse transpor o rio Grande com seu grupo. O homem orientou-o com relação à passagem, mas também informou ao Exército a presença dos guerrilheiros e suas intenções. Negligenciando os procedimentos de reconhecimento e segurança na abordagem de pontos críticos, a coluna de Joaquín foi conduzida a uma emboscada. Quando se encontravam no meio do curso d'água, os guerrilheiros foram abatidos. Entrementes, a coluna de Che também começava a sofrer baixas.

Em 15 de setembro, estava pronto o 2º Batalhão, treinado pelos norte-americanos. No início do mês seguinte, transcorrido menos de um ano, estaria terminada a "aventura" guerrilheira, na Bolívia. No dia 8 de outubro,[75] próximo à localidade de El Yuro, o grupo remanescente foi atacado e destruído. Che Guevara, ferido, foi feito prisioneiro.

Com as repercussões negativas das prisões de Debray e Bustos ainda na lembrança, o governo decidiu executar o líder revolucionário. Segundo relatos, Ernesto Guevara aceitou com altivez seu destino. No dia seguinte, próximo a La Higuera, Che foi morto.

Poucos comandantes guerrilheiros ou militantes revolucionários adquiriram a notoriedade de Che Guevara, reverenciado como verdadeiro ícone rebelde. Poucos cometeram equívocos tão grosseiros. A supremacia da qualidade guerrilheira sobre o Exército de Fulgencio Batista na campanha de 1956-1959 foi inquestionável. A ineficiência das forças regulares cubanas permitiu que os guerrilheiros de Sierra Maestra corrigissem, no transcorrer da luta, seus erros, possibilitando-os, com flexibilidade, adaptar seus métodos e procedimentos às exigências táticas da guerra de guerrilhas. Porém, sempre que Che se defrontou com forças combatentes tecnicamente mais preparadas, como os mercenários no Congo[76] ou a unidade de contrainsurgência boliviana organizada e treinada pelas forças especiais norte-americanas, o líder guerrilheiro, invariavelmente, não obteve sucesso.

A falta de uma sólida base política e a dificuldade em obter o apoio da população já seriam suficientes para comprometer os planos de Che. Porém, como se não bastassem, o líder guerrilheiro pecou em pressupostos básicos, como segurança, comunicações e planejamento ordenado. O que é pior, Che mostrou-se incapaz de identificar as diferenças entre os cenários cubano e boliviano. Se houvesse ele dedicado à obra de Clausewitz a mesma atenção com que Lenin estudara *Da guerra*, saberia que, até mesmo nos conflitos irregulares:

> O primeiro, o mais importante, o ato de apreciação mais decisivo que um homem de Estado ou um comandante-chefe executa, consiste, pois, na apreciação correta do tipo de guerra que leva a efeito, a fim de não a tomar por aquilo que ela não é e não querer fazer dela aquilo que a natureza das circunstâncias lhe impede que seja.[77]

Seu juízo acerca da pretensa revolução continental, deflagrada a partir de um foco guerrilheiro instalado nas selvas bolivianas, não teve por base uma clara e imparcial análise dos diversos atores envolvidos e dos fatores objetivos e subjetivos que incidiam sobre eles. Ao contrário, a essência de todo o seu planejamento calcou-se em pressupostos equivocados – o espírito de luta dos camponeses bolivianos; a impopularidade e inépcia do governo de La Paz; a deterioração do quadro socioeconômico do país e o desejo latente por uma revolução; a ineficiência do Exército boliviano; a superioridade técnica de seus métodos e de seus homens; a reação de Washington; sua liderança e a capacidade de angariar o apoio popular. Foi somente quando a situação encontrava-se por demais deteriorada que Che Guevara demonstrou maior lucidez, porém era tarde demais e o desfecho de sua campanha já era quase certo.

Sem o apoio dos comunistas locais, seu foco guerrilheiro não dispôs do suporte das atividades urbanas, que se mostraram essenciais durante a revolução de Castro. Além disso, faltava-lhe o mesmo vigor físico de dez anos antes.

> Estes erros táticos e outras fraquezas na sua organização levantaram sérias dúvidas quanto à habilidade de Che em agir como comandante de guerrilheiros em campanha. A conjugação dos fatores idade, saúde precária e ambiente hostil combinaram-se para destruí-lo [...].[78]

Von der Heydte foi mais severo em seu julgamento do famoso guerrilheiro argentino: "Che Guevara permaneceu um teórico durante toda a vida, na prática foi um fracasso."[79]

O malogro da campanha de 1967 deu fim ao sonho de uma revolução continental. Mesmo assim, permaneceu viva, na castigada América Latina, a ideia de que um pequeno grupo de obstinados guerrilheiros poderia, a partir da luta armada, impelir seus países à revolução vitoriosa.

O coronel Jonh Waghelstein, do Exército dos Estados Unidos, que serviu no Vietnã e na Bolívia, como assessor do batalhão de forças especiais que empreendeu a caçada a Che, fez interessantes considerações acerca dos ensinamentos da campanha de 1967:

> [...] é importante reconhecermos as limitações de uma reação puramente militar e compreendermos a importância dos aspectos não militares da luta.
> Embora virtudes e princípios militares convencionais ainda tenham o seu lugar, eles são secundários à dimensão política e psicológica [...]. Nesta batalha, o objetivo é a população, e o único pedaço-chave de terreno a ser conquistado são os poucos centímetros entre os ouvidos do público alvo.[80]

PALESTINOS & ISRAELENSES: A GUERRA SEM FIM

Uma das várias situações de tensão no Oriente Médio é aquela que coloca frente a frente palestinos e israelenses. A origem do conflito é difícil de estabelecer, uma vez que diferentes protagonistas apresentam diferentes versões, mas algumas coisas são indiscutíveis: 1) ao contrário do que se costuma afirmar, não há um ódio histórico que contrapõe árabes e judeus; 2) há setores, dos dois lados, que não têm interesse num acordo de paz, mas há outros que a buscam com afinco; 3) nações da região – como Síria, Iraque e Irã – assim como algumas potências estrangeiras – a Inglaterra, os EUA e a antiga União Soviética –, na obtusa defesa de seus interesses mais imediatos, foram responsáveis por um imbróglio que hoje é de difícil solução.

Desde final do século XIX, judeus da Europa Oriental ensaiaram um "retorno" à sua terra de origem, Israel, por conta de perseguições de que foram vítimas no antigo Império Czarista. Esse processo se acelera com a derrota do Império Turco e a presença da Inglaterra como potência mandatária na região, no final da Primeira Grande Guerra. Com a ameaça do nazismo na Alemanha, nos anos 1930, e particularmente com o holocausto, o movimento sionista passou a exigir um "lar nacional". Contudo, em parte desse território já viviam os palestinos.

Quando as Nações Unidas optaram por uma partilha territorial que se mostrou pouco viável e concederam autonomia política a judeus e palestinos, os primeiros rapidamente organizaram o Estado de Israel, pois já dispunham de equipamentos de Estado como uma central sindical, partidos políticos, hospitais, universidades e forças de segurança. Entretanto os palestinos, em grande parte oprimidos pelos latifundiários, ainda não estavam em condições de estruturar seu aparelho estatal, o que não significa, por outro lado, que já não tivessem uma identidade nacional, que, de resto, se tornaria mais forte nestes últimos sessenta anos. Assim sendo, recorreram a outros povos árabes do Oriente Médio para que destruíssem Israel, o que acabou não acontecendo.

O fato é que os palestinos, desprovidos de um Estado nacional e, por conseguinte, de um exército regular permanente, não dispõem de outro instrumento, no campo militar, que não sejam as operações não convencionais. Os métodos segundo os quais grupos palestinos têm combatido vêm influenciando, ao longo dos anos, a conduta da guerra irregular. Mais importante, porém, é a constatação de que as implicações dessa luta transcendem a causa nacional palestina e os limites regionais, afetando todo o planeta. Temas atuais como o terrorismo fundamentalista internacional, o frágil equilíbrio político no Oriente Médio ou as divergências entre o Islã e o Ocidente, por exemplo, são intrínsecos à questão palestina.

Hoje, estão divididos em três grandes grupos: o maior, na Cisjordânia, ligado à Fatah, do falecido líder Arafat; outro, o Hamas, em Gaza, de caráter fundamentalista; e um terceiro, apoiado pela Síria e pelo Irã, o Hezbolá, no Líbano. Este último é um inquilino indesejado pelos libaneses, que viram a população palestina crescer dez vezes desde que lá se instalou. Na Cisjordânia existe uma liderança laica que tem buscado diálogo com o governo israelense, e em Gaza o Hamas tem como estratégia provocar os seus vizinhos com foguetes de poder cada vez maior e obter os dividendos políticos de uma reação sangrenta por parte dos israelenses. Não deixam de ser impressionantes os resultados obtidos pelos palestinos em suas operações não convencionais.

Nesse contexto, a recíproca também é verdadeira. O simples fato de os israelenses suportarem, por décadas, uma prolongada e inconclusiva guerra de desgaste já é, por si só, um feito notável. Ao contrário de uma potência ultramarina que pode abrir mão de suas colônias quando a guerra se torna impopular e dispendiosa, Israel não pode se dar ao luxo de sofrer um revés político-militar de iguais proporções e tão somente retirar suas tropas. A França foi vencida na Indochina e na Argélia, sem deixar de ser a França. Portugal perdeu Angola e Moçambique, na África, sem deixar de ser Portugal. Mas, segundo creem os israelenses, essa alternativa não lhes é facultada, pois uma única derrota bastaria para comprometer a própria existência de seu país. Da mesma forma, os métodos pelos quais os israelenses enfrentam os grupos irregulares nacionalistas palestinos ou as organizações fundamentalistas extremistas muçulmanas oferecem importantes subsídios para demonstrar como um Estado nacional e suas forças de segurança podem fazer frente a ameaças não convencionais.

"O cerne da discórdia"

De acordo com Shimon Perez, "o conflito palestino-israelense terminou desde o momento em que Israel aceitou o estabelecimento de um Estado palestino. O que existe agora é um conflito entre o terrorismo e o antiterrorismo".[81] Na verdade, é pouco provável que o ilustre estadista israelense e Prêmio Nobel da Paz acredite em sua própria declaração. Infelizmente, a questão não é tão simples, pois a violência entre os dois povos resulta da interação de um conjunto de fatores de diferentes ordens.

Além das justas reivindicações territoriais de ambos os lados, as motivações do conflito, que se arrasta por décadas a fio, incluem, hoje, a pressão demográfica árabe; o Ressurgimento Islâmico; a assimetria do desenvolvimento socioeconômico intrarregional; a disputa pelos escassos recursos hídricos disponíveis; o ódio, o ressentimento e a intolerância cultivados ao longo do século XX e, é claro, a incompatibilidade entre duas culturas tão distintas, obrigadas a compartilhar o mesmo "espaço vital". Não raro, perspectivas favoráveis nesse tortuoso processo de paz não passam de períodos de contenção ou interrupção temporários da violência, motivados, em boa parte, pela exaustão de um ou ambos os lados, que se mostram predispostos a retomar as hostilidades, de forma ostensiva ou não, quando julgam que suas forças já estão recompostas.

No século VII, na península arábica, deu-se o advento do islamismo e a verdade revelada ao profeta Maomé propagou-se como fogo entre os povos do Oriente Médio e África do Norte. Não tardou para que diversos grupos semitas que habitavam a Palestina fossem convertidos à nova fé. No século XVI, a região já fazia parte do ascendente Império Turco-Otomano, assim permanecendo até o final da Primeira Guerra Mundial. Entrementes, os dispersos judeus atravessaram os séculos, vítimas de toda sorte de perseguição, especialmente nas sociedades cristãs da Europa, como Espanha, França e Rússia. Apesar de tudo, foram capazes de conservar, de modo singular, sua identidade étnica e religiosa.

Em 1896, o jornalista e escritor austríaco Theodor Herzel (1860-1904) escreveu o livro *O estado judaico*, marco do movimento nacionalista judeu, mais conhecido por *sionismo*. Não foi mera coincidência o sionismo ter surgido na Europa Oriental. Na segunda metade do século XIX, aquela porção do Velho Mundo tornara-se foco de um virulento antissemitismo. *Pogrons* perpetrados contra as minorias judaicas eram cada vez mais frequentes. No ano seguinte à publicação do panfleto de Herzel, ocorreu, na cidade suíça de Basileia, o primeiro congresso sionista, dando força ao movimento.

Durante o conflito de 1914-1918, o doutor Chaim Weizmann, responsável pelo escritório sionista em Londres, ofereceu seu apoio à causa aliada. Em retribuição, o ministro britânico das Relações Exteriores Arthur Balfour comprometeu-se com o projeto de criação de um "lar nacional judeu" na Palestina – a famosa Declaração Balfour de 1917 constituiu-se no primeiro dos instrumentos jurídicos que viabilizaram a criação do Estado de Israel. Entretanto, ao mesmo tempo em que faziam promessas aos judeus, os ingleses também se comprometiam no Oriente Médio com a causa nacionalista árabe, fomentando a revolta de Hussein e Faissal contra o domínio turco.

Ao término da Primeira Guerra Mundial, consumada a vitória franco-britânica e o esfacelamento do Império Turco-Otomano, a partilha do Oriente Médio seguiu conforme estabelecido no Acordo Sykes-Picot. Nesse contexto, a Palestina foi colocada, em agosto de 1922, sob a administração de um mandato britânico. Iniciaram-se, então, os choques entre os palestinos, que há mil e trezentos anos habitavam a região sem nunca gozarem de autonomia, e os judeus, que retornavam, depois de quase dois mil anos de diáspora, acalentando a esperança de reconstruírem o sonho da "terra prometida".

Em 1935, os nazistas, na Alemanha, aprovaram as Leis Raciais de Nuremberg. O antissemitismo, cada vez mais forte naquela potência central, fomentou novo êxodo. À medida que novos contingentes judeus chegavam, a política de migração inglesa era colocada à prova. A situação foi se deteriorando com rapidez. Tornava-se claro que os compromissos firmados pelos britânicos, durante a Primeira Grande Guerra, com ambas as partes eram na verdade incompatíveis. Na segunda metade da década de 1930, eclodiu a Rebelião Palestina contra o mandato britânico, a imigração judaica e as pretensões sionistas. Os ingleses, fiéis a uma postura colonial decadente, revelavam-se incapazes de estabilizar a região conflagrada. A violência interétnica minava as parcas chances de uma conciliação e propostas moderadas, como a criação de um Estado binacional advogada pelo filósofo Martin Buber, acabaram rejeitadas pelos dois lados que se mantinham intransigentes. O contínuo crescimento da população judaica na Palestina agravava cada vez mais a já tensa relação com os árabes nativos. Fracassava, assim, o projeto de se estabelecer um "lar nacional para o povo judeu" de forma gradual e equilibrada, conforme previa o instrumento mandatário sancionado pela Liga das Nações em 1922.

Ao término da Segunda Guerra Mundial, a tragédia do holocausto foi revelada, sensibilizando a opinião pública e os principais líderes mundiais. Sob o jugo do nazismo, aproximadamente seis milhões de judeus foram assassinados, vítimas das execuções coletivas perpetradas pelos alemães em grandes valas comuns; das câmaras de gás e dos fornos crematórios instalados nos campos de extermínio das SS; da fome e do tifo que dizimavam milhares de inocentes confinados nos guetos superpovoados da Europa Oriental. Cerca de um terço de toda a população judaica do planeta pereceu diante do genocídio em escala industrial promovido pela barbárie nazista. Aviltantes imagens de pilhas de cadáveres esqueléticos desnudados reforçaram a crença na necessidade de se conceder um lar nacional para aquela minoria historicamente perseguida. Exceto pelos árabes, a ideia de uma pátria para os judeus ganhava ampla aceitação.

Em 1947, com o término do mandato britânico, as Nações Unidas assumiram o controle da convulsionada Palestina. A região já se encontrava imersa na cruel luta subterrânea levada a cabo por organizações irregulares árabes e judaicas. No dia 27 de novembro do mesmo ano a ONU decidiu pela partilha da área conflagrada.

De acordo com a Resolução 181 da Assembleia Geral das Nações Unidas, o território deveria ser dividido em seis partes. Três seriam destinadas aos palestinos, três aos judeus. Jerusalém, cidade sagrada para as três grandes religiões monoteístas, permaneceria sob tutela internacional. Jaffa, na costa do mar Mediterrâneo, constituiria um enclave palestino dentro do futuro Estado de Israel. No dia 14 de maio de 1948, foi criado o Estado de Israel.

O nascimento do Estado judeu

A fim de proteger suas colônias agrícolas ou *kibbutz* de eventuais ataques árabes, os judeus criaram grupos de autodefesa. Em 1920, esses grupos fundiram-se, dando origem à Haganah[82] – sua mais importante organização de luta armada e embrião das poderosas Forças de Defesa de Israel (FDI). A Haganah compreendia tropas de choque (denominadas "plou-goth Makhatz" ou simplesmente Palmach) e grupos táticos móveis (*Chish*), além de um segmento de apoio responsável pela obtenção e fornecimento de armas e munições denominado Rekhesh. As atividades da Rekhesh incluíam desvio de munição; ações diretas contra instalações militares, paióis e postos policiais; contrabando e até fabricação própria. Oficinas clandestinas e fábricas artesanais, algumas subterrâneas, encontravam-se espalhadas por toda a região e compreendiam o setor da Rekhesh conhecido por Ta'as. Ao todo a Haganah chegou a contar com cerca de 45 mil militantes.

Em 1936, Z. Jabotinski criou um grupo de extrema direita, menor, mais radical, mais agressivo, mais bem organizado e disposto a ações mais violentas, denominado Irgun, ou melhor, Irgoun Zwai Leumi (Etzel), que significava Organização Nacional de Defesa Militar. Sob a liderança de Menachem Begin, que mais tarde seria primeiro-ministro israelense, a Irgun tornou-se muito ativa, advogando a criação de um Estado judeu em ambas as margens do rio Jordão. Enquanto a Haganah orientava suas ações contra os árabes, a Irgun agia prioritariamente contra alvos ingleses, como postos de imigração, campos de pouso, sítios de radares, autoridades militares, agentes policiais, ferrovias, bancos, refinarias de petróleo e, é claro, quartéis do Exército e postos da polícia britânicos. O número estimado de militantes da Irgun varia de três a cinco mil membros.

Em 1940, um grupo dissidente da Irgun, encabeçado por A. Stern, deu origem aos "Combatentes pela Liberdade de Israel" (Lohame Herut Israel – Lehi) ou, simplesmente, Grupo Stern, adotando uma postura ainda mais radical e "anti-imperialista". Stern morreu em um confronto com a polícia e, sob a influência de David Friedmann-Yelin, sua organização desviou-se para a esquerda. Liderado por Yitzhak Shamir (outro futuro primeiro-ministro israelense), o violento Lehi reuniu apenas uma centena de militantes.

Entrementes, o Partido Palestino Istiglal colocou em operação células terroristas, que, se antepondo à guerra irregular dos judeus, deram continuidade ao crescente ciclo de violência na região.

As ações da Irgun e Lehi tinham por objetivo impelir os ingleses a adotarem medidas repressivas impopulares que, em última análise, fortaleceriam a coesão entre os membros da comunidade judaica. Essas organizações terroristas não deram trégua nem mesmo durante a Segunda Guerra Mundial. Em 1944, eliminaram o ministro britânico para o Oriente Médio, lorde Moyne.

Depois da Guerra, como a administração inglesa não sinalizara com perspectivas políticas mais favoráveis, mantendo as restrições à imigração, as três organizações desencadearam, a partir de outubro de 1945, uma intensa campanha guerrilheira. O percentual de baixas entre os britânicos não era, de fato, elevado. Mas cada ato de violência ganhava considerável repercussão junto à mídia. Uma das ações de maior impacto sobre a opinião pública foi a execução de um atentado a bomba no Hotel Rei Davi, em 22 de julho de 1946, que provocou a morte de 91 pessoas, entre árabes, judeus e ingleses, quase todos inocentes. No ano seguinte, a Irgun enforcou os sargentos Clifford Martin e Mervyn Paice, ambos do Exército britânico. Seus corpos foram armadilhados e explodiram quando os socorristas tentavam desvencilhá-los das cordas, matando quem estava por perto.

A essa altura, as hostilidades entre árabes e judeus já haviam adquirido o caráter ostensivo. Em termos práticos, enquanto travavam uma guerra subterrânea contra as forças de segurança da administração britânica, alguns grupos se voltavam contra árabes nativos. No dia 9 de abril de 1948, uma incursão dos grupos Irgun e Lehi contra o povoado árabe de Deir Yassin custou a vida de centenas de moradores, incluindo mulheres e crianças. A maioria dos judeus era contra esse tipo de ação, mas isso não traria os mortos de volta à vida. A resposta palestina veio logo depois, em maio, com uma ação similar perpetrada contra o *kibbutz* de Kafr Etzion. Sob o ponto de vista político ou militar, ações dessa natureza pouco ou nada traziam de resultados concretos, apenas fomentavam o ódio, a intolerância e o ressentimento entre os dois povos, renovando periodicamente a sucessão de atos de vingança.

Israel invencível

A GUERRA DE INDEPENDÊNCIA (1948-1949)

Sonhando com o Estado nacional pelo qual aspiraram durante tanto tempo, os judeus rapidamente transformaram suas forças irregulares judaicas em "forças armadas" de Israel. Graças a isso, o novo Estado pôde sobreviver e resistir à invasão de que foi vítima no próprio dia de sua criação. Israel foi invadido ao norte por formações sírio-libanesas, a oeste por tropas do Iraque e da Transjordânia (atual Jordânia) e ao sul pelos egípcios. Além dos exércitos árabes, unidades irregulares e paramilitares também se juntaram à ofensiva.

Enquanto os árabes realizavam uma manobra convergente descoordenada, os israelenses operavam por linhas interiores – o que era facilitado pela pequena extensão territorial de seu novo país e por sua razoável malha viária. Apesar do efetivo numericamente inferior, da menor disponibilidade de material bélico e de combaterem em três frentes, os israelenses subjugaram os invasores, graças à unidade de comando e, sobretudo, à sua maior motivação e vontade de vencer.

Os judeus chamaram-na de Guerra da Independência, os palestinos de "o desastre". Depois de quase um ano de luta, em janeiro de 1949, quando passou a vigorar o cessar-fogo geral, os árabes haviam perdido em vidas humanas aproximadamente o dobro das baixas sofridas pelos israelenses. Pior: os judeus haviam expandido as fronteiras de Israel, acarretando em um acréscimo de 30% sobre o território atribuído originalmente pelas Nações Unidas. O êxodo palestino também aumentou. O indesejável contingente de deslocados palestinos que se refugiou nos países vizinhos pode ter chegado a 750 mil pessoas. Nem mesmo os árabes respeitaram os territórios destinados aos palestinos segundo a Resolução 181 da Assembleia Geral das Nações Unidas de 1947. Os egípcios permaneceram na faixa de Gaza e a Jordânia manteve a margem ocidental do rio Jordão.

ATAQUE AO SINAI (1956)

Localizado entre Egito e Israel, o Sinai tornara-se refúgio ativo de guerrilheiros palestinos autodenominados *fedayin* ou "combatentes da liberdade". A partir de 1955, os ataques irregulares contra alvos israelenses haviam se tornado mais intensos e o governo de Telavive estava disposto a privar os *fedayin* de suas bases.

Além de apoiar os guerrilheiros palestinos, o líder nacionalista egípcio Gamal Abdel Nasser arquitetava uma aproximação militar com a Síria e a Jordânia, objetivando estabelecer um comando conjunto entre os três países, o que era bastante inconveniente para a segurança de Israel. Nasser também nacionalizara o rentável Canal de Suez, de capital franco-britânico, a fim de subsidiar a construção da barragem de Assuã no rio Nilo. O líder árabe fechou o estreito de Tiran e vetou o uso do canal aos navios israelenses, contrariando a Convenção de Constantinopla (1888) que assegurava sua livre navegação.

A resposta militar a Nasser não tardou. França e Inglaterra intervieram na zona do canal enquanto Israel atacou pelo leste. Em outubro de 1956, tanques israelenses irromperam as defesas egípcias na península desértica do Sinai, valendo-se do fato de que os europeus neutralizariam a força aérea egípcia. Simultaneamente, paraquedistas da 202ª Brigada do coronel Ariel Sharon conquistavam o desfiladeiro de Mitla, barrando o acesso à cidade de Suez. Fuzileiros navais e paraquedistas ingleses e franceses assaltaram as cidades de Port Said e Port Fuad, na foz mediterrânea do canal.

Porém a intervenção militar repercutiu negativamente no cenário internacional. Os Estados Unidos e a União Soviética desaprovaram-na, exigindo a imediata retirada das forças de ocupação, o que aconteceu logo em seguida. O episódio de Suez tornou evidente o declínio da Inglaterra e da França como potências globais. As Nações Unidas enviaram sua Primeira Força de Emergência, da qual fazia parte o Brasil, mantendo-a estacionada no Sinai por uma década.

Apesar da rápida derrota militar, do incremento do êxodo palestino e muito embora a livre navegação pelo canal fosse restabelecida, Nasser saiu da crise fortalecido politicamente, com seu prestígio ampliado e figurando como o grande expoente da liderança árabe, opondo-se ao imperialismo estrangeiro e à agressão "sionista". Todavia, um fato parecia passar despercebido: Israel era, de fato, militarmente superior.

A GUERRA DOS SEIS DIAS (1967)

Após a crise de Suez, as relações entre árabes e israelenses permaneceu tensa, exacerbando o antagonismo entre Israel e os Estados vizinhos, que não reconheciam sua existência, questionando sua legitimidade e pregando abertamente sua extinção. As políticas das duas superpotências, Estados Unidos e União Soviética, para o Oriente Médio não contribuíam efetivamente para dissipar o conflito latente – em especial, a nociva e belicosa influência de Moscou sobre a Síria e o Egito.

Assentamentos israelenses permaneceram como alvos para a artilharia síria e de ataques irregulares palestinos realizados pelo grupo Al Fatah e pela Organização para a Libertação da Palestina (OLP) a partir de bases localizadas na Jordânia e no Líbano. Os israelenses revidavam com bombardeio aéreo e rápidas incursões terrestres. Escaramuças na faixa de fronteira e engajamentos de caças em pequenos combates eram frequentes.

Em 1967, Egito, Síria e Jordânia concentraram tropas na fronteira com Israel. Nasser solicitou a retirada da Força de Emergência das Nações Unidas estacionada no Sinai e, em 22 de maio, o líder nacionalista determinou o fechamento do estreito de Tiran. A guerra era iminente e a detecção de um voo de reconhecimento egípcio sobre o reator nuclear israelense de Dimona aumentou as preocupações do governo de Telavive.

Recorrendo à autodefesa preventiva, valorizando a iniciativa e o princípio da surpresa, no dia 5 de junho, os israelenses lançaram uma das mais fulminantes ofensivas da história. Com um plano minucioso e muito bem coordenado, a Força Aérea de Israel pulverizou, ainda em solo, as forças aéreas oponentes, deixando desimpedido o caminho para o avanço de seus tanques. Transcorridos apenas seis dias, a pressão internacional refreou as conquistas israelenses. Ainda assim, o irresistível ataque das FDI em três frentes já havia desbaratado os exércitos inimigos, assegurando a posse da faixa de Gaza e do deserto do Sinai ao sul; de toda a margem direita do rio Jordão, incluindo Jerusalém; e das colinas de Golan, na fronteira com a Síria – o que equivale a toda a Palestina e um pouco mais. Israel quadruplicara seu território.

De acordo com Michael Oren, "cerca de 175 mil (estimativa israelense) a 250 mil (estimativa jordaniana) palestinos fugiram da Cisjordânia para a Jordânia, muitos deles refugiados pela segunda vez, e mais uma vez alojados em campos miseráveis".[83] As péssimas condições de subsistência desses campos tornaram-se solo fértil para a proliferação da violência política e do sentimento de vingança entre os deslocados civis. Um milhão e duzentos mil palestinos passaram a viver sob a administração de Telavive, nos territórios ocupados por Israel.

No dia 22 de novembro, o Conselho de Segurança das Nações Unidas aprovou a Resolução 242, que determinava, dentre outras cláusulas, a devolução dos territórios ocupados pelos israelenses, o que, de fato, não ocorreu. Iraque e Síria rejeitaram-na por completo, enquanto a OLP só a reconheceria duas décadas depois. Assim, em última análise, a esmagadora vitória militar de Israel, em 1967, tão somente acirrara o conflito e, como tornara patente a superioridade das FDI, reforçou os argumentos daqueles que postulavam a alternativa da guerra irregular para derrotar o Estado de Israel.

A GUERRA DE ATRITO (1967-1970)

Nem mesmo a humilhante derrota imposta pelas FDI, em junho de 1967, trouxe uma suspensão temporária nas hostilidades entre árabes e israelenses. Inconformado com o revés, Nasser deflagrou, logo no mês seguinte, a pouco conhecida "Guerra de Atrito". Sua ideia consistia em impelir os israelenses, entrincheirados na margem oriental do canal de Suez, a abandonarem a península do Sinai, por meio da manutenção de um dispendioso e impopular estado de beligerância.

De acordo com a lógica do líder egípcio, a parca população de Israel não poderia arcar indefinidamente com um número pequeno, porém permanente, de baixas em sua frente sul. Assim como a sua economia não suportaria a contínua mobilização da estrutura nacional de guerra. Dessa forma, esperava que o governo de Telavive viesse a sofrer a oposição da opinião pública interna. Além do mais, uma guerra de posições neutralizaria o grande trunfo das FDI: sua maior mobilidade, que as tornava essencialmente vocacionadas para a guerra de movimento.

A Guerra de Atrito, que se arrastou por três anos, atingindo seu ápice em 1969, resumiu-se a duelos de artilharia, combates aéreos, ações "do tipo comandos", pequenas incursões, emboscadas e escaramuças entre patrulhas na linha de contato. A partir do momento em que Washington e Moscou mostraram-se sensíveis à escalada do conflito, empenharam-se em refrear as hostilidades. Quando, em agosto de 1970, passou a vigorar um novo cessar fogo, os israelenses, mais uma vez, haviam sobrepujado as forças egípcias. Nasser não resistiu, falecendo no mês seguinte, vítima de infarto.

A GUERRA DO YOM KIPPUR (1973)

Em 1973, na Guerra de Outubro ou Guerra do Ramadã, os árabes tentaram novamente. Era um sábado, 6 de outubro, data em que os judeus comemoram o "Dia do Perdão" (*Yom Kippur*), quando os egípcios transpuseram, sem muitas dificuldades, o canal de Suez, rompendo a linha defensiva israelense no Sinai. Ao norte, os sírios, apoiados por unidades jordanianas e iraquianas, atacaram as colinas de Golan.

A ofensiva árabe fora bem planejada e ensaiada; seus objetivos eram compatíveis com as possibilidades dos atacantes; as FDI, já descrentes do perigo que os exércitos árabes representavam, foram surpreendidas; as tropas empenhadas estavam bem treinadas e bem equipadas com o abundante material fornecido pelos soviéticos, especialmente sistemas de armas antiaéreas e anticarro. Ao contrário de uma guerra total, cujo propósito era o aniquilamento de Israel, os egípcios optaram por uma guerra de objetivo limitado, a fim de reconquistar os territórios perdidos em 1967, isto é, a península do Sinai. Para tanto, pretendiam, após irromper as defesas inimigas, estabelecer uma cabeça de ponte, protegida por um "guarda-chuva" de artilharia antiaérea e armas anticarro, atraindo sucessivos contra-ataques israelenses, que seriam derrotados em uma guerra de posição.

Em 1973, as coisas pareciam ser diferentes – mas não foram!

Depois dos reveses iniciais, os israelenses reverteram o quadro tático que lhes era desfavorável ao norte em Golan – sua frente principal. Com as portas de Damasco escancaradas, os sírios pediram socorro aos egípcios, que foram obrigados a abandonar seu plano original em prol de um novo e malsucedido ataque na frente sul. Na tarde do dia 15 de outubro, os israelenses lançaram uma contraofensiva, transpondo o canal e cercando o 3º Exército egípcio. Um desastre, ainda maior do que o sofrido em 1967, despontava no horizonte árabe. Diante dessa perspectiva, as diplomacias norte-americana e soviética intervieram, exercendo vigorosa pressão sobre Telavive, e interromperam os avanços israelenses nas duas frentes. No dia 22 daquele mesmo mês, um novo cessar-fogo salvava as desafortunadas forças árabes.

Depois da Guerra do Yom Kippur, já não restavam mais dúvidas. As FDI não podiam ser derrotadas em um combate convencional, o que fazia do Estado de Israel um fato consumado. A causa nacional palestina não podia depender, exclusivamente, da aquiescência dos Estados árabes vizinhos, nem tampouco de suas péssimas atuações no campo militar.

A alternativa palestina

Antes mesmo do advento do Estado de Israel, os palestinos já recorriam à guerra irregular como meio de anteporem-se à crescente imigração dos judeus e às pretensões sionistas no Oriente Médio. Depois de 1948, as incursões guerrilheiras palestinas continuaram. Todavia, foi somente após a grande derrota militar sofrida pelos despreparados exércitos regulares árabes na Guerra dos Seis Dias, em 1967, que a proposta de luta clandestina de fato ganhou força e adesão. Naquele momento, o próprio rei Hussein da Jordânia, ante a incapacidade de derrotar as FDI, admitiu: "um dia, talvez, sejamos todos guerrilheiros".

O principal líder guerrilheiro palestino era Yasser Arafat – jovem de Jerusalém que estudara Engenharia no Egito. Em 1956, ano da crise de Suez, mudou-se para o Kuwait, onde, no final da década, criou a organização militante Al-Fatah, "expressão que significa 'A Conquista' e é também um acrônimo invertido para Movimento pela Libertação da Palestina".[84]

Inicialmente, Arafat encontrou dificuldades ao tentar buscar apoio junto às lideranças árabes. Na verdade, até a Conferência de Alexandria, em 1964, os próprios Estados árabes mostravam-se relutantes quanto à ideia de uma "identidade nacional palestina". A Síria governada pelo partido Ba'ath lhe foi mais simpática, consentindo na instalação de dois campos de treinamento em seu território. Um ano depois, em 1965, a Fatah já era responsável pela execução de aproximadamente quarenta operações de guerra irregular, atribuídas ao seu braço armado Al Asifah.[85]

Naquele momento surgia, também, a Organização para a OLP, sob a direção do advogado Ahmad Chukeiry.[86] Contando com o apoio dos Estados árabes vizinhos, estava mais orientada para as questões afetas aos refugiados e aos deslocados civis. A criação da OLP e a redação da Carta Nacional

Palestina proporcionaram um significativo avanço ao nacionalismo palestino. Um "Exército" de Libertação da Palestina (ELP) ligado à OLP foi concebido para desdobrar-se ao longo das fronteiras de Israel e seu comando foi entregue a Abdel Razzaq Al-Yiha.

Contudo, o desastre de 1967 trouxe importantes mudanças no curso da luta palestina. Yasser Arafat que sempre advogou que os palestinos deveriam estar prontos para lutarem por si mesmos, com ou sem o apoio dos Estados árabes vizinhos e seus respectivos exércitos regulares, declarou: "nosso objetivo principal agora é a libertação da Palestina por meio da força armada, mesmo que a luta continue por dez anos".[87] Graças à esmagadora vitória militar israelense e com a criação de um *bureau* permanente para coordenar a guerra irregular, a estratégia guerrilheira da Fatah ganhou adesão política e popular. Chukeiry caiu, abrindo caminho para a ascensão de Arafat.

Em 1968, um novo artigo foi acrescentado à Carta Nacional Palestina estabelecendo que a luta armada não era, meramente, uma fase tática, ao contrário, constituía uma estratégia global e o único caminho para a libertação da Palestina. Nesse mesmo ano, surgiram a Frente de Libertação Popular (FLP), o segmento irregular da OLP, e a organização Al Saiqa de Abu Moussa, ligada à oficialidade do Exército sírio, com tendências marxistas e apoiada pelo partido Ba'ath daquele país.

No dia 21 de março, forças israelenses incursionaram na Jordânia, a fim de destruir a base da Fatah localizada em Karamah. Depois de renhido combate, o êxito tático permaneceu dúbio. Todavia, o episódio foi bem explorado pela propaganda palestina, aumentando o prestígio de Arafat e de sua organização militante, que obtinha, de fato, mais sucesso no campo político do que no militar. Como na guerra irregular a luta em si não é o mais importante, mas sim seus resultados psicológicos e políticos, a ação favoreceu os palestinos. No ano seguinte, o líder da Fatah foi eleito presidente da OLP, criando o Comando da Luta Armada Palestina (Clap) para coordenar as ações desencadeadas a partir do Líbano e da Jordânia.

Foi dentro desse contexto pós-1967 que outro ator adquiriu notável relevância: a Frente Popular para a Libertação da Palestina (FPLP), de Georges Habache. Surgida do Movimento Nacionalista Árabe, a FPLP possuía franca orientação marxista-leninista e deu início ao ciclo do terrorismo internacional da década seguinte. Todavia, dissensões na FPLP logo deram origem à maoísta Frente Democrática para a Libertação da Palestina (FDLP), dirigida por Nayef Hauatmeh, e à Frente Popular para a Libertação da Palestina-

Comando Geral (FPLP-CG), de Ahmad Jibril, vinculada ao serviço de inteligência sírio. Como se já não fosse suficiente esse emaranhado de siglas, em 1969, surgiu, ainda, a Frente de Libertação Árabe (FLA), comandada por Abd Al-Wahhab Al-Kayyali e apoiada pelo partido Ba'ath iraquiano. Todas essas organizações, sem exceção, estavam de algum modo comprometidas com a luta armada e a escalada da violência estava apenas em seu início.

DEZ ANOS DE TERROR:
OS PALESTINOS E O TERRORISMO INTERNACIONAL (1968-1978)

Depois de 1967, com o Sinai e a Cisjordânia, que lhes serviam de refúgios ativos, ocupados pelos israelenses, os palestinos passaram a contar apenas com os territórios do Líbano e da Jordânia para lançarem seus ataques contra Israel. Todavia, a defesa agressiva das FDI tornava cada vez mais difícil as clássicas incursões dos *fedayin*. Diante dessa realidade, a FPLP inaugurou o ciclo de terror internacional, com o sequestro de uma aeronave da companhia israelense El Al, no dia 23 de julho do conturbado ano de 1968.

Primeira fase (1968-1970)

O ano de 1968 foi de efervescência em todo o mundo. No Oriente Médio, ele marcou o início da campanha terrorista da FPLP.

A primeira fase do terrorismo internacional caracterizou-se pela inovação tática dos guerrilheiros em uma ousada campanha de sequestros aéreos e pela surpresa natural e despreparo com que os Estados nacionais foram colhidos. A opção da FPLP pelo terror internacional foi motivada pelos seguintes fatores:

- aeronaves comerciais e seus passageiros civis eram alvos bem mais vulneráveis que as guarnecidas fronteiras de Israel;
- o dogmatismo marxista dos militantes da FPLP, que entendiam a luta palestina sob as perspectivas do materialismo histórico, vendo-a como parte integrante de um processo mais amplo, isto é, da tão apregoada "revolução mundial"; e
- o acesso garantido à mídia e à opinião pública internacionais.

Os ataques intensificaram-se e estenderam-se às linhas aéreas ocidentais. No dia 6 de setembro de 1970, três aeronaves que decolavam da Europa com destino a Nova Iorque foram sequestradas – um DC8 da Swissair, um Boeing 707 da norte-americana TWA e um jumbo da Pan Am. Uma quarta tentativa de sequestro, envolvendo uma aeronave da El Al, fracassou, sendo presa, pela polícia inglesa, a militante Leila Khaled. Os dois primeiros aviões foram conduzidos para Campo Dawson, na Jordânia. O Jumbo da Pan Am foi explodido no Cairo. Passados três dias, um VC-10 da Boac foi sequestrado e levado para o mesmo campo jordaniano. A vida dos reféns foi trocada pela liberdade de Leila Khaled e outros militantes que se encontravam presos na Europa. Porém, no dia 12 de setembro, as três aeronaves explodiram, simultaneamente, diante das câmeras de todo o mundo, desencadeando forte reação da monarquia jordaniana e marcando o fim da primeira fase de terror árabe-palestino.

O Setembro Negro (1970)

A OLP possuía significativo grau de ingerência sobre os campos de refugiados palestinos instalados nos países árabes, especialmente, no Líbano e na Jordânia. A população palestina, nesses países, aumentava tanto em função do seu natural crescimento vegetativo quanto em decorrência da absorção de deslocados civis provenientes das sucessivas guerras contra Israel. Assim sendo, a OLP passou a interferir, talvez indevidamente, nas políticas internas dos "países asilos". Na Jordânia, por exemplo, a população palestina era tão numerosa quanto os próprios jordanianos e, lá, a monarquia pró-ocidental tornara-se alvo dos discursos nacionalistas e marxistas de extremistas árabes e palestinos.

Desde 1968, as relações entre o governo de Amã e as lideranças palestinas já vinham sofrendo um processo de degradação. O rei Hussein, cujo regime calcava-se, sobretudo, no apoio das forças armadas, recrudescia sua postura ante a interferência palestina em sua política de Estado, e o "espetáculo televisivo" patrocinado pelos terroristas da FPLP em Campo Dawson foi a "gota d'água".

Mesmo tendo Yasser Arafat condenado os sequestros de Campo Dawson, no dia 17 de setembro de 1970, Hussein lançou seu exército contra os acampamentos palestinos, desencadeando acirrada luta urbana e provocando a morte de milhares de pessoas entre civis, guerrilheiros e soldados. Após os combates do "Setembro Negro", como ficou conhecido o episódio, os grupos militantes palestinos foram banidos da Jordânia, perdendo todo o suporte que o território a leste do rio Jordão proporcionava aos ataques guerrilheiros contra Israel. Não deixa de ser tristemente irônico que o maior massacre perpetrado contra os árabes palestinos foi executado por seus supostos irmãos árabes, os jordanianos. A partir de então, restou-lhes, apenas o Líbano, ao norte, como refúgio ativo.

Segunda fase (1970-1973)

A segunda fase do terror internacional palestino foi marcada pela crescente radicalização e pela aproximação com grupos extremistas da Europa Ocidental e do Japão. Na verdade, esse avanço foi determinado pelo resultado da interação de um conjunto de fatores, dentre os quais se destacam:

– a derrota de Nasser na Guerra de Atrito, que o levou a desentendimentos com grupos palestinos; o governo sírio que reduziu seu apoio ao Al Saiqa e o episódio do Setembro Negro, que privou os *fedayin* palestinos de seus refúgios jordanianos, tudo, em última análise, comprometendo ainda mais a discutível estratégia de incursões guerrilheiras contra Israel;
– a ascensão do coronel Muamar Kadafi, na Líbia, em 1969, que se predispôs a patrocinar ostensivamente o terror internacional, fornecendo armas, munições, bases para treinamento, recursos financeiros e todo tipo de apoio político e material a diversas organizações subterrâneas, entre as quais irlandeses e palestinos;
– o legado do movimento estudantil europeu de 1968, que se revelou um campo fértil para o engajamento de uma minoria radical disposta a assumir atos extremos em prol de uma suposta "grande transformação social".

Enquanto o terror internacional contava com o apoio tácito de Cuba, União Soviética e Coreia do Norte, a Líbia de Kadafi e o Iêmen comprometiam-se explicita e integralmente com essa "nova" opção de guerra irregular. Com a mídia ocidental aberta ao "circo" terrorista e os Estados nacionais despreparados para enfrentá-lo, a onda de violência cresceu.

Dois episódios ilustram bem a cooperação internacional que se firmava como tendência no modelo terrorista do início da década de 1970. No dia 30 de maio de 1972, três militantes do Exército Vermelho japonês, a serviço da FPLP, abriram fogo indiscriminadamente contra civis no terminal do aeroporto de Lod, o mais importante de Israel. Vinte e seis pessoas inocentes e dois terroristas morreram e outra centena sofreu ferimentos graves. Um ano depois, um avião japonês foi sequestrado com a participação de militantes palestinos.

Foi nesse momento que surgiu uma nova organização clandestina, de vida curta, porém intensa, sugestivamente denominada Setembro Negro. Sua "estreia" ocorreu em novembro de 1971, assassinando membros do primeiro escalão do governo jordaniano. O Setembro Negro era menor e possuía uma estrutura mais flexível se comparado com outras organizações militantes palestinas e, aparentemente, não mantinha vínculos com a OLP. Seu mais célebre atentado ocorreu em setembro de 1972, durante os jogos olímpicos de Munique. Com o apoio de terroristas franceses e alemães, militantes do Setembro Negro atacaram a delegação esportiva israelense, matando alguns deles e sequestrando outros. A malfadada tentativa de resgate da polícia alemã resultou na morte de todos os reféns, além de cinco terroristas e um policial. Posteriormente, a captura de Abu Daoud, em Amã, revelou que o impetuoso Setembro Negro pertencia, na verdade, à Fatah. Seu líder era Abu Iyad, um dos dirigentes palestinos mais próximos de Yasser Arafat.

Exceção feita à intervenção realizada com sucesso pelo grupo israelense Sayaret Matkal, que frustrou, pela primeira vez, uma tentativa de sequestro aéreo em Telavive, em maio de 1972, o episódio da Olimpíada de Munique revelou o despreparo dos Estados nacionais e de suas forças de segurança, especialmente no Ocidente, para anteporem-se à crescente onda de terror. Suas principais dificuldades residiam:

- nas distintas abordagens que cada país fazia do problema;
- na inexistência de uma resposta jurídica, política e militar conjunta;
- na ausência de órgãos de comando e outros mecanismos de coordenação no nível internacional;
- na incapacidade e na grande vulnerabilidade de cada governo, diante da pressão da opinião pública interna, de levar a cabo uma política antiterror efetiva e impopular;
- na carência de forças de operações especiais, o que incluía pessoal, armamento, equipamento e suporte de inteligência, além de doutrina, técnicas e táticas específicas.

Terceira fase (1973-1978)

O "último ato" do terror internacional palestino distingue-se das fases que o precederam pela ascensão de novos atores dispostos a protagonizá-lo e, finalmente, pelo seu declínio.

Os principais líderes árabes admitiam que o terrorismo, em um primeiro momento, havia, de fato, atingido seu objetivo, atraindo a atenção da opinião pública de todo o planeta para a questão palestina. Todavia, sua radicalização e o excesso de violência tornaram-se a causa de sua crescente desaprovação. Chegara o momento de retroceder. Antes do término de 1973, Arafat encerrou as atividades do Setembro Negro.

Mais uma vitória militar israelense, dessa vez na Guerra do Yom Kippur, criara uma perspectiva favorável, ainda que distante, para o diálogo entre o Estado judeu e seus vizinhos árabes, especialmente com o Egito do presidente Anwar Sadat. Em 1974, o líder da OLP conseguiu uma vitória diplomática palpável, discursando perante a Assembleia Geral das Nações Unidas. A opção diplomática era reprovada pelos mais radicais, pois traduzia-se em termos práticos, em perda de apoio político para as organizações terroristas. Dessa forma, a evolução dos acontecimentos sugeria um declínio natural da intensa atividade terrorista. Porém, não foi o que aconteceu. Naquele momento, emergiram do cenário político três novas lideranças dispostas a patrociná-la a despeito de quaisquer outras considerações, conferindo-lhe novo vigor. Eram elas:

- o partido Baa'th iraquiano, que o fazia por intermédio de Sabri Al-Banna, codinome Abu Nidal, ex-representante da Fatah em Bagdá;
- o incansável e controvertido líder líbio Muamar Kadafi, que criou a Organização Nacional dos Jovens Árabes para a Libertação da Palestina, da qual fazia parte Abu Mahmoud, ex-Setembro Negro;
- Wadi Hadad, ex-FPLP, que mantinha estreitos vínculos com a Fração do Exército Vermelho alemã (Rote Armee Fraktion – RAF, mais conhecida pelo nome de seus jovens líderes Baader-Meinhof), com o Exército Vermelho japonês e com o "astro" do terror internacional, o venezuelano Ilich Ramírez Sánches, alcunhado "Carlos, o Chacal".

O ápice dessa terceira fase ocorreu em dezembro de 1975, quando Carlos e militantes do Baader-Meinhof, patrocinados por Hadad, sequestraram os ministros da Organização dos Países Exportadores de Petróleo (Opep) reunidos em Viena. Entretanto, logo no ano seguinte o terrorismo internacional palestino entrou em franco declínio.

Em meados de 1976, um Airbus 300 que fazia o voo 139 da Air France com 256 passageiros a bordo, a maioria israelenses, foi sequestrado e conduzido para Entebbe, em Uganda. A autoria da ação coube a terroristas da FPLP e da RAF, apoiados pela Líbia de Kadafi. Uma bem-sucedida e espetacular operação de resgate israelense logrou libertar quase todos os reféns (quatro morreram). Transcorrido pouco mais de um ano, o sequestro de um Boeing 737 da Lufthansa foi frustrado, em Mogadíscio, pela firme atuação das equipes contraterroristas do GSG 9 alemão e do SAS britânico.[88] Ambos os episódios, além de revelarem que o terrorismo podia ser eficazmente combatido, tornavam evidentes as limitações daquela forma de ataque irregular.

Em abril de 1978, morreu de causas naturais Wadi Hadad, marcando o fim do grande ciclo do terrorismo internacional palestino. A partir de então, ações esporádicas continuaram acontecendo, porém, sem a mesma relevância que haviam adquirido dentro do macro conjunto da luta nacionalista palestina, enquanto a aproximação com os grupos europeus deixara como legado o euroterrorismo.[89] Podemos, portanto, citar como causas do declínio do terror internacional árabe dos anos 1970:

– o fato de o terrorismo haver sido absorvido pelo ciclo de violência que ele mesmo gerou, tornando-se um fim em si mesmo e dissociando-se dos objetivos políticos mais amplos aos quais deveria se subordinar;
– a crescente desaprovação e animosidade da opinião pública internacional;
– o aumento da capacidade efetiva de os Estados nacionais oferecerem respostas militares satisfatórias, em especial graças à proliferação de unidades contraterroristas muito bem preparadas.

Guerra civil no Líbano (1975-1983)

Em 1975, o frágil equilíbrio político, econômico e social no Líbano rompeu-se e o país mergulhou em uma terrível luta fratricida. Israel identificou na guerra civil libanesa a oportunidade para atacar a OLP em seu último reduto, erradicando, definitivamente, a ameaça irregular que ela representava. Porém viu-se envolvido em um sangrento conflito que, de fato, não lhe pertencia.

A sociedade libanesa organizara-se em torno de um "pacto nacional", datado de 1943, que congregava diversos segmentos étnico-religiosos, dentre os quais se destacavam os cristãos (maronitas, greco-ortodoxos e protestantes), muçulmanos (xiitas, sunitas e drusos), os armênios, que se dividiam entre o islã e o cristianismo, e, por fim, os refugiados palestinos, dos quais apenas uma pequena parcela adquirira a cidadania libanesa. Nesse complexo mosaico, os cristãos maronitas detinham o poder político-econômico. A pressão demográfica exercida pelo crescimento da população xiita, a maior e mais pobre do país, ameaçava o *status quo* dos maronitas, tão convenientemente acomodados no topo daquela pirâmide social. E foram justamente as belicosas milícias maronitas que deflagraram a guerra interna, com o propósito de impedir que a ordem vigente fosse alterada.

Apesar de os palestinos haverem se tornado alvo de frequentes ataques, a OLP evitou, o quanto pode, envolver-se na luta libanesa, mas acabou sendo arrastada para o conflito. Já a Síria acompanhava preocupada os acontecimentos no país vizinho, atenta para que a crise não gerasse pretexto para um possível envolvimento israelense. Foi esse o motivo que levou, paradoxalmente, a Síria muçulmana a intervir no Líbano com o propósito de evitar o colapso total das forças cristãs maronitas.

Porém, em 1978, graças à intermediação do presidente norte-americano Jimmy Carter, foram firmados os acordos de Camp David, entre o presidente egípcio Anwar Sadat e o primeiro-ministro israelense Menachem Begin.[90] Com a "estabilização diplomática" da frente sul, Israel poderia voltar-se para o norte, com liberdade para intervir no convulsionado Líbano, último reduto da OLP, e, ainda, infringir mais uma derrota militar à Síria.

Dessa forma, Menachem Begin deu aquiescência ao plano concebido pelos veteranos soldados Ariel Sharon, ministro da Defesa, e Rafael Eitan, chefe do Estado-maior das FDI, para uma grande operação militar no Líbano. O pretexto veio com um malfadado atentado perpetrado por Abu Nidal, sabidamente proscrito da OLP. Assim, no dia 6 de junho de 1982, cerca de 62 mil homens e quase 1,3 mil carros de combate irromperam as fronteiras sul do Líbano, dando início à operação "Paz na Galileia".

Os israelenses rapidamente subjugaram as forças sírias estacionadas no centro e no norte do Líbano. Transcorridos apenas cinco dias, apesar da ferocidade dos combates, a Síria amargava nova derrota. Em 11 de junho, foi firmado um cessar-fogo que, no entanto, não incluía a OLP – a partir daquele momento, as FDI "dedicar-se-iam" exclusivamente a ela.

Em 13 de junho, com o propósito explícito de destruir a principal organização militante palestina, teve início o bombardeio da capital libanesa, que se estendeu por dois meses de forma quase ininterrupta. Para tanto, Israel empregou todos os meios terrestres, navais e aéreos de seu sistema de apoio de fogo. Protelando o combate urbano nas ruas de Beirute, as FDI combinaram o bombardeio da cidade com a guerra de sítio. Isolada, a capital começou a ressentir-se da falta de água, alimentos e medicamentos. Logo, surgiram o cólera e o tifo. O bombardeio indiscriminado causou a morte de aproximadamente 15 mil pessoas, das quais 90% eram civis. Nem mesmo prédios das Nações Unidas, sedes diplomáticas, hotéis e hospitais foram poupados.

Por motivos óbvios, a intervenção israelense no Líbano atraía cada vez mais a animosidade da opinião pública internacional. No final de agosto, nove mil remanescentes da obstinada defesa da OLP evacuaram a capital, embarcando em navios sob a bandeira da ONU, com destino à Tunísia. No dia 15 de setembro de 1982, os israelenses entravam em Beirute. Ato contínuo, milícias cristãs, gozando da cumplicidade de unidades das FDI, entraram nos campos de refugiados de Sabra e Chatila, em Beirute Ocidental e executaram mais de mil palestinos, incluindo mulheres, idosos e crianças.

Apesar de lutar com admirável e reconhecida proficiência na batalha de Beirute, a OLP estava, de fato, diante das piores perspectivas dos últimos anos. A infraestrutura que a organização dispunha no Líbano, seu último refúgio, encontrava-se, então, destruída. Os massacres de Sabra e Chatila mostravam, também, que ela não era mais capaz de desincumbir-se de sua missão precípua de prover a segurança dos campos de refugiados.

Considerando suas poucas opções, Yasser Arafat mostrou-se mais propenso ao diálogo. Naquele momento, Washington acenava com o chamado Plano Reagan – uma proposta "natimorta" para a paz no agonizante Oriente Médio. Todavia, setores mais radicais da OLP não abriam mão da luta armada como principal instrumento de libertação da Palestina e a cisão tornou-se inevitável.

Os dissidentes reuniram-se em torno de Abu Musa, consagrado militante da Fatah. Em 1983, Musa, apoiado pelo presidente sírio Hafez al Assad, concentrou o ELP, a FPLP-CG e parte da Fatah em uma deliberada e violenta campanha militar contra Arafat e seus seguidores. Mesmo permanecendo como líder palestino perante a opinião pública e com o apoio do Movimento da Unidade Islâmica, da FPLP e da FDLP, Yasser Arafat e suas forças foram cercados na cidade de Trípoli, no litoral norte do Líbano, onde enfrentaram encarniçada luta urbana.

Obcecado pela ideia de destruir Arafat, Israel bombardeou o porto de Trípoli, a fim de impedir uma evacuação semelhante a que ocorrera em Beirute, no ano anterior – o que, de fato, não conseguiu evitar. Todavia, os israelenses não perceberam que, naquele momento, o líder da OLP era quem assumia a mais moderada das posturas. Anos depois, queixar-se-iam da incapacidade de Arafat em conter os extremistas.

Encurralado no complexo confronto de interesses e ideologias que se tornara a guerra civil libanesa, Arafat enfrentou, ao mesmo tempo, a dissidência interna palestina, os sírios e os israelenses, sobrevivendo, mesmo que seriamente debilitado, a todos eles. O líder da OLP intensificou suas ações no campo diplomático, chegando a ensaiar uma reaproximação com a Jordânia em 1984, e reafirmou seu compromisso com a luta armada, só que dessa vez deflagrada a partir dos territórios ocupados por Israel, isto é, a Faixa de Gaza e a Cisjordânia, lançando as bases para as futuras "*intifadas*".

Israel pagou um preço caro por sua intervenção no Líbano, mantendo unidades estacionadas no sul do país até o ano de 2000. Apesar do significativo revés que impôs à OLP, não conseguiu erradicar a ameaça irregular representada pelos palestinos; ao contrário, contribuiu para transferi-la para o interior dos territórios ocupados. Os israelenses também sofreram um enorme desgaste perante a opinião pública internacional e, mesmo tendo subjugado as forças sírias no Líbano, com vitórias meramente táticas, gerou condições para que Damasco ampliasse sua influência política e militar sobre o país vizinho.[91] Como se não bastasse, em 1975, a maioria xiita libanesa ainda era politicamente apática. A longa guerra civil contribuiu para politizá-la. Uma década depois, os xiitas libaneses assumiriam um destacado papel dentro do conturbado cenário regional, em particular graças à intensa atuação da organização militante fundamentalista Hezbollah, que se consagrou como um dos principais inimigos do Estado de Israel.

Por fim, a guerra civil libanesa contribuiu para aumentar, ainda mais, o ressentimento nutrido pelo mundo islâmico contra o Ocidente. Para boa parte dos muçulmanos, a inabilidade e a incapacidade política e militar, em especial de Washington, de conter a escalada do conflito foram vistas e interpretadas como uma tácita concordância com a agressão israelense, da qual as potências ocidentais tornaram-se cúmplices. Já em 1983, esse ressentimento convertia-se em atentados terroristas na capital libanesa. Um ataque à Embaixada dos Estados Unidos deixou 63 mortos; 58 paraquedistas franceses acantonados no palácio Drakkar também morreram vítimas da explosão de um carro-bomba; outro atentado matou 239 *marines* que se encontravam aquartelados próximos ao aeroporto de Beirute – ambos os contingentes militares faziam parte de uma força multinacional enviada pelas Nações Unidas com o propósito de estabilizar o país. Após os bem-sucedidos ataques terroristas, a força multinacional viu-se obrigada a admitir seu insucesso.

Pedras e bombas

Com o advento do Estado de Israel, em 1948, os territórios limítrofes a ele passaram a desempenhar, de forma natural, um papel relevante na estratégia guerrilheira palestina. Nas áreas limítrofes, os *fedayin* podiam estruturar suas redes de apoio clandestinas; organizar e operar suas bases de guerrilha e seus campos de treinamento; planejar seus ataques; preparar seus grupos de combate, reorganizá-los após as incursões e homiziá-los com relativa segurança, ocultando-os entre os milhares de deslocados civis, ao mesmo tempo em que se esforçavam para angariar o apoio dessa significativa parcela da população palestina.

Todavia, pouco a pouco, os *fedayin* foram sendo privados de seus refúgios ativos, pois, em 1967, durante a Guerra dos Seis Dias, Israel ocupou a Cisjordânia, a Faixa de Gaza e a península do Sinai; em 1970, com o episódio do Setembro Negro, as organizações militantes palestinas foram banidas da Jordânia e, em 1982, as FDI ocuparam o sul do Líbano. Entrementes, a alternativa representada pelo terrorismo internacional, que por algum tempo pareceu viável, não auferiu resultados decisivos e, após intensa atividade, declinou. A tudo isso, soma-se o fato de que, uma vez encerrada a longa guerra civil libanesa, os braços armados de algumas das mais importantes organizações militantes palestinas, como a OLP, a Fatah e a FPLP, encontravam-se seriamente enfraquecidos, em virtude da ofensiva israelense e das próprias divergências internas. Mas, ainda assim, Israel estava muito distante de erradicar a ameaça irregular palestina e impor a paz pela força das armas, como fizera contra os exércitos convencionais dos Estados árabes vizinhos.

A partir dos últimos anos da década de 1980, outros fatores também passaram a exercer grande influência sobre o interminável conflito, dentre os quais cabe, aqui, destacar:

- o agravamento das condições socioeconômicas dos palestinos, com mais da metade de sua população vivendo abaixo da linha da pobreza;
- o vigoroso Ressurgimento Islâmico e a difusão do "islamismo político" entre os povos muçulmanos;
- dentro desse contexto, a disseminação e a ampla aceitação dos preceitos de "guerra santa" (*jihad*) e "martírio" entre a população árabe;
- a crescente pressão demográfica árabe em Israel e nos territórios ocupados;[92]

- o término da Guerra Fria e o esfacelamento do Império Soviético, entre os anos de 1989 e 1991, privou os árabes de um generoso patrocinador e de um incondicional aliado, que repetidas vezes, ao longo de décadas, refreou, por meio da dissuasão, tanto as pretensões políticas de Israel quanto as ofensivas militares de suas Forças Armadas;
- a abertura política e econômica de Moscou também enfraqueceu a ideologia marxista, que definhou, perdendo adeptos no Oriente Médio para o islamismo político em franca expansão;
- a "queda do comunismo" permitiu, ainda, que o governo israelense incentivasse a imigração de cerca de um milhão de judeus oriundos da antiga União Soviética, acentuando o problema demográfico;
- a ausência de um plano de paz, a despeito das repetidas iniciativas da comunidade internacional, que proporcionasse resultados efetivos e imediatos.

Sem muita escolha, os palestinos deram prosseguimento à sua luta e, nesta guerra sem fim, as sublevações populares deflagradas no interior dos próprios territórios ocupados tornaram-se a opção lógica. A partir do final dos anos 1980, os distúrbios civis revelaram-se tão importantes quanto as incursões dos *fedayin* provenientes do outro lado da fronteira. Os palestinos perceberam, ainda, que a veiculação de imagens de suas crianças enfrentando, com pedras na mão, os poderosos tanques israelenses Merkava produzia, sobre a opinião pública mundial, um efeito avassalador – bem mais eficaz do que aquele produzido pelos sequestros de voos comerciais, em que terroristas encapuzados apareciam ameaçando civis inocentes. Assim sendo, a subversão adquiriu a mesma relevância que o terrorismo e a guerra de guerrilhas já possuíam no conjunto da luta palestina. Ao mesmo tempo, o terrorismo internacional foi substituído pelo terrorismo doméstico. Essas "erupções espontâneas de fúria popular", em que a violência individual deu lugar à violência de massa, tornaram-se conhecidas em todo o mundo como *intifadas*.[93]

A primeira *intifada* desenvolveu-se no período compreendido entre dezembro de 1987 e setembro de 1993. Mesmo que tenha sido desencadeada de forma voluntária, seria ingenuidade supor que uma malta acéfala pudesse enfrentar por quase seis anos e com relativo êxito um dos mais poderosos e bem preparados exércitos do planeta, ou, ainda, que as atuantes organizações palestinas limitar-se-iam a contemplá-la à distância, sem se engajarem ativamente.

A grande incidência de distúrbios civis não representou o fim de outras formas de ataque. Ao contrário, atentados contra cidadãos israelenses tornaram-se cada vez mais frequentes. Segundo fontes oficiais, somente nos quatro primeiros anos de *intifada*, foram realizados cerca de setecentos ataques com explosivos, rojões, foguetes e granadas de mão – boa parte deles perpetrados por jovens determinados a se sacrificarem como mártires em sua guerra santa.

Uma das consequências imediatas da primeira *intifada* foi permitir que a direção da OLP, exilada na Tunísia desde o término da batalha de Beirute, retornasse para a Palestina, instalando-se na Faixa de Gaza. Em 1988, um ano após o início da revolta, Yasser Arafat, ainda no exílio, proclamou o Estado Nacional Palestino. Muito embora Arafat já não conseguisse conter a violência de outras organizações militantes, especialmente do grupo fundamentalista Hamas, ele ainda era visto pela opinião pública interna e internacional como o representante legítimo e líder natural do povo palestino. Em 1996, o líder da Fatah e da OLP foi também eleito presidente de uma nova Autoridade Nacional Palestina (ANP).

Apesar de considerável progresso, os repetidos esforços diplomáticos, mediados pelos Estados Unidos, União Europeia, Rússia e pelas Nações Unidas, não alcançaram resultados definitivos, esbarrando na intransigência e no extremismo de ambos os lados. Em novembro de 1995, o primeiro-ministro israelense Yitzhak Rabin, que retomara o diálogo com os palestinos e comprometera-se a retirar-se da Faixa de Gaza e da Cisjordânia, foi assassinado por um jovem judeu radical quando saía de uma manifestação pela paz em Telavive.

Em julho de 2000, malograram as conversações de Camp David, nos Estados Unidos, graças às divergências sobre temas controversos como o controle dos parcos recursos hídricos, o retorno dos refugiados palestinos, o traçado das fronteiras da Cisjordânia e da Faixa de Gaza, o futuro dos assentamentos israelenses nessas regiões e o controle sobre Jerusalém. Estava aberto, portanto, o caminho para uma segunda e mais violenta *intifada*.

O estopim da nova crise foi deflagrado em setembro desse mesmo ano, quando o general e futuro primeiro-ministro Ariel Sharon visitou a Esplanada das Mesquitas na sagrada Jerusalém, em um ato considerado profano pelos muçulmanos. Entretanto, para as autoridades israelenses, a segunda *intifada* já se encontrava de antemão planejada. O que os militantes palestinos, de fato, fizeram foi aproveitar, com muita oportunidade, o pretexto dado pela atitude desdenhosa e provocativa de Sharon.

De acordo com o doutor José Gabriel Paz:

> Durante o novo levante, acrescentaram-se os atentados terroristas contra Israel e os grupos radicais palestinos realizam ataques com emprego de terroristas suicidas, provocando dezenas de baixas civis em diversas cidades. Entre setembro de 2000 e julho de 2002, perpetraram-se 85 ataques, levados a cabo por 93 terroristas suicidas.
>
> No ano de 2000, os ataques suicidas eram protagonizados quase exclusivamente pelos grupos Hamas e Jihad Islâmica, e sua área de atuação eram principalmente Cisjordânia e Faixa de Gaza, mas nos anos de 2001 e 2002 os atentados suicidas se estenderam a todo o território israelense.
>
> A violência se estende ao sul do Líbano, onde o Hezbollah inicia ataques nas zonas de fronteira [...].[94]

A *intifada* de Al-Aqsa,[95] como ficou conhecida, caracterizou-se por ataques mais organizados e letais contra alvos israelenses, particularmente a população civil, pela estreia de uma nova organização nacionalista ligada à Fatah denominada Brigada dos Mártires de Al-Aqsa e pelo elevado número de vítimas.

Oitocentos e vinte e dois israelenses morreram nos três primeiros anos de luta. Segundo fontes palestinas, entre setembro de 2000 e novembro de 2005, 4.162 palestinos foram mortos e outros 8,6 mil foram presos pelas FDI. Organizações judaicas contestam a realidade expressa por esses números, pois eles não discriminam os palestinos mortos, intencionalmente ou não, por atos fratricidas ou a proporção existente entre vítimas combatentes e não combatentes de ambos os lados, o que revelaria o fato de que o maior percentual de vítimas não combatentes é israelense.

De qualquer forma, Israel, que desde a guerra civil libanesa sofria uma crescente desaprovação da opinião pública internacional, amargou com as *intifadas* uma séria derrota, ao ter sua imagem reduzida à condição de potência opressora. Além do êxito no campo psicológico, a nova estratégia de luta palestina também pôde reivindicar o mérito por ter contribuído significativamente para provocar uma forte retração na economia israelense.

Enquanto isso, as imaturas forças de segurança da ANP não só eram incapazes de refrear a nova onda de violência como também eram, em parte, coniventes com ela. Yasser Arafat, acusado de intransigência durante as negociações diplomáticas e incapacidade de conter os extremistas, foi ainda responsabilizado pela ineficiência de suas forças de segurança. Em dezembro de 2001, tropas israelenses confinaram Arafat em seu quartel general localizado na cidade de Ramala, na Cisjordânia, mantendo o cárcere por cerca de cinco meses, até maio de 2002.

Em março desse ano, depois de mais um atentado suicida perpetrado pelo Hamas contra civis israelenses, dessa vez em Netanya, Israel lançou a maior ofensiva militar na margem ocidental do rio Jordão desde a Guerra dos Seis Dias. Cidades foram reocupadas, campos de refugiados sofreram intervenção militar e centenas de palestinos foram presos. A fim de cercear o livre acesso ao território israelense e reduzir o grande número de ataques desferidos contra os núcleos populacionais judaicos, Telavive determinou o início da construção de um polêmico muro, com aproximadamente 350 quilômetros de extensão, isolando toda a fronteira oeste da Cisjordânia.

Quando Yasser Arafat, tido por muitos como o "pai do terrorismo moderno", faleceu no dia 11 de novembro de 2004, depois de cinco décadas consagradas à causa nacional de seu povo, a paz e a prosperidade ainda permaneciam como uma utopia distante para os palestinos. As duras negociações diplomáticas entre ambos os contendores, mediadas pela comunidade internacional e destinadas a dar fim ao longo conflito, ainda não geraram uma perspectiva concreta de superação das divergências, nem tampouco foram capazes de promover a erradicação das causas estruturais da guerra que aflige palestinos e israelenses. A incongruência de propósitos e o antagonismo entre os dois obstinados povos semitas continuam a fomentar a violência no Oriente Médio.

O Estado de Israel permanece fiel a seus preceitos geoestratégicos, segundo os quais, crê, depende sua própria existência. São eles:

> o estabelecimento de políticas migratórias, demográficas e territoriais para fortalecer seu espaço vital; o apego ao caráter judeu como base da identidade nacional e uma sólida política de segurança nacional como suporte para a sobrevivência do Estado de Israel.[96]

Quanto aos palestinos, persistem os óbices que inviabilizam, a médio prazo, a consecução de suas aspirações nacionalistas, conforme ilustra a tabela a seguir.

Tabela 7 – Os objetivos nacionais palestinos e os principais óbices para sua consecução

PALESTINA	
Objetivos nacionais imediatos	Principais óbices
Autodeterminação	– Antagonismo israelense. – Carência de terras. – Fragmentação territorial. – População dispersa. – Ausência efetiva de soberania.
Restabelecimento das fronteiras de 1967 Conforme prescreve a Resolução 242 das Nações Unidas, com a devolução integral dos territórios ocupados por Israel durante a Guerra dos Seis Dias (Cisjordânia e Faixa de Gaza)	– Ausência de sólidas instituições políticas que gozem de legitimidade inquestionável. – Arraigada tradição de violência popular. – Divergências entre nacionalistas e fundamentalistas. – Instabilidade interna. – Imersão na pobreza de significativa parcela da população. – Ausência de práticas produtivas autossustentáveis.
Retorno dos refugiados	– Ausência de capital próprio que viabilize o crescimento da insipiente economia palestina. – Necessidade de apoio político e financeiro oriundo da comunidade internacional.
Capital em Jerusalém	– Carência de respaldo político proveniente de poderio bélico convencional.

A nova face da guerra

O período compreendido entre o final da guerra civil libanesa e a virada do século promoveu a ascensão de quatro novas organizações militantes efetivamente comprometidas com a guerra irregular. Suas ações marcaram, até então, o ápice do extremismo político e religioso, graças ao intenso uso de "operações de martírio", um eufemismo para atentados suicidas – recurso operacional proveniente da Revolução Islâmica iraniana, que passou a ser aplicado em larga escala contra "alvos" israelenses.

Muito embora seria, simplesmente, um equívoco reduzir o amplo espectro de atuação dessas organizações aos ataques suicidas por elas perpetrados, há que se admitir a importância que tais métodos adquiriram dentro do conflito árabe-israelense. O crescente emprego desse tipo de ataque levou Robert Bunker e John Sullivan a advertirem: "A sociedade palestina já está tomando as características de um culto à morte, com jovens crianças preferindo crescer para serem terroristas suicidas em vez de engenheiros e médicos. O recrutamento de novos terroristas suicidas não é difícil."[97]

Na verdade, é muito fácil. A oferta de "homens-bomba" tornou-se bem maior do que o acesso a insumos para a confecção dos artefatos explosivos ou, ainda, do que a disponibilidade de técnicos habilitados a fabricá-los. A interação de um conjunto de fatores tornou a violência de tal forma impregnada na sociedade palestina que seus piores reflexos serão, certamente, sentidos por décadas.

HEZBOLLAH

O Partido de Deus (*Hizb Allah*) ou Hezbollah é uma organização fundamentalista xiita libanesa, fundada por Abbas Musawi durante a guerra civil. Sob a orientação espiritual de Mohammed Hussein Fadlallah e a liderança carismática de Sayyed Hassan Nasrallah e Imad Fayez Mugniyah, o Hezbollah mantém sua retórica centrada em dois grandes objetivos: a destruição do Estado de Israel e a promoção de uma teocracia islâmica libanesa nos moldes iranianos. A grande massa xiita, que se tornara a maior vítima não só das desigualdades da sociedade nacional, como também da guerra civil e da subsequente ocupação israelense, não hesitou em aderir ao proselitismo radical do Hezbollah e apoiar suas práticas violentas, sobretudo porque apresentaram resultados concretos e imediatos.

O Hezbollah foi responsável pelo uso pragmático das operações de martírio como valioso recurso militar. Ao contrário do que podia parecer e apesar da condenação da opinião pública internacional, os atentados suicidas promovidos pelo Hezbollah não eram meros atos de fanatismo religioso. Judiciosamente empregadas, oportunamente executadas e habilmente combinadas com outras técnicas de guerrilha, como sequestros e emboscadas, por exemplo, as operações de martírio auferiram notáveis êxitos políticos, militares e psicológicos.

Em 23 de outubro de 1983, a detonação de um carro-bomba conduzido por um *shahid* (mártir) vitimou 239 *marines* aquartelados em Beirute. Um atentado semelhante matou 58 paraquedistas franceses. Não tardou para que a força multinacional enviada pelas Nações Unidas deixasse o país. No dia 4 de outubro, uma operação de martírio foi desferida contra a base dos Serviços de Segurança Israelenses na cidade de Tiro. O ataque comprometeu o tratado de paz israelense-libanês. Unidades das FDI deixaram os centros urbanos, onde os militantes do Hezbollah podiam transitar livremente e causar-lhes baixas. Em 1985, quando a organização intensificou seus ataques, seu sucesso era palpável: tropas da ONU já haviam se retirado do Líbano e os soldados israelenses já haviam deixado Beirute.

Seu destacado papel na luta contra a permanência de forças israelenses no sul do país, iniciada em 1982, foi responsável pelo grande prestígio que a organização conquistou entre os muçulmanos. Quando o governo de Telavive determinou a retirada de suas tropas, em maio de 2000, a desocupação militar subsequente foi vista como uma vitória inédita da tenaz resistência movida pelo Hezbollah. O Partido de Deus alcançou, por meio da guerra irregular, aquilo que nenhum exército nacional ou outra organização militante árabe fora capaz de realizar até então. Pela primeira vez, desde 1948, os árabes conseguiam forçar os israelenses a cederem território – permanecendo a disputa pela região das fazendas de Shebaa, ainda controlada por Israel.

Após a retirada das FDI, o Hezbollah não declinou da luta armada, entretanto reestruturou-se como um partido político legítimo, conquistando assentos no parlamento e vencendo 60% das eleições municipais no sul do país. A organização dispõe de uma vasta rede de serviços sociais e possui, ainda, a emissora de televisão O Farol. Por tudo isso, o Hezbollah conta com o sólido apoio da população xiita (a maior do Líbano), além do apoio formal dos governos da Síria e do Irã. A organização pôde estabelecer estreitos vínculos com grupos fundamentalistas palestinos, em especial com a Al-Jihad Al-Islami, participando ativamente da *intifada* de Al-Aqsa.

Existem significativas divergências quanto ao número total de ataques conduzidos pelo Hezbollah. Creditam-se ao Partido de Deus os atentados à Embaixada israelense em Buenos Aires no ano de 1992, que resultou em 29 mortos e 242 feridos, e ao Centro Judaico da capital argentina, dois anos depois, que deixou um saldo de aproximadamente cem mortos e duzentos feridos. Algumas fontes estimam que o braço armado da organização, denominado Resistência Islâmica, foi responsável por cerca de duzentos ataques entre os anos de 1982 e 2005, matando mais de oitocentas pessoas.

A expansão do poderio militar do Hezbollah subsidiada por Damasco e Teerã incluiu a aquisição de veículos aéreos não tripulados Mohajer de origem iraniana com tecnologia russa e chinesa, além de artilharia de tubo, foguetes e mísseis de curto e médio alcance. Dentre o armamento disponível no formidável arsenal da organização xiita, destacam-se: o Misagh 1, míssil antiaéreo com alcance de cinco quilômetros; mísseis balísticos da série Zelzal, de origem iraniana, com alcance de 125 a 260 quilômetros e sistema ucraniano de pontaria inercial; lançadores múltiplos de foguete Arash de 122 mm com alcance de 29 quilômetros e mísseis de cruzeiro Noor capazes de atingir embarcações distantes 120 quilômetros da costa.

Sob o pretexto de retaliar uma incursão, que deixou oito soldados mortos e permitiu a captura de outros dois, em julho de 2006, Israel iniciou uma ofensiva com o propósito de enfraquecer a capacidade militar das forças irregulares xiitas no sul do Líbano. Ataques aéreos e navais interditaram as principais vias de acesso e comprometeram o sistema de telecomunicações, isolando a porção meridional do país. Foram bombardeados alvos do Hezbollah localizados em áreas residenciais. Dessa forma, a campanha aérea israelense ganhou destaque na mídia internacional graças, sobretudo, ao elevado número de vítimas civis, assegurando-lhe a reprovação da opinião pública externa.

O Partido de Deus respondeu ao ataque lançando, logo nos primeiros dias, 150 foguetes contra o território israelense. Vinte localidades judaicas foram atingidas, incluindo Haifa, Kiryat, Nahariya, Safed e Tiberíades. A escalada da crise continuou. Em agosto, os irregulares xiitas chegaram a lançar duzentos foguetes em um único dia. Sete mil soldados israelenses irromperam a fronteira sul do Líbano, com a missão de causar o máximo dano à estrutura militar do inimigo, antes que a comunidade internacional impusesse um cessar-fogo.

Apesar dos danos físicos impostos à organização fundamentalista libanesa, prevaleceu a ideia de que, mais uma vez, Israel não foi capaz de derrotar o Hezbollah. Hassan Nasrallah renovou seu apelo a um "confronto sem limites e sem fronteiras" contra o "Estado judeu".

HAMAS

O Movimento da Resistência Islâmica (Harakat Muqawama Islamiyya), ou simplesmente Hamas, é a maior e mais influente organização fundamentalista palestina. Sua origem remonta ao ano de 1946, com a criação de uma filial palestina da egípcia Irmandade Muçulmana na cidade de Gaza. Ainda sem a atual denominação, o movimento sunita desenvolveu um trabalho lento, porém contínuo e metódico de instrução dogmática e assistência social. Em 1973, com o propósito de coordenar atividades políticas, foi criado pelo xeque Ahmed Yassin o Centro Islâmico que viabilizou, ao longo dos anos 1970, a expansão de seus quadros e de sua infraestrutura, levando-a à Cisjordânia. Nos seis anos seguintes, foram gerados mecanismos de ação e realizada a preparação para a luta armada. Com a eclosão da primeira *intifada* em dezembro de 1987, surgiu o Hamas.

Até certo ponto, as próprias autoridades israelenses foram simpáticas à crescente difusão do proselitismo fundamentalista no seio da desafortunada população palestina, como forma alternativa de restringir a grande influência de organizações nacionalistas, em especial a OLP, cuja política secular era condenada pelo Hamas. Porém, as ideias centrais do Movimento advogam como meta a criação de um Estado islâmico em toda a Palestina (o que pressupõe a erradicação de Israel) e, para alcançar tal fim, aceitam a *jihad* como o único meio plausível.

O Hamas conta com o apoio dos governos da Síria e do Irã, além de receber doações de outros estados do Oriente Médio e, ainda, de árabes e palestinos expatriados. A organização combina ações ostensivas e legais com o combate subterrâneo. Politicamente, moveu notável oposição aos acordos de paz da década de 1990, antepondo-se à OLP e à ANP.

O braço armado da organização, fundado por Salah Shehada, perpetrou seu primeiro ataque suicida em abril de 1993 e, desde então, vem fazendo intenso uso das operações de martírio em Israel e nos territórios ocupados da Faixa de Gaza e da Cisjordânia, sem, contudo, abandonar as tradicionais formas de ação ofensiva, como o emprego de franco atiradores, ataques com morteiros e rojões e atentados a bomba. Segundo as FDI, até abril de 2004, o Hamas fora responsável por 425 ações, das quais resultaram 337 mortos e 2.076 feridos – a grande maioria, civis israelenses. Desde então, esses números cresceram significativamente.

Uma grande parte do prestígio do Hamas entre a população palestina decorre do esforço que é feito no campo da assistência social e psicológica, particularmente em setores como saúde e educação. A organização financia de orfanatos e escolas a mesquitas e hospitais, frequentemente superando a assistência promovida pela própria Autoridade Nacional Palestina. Tem-se observado, ainda, uma crescente penetração da organização no sistema de ensino como um todo. Essa sábia postura assegura um sólido apoio popular, de onde provém a força do Movimento. Grandes manifestações de massa são comumente utilizadas para demonstrar o poder do Hamas e seu controle sobre a população palestina. O funeral do "Engenheiro" Yahya Ayyash, por exemplo, realizado em janeiro de 1996, levou às ruas de Gaza cerca de cem mil pessoas. Oito anos depois, na mesma cidade, o grupo fundamentalista sunita mobilizou aproximadamente duzentos mil palestinos que clamavam por vingança em resposta ao assassinato do xeque Yassin pelas FDI.

Em janeiro de 2005, o fundamentalista Hamas sagrou-se vencedor das eleições parlamentares palestinas, derrotando a nacionalista Fatah. Naquela oportunidade, a liderança do movimento reiterou seu compromisso com a luta armada, afirmando, ainda, que seu objetivo final permaneceria inalterado, qual seja, o de criar um Estado teocrático em toda a Palestina histórica, em detrimento, é claro, da própria existência de Israel – é a promessa de que o sangue continuará a verter da Terra Santa.

JIHAD ISLÂMICA PALESTINA (AL-JIHAD AL-ISLAMI FI FILASTIN)

Diversas organizações árabes adotaram a emblemática denominação de "guerra santa islâmica". Uma delas surgiu entre 1979 e 1980 no Egito, fundada por estudantes palestinos liderados por Fathi Shaqaqi e Bashir Musa.

Inicialmente influenciada pela Irmandade Muçulmana, a Al-Jihad Al-Islami aderiu aos preceitos do "Islã Revolucionário" proveniente do Irã. Para Shaqaqi o engajamento na luta pela libertação da Palestina seria a chave para a unificação de todo o mundo árabe. A destruição da "entidade sionista", isto é, Israel, tornou-se o principal objetivo de sua organização militante, a quem caberia desempenhar o papel de vanguarda revolucionária.

Porém, graças ao seu envolvimento no assassinato do presidente Anwar Sadat, em outubro de 1981, a Al-Jihad Al-Islami foi proscrita do Egito e instalou-se na Faixa de Gaza, obtendo grande penetração no meio estudantil e nos círculos intelectuais e, ainda, sendo responsável por uma destacada atuação durante ambas as *intifadas*. Em virtude da repressão israelense, no ano de 1988, a liderança da Jihad foi obrigada a exilar-se no Líbano, onde estabeleceu estreitos vínculos com o Hezbollah, incluindo treinamento militar, além de aproximar-se dos governos de Damasco e Teerã.

A Jihad Islâmica Palestina empenhou-se menos na expansão de seus quadros e no desenvolvimento de trabalhos de massa com atividades de operações psicológicas e ações sociais que o vigoroso Hamas, mantendo uma postura mais agressiva. A partir de 1994, as duas organizações fundamentalistas palestinas superaram suas divergências e antagonismos e passaram a operar em conjunto.

Seu principal segmento armado na Palestina são as Brigadas de Jerusalém (Al-Quda-Quda Saraya). Segundo fontes israelenses, entre janeiro de

1989 e dezembro de 2002, a Jihad Islâmica foi responsável por 54 ataques, dos quais resultaram 145 mortos e 912 feridos – a maioria, civis israelenses. Suas ações foram conduzidas, sobretudo, contra ônibus civis, locais de compra, centros comerciais, restaurantes e pessoal militar israelense.

Em outubro de 1995, Fathi Shaqaqi foi morto em Malta, sucedendo-lhe o doutor Ramadan Abdullah Shallah. A Jihad Islâmica tem desenvolvido intensa atividade na Cisjordânia, em especial na cidade de Jenin. Atualmente, a organização mantém escritórios em Beirute, Damasco, Teerã e Cartum.

BRIGADA DOS MÁRTIRES DE AL-AQSA

A primeira *intifada*, transcorrida entre os anos de 1987 e 1993, suplantou as tradicionais práticas das organizações nacionalistas, oferecendo uma forma alternativa de resistência à ocupação militar israelense. As proporções adquiridas pela revolta, seu caráter popular, seu relativo sucesso e o aparecimento do fundamentalista Hamas, já desempenhando um destacado papel na sublevação, pareciam tornar antiquados o discurso e os métodos de grupos como a Fatah e a OLP. Apercebendo-se disso, a Fatah, determinada a não abandonar a vanguarda da luta armada palestina, criou a Brigada dos Mártires de Al-Aqsa.

A organização nasceu na cidade de Nablus, na Cisjordânia, e tornou-se pública pouco depois da eclosão da segunda *intifada* (ou *intifada* de Al-Aqsa), em setembro de 2000, logo destacando-se pela violência. A Brigada dos Mártires de Al-Aqsa foi a primeira organização secular a realizar operações de martírio, até então prerrogativa de grupos fundamentalistas como o Hamas e a Jihad Palestina, chegando ao ponto de superá-las em número de ações ofensivas. Seus ataques tornaram-se mais letais a partir de 2002, ano em que empregou pela primeira vez uma mulher na execução de um atentado suicida. O atual predomínio da Brigada dos Mártires na realização de ataques contra Israel contribuiu para restaurar em parte a decrescente popularidade da Fatah entre os palestinos.

A organização conta com células nas principais cidades da Cisjordânia, em especial em Nablus e Ramallah. Operando em conjunto com o Hamas, pôde realizar ataques contra alvos israelenses também na Faixa de Gaza. Acredita-se ainda que a Brigada dos Mártires tenha estabelecido mecanismos de cooperação com o Hezbollah, no sul do Líbano.

As ligações, ou melhor, a subordinação que existia entre a Brigada dos Mártires de Al-Aqsa, a Fatah e a Autoridade Nacional Palestina presidida por

Yasser Arafat geraram controversas discussões. Entretanto, é sabido que o movimento nacionalista palestino entende aquilo que o Ocidente e Israel denominam terrorismo como uma forma legítima de guerra de libertação nacional e, assim sendo, em termos práticos torna política e terror indissociáveis.

Em abril de 2002, Marwan Barghouti, líder da organização, foi capturado e sentenciado à prisão perpétua pelo governo de Israel. Após a morte de Arafat, em 2004, o grupo recebeu nova designação, tornando-se conhecido por Brigada do Mártir Yasser Arafat.

Guerra nas sombras: a postura israelense na contraguerra irregular

Como já havíamos destacado anteriormente, o fato de os israelenses suportarem, por décadas a fio, uma prolongada e inconclusiva guerra de desgaste é um feito notável. Desde 1948, ano da criação de Israel, passaram-se mais de sessenta anos ininterruptos de intensa e obstinada guerra irregular conduzida por grupos de diferentes matizes e orientada, dentre outros objetivos, para a erradicação do Estado judeu no Oriente Médio. Ao longo da história contemporânea, poucas nações suportaram o ônus ou venceram uma guerra semelhante. Na verdade, poucas nações seriam capazes de fazê-lo.

Tabela 8 – As principais organizações militantes árabes engajadas diretamente no conflito árabe-israelense desde 1948

PRINCIPAIS ORGANIZAÇÕES MILITANTES ÁRABES-PALESTINAS			
Seculares		**Fundamentalistas**
Marxistas	**Nacionalistas**	
– Al-Saiqa. – FPLP – Frente Popular para a Libertação da Palestina – FDLP – Frente Democrática para a Libertação da Palestina – FPLP-CG – Frente Popular para a Libertação da Palestina Comando Geral	– Al-Fatah – OLP – Organização para a Libertação da Palestina – ELP – Exército de Libertação da Palestina – FLP – Frente de Libertação Popular – Setembro Negro – Brigada dos Mártires de Al-Aqsa	Hamas (sunita) Jihad Islâmica Palestina (sunita) Hezbollah (xiita libanês)

Os agentes de segurança de Israel têm adotado uma postura pragmática no combate a forças irregulares. Um permanente estado de alerta caracteriza a sociedade israelense. O rígido controle da população, especialmente nos territórios ocupados, impõe uma rotina austera de medidas restritivas aos civis, aumentando, ainda mais, o ressentimento nutrido pelos palestinos. Destacado papel é atribuído às ações preventivas na luta contra os grupos armados que têm recorrido com frequência ao terrorismo. A tentativa de impedir o livre acesso de militantes radicais capazes de perpetrarem atos de violência em território israelense levou, em 2002, à construção de um muro, com aproximadamente 350 quilômetros de extensão. Essa medida, destinada a isolar a Cisjordânia de Israel, foi duramente criticada, ainda que tenha auferido resultados positivos na contenção da violência, reduzindo o número de ataques desferidos em solo israelense.

Entretanto, boa parte do êxito israelense na contraguerra irregular repousa em dois aspectos fundamentais. Primeiro, em uma política de Estado explícita e contundente de não ceder a nenhum tipo de ameaça, ou seja, de não negociar com o terrorismo, o que implica necessariamente em uma predisposição governamental em aceitar baixas civis, algo bastante raro nos países democráticos, onde o imediatismo da opinião pública exerce grande influência sobre o processo decisório dos agentes definidores da política do Estado. E, segundo, na utilização das mesmas armas e dos métodos semelhantes àqueles empregados pelas forças irregulares que operam contra Israel, fazendo largo emprego daquilo que os norte-americanos chamam de *"Black Ops"*. Assim sendo, ao contrário do que muitos creem, o relativo êxito israelense não se deve exclusivamente à sua esmagadora superioridade em poderio bélico convencional, mas também à sua capacidade de atuar de forma tão obscura e destituída de regras quanto seus inimigos irregulares.

A maior parte dessas operações clandestinas é creditada ao Instituto de Inteligência e Serviços Especiais, o famoso Mossad Le Aliyah Beth. Depois do episódio dos jogos olímpicos de Munique em 1972, quando militantes do Setembro Negro sequestraram e mataram membros da delegação esportiva israelense, por exemplo, Telavive desencadeou a operação "Ira de Deus", codinome de uma bem-sucedida campanha de terrorismo seletivo destinada a identificar, localizar e eliminar todos os envolvidos no ataque perpetrado contra os atletas israelenses. Quando a mesma organização palestina enviou mais de cinquenta "cartas-bombas" para judeus residentes na Inglaterra, Israel enviou "correspondências com idêntico conteúdo" para árabes no Líbano, Líbia, Egito e Argélia. O famoso militante do Hamas Yahya Ayyash, alcunhado "O Engenheiro", era o principal responsável pela confecção dos artefatos explosivos empregados nas operações de martírio daquela organização fundamentalista. Ayyash teve seu crânio esfacelado no dia 5 de janeiro de 1996, ao atender uma chamada telefônica de um "celular-bomba".

As Forças de Defesa de Israel, por sua vez, também, não se restringem aos parâmetros comumente aceitos no combate convencional. No dia 22 de março de 2004, por exemplo, as FDI eliminaram o xeque Ahmed Yassin, fundador e líder espiritual do Hamas, inaugurando uma série de assassinatos das mais proeminentes lideranças do grupo extremista palestino. O tetraplégico Yassin, de 67 anos, foi morto em sua cadeira de rodas ao sair de uma mesquita no bairro de Sabra na cidade de Gaza, atingido por três mísseis Hellfire disparados de helicópteros de ataque AH 64 Apache.

Com a grande adaptabilidade que lhes é peculiar, os israelenses empregaram com sucesso na guerra irregular, para assassinar uma liderança hostil em ambiente urbano, uma arma concebida para o combate convencional, destinada a destruir formações de carros de combate em campo aberto. Ao longo desses anos, as FDI também não hesitaram em ignorar os limites de Israel com seus vizinhos árabes e irromperam repetidas vezes suas fronteiras com caças e forças de incursão para atacar guerrilheiros palestinos em suas bases, fustigando-os no interior de seus refúgios ativos, onde acreditavam gozar de relativa segurança.

É dessa forma, portanto, operando no mesmo espectro de conflito que seus inimigos militarmente menos ortodoxos operam, que os agentes de segurança do Estado de Israel auferem simetria e eficácia à sua capacidade de resposta armada ante as ameaças irregulares. Muito da postura heterodoxa israelense, intrínseca talvez à sua natureza, decorre do fato de, em um curtíssimo espaço de tempo, terem "evoluído" de grupos irregulares, como a Haganah, a Irgun e o Lehi, para as modernas, poderosas e eficientes FDI. Alguns dos mais importantes estadistas e chefes militares israelenses, quando jovens, militaram e combateram nessas organizações subterrâneas, como foi o caso, por exemplo, de Moshe Dayan, Levi Eshkol, Yitzhak Shamir, Menachem Begin e Ariel Sharon – embora esses dois últimos nomes tenham protagonizado o momento do conflito árabe-israelense em que os judeus priorizaram o emprego maciço do poderio bélico convencional contra os irregulares da OLP no Líbano, colhendo os mais parcos resultados e sentindo, ainda hoje, seus piores reflexos.

Tanto as *"Black Ops"* como a famosa "Ira de Deus" ou as ações que resultaram nas mortes do xeque Yassin e do terrorista Ayyash constituem prova inequívoca do compromisso e da determinação dos israelenses de lutarem em qualquer lugar, a qualquer momento e por todos os meios e recursos disponíveis, com o propósito de assegurar a existência do Estado de Israel e salvaguardar seus interesses vitais. É pouco provável que os Estados nacionais, no século XXI, possam abrir mão integralmente ou privarem-se dos métodos "condenáveis" e impopulares utilizados por Israel para anteporem-se a ameaças assimétricas ou de quarta geração.

A REVOLUÇÃO ISLÂMICA (IRÃ – 1979)

No início dos anos 1980, um conjunto de ideias, essencialmente calcadas no islamismo, começou a ser colocado em prática no Oriente Médio. Naquele momento, os dogmas da Guerra Fria ainda estavam impregnados na ótica das grandes potências, impedindo-as de reconhecerem o verdadeiro alcance das transformações que se processavam no mundo muçulmano. Essas transformações iriam inserir a guerra irregular em um novo contexto. Os preceitos político-ideológicos que convulsionaram o Terceiro Mundo e orientaram as lutas nacionalistas, os movimentos de independência das colônias europeias e as guerras revolucionárias, durante quase meio século de Guerra Fria, seriam traspassados, no Oriente Médio, para um novo contexto político-religioso.

A Revolução Iraniana de 1979 e o êxito da resistência afegã à ocupação militar soviética tornaram-se marcos importantes nesse processo. A primeira, por instituir um Estado fundamentalista islâmico, que materializou as aspirações de todos os muçulmanos que buscam, em sua fé, as respostas para as contradições da "modernidade ocidental". A segunda, por demonstrar que a obstinação daqueles que travam a *jihad* pode livrá-los do jugo de uma grande potência militar.

A Revolução Iraniana, em si, pouco contribuiu, em termos técnicos ou doutrinários, para o desenvolvimento da guerra irregular. Com ela, "renasceu" o fanatismo religioso suicida, que passou a desempenhar um papel relevante na conduta da guerra no Oriente Médio. Além de fonte de inspiração para militantes radicais em todo o planeta, a teocracia iraniana tem mantido estreitos vínculos, por meio de apoio político e material, com organizações fundamentalistas extremistas, que conduzem ativamente operações de guerra não convencional, como é o caso do grupo xiita libanês Hezbollah e da Jihad Islâmica Palestina.

A religião substitui a ideologia

Pouco a pouco, o nacionalismo que caracterizou a luta dos povos árabes nos anos 1950, 1960 e 1970 tem sido substituído pelo fundamentalismo islâmico como principal fator de motivação. Atualmente, grupos fundamentalistas, como o Hamas ou a Al-Jihad Al-Islami, militam ao lado de tradicionais organizações nacionalistas, como a Fatah, em defesa de uma "causa universal" e, apesar de sérias divergências, não restam dúvidas de que compartilham objetivos comuns. Um dos mais proeminentes comandantes militares subordinados a Yasser Arafat, por exemplo, Khalil al-Wazir – vulgo Abu-Jihad – passou a advogar abertamente a adoção dos preceitos da guerra santa pela Fatah.

Para os profissionais militares, o fundamentalismo islâmico revelou-se um componente psicológico complexo, difícil de ser contornado, que ampliou sensivelmente os aspectos subjetivos da guerra. Tal dificuldade não se restringe, simplesmente, à supressão do terrorismo fundamentalista local ou internacional, ou mesmo à erradicação das longas "filas de espera" daqueles que se oferecem como voluntários para explodirem seus corpos como mártires em atentados suicidas. A real dificuldade está no modo como a população muçulmana, suscetível ao proselitismo fundamentalista, passou a ver e a entender a guerra, suas causas, seus objetivos e sua natureza.

Mas o que é fundamentalismo?

Ao contrário do que muitos creem, o fundamentalismo não é uma prerrogativa do Islã, nem tampouco se trata de um fenômeno necessariamente associado a manifestações de violência política. De acordo com Voltaire Shilling:

> [...] fundamentalismo é tomar as palavras sagradas em seus fundamentos últimos, entendê-las integralmente, a fim de "retornar aos antigos fundamentos da fé" sem nenhuma alteração, sem nenhuma concessão às modernas interpretações seculares [...]
> Na verdade, o fundamentalismo é um movimento sociorreligioso e político muito diversificado e bem mais extenso do que as fronteiras do Islã.[98]

Contudo, não se pode tentar entender o atual papel do fundamentalismo no mundo islâmico e na conduta da guerra do século XXI sem antes inseri-lo no contexto histórico, político, social e econômico mais amplo das relações de desigualdades estabelecidas entre o Ocidente e o Islã, desde a derrota muçulmana na batalha naval de Diu, em 1509, até os dias de hoje, passando pelo advento da Revolução Industrial e do neocolonialismo, no século xix, e pelo desmembramento do Império Turco-Otomano, ao fim da Primeira Guerra Mundial. De fato, trata-se de uma "nova" reação dos povos muçulmanos à hegemonia econômica e militar dos países da Europa Ocidental, dos Estados Unidos e, em menor medida, de Moscou.

"Nova" porque, durante a Guerra Fria, o nacionalismo e o socialismo deram a impressão de serem respostas adequadas para o atraso em que o mundo muçulmano estava mergulhado. Não deu certo. Agora, tentavam, a partir de novas interpretações do Islã, encontrar "identidade, sentido, legitimidade, desenvolvimento, poder e esperança".[99] Em seu polêmico *O choque de civilizações*, Samuel Huntington afirma:

> A religião toma o lugar da ideologia e o nacionalismo religioso substitui o nacionalismo secular.
> [...] nem o nacionalismo nem o socialismo produziram desenvolvimento no mundo islâmico.
> [...] mais do que nada, a reafirmação do Islã [...] representa o repúdio à influência europeia e norte-americana sobre a sociedade, a política e a moral locais.
> O "fundamentalismo" islâmico, comumente concebido como o islamismo político, é apenas um dos componentes numa revitalização muito mais extensa das ideias, práticas e retóricas islâmicas e no reengajamento no islamismo pelas populações muçulmanas.
> Nos anos 1980 e 1990, os movimentos fundamentalistas islâmicos estavam influindo na política não por controlarem governos, mas sim por dominarem – e muitas vezes monopolizarem – a oposição aos governos. A força dos movimentos fundamentalistas islâmicos era, em parte, função da debilidade das forças alternativas de oposição. Os movimentos esquerdistas e comunistas tinham ficado desacreditados e depois seriamente solapados pelo colapso da União Soviética e do comunismo internacional.[100]

A primeira organização a politizar o Islã, na Idade Contemporânea e dentro do contexto neocolonial dos séculos xix e xx, foi a Irmandade Muçulmana (Al-Ikhwan Al-Muslimeen). Fundada, em 1928, por Hassan Al-Banna, em Ismailiah, uma cidade às margens do Canal de Suez, onde se tornara nítida a exploração dos egípcios pelos colonizadores europeus. Ao longo dos anos, a Irmandade conseguiu levar sua mensagem universal a outros países do Oriente Médio, transcendendo as fronteiras do Egito e, ainda hoje, exerce grande influência dentro e fora dos círculos fundamentalistas. Militantes da Al-Qaeda, como Mohammed Atef e Ayman Al-Zawahiri, pertenceram à Irmandade Muçulmana,[101] assim como o Hamas dela se originou, mantendo os vínculos estreitos.

Desde sua origem, a Irmandade Muçulmana notabilizou-se pela capacidade de organizar as massas e mobilizar jovens descontentes. Ela também tem demonstrado destacado poder de penetração em sindicatos e no meio estudantil e obtido êxito na intensa educação política e religiosa – a base de sua força. Essas características têm sido comuns a outras organizações fundamentalistas.

A Irmandade dedicou cerca de uma década à sua estruturação, mas, naturalmente, não conseguiu fugir do debate interno sobre duas possíveis linhas de ação – convencimento político ou luta armada. No início dos anos 1940, surgiram os primeiros campos (clandestinos) de treinamento militar. Pouco depois, iniciavam-se ações de guerra não convencional.

Em 1949, Hassan Al-Banna foi morto pelo serviço de segurança egípcio. Porém, determinados a derrubar o Estado monárquico, os militantes da Irmandade Muçulmana uniram-se aos nacionalistas, em especial aos "Oficiais Livres" – o movimento nacionalista vigente nas Forças Armadas. Em 1952, com a deposição do rei Faruk, emergiu dos "Oficiais Livres" a liderança carismática de Gamal Abdel Nasser.

A nova república nacionalista atraiu a oposição dos fundamentalistas, outrora aliados, que advogavam a criação de um Estado islâmico. Uma vez no poder, Nasser rompeu com a Irmandade e perseguiu seus militantes de forma mais obstinada que a própria monarquia. Isso obrigou muitos dos membros da organização a deixar o país. No exílio, esses militantes, além de difundirem a mensagem da Irmandade Muçulmana a outros povos do Oriente Médio, passaram a ter contato com segmentos radicais do mundo árabe, o que levou à radicalização da própria organização.

Entretanto, foi na obra do escritor e educador Sayyid Qutb que o discurso fundamentalista ganhou seu tom mais radical. Considerado o grande ideólogo islamita, Qutb ingressou na Irmandade Muçulmana no final da década de 1940. Sua principal obra, *Marcos do caminho*, tornou-se a "bíblia" do islamismo político contemporâneo. Fortemente influenciado pelo pensamento *deobandi* do paquistanês Abu Al-Ala Mawdudi, Qutb inseriu em seus textos um virulento ataque contra aquilo que considera a permissividade degradante da civilização ocidental e "redefiniu" o conceito de *jihad*, fazendo uma apologia cega ao uso da violência em nome de Deus. Se Al-Banna desenvolveu com êxito o modelo islâmico caritativo de mobilização de massas, Qutb delineou os princípios do obstinado combate subterrâneo islamita. Organizações fundamentalistas como o palestino Hamas e o libanês Hezbollah combinam com grande habilidade e engenhosidade o trabalho assistencialista de Al-Banna com a guerra santa clandestina de Qutb.

A Irmandade Muçulmana foi a primeira, porém não foi a única organização empenhada em promover um retorno à essência do Islã, como alternativa à sujeição imposta por culturas alienígenas. Sua mensagem pioneira contida na expressão *"Islam hooah al-hal"* (Islã é a solução para todas as desgraças dos egípcios e da humanidade), ainda hoje empregada, representa a frustração com o socialismo, o capitalismo e a democracia manipulada para favorecer o partido governante"[102]

Todavia, não foi no Egito de Hassan Al-Banna e Sayyid Qutb que os fundamentalistas lograram fundar um Estado teocrático primeiro. Os militantes do islamismo político tiveram mais sorte no Irã dos aiatolás e, pouco depois, no Afeganistão dos talibãs. Ainda assim, a trajetória da Irmandade Muçulmana ilustra o forte teor extremista que o discurso e as práticas religiosas têm adquirido no desafortunado Oriente Médio.

"Morrer da maneira que Deus deseja é a nossa maior esperança. *Jihad* é o nosso caminho"[103] são frases contidas no juramento da Irmandade Muçulmana, que traduzem as aspirações de muitos daqueles que almejam interromper e, mesmo, reverter um processo secular de dominação e opressão. Porém, quer seja para os grupos insurgentes chechenos que se opõem à Moscou, para organizações palestinas que se opõem a Israel ou para Estados nacionais, como o Irã e a Síria, que se opõem a Washington, as opções no campo militar para os muçulmanos são bastante restritas, graças ao desequilíbrio no poderio bélico convencional. Tais opções limitam-se à guerra irregular, às armas de destruição em massa ou, o que é pior, a uma sinistra combinação de ambas.

A revolução dos aiatolás

No início da década de 1950, a Guerra Fria estava apenas começando; o Império Colonial europeu começara a ruir e, no Terceiro Mundo, nacionalismo e socialismo apresentavam-se como alternativas políticas à fúria predatória do capital internacional. A radicalização ideológica daquele período dividiu o mundo em "duas trincheiras" opostas. Assim, quando, em 1951, o primeiro-ministro iraniano Mohamed Mossadegh nacionalizou a lucrativa

Anglo-Iranian Oil Company, seu ato foi interpretado, pelos governos de Washington e Londres, como indício de que o Irã estaria se transformando em um país comunista.

A resposta da Casa Branca veio, em agosto de 1953, por meio de um golpe de Estado patrocinado pela CIA. "Era a primeira vez que os Estados Unidos derrubavam um governo no estrangeiro. Foi no Irã que o governo norte-americano estabeleceu seu modelo de conduta para os anos vindouros."[104]

A Operação Ajax, codinome da conspiração que depôs Mossadegh, levou ao poder o xá Mohamed Reza Pahlevi, instaurando uma ditadura reconhecidamente brutal e impopular. O episódio iraniano, na verdade, definiu um padrão típico da Guerra Fria: os Estados Unidos, em nome da contenção da ameaça comunista, fomentavam golpes de Estado e apoiavam a repressão de opositores do novo regime, o que causava, a médio ou longo prazos, um forte ressentimento contra a política de Washington.

No Irã do xá Reza Pahlevi, o abundante petróleo gerava muitas divisas, porém o país carecia de uma equilibrada distribuição de renda. O luxo e a riqueza de poucos coexistiam com a miséria de muitos. Além do mais, o sectarismo religioso tornara-se outro motivo de inquietação. As classes mais abastadas e privilegiadas eram constituídas por muçulmanos sunitas, enquanto 93% da população iraniana era xiita. Como em qualquer ditadura, o regime de Teerã também dispunha de um forte aparelho repressivo a dar-lhe sustentação. A Agência Estatal de Segurança e Informação, conhecida como Savak,[105] era a principal responsável por coibir a oposição ao governo.

A insatisfação com a ditadura do xá foi acompanhada por significativo incremento demográfico e urbanização. Entre 1960 e 1980, o número de vinte milhões de habitantes duplicou. Essas pessoas eram atraídas para as cidades e absorvidas no modelo econômico ocidental, que não lhes beneficiava. As favelas multiplicavam-se em torno da capital Teerã, agravando o já severo quadro socioeconômico iraniano.

No início da década de 1960, o governo empreendeu um conjunto de reformas que ficou conhecido como a "Revolução Branca". Tratava-se de uma tentativa de modernizar o país, isto é "ocidentalizá-lo". Tais reformas incluíam a secularização do Estado, a emancipação feminina e a reforma agrária. Essa pretensa modernização, no entanto, só trouxe frustração para a grande maioria dos iranianos. Foi nesse momento que o aiatolá Sayyed Ruhollah Mousavi Khomeini, um teólogo xiita, adquiriu notoriedade pela forte oposição movida contra a postura pró-ocidental e anti-islâmica do xá.

Em 1963, Khomeini foi preso e, no ano seguinte, deixou o país. Do seu exílio, na Turquia, Iraque e França, Khomeini manteve seu discurso agressivo, condenando Reza Pahlevi.

O governo do xá revelou-se politicamente inapto ao deixar de identificar e tentar explorar as possíveis cisões na oposição, notadamente entre os comunistas do partido Tudeh e os "reacionários negros", como eram conhecidos os fundamentalistas xiitas. Diferentes segmentos de oposição ao regime de Teerã convergiam para o mesmo objetivo e a desenfreada repressão da Savak contribuía apenas para uni-los ainda mais.

Em 1965, estudantes de esquerda[106] criaram a Organização Mujahidin Popular do Irã. Esses *mujahidin*[107] estabeleceram vínculos com a Organização para a Libertação da Palestina, que lhes proporcionou treinamento militar. Em 1971, a eliminação de um assessor militar norte-americano e do chefe de polícia de Teerã inaugurou as ações de guerrilha urbana no país.

Os *mujahidin* formavam um grupo heterogêneo, que congregava, ao mesmo tempo, o islamismo, o marxismo e ideais libertários. A organização atraiu a dura repressão da Savak, que lhe causou grandes danos. Quase desmantelada, aproximou-se do grupo marxista Fedayin-e-Khalq. Assim, *mujahidin* e *fedayin* passaram a coexistir no ambiente politizado da Universidade de Teerã, convertida, posteriormente, no "forte central da revolução". Em conjunto, essas organizações militantes empreenderam uma série de ataques cujos objetivos eram essencialmente psicológicos – demonstrar que a oposição à ditadura do xá continuava e que a Savak não era invencível.

O descontentamento com o governo central uniu a grande massa da população desvalida, o proletariado urbano e a nascente burguesia nacional. Grandes mobilizações públicas tornaram-se importantes instrumentos de pressão política. Particularmente depois que começaram a produzir vítimas que logo eram transformadas em mártires. Com o propósito de demonstrar força e controle sobre as multidões, os segmentos de oposição decretavam, em deferência a esses mártires, "quarentenas de luto" que eram rigorosamente observadas pela população e, depois, seguidas por novas ondas de protestos.

Internacionalmente, o xá também era pressionado. Em 1976, elegeu-se presidente dos Estados Unidos Jimmy Carter, que se engajou na defesa da democracia e dos direitos humanos em todo o mundo. Carter, portanto, opunha-se a uma ditadura que seus próprios antecessores haviam concebido e apoiado.

Em 1978, uma manifestação contra o governo do xá reuniu cem mil pessoas nas ruas de Teerã. A situação tornara-se insustentável. Repetindo o mesmo padrão de outras revoluções, o governo central, outrora intransigente, tornou-se fragilizado e, encontrando-se à beira de um colapso, predispôs-se a fazer tardias concessões. Em fevereiro de 1979, a capital caiu e Reza Pahlevi deixou o país, enquanto Khomeini retornava do exílio em Paris, aclamado como herói nacional.

A chegada de Khomeini gerou uma dualidade de poder em Teerã e logo deflagrou o antagonismo entre os dois principais matizes revolucionários – fundamentalistas e socialistas. Os primeiros representavam a baixa classe média urbana e as camadas mais pobres da população, enquanto os marxistas eram oriundos da classe média. A partir desse momento, os fundamentalistas detiveram a iniciativa do processo político, em detrimento dos outros setores empenhados na deposição ao xá e a Revolução Iraniana tornou-se, de fato, uma Revolução Islâmica.

A fim de contrapor-se às Forças Armadas, suspeitas de nutrirem possíveis atitudes reacionárias, o novo governo instituiu o Corpo da Guarda Islâmico Revolucionário Iraniano (IRGC), uma milícia cujos membros denominavam-se *pasdaran*. Eles se tornaram os agentes diretos da revolução em todos os setores da sociedade e receberam treinamento militar de veteranos militantes palestinos. Obviamente, a principal característica de um *pasdaran* era seu fervor islâmico.

O processo revolucionário no Irã adquiriu algumas das características gerais da revolução "leninista", como o destacado papel das mobilizações populares e o estabelecimento de alianças de conveniência entre os diferentes segmentos de oposição, incluindo a nascente burguesia nacional. Seguindo um padrão revolucionário típico, uma vez deposta a ditadura do xá, o novo e inconsistente governo empenhou-se em expurgar o aparelho repressivo do regime que o precedera. Pouco depois, afloraram as divergências nos antigos grupos de oposição que passaram a compartilhar o poder. Em seguida, eclodiu a guerra civil entre fundamentalistas e comunistas. A velha fórmula dos tribunais revolucionários foi empregada para "combater" e esmagar paulatinamente os membros do partido comunista Tudeh, os *mujahidin* e, ainda, as minorias curda e baluchi. Num quarto momento, estabeleceu-se um aparelho repressivo tão brutal quanto aquele que o antecedera e a hegemonia política dos fundamentalistas foi assegurada diante de uma inexpressiva oposição interna. O epílogo do processo revolucionário consistiu em voltar-se contra os inimigos externos do novo regime e retomar o discurso de "uma revolução [islâmica] mundial" e, consequentemente, a necessidade de exportá-la.

Os Estados Unidos, o "grande satã" nas palavras de Khomeini, tornaram-se o primeiro e maior alvo da retórica da nova República islâmica, acusados de deporem Mossadegh, apoiarem as décadas de ditadura pró-ocidental e concederem asilo ao xá deposto. Logo aflorou também o antagonismo com o vizinho Iraque, outro país de maioria xiita, governado por uma ditadura secular sunita.

Em novembro de 1979, a Embaixada dos Estados Unidos, em Teerã, foi ocupada e 66 funcionários norte-americanos foram feitos prisioneiros. No início do ano seguinte, a Casa Branca lançou uma ousada operação militar, que fracassou ainda na infiltração das forças de operações especiais encarregadas de resgatar os reféns. Em setembro desse ano (1980), eclodiu a longa e violenta Guerra Irã-Iraque. O conflito, que se arrastou por quase uma década e vitimou aproximadamente setecentas mil pessoas, a maioria iranianos, contribuiu para fortalecer a República islâmica em torno de uma causa nacional e exacerbar o extremismo religioso em nome da *jihad*. Khomeini foi o responsável pela politização do *shahadat* (martírio muçulmano) e, em 1983, conclamou xiitas de todo o mundo a unirem-se aos iranianos em defesa de sua revolução sagrada.

Em sua obra *Todos os homens do xá*, uma contundente crítica à participação de Washington no golpe que levou o xá Reza Pahlevi ao poder em 1953, o jornalista norte-americano Stephen Kinzer conclui:

> Os clérigos fundamentalistas que se consolidaram no poder no Irã no início da década de 1980 não apenas impuseram uma forma de fascismo religioso doméstico, como transformaram seu país num centro de propagação do terrorismo no estrangeiro. Seu apoio aos sequestradores que fizeram reféns os diplomatas americanos em Teerã foi somente o começo de sua campanha ferozmente antiocidental. Pouco depois, eles começaram a financiar e armar o Hamas, o Hezbollah e outros grupos do Oriente Médio conhecidos por seu envolvimento com sequestros e assassinatos políticos. Enviaram agentes a todo o mundo para matar dissidentes iranianos e outros inimigos presumíveis [...] investigadores americanos implicaram-nos na explosão suicida de 1983 que matou 214 *marines* em Beirute e no ataque que matou 19 *marines* na Arábia Saudita em 1996. Promotores argentinos disseram que eles ordenaram um dos mais hediondos crimes antissemitas após o holocausto, o ataque à bomba contra um centro comunitário judaico em Buenos Aires, em 1994, que matou 93 pessoas.

Com sua devoção pelo Islã radical e sua pronta disposição para adotar mesmo as mais terríveis formas de violência, os líderes revolucionários iranianos se tornaram heróis para fanáticos de muitos países. Dentre os que se inspiraram em seu exemplo estavam os afegãos que fundaram o Talibã, levaram-no ao poder em Cabul e deram a Osama bin Laden a base de onde lançar seus devastadores ataques terroristas. Não é despropositado lançar uma linha ligando a Operação Ajax, o regime repressivo do xá, a Revolução Islâmica e as bolas de fogo que tragaram o World Trade Center em Nova York.[108]

A RESISTÊNCIA AFEGÃ (1979-1989)

Muito embora o magnífico desempenho dos guerrilheiros Mujahidin contra as forças soviéticas de ocupação, especialmente no vale do rio Panjshir, já fosse, por si só, suficiente para colocar a resistência afegã entre as principais campanhas irregulares do século passado, o que a torna, de fato, singular são suas duradouras consequências, pois ainda hoje repercutem significativamente no cenário político internacional. Em seu vasto legado, encontram-se a difusão do *salafismo jihadista*, a ascensão e a oposição ao regime Talibã, instaurado após a erradicação do comunismo no país; os vínculos desse regime com a organização terrorista do saudita Osama bin Laden; a resistência à ocupação anglo-americana; a insurgência deflagrada contra o governo pró-ocidental de Cabul; a enorme produção de papoula, matéria-prima para a confecção de ópio e heroína, que fomenta o tráfico internacional de drogas e dá suporte a boa parte das quase 1,2 mil facções tribais armadas que existem hoje no Afeganistão e, ainda, os óbices para se levar adiante o difícil e importante desafio da reconstrução nacional.

No contexto da Guerra Fria, o malogro da ocupação militar empreendida por Moscou foi decisivo para o desfecho do conflito que antepunha, desde 1945, o capitalismo ocidental ao comunismo soviético e que, praticamente, entrava em sua quinta década consecutiva. Samuel Huntington, com muita propriedade, afirmou que "o Afeganistão foi [...] a Waterloo da Guerra Fria".[109] Mais importante, porém, talvez tenha sido sua repercussão no mundo muçulmano. Pois, se o êxito da Revolução Iraniana, em 1979, consagrou a vitória política do islamismo militante, a resistência afegã, indubitavelmente, constituiu sua maior vitória militar até então:

[...] para aqueles que lutaram contra os soviéticos, a guerra do Afeganistão foi algo diferente [...] foi "a primeira resistência bem-sucedida a uma potência estrangeira que não estava baseada em princípios quer nacionalistas quer socialistas", mas sim em princípios islâmicos, que foi travada como uma *jihad* e que deu um enorme ímpeto à autoconfiança e ao poderio islâmicos [...]. O que o Ocidente vê como uma vitória para o mundo livre, os muçulmanos veem como uma vitória para o Islã.
[...] A guerra deixou atrás de si uma coligação instável de organizações fundamentalistas islâmicas empenhadas na promoção do islamismo contra todas as forças não muçulmanas. Deixou também uma herança de combatentes especializados e experimentados, acampamentos, campos de treinamento e instalações logísticas, sofisticadas redes transislâmicas de relacionamento de pessoal e de organizações, considerável quantidade de equipamento militar, inclusive de trezentos a quinhentos mísseis Stinger, de que não se tem registro, e, o que é mais importante, uma inebriante sensação de poder e autoconfiança pelo que haviam conseguido, assim como um intenso desejo de seguir adiante, rumo a novas vitórias. Uma autoridade norte-americana disse, em 1994, que "as credenciais da *jihad*, religiosas e políticas", dos voluntários afegãos, "são impecáveis. Eles derrotaram uma das duas superpotências mundiais e agora estão trabalhando em cima da outra".[110]

O Afeganistão é um país de limites artificiais impostos e fronteiras arbitrárias, estrategicamente localizado em uma tradicional rota de conquista entre o Oriente Médio, as vastas estepes da Ásia Central, a península indostânica e a China. Ao longo da história da humanidade, persas, gregos, hunos, mongóis, árabes e turcos marcharam sobre o solo afegão. No século XIX, o "país" tornou-se uma espécie de tampão entre a Rússia dos czares e o Império Britânico na Índia, tornando-se alvo da cobiça de ambas as coroas.

Em termos populacionais, o Afeganistão não passa de uma "colcha de retalhos étnica" com uma tênue identidade nacional e uma organização social clânica, estruturada segundo uma infinidade de tribos, muitas delas com longa tradição de rivalidade e antagonismo. Dentre as diversas etnias que habitam as dezenas de províncias do país, destacam-se os pashtuns (pusthtuns ou patanes), tadjiques (tadzhics), uzbeques, hazarás, airmaqs, farsiwan, brahuis, turcos, baluches e nuristanis. As fronteiras étnicas, naturalmente, transcendem as próprias fronteiras físicas. Tamanha diversidade contrasta com a unidade religiosa proporcionada pelo Corão – 90% da população é constituída por muçulmanos sunitas e 9%, por xiitas, fazendo do Islã o principal, senão o único, elemento aglutinador. Na década de 1970, o Afeganistão era um país pobre, predominantemente rural, com 16 milhões de habitantes e índice de analfabetismo superior a 90%.

República Democrática do Afeganistão

Em meados do século XVIII, Ahmad Shah Durrani "unificou" o Afeganistão, dando-lhe a feição de Estado nacional e criando uma dinastia que perdurou por mais de duzentos anos. Em 1880, a monarquia afegã submeteu-se à "tutela" britânica. Em 1919, o país tornou-se independente.

Em 1965, foi fundado o Partido Democrático do Povo do Afeganistão (PDPA), de orientação marxista. Internamente, o PDPA era composto por duas correntes majoritárias, identificadas pelos nomes dos periódicos que editavam – *Khalq* e *Parcham*. A tabela 9 a seguir resume a divisão existente no seio do partido comunista afegão:

Tabela 9 – Facções do Partido Democrático do Povo Afegão (PDPA)

	Facção	Liderança	Etnia dominante	Postura	Maior penetração
PDPA	Khalq (o povo)	– Nur Mohammad Taraki: líder intelectual. – Hafizullah Amin: chefe do bureau militar Khalq.	Pashtun	Radical	Meio rural
	Parcham (estandarte ou bandeira)	– Babrak Karmal: líder estudantil.	Tadjique	Moderada	Núcleos urbanos

Mohammad Zahir Shah tornou-se o último rei afegão ao ser deposto, em 1973, por seu primo, cunhado e ex-primeiro-ministro Mohammad Daoud Khan. Em abril de 1978, foi a vez de o PDPA assaltar o poder por meio de um golpe de Estado. O presidente Daoud foi assassinado e, em seu lugar, assumiu o ex-professor Hafizullah Amin. Com o advento da República Democrática do Afeganistão, as divergências entre os dois segmentos do partido se degeneraram em luta interna. Por fim, os militantes khalqs sobrepujaram seus opositores parchams. Babrak Karmal, líder parcham, foi exilado. Meses depois, o próprio Taraki seria morto, vítima da ambição e da intransigência de Amin.

O governo khalq, determinado a edificar um Estado marxista, apressou-se em promover reformas impopulares, que divergiam tanto dos preceitos islâmicos quanto da arraigada tradição ancestral das tribos nativas. A concepção marxista de hierarquização vertical e conflituosa das classes sociais não se adequava à realidade da segmentação étnica-tribal do Afeganistão.

Além do mais, naquele momento, o modelo islâmico da teocracia iraniana já inspirava os muçulmanos mais céticos a rejeitarem o proselitismo comunista. Assim, a sólida identidade cultural do Islã sobrepôs-se ao materialismo histórico da ideologia proletária.

Dentre os diversos grupos fundamentalistas muçulmanos de oposição ao regime marxista de Cabul, destacaram-se o Partido Islâmico (Hizb-i-Islami), predominantemente pashtun, fundado por Gulbuddin Hekmatyar, e a Sociedade Islâmica (Jamiat-i-Islami), liderada por Burhanuddin Rabbani e constituída, sobretudo, por militantes das etnias tadjiques e uzbeques. Não tardou para que esses grupos pegassem em armas e recorressem à violência política. Por todo país, eclodiram revoltas anticomunistas que colocaram em risco a sobrevivência da República Democrática do Afeganistão. Em março de 1979, insurretos sublevaram-se na cidade de Herat.

A vulnerável posição do governo de Hafizullah Amin ante a crescente oposição interna deu ao Kremlin o pretexto para uma ação militar, pois Moscou estava determinada a salvar a agonizante República vizinha. No Natal de 1979, forças soviéticas lideradas pelo marechal Sergei Sokolov desembarcaram em Cabul, depuseram Amin, entregaram o poder ao líder parcham exilado, Babrak Karmal, e designaram "assessores em todos os níveis do governo". Sob seu comando, Sokolov contava com a 105ª Divisão Aeroterrestre de Guardas, três divisões de fuzileiros motorizados, cinco brigadas independentes e três regimentos do 40º Exército de Campanha, perfazendo um total de aproximadamente 115 mil homens – um número relativamente pequeno para a envergadura da operação.

A ocupação soviética

Quando o dirigente soviético Leonid Brejnev optou por uma intervenção militar direta com o intuito de preservar o instável governo comunista de Cabul, agregou a ela outras ponderáveis vantagens estratégicas.[111] Ocupando o Afeganistão, Moscou expandia sua influência sobre o imenso continente asiático; o Exército Vermelho cobria seu flanco meridional, ao mesmo tempo em que se projetava sobre o Golfo Pérsico, deixando o estreito de Hormuz, com o uso dos aeródromos de Shindad e Qandahar, ao alcance de sua aviação e, ainda, reduzia o risco de a Revolução Iraniana "inflamar" as Repúblicas soviéticas de maioria muçulmana localizadas na Ásia Central e no Cáucaso. Entretanto, a despeito de todas essas considerações, a agressão perpetrada em dezembro de 1979 pode ser entendida, tão somente, como a evolução natural do processo expansionista russo. Em sua obra *Bandeira vermelha no Afeganistão*, Thomas Hammond observou:

> O que há de surpreendente na invasão de 1979 [...] não é o fato de os russos a haverem perpetrado, mas, isso sim, que não o tivessem feito mais cedo. [...] a invasão do Afeganistão pode ser vista exatamente como o último passo do processo de séculos de expansão russa.[112]

A iniciativa soviética surpreendeu a Casa Branca e a administração Carter, naquele momento, tão engajada na defesa da democracia e dos direitos humanos. Apesar de encoberta por um pedido de socorro do governo comunista de Cabul, a intervenção militar repercutiu de forma negativa, mesmo entre os aliados do Kremlin. Entretanto, passada a "indignação" inicial, a opinião pública internacional calou-se, revelando-se incapaz de promover uma mobilização contra a guerra, como acontecera no Vietnã. Em pouco tempo, o Afeganistão desapareceu da mídia ocidental. Todavia, ressoou, pelo mundo muçulmano, um apelo sagrado em defesa das fronteiras do Islã, e logo milhares de jovens impregnados do proselitismo fundamentalista apresentaram-se como voluntários para ingressarem na Jihad dos guerrilheiros *mujahidin*, convertendo a resistência afegã numa grande cruzada internacional.

Afegãos de todas as tribos e de todas as classes sociais engajaram-se na luta contra o invasor. A violência eclodiu nas remotas áreas rurais, especialmente nas magníficas montanhas centrais de Hindu Kush e nos bairros pobres de Herat, Kandahar e Cabul. Todavia, a complexidade étnica-cultural do país impediu que as dezenas de grupos armados empenhados na guerra contra os soviéticos se unissem. Uma "aliança" congregou três grupos moderados. Sete organizações fundamentalistas fizeram o mesmo. Mas, ainda assim, a grande fragmentação da luta armada, sem dúvida, permaneceu como uma das principais características da resistência afegã. Se, por um lado, o grande número de grupos e facções guerrilheiras, muitas delas com um longo histórico de antagonismo e divergências, comprometia a sinergia e o máximo desempenho da resistência, por outro, entretanto, impedia que os soviéticos obtivessem uma vitória decisiva, defrontando-se contra uma única ameaça. O Exército Vermelho, na verdade, digladiava-se contra dezenas de insurreições tribais ao mesmo tempo. Como o objetivo da guerrilha não é, necessariamente, vencer, e sim não ser derrotada, a fragmentação da resistência afegã acabou tornando-se um óbice maior para os comandantes soviéticos do que para os próprios *mujahidin*.

Os combates nas montanhas assumiram a tradicional forma da clássica luta guerrilheira, com emboscadas contra comboios, pequenas ações de destruição contra a infraestrutura local e rápidas incursões contra instalações policiais, postos avançados e guarnições militares isoladas, praticadas por pequenos grupos que desapareciam como fantasmas na vastidão das imponentes Hindu Kush. Os guerrilheiros atuaram, também, nas principais cidades do país. Em 1984, uma onda de ataques a bomba atingiu Cabul.

Chamados pelos soviéticos de *basmachis, dushman* ou *dukhi*, os *mujahidin* revelaram-se insignes combatentes, operando não só a partir do interior do país, mas também do território iraniano a oeste e, sobretudo, da fronteira do Paquistão ao sul, onde a maior parte das organizações de luta armada mantinha seus quartéis-generais, assegurando o acesso à mídia ocidental e ao vultoso apoio externo. Esse apoio externo desempenhou um importante papel na resistência afegã, contribuindo diretamente para o seu sucesso. Estados Unidos, Inglaterra, Arábia Saudita, Egito, Irã, Paquistão e, até mesmo, a China, que não via com bom grado a expansão da influência soviética sobre a Ásia, comprometeram-se com os esforços da resistência, enviando substancial ajuda em dinheiro e material bélico, incluindo mísseis terra-ar Stingers de fabricação norte-americana e a versão chinesa do SAM-7. Pelo porto paquistanês de Karachi entravam os suprimentos de armas e saíam os carregamentos de heroína produzida com a papoula afegã.

O Exército Vermelho, por sua vez, orientado para a guerra nas planícies da Europa com grandes formações mecanizadas, não estava preparado para a fisiografia do Afeganistão e para a luta guerrilheira de pequenas frações. Ademais, as operações de contrainsurgência exigem o máximo de iniciativa e liberdade de ação, atributos que, tradicionalmente, não eram cultuados pelos militares soviéticos. Segundo Drew Allan Swank:

> Devido à natureza do combate no Afeganistão, entretanto, as forças armadas soviéticas, que são treinadas para o combate na Europa, foram incapazes de empregar os fatores que as tornaram tão poderosas. O conflito no Afeganistão não exigia grandes concentrações de forças mecanizadas, que constituem o grosso do Exército soviético.
>
> Embora o Exército soviético esteja altamente capacitado para o combate de grandes forças mecanizadas, não estava especificamente organizado, treinado ou equipado para combater uma guerra de contrainsurreição. A rígida

estrutura de comando e as limitações em relação às ações independentes de elementos dos escalões inferiores tornaram o Exército Vermelho, como um todo, incapaz de travar eficazmente uma guerra de guerrilha rápida e limitada.[113]

Na verdade, os planejadores soviéticos optaram, inicialmente, por uma estratégia mais flexível, calcada na manutenção dos centros urbanos, aeródromos e eixos rodoviários, em detrimento da ocupação física de todo o país, o que permitiu aos rebeldes Mujahidin exercerem o controle absoluto sobre grandes porções territoriais, especialmente nas áreas rurais mais remotas. Esperavam os invasores que as reformas e benfeitorias levadas adiante por um Estado comunista competente, com o tempo, angariassem o irrestrito apoio popular e, por conseguinte, dissipassem, de forma natural, a oposição armada. Todavia, a obstinada resistência afegã fez malograr os planos soviéticos de ocupação. Recorrendo mais uma vez a Allan Swank:

> Essa sovietização da sociedade é uma estratégia política a longo prazo, levada a cabo, em sua maior parte, por meios educacionais e econômicos. Devido à tática de "terra arrasada" praticada pelo Kremlin, a base econômica do Afeganistão foi destruída.[114]

Incapazes de romper a barreira cultural que os separavam do povo afegão, amargando sucessivos insucessos contra a guerrilha Mujahidin, defrontando-se com o custo crescente da guerra, especialmente em vidas humanas, e diante do fracasso da tentativa de organizar o Exército nacional afegão, de fechar a fronteira com o Paquistão e interromper o apoio externo, os soviéticos passaram a adotar uma postura mais agressiva, aplicando a "estratégia da terra arrasada". O apoio de fogo (terrestre e aéreo) dado às operações ofensivas convencionais foi ampliado, ao mesmo tempo em que se buscou explorar as divergências étnicas e tribais existentes no seio da resistência afegã. As táticas do Exército Vermelho também foram reformuladas com o emprego de helicópteros, em particular o poderoso Hind MI-24, e a atuação da força de operações especiais Spetsnaz em missões de reconhecimento e ações diretas. Nada, porém, impediu o colapso moral dos soviéticos e seus aliados, com o consumo abusivo de drogas e álcool, deterioração da disciplina, crimes perpetrados contra a população civil e a deserção em massa do Exército afegão. De acordo com Stephen Pomper:

> [...] entraram no país sem uma doutrina apropriada para o ambiente ou para a contrainsurreição; tampouco estavam bem organizados ou preparados para esse tipo de combate.
> [...] A inadequada doutrina e a estrutura da força soviética resultaram em algumas táticas específicas erradas, distanciando-as cada vez mais da população afegã.

> [...] Apesar de sua sofisticação, adestramento, meios materiais e sobrepujança numérica, nenhum exército pode alcançar êxito no campo de batalha se não estiver preparado e motivado psicologicamente para a luta [...]. À medida que as tropas ficaram frustradas e logo enraivecidas, elas concentraram sua agressão contraproducente contra a população afegã. Em suma, os militares soviéticos não estavam preparados para lutar contra o que se defrontaram no Afeganistão.
> [...] Quanto mais durava o conflito, mais era preciso investir em tecnologia e poder de fogo, estratégia esta que reduziu o número de soldados treinados, aumentou o número de baixas civis e cultivou o ódio pela guerra e por aqueles que a iniciaram. Com o transcurso do tempo, a resistência se solidificou, aumentando sua eficácia e ganhando mais aliados [...].[115]

A frustração ante a invencibilidade da resistência Mujahidin, portanto, logo degenerou-se em crimes de guerra, com o uso desproporcional da força, a ocorrência sistemática de represálias violentas, o bombardeio indiscriminado, o emprego de armas químicas e a "política de terra arrasada". Milhões de civis fugiram para os vizinhos Irã e Paquistão – fazendo com que, à época, a maior população de refugiados do mundo fosse afegã. Tudo, em última análise, fomentando o ressentimento contra a ocupação militar soviética e fortalecendo a luta guerrilheira. Com isso, o Exército Vermelho ignorou o pressuposto básico da contrainsurgência, isto é, o apoio da população, acreditando que sua superioridade bélica convencional bastaria para vencer a guerra irregular movida por um povo motivado ideologicamente pelos preceitos do islamismo político, com arraigada tradição de luta contra invasores estrangeiros e muito bem patrocinado por fontes externas. A abjeta condução da contrainsurgência no Afeganistão soviético representou a antítese do adequado emprego das Forças Armadas no combate irregular:

> Desde o começo da intervenção, os ataques soviéticos concentraram-se especialmente em quatro direções: ao lado da fronteira, no vale do Panjshir e nas regiões de Candahar, no sul do país, em Herat, no leste, duas zonas que foram ocupadas em fevereiro de 1982.
> [...] Quando o Exército soviético entrava numa cidade, instalava-se o terror: "a coluna detém-se diante de um povoado. Após uma preparação de artilharia, são bloqueadas todas as saídas; em seguida, os soldados descem dos seus blindados para vasculhar a cidade, procurando 'inimigos'. Muito frequentemente, e aqui os testemunhos são inúmeros, essas buscas em povoados são acompanhadas de atos de barbárie cega, mulheres e idosos são liquidados se porventura esboçam um gesto de medo. Soldados, soviéticos, mas também afegãos, apoderam-se dos aparelhos de rádio ou dos tapetes e

arrancam as joias das mulheres". Os crimes de guerra ocorriam com extrema frequência.
[...] O objetivo dos soviéticos era semear o terror, amedrontar as populações e dissuadi-las de ajudar a resistência. As operações de represália eram conduzidas no mesmo espírito. Mulheres eram atiradas nuas de dentro de helicópteros, e, para vingar a morte de um soldado soviético, povoados inteiros eram destruídos [...]. As convenções internacionais foram sistematicamente violadas. O napalm e fósforo foram utilizados de modo intensivo quando foram bombardeados os campos afegãos pela aviação soviética. Foram igualmente utilizados gases tóxicos de diversos tipos contra as populações civis. Diferentes testemunhos deram nota de gases irritantes, asfixiantes e lacrimogêneos. Em 1º de dezembro de 1982, assinalava-se o uso de gases neurotóxicos contra a resistência afegã, embora o número de vítimas não seja conhecido. Em 1982, o Departamento de Estado americano assinalava o emprego de micotoxina – uma arma biológica. [...] O comando soviético mandava bombardear os locais onde os desertores se encontravam refugiados, a fim de desencorajar os afegãos de lhes concederem abrigo [...]. Para aterrorizar as populações civis, os soviéticos escolheram como alvos as crianças, oferecendo-lhes "presentes": bombas disfarçadas de brinquedos, frequentemente lançadas de aviões. Quando Shah Bazgar descreve as destruições sistemáticas dos povoados, ele conclui: "os soviéticos atacavam cada residência, pilhando, violando as mulheres; eles sabem que, ao cometerem tais atos, quebram os fundamentos da nossa sociedade" [...]. O Afeganistão sovietizado foi transformado num gigantesco campo de concentração. A prisão e a tortura eram sistematicamente utilizadas contra os opositores.[116]

Entretanto, a despeito dos notáveis feitos da resistência afegã e dos reveses sofridos pelos comunistas, até 1988 os analistas não julgavam provável o êxito final da guerrilha Mujahidin. Acreditavam que, com o tempo, a União Soviética acabaria por consolidar sua conquista. Embora seja, quase sempre, inadequada a comparação entre o Vietnã e o Afeganistão, atribuíam à condenação da guerra pela opinião pública norte-americana um fator decisivo para o malogro da política de Washington no Sudeste Asiático. Acreditavam que, dirigindo um regime autocrático, com opinião pública interna atrofiada e rígido controle estatal sobre os órgãos de comunicação de massa, o Kremlin estaria menos suscetível, ao menos nos níveis político e estratégico, aos aspectos psicológicos da guerra irregular e, por isso, menos vulnerável ao tipo de ameaça presente no longínquo Afeganistão. A maioria dos prognósticos falhou. Os soviéticos foram derrotados de forma inconteste pela resistência Mujahidin. Em 15 de fevereiro de 1989, completou-se a retirada dos remanescentes do Exército Vermelho.

O Leão do Panjshir

O mais proeminente líder da resistência afegã foi Ahmad Shah Massoud – um tadjique nascido em janeiro de 1953, em Jangalak, no vale do rio Panjshir. Filho de policial, graduou-se em engenharia pela universidade de Cabul. No final dos anos 1970, militou na Sociedade Islâmica (Jamiat-i-Islami), de Burhanuddin Rabbani, contra o regime comunista de Hafizullah Amin. Durante a ocupação militar soviética, consagrou-se como um dos mais destacados guerrilheiros do século xx. *Amer sahib* Massoud ("comandante Massoud"), como era tratado por seus homens, revelou ser, graças a seus feitos notáveis, um líder da estatura de Michael Collins, Tito ou Giap. Seu carisma, seu bom humor, seu apreço por poesia, sua postura moderada e seus trajes simples cativaram a imprensa ocidental – fato que soube explorar habilmente, demonstrando, em frequentes entrevistas, ser bom propagandista.

Alvo de inúmeras tentativas frustradas de assassinato, Massoud fez do vale do Panjshir seu santuário, de onde liderava grupos tribais distintos, por meio de um Conselho Controlado (*Shoraa-ye-Nezaar*). O rio Panjshir localiza-se ao norte da capital afegã, encravado nas encostas íngremes do Hindu Kush. O vale estreito é cortado pela rodovia que liga Cabul a Mazar-i Sharif, importante eixo logístico do Exército Vermelho, por onde circulava grande quantidade de suprimento, imprescindível para a subsistência das forças soviéticas no Afeganistão – fato que lhe conferia seu enorme valor militar. O trecho da estrada conhecido como "a milha da morte", compreendido entre o túnel Salang e Cabul, era sistematicamente atacado pela guerrilha nativa.

Como era vital para as forças de ocupação, os soviéticos, repetidas vezes, tentaram desalojar os *mujahidin* do vale do Panjshir. Todavia, Massoud fizera dele um reduto inviolável. Entre 1979 e 1988, nada menos do que oito grandes ofensivas destinadas a erradicar a ameaça guerrilheira da região foram desfechadas pelo Exército Vermelho com todo o seu poderio militar, incluindo carros de combate, artilharia de campanha, helicópteros e bombardeio de grande altitude. Todas malograram ante a brilhante resistência liderada por Massoud, alcunhado, o "Leão do Panjshir".[117] Acredita-se que cerca de 60% dos danos causados aos soviéticos no Afeganistão sejam atribuídos a ele e seus homens.

Com a retirada do Exército Vermelho e a queda do regime comunista de Cabul, Massoud tornou-se ministro da Defesa do governo de Burhanuddin Rabbani. Mas o país logo mergulhou na luta fratricida que levou o movimento Talibã ao poder. Acusado de perpetrar massacres durante a guerra civil, Massoudretornou ao vale do Panjshir, de onde liderou a Aliança do Norte – principal força de oposição armada ao novo regime.

A Aliança do Norte controlava 11 províncias, o que representava cerca de 10% do território afegão e abrigava, aproximadamente, um terço da população do país. Em 2000, a situação de Massoud tornou-se crítica com a queda de Taloqan. Ainda assim, o vale do Panjshir permaneceu inexpugnável, pois, como acontecera com os soviéticos, o Talibã não foi capaz de conquistá-lo.

Não foi por acaso que, em setembro de 2001, a Al-Qaeda, organização que mantinha estreitos vínculos com o regime Talibã, enviou dois militantes disfarçados de repórteres em um atentado suicida, no qual fizeram explodir uma bomba embutida numa câmera de vídeo. Massoud, que lhes concedia a entrevista utilizada como engodo, foi mortalmente ferido. No dia 9, *amer sahib* Massoud morreu. Quarenta e oito horas depois, a mesma organização desfechou os ataques espetaculares contra o Pentágono e as torres gêmeas do World Trade Center.

Jihad

A obstinada resistência afegã tornou-se um ponto de inflexão na trajetória de luta dos povos muçulmanos. Sufocados por Estados seculares, por serem considerados subversivos ou sediciosos, os dogmas fundamentalistas e os preceitos do islamismo político não só eram livremente evocados na *jihad mujahidin* como também tiveram suas ações vigorosamente incentivadas e patrocinadas pelos mesmos governos apóstatas que lhes eram contrários em seus países de origem, como o Egito e a Arábia Saudita, por exemplo. A força de sua retórica, respaldada pelo brilhante triunfo militar contra as poderosas forças soviéticas de ocupação, seu sentido prático e a massa de veteranos combatentes internacionais alterariam a conduta da guerra irregular no Oriente Médio, atraindo para as "hostes do islamismo radical" uma torrente de jovens oprimidos e frustrados, ávidos por alterarem a angustiante realidade de seus povos, recorrendo ao martírio. O apelo à luta armada contido no discurso nacionalista árabe passaria, com isso, a ser substituído, paulatinamente, pela convocação à guerra santa extraída do proselitismo fundamentalista mais radical.

Segundo Yossef Bodansky:

A invasão soviética marcou a primeira vez, desde a Segunda Guerra Mundial, em que um exército não muçulmano ocupava um país muçulmano – um exército anti-islâmico. E, além disso, comunista [ateu]. Portanto, não foi de admirar que a invasão soviética do Afeganistão causasse um profundo impacto no coração do mundo muçulmano. A ocupação de um Estado muçulmano por tropas comunistas insultava a sensibilidade mais básica do Islã.[118]

Todavia, como nenhum Estado árabe poderia ir além da condenação da política moscovita no campo diplomático, opondo-se militarmente à União Soviética, a consagrada opção de fomentar, anonimamente, a guerra de resistência acabou se tornando a única opção plausível. Nem mesmo os Estados Unidos dispunham de uma alternativa melhor. Nesse contexto, coube ao Paquistão o papel de transformar-se no principal responsável pela "internacionalização" da *jihad* afegã.

O Paquistão era "um pequeno país muito populoso, estrangulado entre o Afeganistão ocupado pelos soviéticos e a Índia",[119] por quem nutria um forte antagonismo. Antes mesmo da invasão soviética, o Paquistão já apoiara os grupos armados islâmicos de oposição ao regime marxista de Amin. A tarefa foi atribuída ao Serviço Interno de Inteligência (ISI) paquistanês, chefiado pelo general Akhtar Abdul Rahman Khan, que capitalizava e gerenciava toda ajuda internacional, estatal ou não, aplicando-a na enorme estrutura de treinamento e apoio instalada na fronteira com o Afeganistão e nas organizações islâmicas militantes com quem mantinha vínculos operacionais. A cidade de Peshawar, próxima à fronteira, converteu-se em um grande centro de treinamento de jihadistas, atraindo um número crescente de voluntários – sauditas, egípcios, líbios, argelinos, palestinos e jordanianos. Em torno de Peshawar, também, concentrava-se o maior número de campos de refugiados afegãos. Direta ou indiretamente, o ISI estava envolvido com o recrutamento, o apoio financeiro, o transporte clandestino para os campos de adestramento no Paquistão, a instrução religiosa, o treinamento militar intensivo, o suprimento e a infiltração dos voluntários Mujahidin no Afeganistão.

O ISI monopolizou a ajuda internacional, conduzindo-a segundo seus próprios interesses. Com invulgar habilidade, Akhtar, que é considerado o verdadeiro "arquiteto da *jihad* afegã", e o brigadeiro Muhammad Yousaf mantiveram a CIA alienada quanto aos pormenores do trabalho de campo, limitando seu papel a mera fornecedora de vultosas quantias em dinheiro e material bélico. Apesar do enorme financiamento proveniente de Washington, reiteradas solicitações norte-americanas para participarem, diretamente, do treinamento dos *mujahidin* foram rejeitadas por Islamabad.

Os motivos que levaram o ISI a adotar tal postura eram simples. Primeiro, os paquistaneses não se limitaram a treinar os *mujahidin* para lutar no Afeganistão. Ao contrário, proporcionaram adestramento a organizações islâmicas militantes de diferentes países, especialmente a grupos terroristas da Caxemira, tradicional área de litígio com a Índia, como, por exemplo, o Hizb-ul Mujahideen e a filial local da Ikhwan Al-Muslimeen. Segundo, o principal beneficiário afegão do suporte proporcionado pelo ISI era o Partido Islâmico (Hizb-i-Islami), de Gulbuddin Hekmatyar, que, com seu extremismo religioso, pregava um virulento discurso antiocidental. Com o passar do tempo, as ligações existentes entre o ISI e organizações islâmicas de todo o mundo tornaram-se a pedra angular da política de defesa de Islamabad. Muçulmanos das Filipinas, da Malásia, da Bósnia e de Kosovo foram treinados em campos paquistaneses destinados à resistência afegã.

Em meados da década de 1980, o Irã dos aiatolás também passou a investir maciçamente na *jihad mujahidin*. Mais uma vez, o maior beneficiário do apoio externo foi o Partido Islâmico. Os recursos de Teerã destinados a Hekmatyar eram fornecidos por meio da organização terrorista Jundullah, subordinada ao Hizb-i-Islami.

Mas, além do velado envolvimento estatal no apoio dado à resistência, coube ainda relevante papel a organizações não governamentais. Um dos principais artífices da militância internacional na *jihad* afegã foi o xeque palestino Abdullah Yussuf Azzam, ideólogo fundamentalista, membro da Irmandade Muçulmana que, em Peshawar, fundou um dos primeiros centros de recrutamento e treinamento de voluntários *mujahidin*, denominado Bait-ul-Ansar. O proselitismo de Azzam destaca-se pelo seu notável poder de penetração nas camadas populares e pela apologia ao martírio. Se o discurso de Sayyid Qutb era mais adequado ao perfil do islamita instruído nas universidades do mundo mulçumano, o apelo de Azzam ao martírio era dirigido à imensa massa de desvalidos da Umma.

Ao xeque Azzam, uniu-se um jovem milionário saudita chamado Osama bin Muhammad bin Laden, que, com sua fortuna e sua devoção, criara uma das principais bases Mujahidin no Afeganistão, conhecida por Masadat Al-Ansar. Juntos, Azzam e Bin Laden fundaram a Agência de Serviços Mujahidin (Maktab al-Khidamat) – uma rede mundial, com ramificações em dezenas de países, incluindo Europa e Estados Unidos, encarregada de recrutar, treinar e empregar os voluntários jihadistas na luta contra os infiéis no Afeganistão.

Na resistência Mujahidin, Osama bin Laden consagrou-se como combatente destemido e ousado. Seus feitos são citados nas batalhas de Jalalabad, Jaji, Shaban e Paktia. Seu prestígio e de sua família permitiram angariar o apoio político e financeiro nos bastidores da monarquia saudita. Sua devoção à causa do Islã, seu desprendimento e sua opção austera de vida, compartilhando as privações do cotidiano da militância guerrilheira, fizeram dele um líder inspirador para os homens que o seguiam. Bin Laden, talvez, seja o mais emblemático subproduto da guerra no Afeganistão. Segundo ele mesmo: "Em nossa religião, de hoje em diante há um lugar especial para aqueles que participaram da Jihad... Um dia no Afeganistão foi como mil dias de oração em uma mesquita comum."[120]

Em 1998, Bin Laden e jihadistas egípcios fundaram a Al-Qaeda.

A resistência Mujahidin, portanto, não lutara por um nacionalismo afegão imaginário, como pensaram os ocidentais. Ao contrário, fundamentou-se no pragmatismo do islamismo político militante. Aspecto essencial que lhe proporcionou, ao mesmo tempo, seu núcleo de valores, sua feição salafista jihadista, seu apelo internacional e, ainda, permitiu que os veteranos voluntários dessa guerra santa com seus feitos exemplares redefinissem, em todo o planeta, a conduta da guerra irregular e da própria política associadas ao Islã. O mundo não foi mais o mesmo depois que os jovens que acorreram à conclamação da *jihad* no Afeganistão retornaram a seus países de origem.

Talibã

Outra "consequência imprevista da *jihad* afegã"[121] foi o movimento Talibã, surgido nos claustros dos madraçais localizados próximos à fronteira paquistanesa. O movimento dos "estudantes de religião", que viria a tomar o poder no Afeganistão em meados da década de 1990, era o resultado de uma combinação explosiva de preceitos jihadistas e antixiitas sobre uma juventude pashtuns, predominantemente rural, cujos horizontes e perspectivas, obliterados pela guerra, pela pobreza e pela estagnação social, foram moldados segundo os dogmas deobândis.[122]

Os soviéticos retiraram-se do Afeganistão em fevereiro de 1989. Todavia, os comunistas nativos mantiveram-se cambaleantes no poder até abril de 1992, quando uma "coalizão instável de comandantes *mujahidin*", liderada por Burhanuddin Rabbani da Sociedade Islâmica (Jamiat-i-Islami), conquistou Cabul. Com a derrocada da União Soviética, os afegãos tornaram-se órfãos do patrocínio internacional. A enorme fragmentação da resistência, o poder dos "senhores da guerra" locais e a tradição étnica-tribal afegã fizeram com que o país, devastado pela guerra, submergisse no caos e na anarquia. A violência perpetuava-se no desolado e agora esquecido Afeganistão. Somente as plantações de papoula, destinadas a abastecer os mercados norte-americano, europeu e russo, prosperavam.

Rabbani permaneceu no poder até setembro de 1996, quando o veterano Mujahidin Mulá Omar Akhund e seus fanáticos seguidores avançaram do sul e ocuparam Cabul. Massoud, à frente da Aliança do Norte, protagonizou a oposição ao novo regime. Em 1998, o Talibã controlava mais de 80% do Afeganistão.

Islamabad apoiou a ascensão do Talibã, não só pela afinidade ideológica que compartilhavam, mas também por apostar nele as parcas perspectivas de proporcionar estabilidade política ao conturbado vizinho. O mulá Omar instaurou um regime islâmico ultraconservador, considerado radical, até mesmo para os padrões fundamentalistas. Sua *jihad* foi orientada para o interior de sua própria sociedade; o país isolou-se da comunidade internacional; ocorreram massacres de civis; os campos de reeducação religiosa proliferaram-se e a população submergiu num cotidiano monástico de austera intolerância. Ainda assim, o rentável tráfico internacional de drogas fez expandir as plantações de papoula.

Inspirado pelo paradigma maometano, tal qual o Profeta em sua *hégira*, proscrito em sua guerra santa, Osama bin Laden refugiou-se em sua "base" no Afeganistão. O saudita provavelmente acreditava que um ataque direto contra os Estados Unidos atrairia as forças norte-americanas para o mesmo terreno e para o mesmo tipo de guerra irregular onde os *mujahidin* foram capazes de sobrepujar o poderoso Exército Vermelho. Na arena da Ásia Central, prevendo uma resposta militar exagerada de Washington, Bin Laden esperava mobilizar o mundo muçulmano e repetir o feito extraordinário alcançado pelos fiéis na luta contra a antiga União Soviética.

No dia 9 de setembro de 2001, a Al-Qaeda eliminou o único homem capaz de congregar em torno de sua liderança o apoio da população muçulmana, a simpatia da opinião pública internacional e a aquiescência dos governos ocidentais. O assassinato do comandante Massoud preparava, enfim, o campo de batalha afegão para a esperada invasão "cruzada".

Após os atentados de 11 de Setembro, o "Estado" talibã tornou-se o primeiro alvo da Casa Branca. Em virtude de suas estreitas ligações com a Al-Qaeda, o regime do mulá Omar foi deposto por uma Aliança do Norte revigorada, graças ao apoio das forças norte-americanas em seu primeiro ato da "guerra global contra o terror". Das montanhas do Afeganistão, os militantes do Talibã, em retirada, renovaram o apelo internacional pela *jihad*, conclamando muçulmanos de todo o mundo a unirem-se a eles no derradeiro confronto entre o bem e o mal – a paz continuaria como um ideal distante.

NOTAS

[1] T. E. Lawrence, Os sete pilares da sabedoria, São Paulo, Círculo do Livro, p. 659.
[2] Idem, p. 465.
[3] Idem, p. 557.
[4] Idem, p. 559.
[5] Idem, p. 104.
[6] Idem, pp. 326 e 95.
[7] Idem, p. 111.
[8] Idem, pp. 53-54.
[9] Idem, pp. 244-5 e 151.
[10] Idem, p. 450.
[11] Idem, p. 541.
[12] Idem, p. 536.
[13] Idem, pp. 569 e 541.
[14] Idem, p. 660.
[15] Idem, p. 140.
[16] Idem, pp. 168, 190 e 188.
[17] Idem, pp. 184, 182, 189, 187 e 324.
[18] Idem, p. 184.
[19] Idem, pp. 465, 470-1.
[20] Idem, p. 188.
[21] Idem, p. 190.
[22] Idem, pp. 187, 199, 325, 379 e 533.
[23] Idem, p. 132.
[24] Idem, pp. 130, 186-5.
[25] Idem, pp. 326 e 335.
[26] Edgar McInnis, História da II Guerra Mundial, Porto Alegre, Globo, 1951, p. 250.
[27] A expressão "corações e mentes", cunhada pelo presidente norte-americano John Adams, popularizou-se na futura campanha de contrainsurgência inglesa na Malásia, durante a década de 1950. Era uma referência aos esforços britânicos, contidos na eficiente estratégia concebida pelo general Harold Briggs, para obter a adesão da população nativa na luta contra forças irregulares. Desde então, vem sendo utilizada, com frequência, para designar a conquista do apoio da população local e da opinião pública como um todo.
[28] Israel Gutman, Resistência: o Levante do Gueto de Varsóvia, Rio de Janeiro, Imago, 1995, p. 125.
[29] ZOB: Zydowka Organizacja Bojowa. ZZW: Zydowski Zwiazek Wojskowy.
[30] Israel Gutman, op. cit., p. 11.

OS PRINCIPAIS CONFLITOS E CAMPANHAS IRREGULARES DO SÉCULO XX   217

[31] Günther Deschner, O Levante de Varsóvia: aniquilamento de uma nação, Rio de Janeiro, Renes, 1974, p. 11.
[32] Não raro, a sigla AK encontra-se incorretamente traduzida como "exército interno".
[33] Os aliados enviaram suprimentos pelo ar e reconheceram os militantes do AK como combatentes. Por diferentes motivos, as demais solicitações não foram atendidas.
[34] Graças à postura soviética, alguns autores consideram o Levante de Varsóvia o primeiro episódio da Guerra Fria.
[35] O acordo de rendição firmado entre o general Bór e Von Dem Back-Zelewski assegurava aos insurgentes a condição de "combatentes", aos quais deveria ser dispensado o tratamento previsto na Convenção de Genebra. Considerando-se a relação entre nazistas e guerrilheiros eslavos, foi uma "concessão" que salvou milhares de vidas.
[36] Wladimir Pomar, A revolução chinesa, São Paulo, Unesp, 2003, pp. 37-8.
[37] Idem, p. 18.
[38] Termo empregado pelos alemães para definir o "ponto" no terreno, no dispositivo inimigo ou na própria composição das forças inimigas, onde um ataque bem-sucedido terá consequências decisivas. Literalmente, significa "centro de gravidade".
[39] Wladimir Pomar, op. cit., p. 65.
[40] Bevin Alexander, A guerra do futuro, Rio de Janeiro, Bibliex, 1999, p. 134.
[41] Idem, p. 126.
[42] Idem, p. 125.
[43] Jaime II era católico e sucedera seu irmão protestante Carlos II no trono inglês. O 12 de Julho ("Dia de Orange") é comemorado anualmente pelos protestantes da Irlanda do Norte.
[44] Richard Clutterbuck, Guerrilheiros e terroristas, Rio de Janeiro, Bibliex, 1980, p. 72.
[45] *Sinn Fein*: "nós mesmos", em gaélico.
[46] Motivo pelo qual os protestantes tornaram-se conhecidos como "unionistas".
[47] William Weir, 50 batalhas que mudaram o mundo, São Paulo, M. Books, 2003, p. 140.
[48] A. J. Barker, Irlanda sangrenta, Rio de Janeiro, Renes, 1979, p. 51.
[49] Idem, p. 53.
[50] Idem, p. 57.
[51] Em represália às execuções do dia 21 de novembro de 1920, naquela mesma tarde, a polícia abriu fogo contra uma multidão que assistia a uma partida de futebol. Doze pessoas morreram. O dia ficou conhecido como "Domingo Sangrento". O segundo na história da Irlanda. O primeiro ocorreu em 1913, durante uma greve dos trabalhadores do transporte em Dublin, quando a polícia atacou os grevistas. O terceiro ocorreria em janeiro de 1972, quando 13 civis seriam mortos por paraquedistas ingleses, durante uma manifestação pública.
[52] Richard Clutterbuck, op. cit., pp. 75 e 79.
[53] Bevin Alexander, op. cit, p. 163.
[54] Idem, p. 134.
[55] Abertas em janeiro de 1969.
[56] Luis Fernando Martinez Muñoz, "Cidadãos em combate: o ideal de Maquiavel e a sua realidade no Vietnã", em Military Review, jan.-fev. 2006, p. 74.
[57] Robert M. Cassidy, "Por que as grandes potências combatem mal em pequenas guerras", em Military Review, 2nd Quarter 2003, p. 61.
[58] Foram lançadas 860 mil toneladas de bomba sobre o Vietnã. Entre os anos de 1965 e 1968, foi despejada uma média diária de 800 toneladas sobre o Vietnã do Norte. Em 1971, 46% das selvas do Vietnã do Sul haviam sido destruídas pelo efeito de desfolhantes químicos, como o agente laranja.
[59] Carl von Clausewitz, Da guerra, São Paulo, Martins Fontes, 1979, p. 100.
[60] Eliot Cohen et al., "Os princípios, imperativos e paradoxos de contrainsurreição", em Military Review, jul.-ago. 2006, p. 76.
[61] Citado por Luis Fernando Martinez Muñoz, op. cit., p. 76.
[62] Parte significativa das atividades logísticas era atribuída às mulheres vietnamitas.
[63] Extraído de *Guerra na paz*, Rio de Janeiro, Rio Gráfica Ltda., 1984, p. 945.
[64] Mark McNeilly, Sun Tzu e a arte da guerra moderna, Rio de Janeiro, Record, 2003, pp. 30-1.
[65] Na grande maioria dos territórios ultramarinos franceses predominavam as colônias do tipo "exploração", sem núcleos de povoamento, portanto.
[66] Gilles Martin, "A Guerra da Argélia", em Military Review, maio-jun. 2005, p. 4.

[67] Idem, pp. 5 e 8.
[68] James D. Campbell, "A legitimidade e o cumprimento da lei nos conflitos de baixa intensidade da Argélia Francesa e da Irlanda do Norte britânica", em Military Review, jul.-ago. 2005, p. 12.
[69] John Keegan, Dien Bien Phu: derrota no Vietnã, Rio de Janeiro, Renes, 1979, p. 159.
[70] Gilles Martin, op. cit., p. 8.
[71] James D. Campbell, op. cit., p. 10.
[72] Em 1978, existiam 25 mil soldados e assessores militares cubanos empenhados em 15 países da África.
[73] Citado por John D. Waghelstein, "A aventura de 'Che' na Bolívia", em Military Review, 4º trimestre de 1979, p. 35.
[74] Idem, p. 40.
[75] A data inspirou o nome da organização brasileira Movimento Revolucionário 8 de Outubro (MR8), antiga Dissidência Guanabara. Grupo marxista oriundo da cidade de Niterói, no Estado do Rio de Janeiro.
[76] Em 1965, Che liderou um grupo de cubanos em apoio aos guerrilheiros "simbas" no Zaire (ex-Congo Belga).
[77] Carl von Clausewitz, op. cit., p. 89.
[78] John D. Waghelstein, op. cit., p. 41.
[79] Friedrich August Freiherr von der Heydte, A guerra irregular moderna em políticas de defesa e como fenômeno militar, Rio de Janeiro, Bibliex, 1990, p. 172.
[80] John D. Waghelstein, op. cit., p. 41.
[81] Veja, edição 1925, ano 38, nº 40, de 5 de outubro de 2005, p. 47.
[82] Haganah: "defesa", em hebraico.
[83] Michael B. Oren, Seis dias de guerra: junho de 1967 e a formação do moderno Oriente Médio, Rio de Janeiro, Bertrand Brasil, 2004, p. 363.
[84] Idem, p. 21.
[85] Al Asifah, que significa "tempestade", foi o nome com o qual os fedayin palestinos assumiram a autoria dos ataques, a fim de encobrirem o envolvimento da Fatah. Posteriormente, passou a ser a designação do segmento militar dessa organização.
[86] Ahmad al-Shuqayri: grafia alternativa de Ahmad Chukeiry.
[87] Michael B. Oren, op. cit., p. 376.
[88] GSG 9 (Grenzschutzgruppe 9, ou seja, Grupo de Fronteiras 9): esquadrão contraterror da antiga Alemanha Ocidental, criado após o trágico incidente dos jogos olímpicos de Munique de 1972. SAS (Special Air Service - Serviço Aéreo Especial): designação das forças especiais britânicas.
[89] Ciclo de atos terroristas perpetrados por extremistas europeus, na década de 1980, contra instalações militares e/ou representações diplomáticas dos Estados Unidos e da Organização do Tratado do Atlântico Norte (Otan) no Velho Mundo.
[90] Em termos práticos, Telavive devolveria a península do Sinai ao Egito, ocupada desde a Guerra dos Seis Dias (1967), em troca do reconhecimento do Estado de Israel.
[91] Unidades sírias permaneceram estacionadas no Líbano até o ano de 2005.
[92] Em 2004, Israel possuía cerca de sete milhões de habitantes, dos quais aproximadamente 1,3 milhão eram árabes. Nos territórios ocupados, viviam cerca de 3,5 milhões de árabes (a grande maioria, palestinos). Graças a uma taxa de fecundidade menor, estima-se que, no ano de 2020, os judeus serão minoria em seu próprio país. Em 2005, segundo fontes palestinas, o número de refugiados já chegava a 5 milhões de pessoas.
[93] Literalmente, intifada significa "sobressalto" ou "agitação de fora".
[94] José Gabriel Paz, "El conflicto palestino-israeli: una difícil ruta hacia la paz", em Military Review, mar.-abr. 2004, p. 53.
[95] Al-Aqsa: "lugares sagrados", deferência à Esplanada das Mesquitas em Jerusalém oriental, onde se encontram o Domo da Rocha e a Mesquita de al-Aqsa.
[96] José Gabriel Paz, op. cit., p. 58.
[97] Robert J. Bunker e John P. Sullivan, "Atentados Suicidas na Operação Iraqi Freedom", em Military Review, maio-jun. 2005, p. 37.
[98] Voltaire Schilling, Ocidente x Islã: uma história do conflito milenar entre dois mundos, Rio de Janeiro, L&PM, 2003, pp. 126-7.
[99] Samuel P. Huntington, O choque de civilizações, Rio de Janeiro, Bibliex, 1998, p. 135.
[100] Idem, pp. 122-4, 135 e 141.

[101] Youssef H. Aboul-Enein, "Al-Ikhawn Al-Muslimeen: a Irmandade Muçulmana", em Military Review, 2nd Quarter 2004, p. 44.
[102] Idem, p. 45.
[103] Citado por Youssef H. Aboul-Enein, op. cit., p. 49.
[104] Stephen Kinzer, Todos os homens do xá, Rio de Janeiro, Bertrand Brasil, 2004, p. 12.
[105] Savak: Sazeman Etelaat va Amniat Keshvar.
[106] Sazeman-e- Mujahidin-e- Khalq-e- Iran.
[107] *Mujahidin, mujahedin, mujahideen* ou *mujadin*: guerreiros santos.
[108] Stephen Kinzer, op. cit., p. 224.
[109] Samuel P. Huntington, op. cit., p. 313.
[110] Idem, pp. 313-4.
[111] A chamada "Doutrina Brejnev", evocada em dezembro de 1979, postulava que a URSS reservava-se o direito de intervir militarmente em países "aliados" cujos governos comunistas locais ameaçados solicitassem ajuda.
[112] Thomas T. Hammond, Bandeira vermelha no Afeganistão, Rio de Janeiro, Bibliex, 1987, p. 142.
[113] Drew Allan Swank, "Armadilha para os soviéticos", em Military Review, maio-jun. 1989, pp. 48-9.
[114] Idem, p. 50.
[115] Stephen D. Pomper, "A tentativa soviética para a construção do exército Afegão", em Military Review, jan.-fev. 2006, pp. 31 e 34.
[116] Stephane Courtois et al., O livro negro do comunismo, Rio de Janeiro, Bertrand Brasil, 1999, pp. 850-854.
[117] A tradução literal da palavra *panjshir* é: cinco (*panj*) leões (*shir*). A alcunha de Massoud, mundialmente conhecida, de "Leão do Panjshir" significa, portanto, "leão dos cinco leões" (*shir-e-Panjshir*).
[118] Yossef Bodansky, Bin Laden: o homem que declarou guerra à América, Rio de Janeiro, Prestígio, 2001, pp. 48-9.
[119] Idem, pp. 59-60.
[120] Citado por Yossef Bodansky, op. cit., p. 51.
[121] Gilles Kepel, Jihad, Rio de Janeiro, Bibliex, 2003, p. 326.
[122] Movimento fundamentalista de reafirmação islâmica, surgido no seio da minoria muçulmana da Índia, em meados do século XIX, na cidade de Deoband.

Pressupostos teóricos da guerra irregular

DEFINIÇÃO E CLASSIFICAÇÃO

O caráter informal, dinâmico, flexível e mutável do combate irregular tem contrariado o cientificismo acadêmico, frustrando as expectativas daqueles que procuram, em vão, por padrões doutrinários rígidos, aplicáveis com a mesma abrangência encontrada na guerra regular. A dificuldade em se redigir conceitos didáticos que se encaixem integralmente em contextos históricos muito distintos motivou o surgimento, ao longo do tempo, de uma série de termos e definições de uso comum, como "pequena guerra" (*kleinkrieg*), "guerra de *partisans*" (*partisan warfare*), "guerra não convencional" (*unconventional warfare*), "guerra irregular" (*irregular warfare*) e "conflito de baixa intensidade" (CBI), para citar apenas alguns exemplos.

Portanto, a redação de conceitos formais tornou-se muito extensa, mas sua real utilidade permaneceu bastante limitada, pois a essência da guerra irregular manteve-se inalterada. Com o intuito de dar-lhe uma conotação atual, a maioria dos autores tem empregado a expressão "conflito assimétrico", extraída da obra *The Concept of Power and Its Use Explaining Asymmetric Conflict*, de Andrew Mack. De acordo com Von der Heydte:

> [...] a guerra irregular é um fenômeno que manifesta características diferentes e singulares. É guerra que aparentemente não é guerra.
> [...] Quem buscar, na riqueza da literatura contemporânea sobre guerra irregular, uma definição convincente da natureza dessa forma de condução da guerra, vai surpreendentemente descobrir que a maioria dos teóricos que tratam a guerra irregular ainda nos deve uma definição nítida sobre o que estão falando.
> [...] A guerra irregular é, de qualquer maneira, guerra. E guerra "real" não um "substituto da guerra", nem "uma guerra por procuração", nem ainda uma "operação que se aproxima da guerra", "uma situação que só não é guerra" – ou qualquer outra expressão que pudesse usar "numa circunscrição semântica", de modo a privilegiar a chamada "guerra de grande escala", por qualquer razão, como a única "guerra real", na qual grandes unidades militares e meios de destruição manuseados por soldados uniformizados desempenham o papel decisivo.[1]

Os generais acostumaram-se a travar a guerra segundo processos e métodos fundamentados em uma lógica cartesiana, seguindo fórmulas "matemáticas e geométricas" preestabelecidas. Líderes rebeldes, guerrilheiros e terroristas, não. As ideias de T. E. Lawrence não se coadunam com as de Ferdinand Foch – essa assertiva não diz respeito, apenas, aos eventos ligados à Primeira Guerra Mundial. Trata-se, na verdade, de uma contundente advertência a estadistas e militares no século XXI.

Para compreender a guerra irregular há que se partir da premissa de que, nesse tipo de beligerância, não existem regras. Sem regras, torna-se mais difícil a tarefa de delinear um conjunto rígido e definido de princípios teóricos que fundamentem a sua aplicação em circunstâncias muito diversificadas. Contudo, o vigor da guerra irregular encontra-se, justamente nessa importante característica: a ausência de padrões rígidos que lhe permite adequar-se e moldar-se a ambientes políticos, sociais e militares diferenciados.

De um modo geral, os conceitos disponíveis sobre guerra irregular apontam para uma forma de beligerância que transcende os estreitos limites do campo militar, destacam a atuação de forças predominantemente nativas e fazem referência à guerra de guerrilhas, à subversão, à sabotagem e ao terrorismo. Por razões óbvias, durante muito tempo, as definições relativas à guerra irregular mantiveram-se vinculadas à ideia de "guerra interna". O próprio Direito Internacional Humanitário contempla apenas os "conflitos armados internacionais" e os "conflitos armados não internacionais". Entretanto, o narcoterrorismo e a obstinada militância de organizações jihadistas, que possuem simultaneamente caráter doméstico e transnacional, tornaram imperfeita essa associação.

Particularmente durante a segunda metade do século xx, os conceitos de "guerra interna" e "guerra irregular" mantiveram-se correlatos e, sob um enfoque jurídico, deram origem a três categorias distintas de conflito, a saber:

Guerra de independência. Comumente denominada "guerra de libertação nacional". Fenômeno associado, sobretudo, ao desmantelamento do Império neocolonial europeu que se seguiu ao término da Segunda Guerra Mundial, na Ásia e na África. Dentro desse contexto, forças nativas dedicavam-se à conquista de sua autonomia política por meio da ruptura dos vínculos de subordinação estabelecidos por uma metrópole estrangeira, como a violência deflagrada no Quênia pelos Mau-maus e a Guerra de Independência da Argélia, por exemplo. Graças a seu forte apelo psicológico, grupos étnicos também evocam esse tipo de luta armada quando reivindicam autonomia, nutrindo ambições separatistas e nacionalistas, como os curdos.

Guerra civil. Conflito armado de caráter não internacional que envolve segmentos distintos de uma sociedade conflagrada por razões político-ideológicas, religiosas ou étnicas, em que a decomposição do quadro interno promove o avanço generalizado da violência, fomentando o sectarismo fratricida decorrente de dissensões populares. A acirrada disputa pelo poder protagonizada pelo Movimento Popular de Libertação de Angola (MPLA) e pela União Nacional para a Independência Total de Angola (Unita) tipifica essa forma particularmente brutal de guerra irregular.

Guerra de resistência. Trata-se do conflito armado conduzido por nacionais contra uma força de ocupação estrangeira. Tem por objetivo restabelecer as garantias de sobrevivência da população, a integridade territorial, a unidade política, a soberania e/ou a independência, total ou parcialmente comprometidas pela intervenção externa. A luta travada pelo Exército da Pátria polonês contra a ocupação nazista durante a Segunda Guerra Mundial e a heroica resistência empreendida pelos guerrilheiros *mujahidin* no vale do Panjshir exemplificam esse modelo de guerra irregular. Segundo

Clausewitz, "a sublevação nacional ou o apelo nacional às armas pode ser citado como um meio particular de defesa".[2]

As tensões políticas que caracterizaram o período da Guerra Fria levaram à proposição de uma abordagem da guerra interna segundo bases ideológicas. Esse enfoque permitiu o ordenamento dos conflitos irregulares em duas classes distintas, quais sejam:

Guerra revolucionária. Forma peculiar de luta armada que compreende as ações no campo militar de um fenômeno político-social bem mais amplo, de cunho extremista, destinado à conquista do poder, à transformação violenta da ordem vigente e à implantação de um "novo" sistema calcado em preceitos ideológicos. Em termos práticos, essa abordagem restringiu a compreensão da guerra irregular, pois forjou uma associação indevida entre o combate não convencional e a necessidade de um sistema formal de ideias radicais predefinido. Muitos soldados, equivocadamente, deixam de reconhecer a guerra irregular, pela simples inexistência de uma motivação ideológica. Somos obrigados a admitir que a guerra irregular surgiu muito antes do advento de qualquer corrente ideológica e, portanto, a ocorrência de um fenômeno independe do outro.

Insurreição. Sublevação popular desprovida de motivação ideológica, fundamentada, apenas, em reivindicações políticas, sociais e/ou econômicas específicas e limitadas, como a concessão de direitos ou a restituição de prerrogativas.

Alguns eventos, quanto à sua classificação, não deixam margem a dúvida. A revolta camponesa ocorrida em Canudos foi uma insurreição e a luta guerrilheira que depôs Fulgencio Batista, levando Fidel Castro ao poder em Havana, foi uma revolução. Entretanto, outros conflitos exigem uma análise um pouco mais profunda, por exemplo:

- a bem-sucedida guerra de resistência iugoslava, durante a Segunda Guerra Mundial, era entendida por seu maior expoente, Joseph Broz Tito, como mera etapa de uma dinâmica revolucionária marxista mais ampla;
- as guerras da Indochina e do Vietnã fizeram parte de um único processo histórico, que abarcou guerra regular e irregular, guerra de independência, guerra de resistência e guerra revolucionária;
- a violência deflagrada no Iraque pós-Saddam Hussein compreendeu elementos da insurgência sunita destituída do poder, da resistência

nativa contra a ocupação anglo-americana e da dedicada militância jihadista internacional.

As tentativas de organizar didaticamente os conceitos afetos ao combate irregular mostram-se relevantes, enquanto fornecem uma orientação geral para a sua análise. Todavia, como os cenários políticos, sociais, científicos e tecnológicos encontram-se em permanente transformação e, por conseguinte, a própria conduta da guerra irregular, o apego incondicional a definições e classificações doutrinárias pode conduzir à obsolescência.

Com o fim da Guerra Fria, na década de 1990, a guerra irregular inseriu-se em um novo contexto, no qual o financiamento do narcotráfico e o extremismo fundamentalista islâmico passaram a exercer grande influência, exigindo uma reavaliação dos preceitos teóricos que interferem, sobretudo na formulação de políticas nacionais de defesa. A perspectiva de que organizações terroristas tenham acesso a armas de destruição em massa, por exemplo, permite a "simbiose" de fenômenos muito distintos, localizados, até então, em extremos opostos da ciência militar, como a guerra nuclear e o combate irregular.

AMBIENTE FAVORÁVEL

Mesmo não podendo ser negligenciados, os aspectos puramente militares são os de menor importância na guerra irregular. O desenvolvimento desse tipo de luta é, na verdade, rigidamente moldado pelo ambiente político e psicossocial no qual está imerso. Fatores de ordem histórica, cultural, econômica e psicológica determinam não só a natureza dos conflitos irregulares como também sua amplitude, sua dinâmica, seus protagonistas, suas motivações e suas perspectivas de vitória. É interessante observamos, por exemplo, a pequena intensidade da resistência brasileira contra a presença holandesa durante o período de Nassau; os pequenos eventos que bastaram para deflagrar, de forma espontânea, as grandes revoltas rurais no Brasil do final do século xix e início do século xx; a peregrinação sem fim da Coluna Prestes, que, apesar de lendária, foi estéril em termos revolucionários; ou ainda o absoluto fracasso de Che Guevara nas selvas bolivianas. Tais episódios só podem ser entendidos a partir da análise das culturas locais, do momento histórico e do ambiente político-social dentro dos quais germinaram, relegando a segundo plano o estudo das campanhas militares.

Para desenvolver-se, a guerra irregular necessita de um ambiente que seja, ao mesmo tempo, propício à manifestação da violência social e sensível a seus impactos. Cada ambiente deve ser objeto de um estudo particularizado. Apesar da existência de elementos comuns e de práticas universais, a abordagem padronizada gera equívocos, como aqueles que condenaram o Kominter e a Olas ao insucesso – o que deu certo na Rússia fracassou no resto do mundo, o que deu certo em Cuba malogrou no restante da América Latina – justamente porque ambos os modelos de guerra irregular desprezaram as peculiaridades locais. Ainda que apresentem grandes semelhanças no que concerne a táticas, técnicas e procedimentos, as Forças Armadas Revolucionárias da Colômbia e o Hezbollah, por exemplo, travam guerras bem distintas. Não tanto pela natureza de cada conflito ou pelos métodos empregados, mas sim pelos distintos ambientes (político, econômico, histórico e cultural) que os moldam.

O cerne do problema, portanto, consiste em identificar quais são os elementos que compõem esse ambiente; as relações de causa e efeito existentes entre eles; a forma como se combinam, se potencializam ou se anulam; a verdadeira dimensão que possuem e as influências que realmente exercem sobre as alternativas de luta. No jargão marxista, trata-se do "potencial revolucionário" da área. A análise do ambiente onde se apresentam ameaças de quarta geração permite identificar quais devem ser os "alvos" prioritários das ações governamentais nos campos político, econômico e psicossocial.

Podemos, inicialmente, recorrer à tipologia sociológica de Smelser para explicar a dinâmica dos movimentos contestatórios que podem culminar com o emprego da violência armada. Segundo Smelser, a ação coletiva é resultado da interação de três fatores, a saber:

- **propensão estrutural**, ou seja, a existência de condições sociais favoráveis ao desenvolvimento de movimentos coletivos (contestatórios), de canais que objetivamente permitam a um ator social (não estatal) movimentar-se e organizar formas de protesto ou de alternativa de poder;
- **tensão estrutural**, que produz as condições prévias para a manifestação de contradições econômicas, sociais e culturais em que se vão inscrever os movimentos coletivos;

- **difusão de crenças generalizadas**, ou seja, de um mundo de símbolos que dão força e sentido ao repertório de ações concretas.[3]

Embora a questão seja bastante complexa, gostaríamos de apresentar alguns elementos que podem contribuir para o surgimento de uma conjuntura favorável à condução da guerra irregular.

Contraste social

Pobreza e miséria são comumente apontadas como os catalisadores primários da violência social. Todavia, por si só, raramente foram responsáveis pela erupção de uma revolta armada. Os países mais pobres do mundo não são, necessariamente, os mais violentos.

Muito mais perigoso, porém, é o contraste social. A coexistência de contingentes populacionais com índices assimétricos de desenvolvimento socioeconômico é particularmente perniciosa, pois proporciona um "referencial de contraste" ou "referencial crítico", a partir do qual a massa de desvalidos passa a formular suas reivindicações de justiça social. A má distribuição de riqueza, a concentração dos meios de produção e do capital, o rígido monopólio econômico exercido por determinados grupos ou segmentos sociais, que, via de regra, também detêm o poder político e asseguram a preservação desse quadro de exclusão são potencialmente nocivos por fomentarem, na linguagem marxista, a luta predatória de classes. Sociedades estratificadas apresentam, portanto, maior propensão à violência.

Aquisição de um referencial crítico

Parafraseando Rui Facó, a opressão se torna mais cruel e difícil de suportar quando o oprimido adquire a consciência de que o é.[4] Essa consciência, imprescindível para transformar insatisfação generalizada em violência coletiva, surge a partir da obtenção de um referencial crítico que, por sua vez, é normalmente resultado de um dos seguintes fatores:

- contraste social entre populações que coexistem no mesmo espaço geográfico;
- melhoria dos índices educacionais das camadas mais carentes, desacompanhada de perspectivas concretas de ascensão socioeconômica;

- difusão de proselitismo ideológico ou religioso;
- disseminação dos meios de comunicações globalizados; e
- fluxos e refluxos migratórios, que viabilizam o contato intercultural, permitem o ingresso de novas formas de pensamento e novas abordagens do cotidiano e, ainda, são capazes de promover a mudança de hábitos e costumes.

Incremento demográfico superior à capacidade de ingerência do Estado

Quando a população cresce em um ritmo mais acelerado do que a produção de riqueza, a equidade social e, sobretudo, a capacidade de ingerência do Estado, surge, em meio à malta de desvalidos e excluídos, um solo potencialmente fértil para a proliferação de ideias extremistas. Porquanto se formam reservas humanas mobilizáveis suscetíveis ao apelo à violência.

O incremento demográfico dá-se em virtude do simples crescimento vegetativo, da incidência de movimentos migratórios ou de ambos. O crescimento vegetativo pode ser absoluto, tal como ocorre hoje dentro das fronteiras do Islã, ou relativo, como acontece nas periferias dos grandes centros urbanos brasileiros, onde os índices locais de crescimento superam em muito a média nacional.

Ainda hoje, a pressão demográfica exercida pelas populações israelense e palestina continua a interferir no curso perene do conflito. Da mesma forma, o êxodo rural e o crescimento vegetativo impulsionaram o célere processo de urbanização do Terceiro Mundo, do qual surgiram periferias pobres e "áreas edificadas superpovoadas" onde também germinam o banditismo, o terrorismo e outras formas de violência.

Conquistas sociais incompletas

Avanços e conquistas no campo social poderão contribuir indiretamente para fomentar a violência, se, porventura, forem parciais, incompletos, possuírem abrangência restrita ou, ainda, sofrerem interrupções ou retrocessos. Programas sanitários elementares bastam para reduzir a taxa de mortalidade infantil e aumentar a expectativa média de vida de uma população carente, gerando, por conseguinte, crescimento vegetativo e incremento demográfico. Como vimos, esse crescimento populacional será nocivo se não se fizer acompanhar de equidade social, de aumento da produção de riqueza e da capacidade de ingerência do Estado. A melhoria nos índices educacionais das camadas mais desassistidas desenvolve seu senso crítico e contribui para sua politização. Se não for acompanhada de perspectivas concretas de ascensão socioeconômica, servirá apenas para fomentar a insurreição. A Revolução Francesa e a Revolução Russa, por exemplo, foram ambas precedidas por redução da taxa de analfabetismo.

A abolição da escravatura no Brasil contribuiu para o surgimento da crise do latifúndio do século XIX, que, por sua vez, motivou importantes revoltas rurais. A mesma Lei Áurea libertou os escravos negros da senzala, todavia não assegurou sua inserção na sociedade, mantendo-os à sua margem. Ainda hoje, seus efeitos são sentidos, pois os ditos afrodescendentes constituem a parcela da população brasileira que mais sofre com a violência urbana no país. A própria Revolução Russa foi precedida pela abolição da servidão no campo.

Outro bom exemplo pode ser tirado do maoísta Sendero Luminoso. A organização revolucionária peruana, criada por Abimael Guzmán Reynoso, é proveniente da "isolada e empobrecida" região de Ayacucho – uma área desassistida que se beneficiou de programas governamentais no início dos anos 1960. Esses programas promoveram uma melhora sensível nas condições de vida da população carente. Anos mais tarde, quando a assistência governamental sofreu um decréscimo e o padrão de vida decaiu novamente, Ayacucho viu nascer o Sendero Luminoso.

Imobilidade social

Um corpo social estratificado e rigidamente hierarquizado que, formal ou informalmente, não permite a ascensão de pessoas oriundas das camadas menos favorecidas, oferece reservas humanas capazes de recorrerem, com facilidade, à luta armada. Foi a sociedade agrária do nordeste brasileiro do final do século XIX, por exemplo, que impeliu, pela absoluta ausência de perspectivas, a malta miserável de camponeses para o arraial rebelde de Canudos. Não raro, o uso da violência surge como a única alternativa plausível de mobilidade social, tornando-se fonte de prestígio pessoal e reconhecimento público. Essa oportunidade restrita de ascensão social serve de motivação tanto para os mártires do Islã que perpetram atentados suicidas quanto para os jovens que anseiam ingressar nos grupos armados do tráfico de drogas nas favelas brasileiras.

Preservação de deformidades na estrutura social

Dívidas históricas decorrentes da manutenção de deformidades na estrutura social são causas perenes de insatisfação, como, por exemplo, as questões indígenas e fundiárias na América Latina. A luta pela terra no Brasil perdura no tempo, passando pela Revolta do Contestado no início do século xx, pelas Ligas Camponesas de Francisco Julião na década de 1960, até chegar aos dias de hoje com o discurso revolucionário do Movimento dos Trabalhadores Rurais Sem-Terra (MST). Da mesma forma, os camponeses indígenas do Exército Zapatista de Libertação Nacional (EZLN) surpreenderam o México, em 1994, ao deflagrarem uma rebelião no Estado de Chiapas, reivindicando maior autonomia política e a ampliação de seus direitos civis.

Violência cultural institucionalizada

A violência social assegura sua continuidade quando perdura no tempo, tornando-se o principal legado deixado de uma geração para a outra, como uma herança cultural quase institucionalizada – uma espécie de "cultura da violência". As crianças-soldados da África subsaariana, os jovens das áreas carentes urbanas brasileiras que aspiram ingressar nos grupos armados do tráfico de drogas ou, ainda, as crianças palestinas ornadas de homens-bomba e educadas para se sacrificarem como mártires contribuem sobremaneira para fomentar um ambiente favorável à condução da guerra irregular.

Ausência do Estado

As forças irregulares, em geral, desenvolvem-se nas áreas geográficas cuja presença do Estado é tênue. Foi assim com os comunistas chineses em

Yenan, os guerrilheiros de Castro em Sierra Maestra ou os militantes do IRA nos bairros católicos barricados. Segundo um ditado português, "a revolta começa onde termina a estrada", ou seja, onde o poder de ingerência do Estado é restrito. A falta de assistência governamental agrava as chagas sociais, gera descontentamento e mina a legitimidade do poder central. A ausência do Estado por omissão ou ineficiência gera, ainda, um vazio de poder que permite a ascensão de novos atores predispostos a edificar hierarquias paralelas e assumir o papel que tradicionalmente compete ao Estado, exercendo o controle direto sobre a população local e criando áreas liberadas, sejam elas em locais ermos nas zonas rurais ou em bairros carentes superpovoados. Para os teóricos da guerra de quarta geração, os atores não estatais, como as Forças Armadas Revolucionárias da Colômbia, a Al-Qaeda ou Hezbollah, por exemplo, constituem as principais ameaças do século XXI.

Inexistência de sólida tradição institucional

A ausência de sólidas instituições políticas, sociais e militares, que gozem de tradição e legitimidade, contribui para a debilidade do poder central e, por conseguinte, para a criação de um ambiente permeável à violência. Os Estados Unidos, por exemplo, defrontaram-se com esse tipo de óbice ao se dedicarem à reconstrução do Afeganistão pós-Talibã. A Autoridade Nacional Palestina também viu-se tolhida de autonomia e legitimidade diante das disputas pelo poder entre os nacionalistas da Fatah e os fundamentalistas do Hamas. Na América Latina, o processo de amadurecimento institucional tem sido lento e tortuoso. De acordo com Pierre Chaunu:

> A Bolívia, de 1820 a 1898, registrou sessenta levantes militares, seis assassinatos de presidentes e dez constituições promulgadas. O Peru, durante cinquenta anos após 1821, conviveu com quarenta revoltas, quinze constituições, sendo que somente no ano de 1834 teve oito presidentes. Após 1830, o Equador teve doze constituições em apenas oitenta anos, a Venezuela onze e a Colômbia apenas sete, mas sofreu o abalo de setenta revoluções até 1903.[5]

Não é de se surpreender, portanto, que, durante a segunda metade do século XX a América Latina tenha sido consumida por golpes de Estado e revoluções. A violência, que ainda hoje faz da região uma das áreas mais tensas do planeta, está, assim, diretamente associada ao insipiente grau de maturidade de suas instituições político-sociais.

Experiência militar positiva

Um bom precedente para as alternativas de luta armada surge quando um determinado povo ou segmento da sociedade, desprovido de poderio bélico convencional, adquire uma experiência militar cujo resultado é visto, ao menos por seus integrantes, como bem-sucedido, servindo-lhes de motivação, fonte de orgulho e autoconfiança. As ações irregulares conduzidas pelos *minutemen* (homens recrutados entre as milícias locais para lutar pela independência dos EUA como forças paramilitares) de Francis Marion durante a Guerra de Independência dos Estados Unidos (1775-1783) foram precedidas pelo bom desempenho das companhias de colonizadores recrutadas pelo major Robert Roger em 1756, durante a Guerra dos Sete Anos. Apesar de inconclusiva, a resistência comunista contra a ocupação japonesa durante a Segunda Guerra Mundial deu novo ímpeto aos movimentos guerrilheiros de Mao Tsé-tung na China e Ho Chi Minh no Vietnã. A brilhante resistência *mujahid* contra as forças soviéticas de ocupação inspirou, em todo o mundo muçulmano, jihadistas, como Osama bin Laden e seus seguidores, a darem continuidade à sua guerra santa contra os inimigos do Islã. O êxito da luta empreendida pelo Hezbollah contra a ocupação israelense do sul do Líbano respalda o discurso belicoso do "Partido de Deus" e lhe proporciona credibilidade e apoio junto à população xiita local.

Existência de interesses externos antagônicos

Um ator externo que se predisponha a oferecer apoio político, militar, financeiro ou, ainda, a proporcionar bases territoriais e refúgios ativos para o homizio de contingentes guerrilheiros contribui sobremaneira para as perspectivas de sucesso de uma campanha irregular. Poucas foram as forças irregulares que lograram se expandir e alcançar a vitória sem algum tipo de ajuda proveniente do exterior. Os rebeldes árabes do príncipe Faissal, os *partisans* de Tito, os guerrilheiros comunistas de Mao Tsé-tung e Vo Nguyen Giap, o grupo Hamas em Gaza ou, ainda, os *mujahidin* de Massoud beneficiaram-se, todos, de significativo apoio externo. Segundo Thomas Marks:

> Há uma visão errônea de que as "guerrilhas" são autossustentáveis, obtendo tudo aquilo que necessitam seja por fabricação própria ou por cap-

tura do governo. Na realidade, insurgentes raramente conseguem obter no local componentes cruciais a seus esforços, especialmente armas e munição, precisando portanto buscá-los fora de sua área de combate.[6]

Durante a Guerra Fria, Estados Unidos, União Soviética, China e Cuba patrocinaram ativamente a guerra irregular no Terceiro Mundo. O líder líbio Muamar Kadafi forneceu expressivo suporte ao terrorismo internacional palestino, nos anos 1970, além de estabelecer ligações com os nacionalistas do IRA, enviando-lhes armas e explosivos. O Hezbollah goza de notório apoio dos governos de Damasco e Teerã. Todavia, não é uma prerrogativa dos Estados nacionais fomentar a guerra irregular em territórios alheios. Interesses privados, normalmente associados à cobiça econômica ou ao tráfico internacional de drogas e de armas, se prestam ao mesmo papel. A empresa belga Union Minière, interessada na exploração das ricas jazidas de cobre do Congo, patrocinou os guerrilheiros separatistas da província de Catanga. Pablo Emílio Escobar, líder do cartel de Medelim, subsidiou o ataque do grupo marxista colombiano M-19 ao Palácio da Justiça na cidade de Bogotá, em novembro de 1985.

Aspirações nacionalistas

O apelo às aspirações nacionalistas de um povo tem se revelado um dos mais eficientes catalisadores de um ambiente propício à guerra irregular. Não raro, é reconhecido como o próprio cerne do conflito, destacando-se pela sua facilidade de compreensão e notável capacidade de atingir grandes públicos. Irlandeses, bascos, palestinos e chechenos, por exemplo, têm seus princípios históricos de luta calcados no discurso nacionalista.

Conflitos étnicos e religiosos

Áreas de incidência de conflitos étnicos e religiosos vivem em estado de tensão latente e geram com notável facilidade um ambiente fecundo à proliferação da guerra irregular. Lutas tribais, disputas interétnicas ou de motivação religiosa são particularmente violentas, pois têm a capacidade de inflamar as paixões das massas e agregar extraordinária brutalidade às práticas militares. As populações desses territórios, normalmente, nutrem o ressentimento mútuo por meio do culto à lembrança de grandes massacres contra civis inocentes. Na paupérrima África negra, mais do que em qualquer outra parte do globo, conflitos étnicos e religiosos, que perduram por décadas de forma inconclusiva e à margem da agenda política das grandes potências, têm provocado um número abjeto de vítimas, como em Ruanda ou no Sudão.

O fanatismo da fé é um ótimo ingrediente do extremismo político e, portanto, não deve ser negligenciado ou desprezado como fator de segunda ordem. Todavia, não deve ser superestimado. O componente religioso normalmente está associado a causas de naturezas distintas, e tende a ser mera manifestação de outras insatisfações. Da mesma forma, o caráter católico da luta irlandesa mal encobre suas aspirações nacionalistas, assim como o próprio Ressurgimento Islâmico se fez acompanhar da crise socioeconômica vivida pela absoluta maioria da população muçulmana no Oriente Médio e no norte da África, a partir do estabelecimento de suas relações de desigualdade com as potências industriais. Contudo, o efeito do proselitismo religioso ainda surpreende pela sua singular capacidade de mobilização de massa.

Fatores de ordem ideológica

Uma corrente de pensamento ou um conjunto de ideias que se consubstancie em uma doutrina filosófica capaz de proporcionar uma justificativa racional para o curso da história e para as causas da opressão e das desigualdades sociais é especialmente importante para legitimar a violência perpetrada em nome da reparação de injustiças seculares. Não raro, o proselitismo religioso, a identidade étnica e o discurso nacionalista também se prestam a esse fim, suprindo a ausência de uma ideologia radical. Todavia, é imprescindível que o segmento da sociedade que se predisponha a recorrer à luta armada, seja ele amplo ou restrito, compartilhe uma abordagem comum de sua realidade. O iluminismo respaldou as revoluções liberais dos séculos XVIII e XIX, assim como o marxismo fomentou as revoluções socialistas do século XX.

Atuação da *intelligentsia* nativa

Segundo Richard Pipes, "rebeliões acontecem; revoluções são feitas" e são obras de "intelectuais que ambicionam o poder para mudar o mundo", determinados "a atiçar as chamas do descontentamento popular".[7] O autor de *História concisa da Revolução Russa* observa ainda: "rebeliões populares são conservadoras, objetivando a restituição de direitos tradicionais injustamente cancelados [...] suas intenções são específicas e limitadas".[8] Assim sendo, a atuação de uma intelectualidade radical, denominada *intelligentsia*, contribui significativamente para fomentar um ambiente propício ao desenvolvimento da guerra irregular. Chernyshevsk, Sergei Nechaev, Mikhail Bakunin, Petr Tkachev e Maximo Gorki, por exemplo, são alguns dos intelectuais que, direta ou indiretamente, protagonizaram a Revolução Russa.

Durante o processo de desmantelamento do Império neocolonial europeu, ocorrido a partir do fim da Segunda Guerra Mundial, a África Subsaariana também presenciou o surgimento de uma *intelligentsia* nativa, cuja atuação mostrou-se fundamental para o êxito dos movimentos de independência locais. Muitos de seus mais importantes líderes fizeram parte dessa elite intelectual politizada educada no Ocidente: Amílcar Cabral, do Partido Africano pela Independência de Guiné e Cabo Verde, era agrônomo formado em Portugal; Eduardo Mondlane, da Frente de Libertação de Moçambique, era sociólogo graduado nos Estados Unidos; Jomo Kenyatta, líder político dos rebeldes mau-maus do Quênia, vivera muitos anos na Inglaterra e Jacques Rabemananjara, do Movimento Democrático de Renovação Malgaxe de Madagascar, fora educado na França.

De acordo com Charles Townshend:

> A mobilização para a revolução possui dois elementos que, com frequência, podem ser tão distintos na prática quanto o são na teoria. O primeiro é a organização dos revolucionários; o segundo, a mobilização do povo. Historicamente, o primeiro tem sido mais comum que o segundo.[9]

Portanto, é necessário que haja compatibilidade entre o proselitismo ideológico da *intelligentsia* e as aspirações populares, assim como, acima de tudo, é imprescindível que seu discurso revolucionário seja compreendido pelo populacho inculto. As palavras simples contidas nos sermões de Antônio Conselheiro e do padre Cícero Romão Batista, por exemplo, falavam ao sertanejo secularmente oprimido – um feito louvável, que nenhuma corrente revolucionária proveniente dos círculos intelectuais urbanos brasileiros teve o mérito de alcançar.

Falência do regime político vigente

Luís XVI foi tão responsável pela Revolução Francesa quanto o foi Danton ou Marat; Nicolau II foi tão responsável pela Revolução Russa quanto o foi Lenin ou Trotski; Fulgencio Batista foi tão responsável pela Revolução Cubana quanto o foi Fidel Castro ou Che Guevara; Reza Pahlevi foi tão responsável pela Revolução Iraniana quanto o foi Khomeini. Porquanto, existe uma correlação direta entre o estágio de degradação do regime político vigente e a reunião de condições propícias à condução da guerra irregular. Trata-se de um processo degenerativo que se desenvolve graças, sobretudo, à incapacidade de o poder central atender às demandas sociais. Compreende, inicialmente, a existência de limitações e deficiências sérias, que podem, com o tempo, levar ao colapso generalizado das instituições políticas. Não raro, o poder central, confrontando-se com suas vulnerabilidades, mostra-se propenso a fazer concessões tardias, mas que são incapazes de refrear o célere processo revolucionário, como as reformas introduzidas pelo inteligente e hábil Piotr Stolypin, ministro do Interior russo, entre 1906 e 1911, ou a chamada "revolução branca" do xá Mohamed Reza Pahlevi no Irã, por exemplo.

Aos poucos, outros fatores nocivos que também se tornam nítidos, passam a interagir, desempenhando o papel de agentes catalisadores da crise e fomentando um quadro irreversível. São eles:

- esgotamento do modelo econômico;
- estagnação ou queda na produção de riqueza;
- crise financeira, descontrole dos gastos públicos e déficit orçamentário governamental;
- corrupção e ineficiência administrativa;
- crise de legitimidade provocada pela divergência de aspirações entre o segmento social que detém o poder político e a grande maioria da população;
- liderança nacional desacreditada e incapaz;
- frágil vínculo entre as forças armadas e o governo, gerando um ambiente permeável à subversão;
- existência de elites locais que se mostram predispostas a solapar o poder central em benefício de interesses próprios;
- ascensão de segmentos sociais emergentes que se veem obliterados por uma estrutura hierárquica rígida e consolidada;

– despreparo e truculência dos órgãos de segurança e do aparelho de repressão do Estado, que impõem medidas excessivamente duras à população, impelindo-a para a oposição armada.

PRINCIPAIS CARACTERÍSTICAS DA GUERRA IRREGULAR

Os conflitos irregulares não se distinguem das guerras convencionais pelo simples *status* jurídico das forças irregulares ou pela relativa ausência de hábitos castrenses, como o uso de insígnias, uniformes e gestos formais de disciplina. Muito embora essa afirmação possa parecer por demais elementar, trata-se de um equívoco no qual estadistas e soldados incorrem com surpreendente frequência. Na verdade, por sua natureza, a guerra irregular é discrepante e assimétrica em relação à guerra regular. Mas, ainda assim, persiste a obtusa intransigência de líderes políticos e militares, que insistem em travar os conflitos irregulares segundo métodos acadêmicos, princípios rígidos, ortodoxos e cartesianos de planejamento e execução.

Compreender a natureza singular e as peculiaridades dessa forma de beligerância é, obviamente, imprescindível para conduzi-la a bom termo. Para tanto é necessário, também, tentar delinear algumas de suas principais características.

Schwerpuntkt: apoio da população

O pensamento militar do século xx foi profundamente influenciado pela abordagem filosófica de Clausewitz, segundo a qual "o desarmamento do inimigo é o objetivo de qualquer ato de guerra".[10] Para o ilustre prussiano, "desarmar um Estado" não possuía o sentido estrito da palavra, mas, de qualquer forma, era "preciso conquistar o território" e "destruir as forças militares. O que significa que estas têm de ser colocadas em tais condições que se tornem incapazes de prosseguir o combate".[11] Apesar de admitir que "nem sempre é necessário combater até que um dos campos seja aniquilado",[12] Clausewitz fez largo uso da expressão "destruição das forças militares do inimigo"[13] em sua obra *Da guerra,* e os soldados profissionais interpretaram-na literalmente. As duas guerras mundiais, as operações de "busca e destruição" conduzidas pelos norte-americanos no Vietnã ou a brilhante aplicação da doutrina da "batalha ar-terra" durante a Guerra do Golfo em 1991 são exemplos claros da aceitação dos preceitos de Clausewitz.

Ainda que os militares continuem impregnados dessas ideias, a destruição das forças inimigas, a conquista do terreno, a posse de acidentes capitais e a manutenção de áreas geográficas possuem valor secundário na guerra irregular, pois nesse tipo de conflito o verdadeiro centro de gravidade encontra-se no apoio da população. Moradores locais são capazes de dar suporte às forças irregulares no nível tático, viabilizando, direta e indiretamente, o funcionamento dos diferentes sistemas operacionais. Em termos estratégicos, podem, com o seu apoio, prorrogar por tempo indeterminado o término do conflito. Politicamente, exercem pressão sobre decisões governamentais e influenciam a opinião pública doméstica e internacional. Por tais motivos, a guerra irregular, em sua essência, resume-se à luta pelo apoio da população.

Tabela 10 – Apoio da população às forças irregulares no nível tático

Sistema operacional	APOIO DA POPULAÇÃO Contribuição no nível tático
Manobra	– Permite compensar a grande mobilidade tática das unidades convencionais decorrente de sua superioridade tecnológica. – Proporciona liberdade de movimento aos militantes das forças irregulares, sobretudo no combate subterrâneo. – Oferece guias nativos, conhecimento detalhado e prévia preparação do terreno. – Oferece locais de esconderijo inusitados e refúgios ativos às forças irregulares.
Inteligência	– Proporciona informações atualizadas sobre o inimigo e o terreno. – Apoia os esforços de coleta e busca de dados sobre o inimigo e a área de operações. – Apoia os esforços de contrainteligência: proporciona segurança e alerta às forças irregulares; permite a disseminação de falsos boatos; torna difícil a identificação de agentes subversivos, guerrilheiros e terroristas ocultos entre os habitantes locais. – Facilita a avaliação de impacto das campanhas de operações psicológicas.
Logística	– Fornece gêneros de subsistência e outros itens logísticos encontrados no interior da própria área de operações, permitindo o uso dos recursos locais e simplificando o aparato logístico. – Oferece suporte às atividades logísticas de suprimento, saúde, manutenção e transporte, por meio da utilização de uma rede de apoios locais. – Oferece recursos humanos para o recrutamento de novos militantes. – Permite a obtenção de receita, por meio do exercício de atividades econômicas lícitas e ilícitas.

Comando e controle (C²)	– Permite o uso de mensageiros e processos expeditos, cobertos e/ou clandestinos para a transmissão de mensagens, ordens e alertas. – Permite o uso da infraestrutura local de telecomunicações (telefonia, estações de rádio, emissoras de radiodifusão, serviços postais etc.).
Mobilidade, contramobilidade e proteção	– Facilita a execução de sabotagens e atos de destruição contra a infraestrutura de transporte inimiga. – Permite a interdição de áreas, o bloqueio de ruas, estradas e vias de acesso, por meio da realização de distúrbios civis, da construção de barricadas e obstáculos (para a tropa a pé, viaturas e pouso de aeronaves) ou, ainda, com a execução de destruições e outros trabalhos de organização do terreno. – Permite o uso da população local como "escudo humano", aumentando os riscos de baixas civis e agravando os ditos "efeitos colaterais" dos bombardeios de artilharia das forças regulares.
Apoio de fogo	– Facilita a realização de atentados, por meio do emprego de carros-bomba, homens-bomba etc. – Facilita o transporte clandestino e o pré-posicionamento de armas e munições de grosso calibre, morteiros e canhões, antes de ataques guerrilheiros e/ou terroristas. – Facilita a ocultação de armas pesadas, após a realização dos ataques.
Defesa antiaérea	– Permite o uso da população local como "escudo humano" também durante a execução dos bombardeios aéreos inimigos. – Facilita o monitoramento de aeródromos militares e bases aéreas, oferecendo alerta oportuno sobre a decolagem de aeronaves inimigas. – Facilita a aproximação e a execução de ataques com morteiros e rojões contra as pistas de pouso e decolagem, hangares e os pátios de estacionamento de aeronaves. – Facilita a aproximação de armas antiaéreas portáteis nas cercanias dos aeródromos e seu emprego durante os pousos e decolagens de aeronaves inimigas.

Para cooptar o apoio ativo de uma minoria e o apoio passivo da maioria da população, as forças irregulares combinam processos diretos e indiretos. Os métodos diretos abrangem a execução de campanhas de operações psicológicas calcadas, basicamente, no emprego de técnicas tradicionais de subversão e propaganda; no trabalho da imprensa clandestina; na pregação ideológica; no exercício de práticas assistencialistas, como fazem o Hamas e o Hezbollah, por exemplo; e na execução de operações militares contra alvos ou objetivos que possuem algum tipo de apelo ou valor psicológico. Indiretamente, as forças irregulares podem fomentar um ciclo crescente de violência, por meio de ataques seletivos contra determinados segmentos da comunidade e colaboradores inimigos. Esses atos, normalmente, geram represálias violentas e medidas de repressão excessivas que cerceiam os direitos civis e colocam, a médio prazo, a população local contra as forças governamentais ou as forças estrangeiras de ocupação. A Guerra de Independência da Argélia e o conflito no Iraque demonstram como essa espiral ascendente de violência impele a população civil para o extremismo almejado pelas forças irregulares.

Figura 1 – Métodos empregados pelas forças irregulares para conquistar o apoio da população

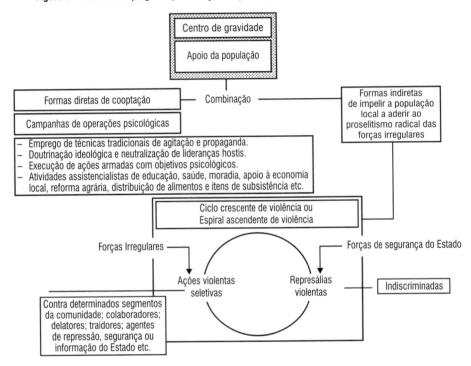

Na disputa vital pelo apoio da população, as forças regulares e os demais órgãos de segurança do Estado devem combater o proselitismo radical das organizações militantes, proporcionando aos moradores locais "segurança e esperança". Para tanto, defrontam-se com os seguintes óbices e desafios:

– necessidade de proporcionar segurança à população local, a despeito da atuação das forças irregulares;
– necessidade de impor medidas complementares de segurança que restringirão os direitos civis e tornar-se-ão impopulares;
– necessidade de assegurar a legitimidade de suas ações;
– suportar um número crescente de baixas por tempo indeterminado, sem intensificar a resposta armada de forma desproporcional;
– obter inteligência de boa qualidade, que viabilize a execução de operações precisas ("cirúrgicas"), a fim de reduzir ao máximo os

danos colaterais, isto é, a ocorrência de baixas entre civis inocentes e a destruição de seu patrimônio;
- disponibilidade de uma propaganda eficaz, que proporcione transparência aos objetivos, métodos e resultados das operações militares;
- necessidade de neutralizar a propaganda irregular, por meio de amplas campanhas de operações psicológicas, que atendam às demandas prioritárias da população local.

Tabela 11 – Apoio da população às forças irregulares

Apoio da população às forças irregulares			Forças regulares (ações a realizar)
Tipo de apoio	Postura	Parcela da população envolvida	
Alinhamento ideológico	Passiva	Maioria	Operações psicológicas
Apoio físico efetivo	Ativa	Minoria	Controle da população Desarticulação das redes de apoio

Necessidade de um ambiente político, social, histórico e cultural favorável

Ao longo deste livro, destacamos, repetidas vezes, a necessidade de que a guerra irregular germine em um ambiente propício a seu desenvolvimento, caso contrário definhará com o tempo, absorvida pela própria onda de violência que gerou. Esse ambiente é resultado da interação de uma série de fatores, sobretudo não militares, com motivações de ordem política, social, histórica e cultural. Essa característica ajuda a explicar por que determinados grupos irregulares não vão além da mera execução de atos bárbaros de violência, como o extinto Baader-Meinhof alemão, enquanto outras organizações irrompem décadas com intensa atividade, como fazem as Forças Armadas Revolucionárias da Colômbia, por exemplo.

Menor relevância dos aspectos militares

Militarmente, os franceses não foram batidos na Argélia, os Estados Unidos não foram derrotados no Vietnã e os portugueses não foram vencidos em Angola e Moçambique, mas, ainda assim, perderam a guerra de forma inconteste. Tais exemplos demonstram como os conflitos irregulares são travados e vencidos, prioritariamente, nos campos político e psicossocial. Segundo Sigmund Newmann, "a guerra moderna é de natureza quádrupla – diplomática, econômica, psicológica e, apenas como último recurso, militar. [...] uma campanha militar pode ser perdida antes que o primeiro tiro seja disparado...".[14] Como já foi dito, na guerra irregular, vencer as batalhas de atrito não é o suficiente para vencer a guerra. Corroborando com essa ideia, o tenente-coronel Carlos Alberto Pissolito, do Exército argentino, afirmou: "ao contrário do que pode ocorrer nas guerras convencionais, [nos conflitos irregulares] as Forças Armadas são apenas um dos meios disponíveis, e quase nunca o mais importante".[15] O lendário T. E. Lawrence também identificou essa característica peculiar ao admitir que "a rebelião não era como a guerra; na verdade, estava mais para a natureza da paz".[16]

Preponderância dos processos indiretos

Em geral, forças guerrilheiras contam com inferioridade bélica convencional, sobretudo em sua fase inicial de organização e expansão. Desse modo, são impelidas a recorrerem, como forma de luta, àquilo que Liddell Hart definiu em seu livro *Estratégia* como ações indiretas. Optar por um embate franco contra unidades regulares, que gozam de um poder relativo de combate superior, ou marchar ostensivamente contra objetivos vitais, quase sempre não só é indesejável como também impossível. Somente nos estágios finais da luta, quando o colapso das forças inimigas se torna iminente, admite-se a adoção de uma postura estratégica mais pragmática, como fizeram Mao Tsé-tung e Lin Piao na campanha do Huai-hai ou Vo Nguyen Giap em Dien Bien Phu, por exemplo. Até lá, grupos guerrilheiros conservam sua força e adquirem importância crescente ao negarem ao inimigo convencional vitórias em batalhas de atrito decisivas, pois seriam facilmente derrotados por forças regulares em combates campais de maior envergadura. Atacar e fugir são a essência da guerra de guerrilhas.

De forma ainda mais sutil, forças irregulares atuam por processos indiretos quando conduzem campanhas de operações psicológicas, realizam atos de terrorismo, subversão e outras formas de combate subterrâneo. Ao investirem na educação de jovens e crianças em escolas próprias, por exemplo, o Hamas, o Hezbollah e, por que não dizer, o MST estão, dentre outras coisas, ampliando indiretamente a receptividade de seu proselitismo radical em futuras gerações. Recorrendo a Friedrich August von der Heydte:

> A guerra irregular moderna, ao contrário, desconhece qualquer abordagem direta, em razão de sua natureza mesma. O poder relativo de combate se torna irrelevante, porque não é um teste definitivo de poder o que está em jogo. Quem conduz a guerra irregular procura evitar tais testes diretos de poder e busca, ao invés disso, instabilizar, surpreender, exaurir o adversário para desequilibrá-lo, esgotá-lo intelectual e moralmente sem sequer lhe proporcionar oportunidade de empregar suas armas – que normalmente são superiores. Ao término da guerra irregular não há apenas uma vitória militar, mas também uma vitória política total.[17]

Estratégia prolongada

Quase sempre, a sociedade civil predispõe-se a apoiar uma determinada campanha militar porque acredita que seu Exército nacional poderá vencê-la com rapidez. Quando um conflito se torna prolongado, consumindo, cada vez mais, recursos orçamentários e vidas humanas, torna-se também impopular, fazendo com que o Estado perca o apoio vital da opinião pública interna.

Cônscias de suas limitações bélicas, forças irregulares procuram fazer do tempo seu principal aliado, pois, ao menos em seus estágios iniciais de desenvolvimento, não contam com os meios que lhes permitiriam conduzir uma campanha rápida e fulminante. Gozando, ainda, de grande liberdade de ação (no tempo e no espaço) para atuar conforme a situação tática ou o cenário político-militar, as forças irregulares podem recorrer, segundo sua conveniência, a períodos de completa inatividade. Diz-se que as forças irregulares vencem quando simplesmente não se deixam derrotar, e as forças regulares perdem quando não conseguem vencer. Segundo Thomas Hammes: "As insurgências são medidas em décadas e não em meses ou anos... Quando a contrainsurgência vence, é porque lutou durante muito tempo."[18]

Inconformada com guerras cruéis que se arrastavam por anos sem que seus respectivos exércitos chegassem a uma vitória definitiva, a opinião pública interna fez com que os franceses saíssem da Argélia, os norte-americanos se retirassem do Vietnã e os portugueses abrissem mão de suas colônias na África, mesmo sem sofrerem uma derrota militar contundente.

Ações táticas efêmeras

Se em termos estratégicos a guerra irregular é uma guerra de desgaste prolongada, no que se refere à sua tática constitui-se de ações surpreendentemente rápidas. Em sua maior parte, essas ações demandam um tempo razoável de planejamento e preparação, todavia sua execução é calcada, sobretudo, na rapidez. Um atentado a bomba ou um assassinato ocorrem em frações de segundos; uma incursão contra uma guarnição militar isolada ou uma emboscada dura poucos minutos. O número de baixas também é relativamente pequeno, se comparado com as mortes que ocorrem aos milhares durante o desenrolar das grandes batalhas dos exércitos convencionais. Ainda assim, a despeito de sua brevidade e de seus danos aparentemente pequenos, as ações táticas na guerra irregular são capazes de causar um grande impacto, graças, sobretudo, à oportunidade de sua execução (no tempo e no espaço: onde e quando são levadas a cabo); à natureza do alvo, em especial seu valor psicológico; e ao hábil emprego da mídia e dos meios de comunicação de massa para potencializar seus efeitos.

Não-linearidade

Na guerra irregular, para a absoluta perplexidade dos militares mais ortodoxos, não existem frentes de batalha, flancos ou retaguarda, pois os combates são travados, de fato, segundo a presença e a postura da população civil, em detrimento da configuração do terreno e da disposição espacial das forças inimigas. Por mais que se dedicassem a fazê-lo, os militares norte-americanos não conseguiram definir um *front* no Sudeste Asiático e, quando os comunistas desfecharam a ofensiva do Tet, violentos embates aconteceram, simultaneamente, nos principais centros urbanos, incluindo a capital Saigon, e nos mais remotos vilarejos do Vietnã do Sul.

Por muito tempo, forças irregulares operaram restritas a uma determinada área geográfica, fossem elas muito amplas, como na China, ou bem menores, como em Cuba. Na primeira metade do século xx, organizações como o Kominter, a soe e o oss infiltraram agentes em territórios longínquos, porém suas operações eram conduzidas dentro de um espaço físico confinado, isto é, finito. Com o surgimento do terrorismo internacional palestino, na década de 1960, forças irregulares adquiriram a capacidade de atacar alvos em qualquer parte do planeta. Hoje, em plena era da informação digital e da economia globalizada, guerrilheiros e terroristas, beneficiando-se da liberdade proporcionada por sociedades abertas, são capazes de realizar seus ataques ignorando qualquer distância e qualquer fronteira. A Al-Qaeda atacou os Estados Unidos no Quênia, na Tanzânia e na costa do Yemen, enquanto o Hezbollah levou sua guerra santa à América do Sul, ao perpetrar os atentados à Embaixada israelense e ao Centro Judaico em Buenos Aires.

Os teóricos da guerra de quarta geração já haviam advertido sobre uma provável mudança de enfoque da vanguarda do exército inimigo para o interior da própria sociedade oponente, e os atentados de 11 de Setembro contra as torres gêmeas do World Trade Center em Nova Iorque e o Pentágono em Washington confirmaram essa previsão. Traçando um paralelo com a guerra regular, forças irregulares adquiriram, com isso, uma capacidade semelhante àquela proporcionada aos exércitos convencionais pelo advento do bombardeio estratégico.

Difícil detectabilidade

Quando ainda são militarmente débeis, especialmente em seus estágios iniciais de desenvolvimento, as forças irregulares necessitam preservar sua incipiente estrutura organizacional e os parcos meios de que dispõem. A rigor, conduzem sua guerra clandestina sem que esta seja declarada, reconhecida ou sequer percebida. Com mensagens simples; explorando habilmente contradições políticas e sociais; formulando reivindicações por justiça e equidade; omitindo ou encobrindo parte de suas metas políticas de longo prazo; operando à margem de qualquer arcabouço jurídico, grupos irregulares legitimam seu discurso radical com a aquiescência popular. Como a opinião pública não possui a exata noção do tipo de fenômeno político, social e militar que constitui a guerra irregular, cultuando o estereótipo, ainda tão arraigado, da guerra como mero embate entre exércitos nacionais permanentes, não se torna difícil negar a existência de um conflito armado já em curso. Os vínculos de subordinação e as ligações políticas existentes no combate subterrâneo também são obscuros e, portanto, difíceis de serem identificados. Tomemos como exemplo a íntima relação, apesar de não declarada, entre o grupo terrorista palestino Setembro Negro e a Fatah, nos anos 1970. Enquanto o Setembro Negro responsabilizava-se por seus atos terroristas vis e impopulares, preservava incólume a organização de Yasser Arafat na arena política.

Como não existem frentes de batalha em seu sentido restritivo, nem tampouco uma declaração formal de guerra, o conflito irregular torna-se indefinido no tempo e no espaço. Guerrilheiros, terroristas e outros militantes, vivendo ou não na clandestinidade, tornam-se invisíveis, graças à capacidade de se confundirem com a população civil. Como confessou amargurado um determinado comandante militar, seus homens combatiam "fantasmas", que, no auge de violentas contendas urbanas, abandonavam suas armas e, simplesmente, tornavam-se "civis inocentes". Dessa forma, células terroristas e unidades de guerrilha podem, ainda, permanecer inativas e em relativa segurança pelo tempo que lhes for conveniente.

Busca de resultados psicológicos nas ações de combate

O terrorismo, em especial, está alicerçado em sua capacidade de provocar forte impacto psicológico e, por conseguinte, gerar grande repercussão política. Não é por acaso que a mídia tornou-se tão importante para um terrorista quanto suas bombas. Os atentados de 11 de Setembro nos Estados Unidos e 11 de Março na Espanha bastariam para ilustrar tal afirmação. Entretanto, há que se admitir que na guerra irregular como um todo, e não somente no terrorismo, a importância de um objetivo militar está diretamente associada ao seu potencial valor político e psicológico.

O significado psicológico implícito de uma ação não convencional, contudo, não se define apenas pela natureza do alvo. "Onde", "quando", "como" e "por quem" é realizado um ataque irregular definem sua verdadeira relevância. Abater um helicóptero militar norte-americano não produzirá o mesmo efeito do que fazê-lo em público, por guerrilheiros urbanos de um clã tribal, seguidos de uma malta miserável furiosa, que se regozija ao arrastar, pelas ruas de uma cidade paupérrima da África negra e diante das câmeras de televisão, os corpos mutilados de seus desafortunados tripulantes.

Quando Fidel Castro decidiu atacar, no dia 26 de julho de 1953, o quartel de Moncada, o segundo maior de Cuba, ponderou adequadamente o valor militar, político e psicológico de sua ação. Sendo uma instalação militar, o guerrilheiro cubano poderia obter, em Moncada, as armas e os suprimentos que tanta falta faziam ao seu incipiente movimento revolucionário, além de infligir baixas ao inimigo. Como as forças armadas eram o esteio da ditadura de Fulgencio Batista, o quartel podia, também, ser visto como um objetivo político. Como propaganda, o episódio deixou claro para a população da ilha caribenha que existia uma oposição resoluta ao regime despótico de Havana. Apesar de fracassar militarmente, La Moncada fez do jovem advogado e líder estudantil um herói nacional.

Em janeiro de 2005, forças insurgentes iraquianas realizaram bombardeios noturnos empregando morteiros contra escolas, sem provocar baixas. As escolas seriam utilizadas como locais de votação e, portanto, os ataques continham uma mensagem política clara destinada à população local: "não votem!".

Figura 2 – Seleção prioritária de alvos na guerra irregular

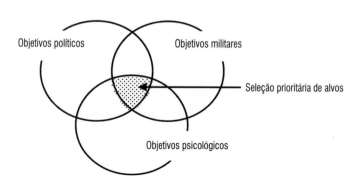

Von der Heydte também fez referência ao "arsenal psicológico" da guerra irregular:

> As ações da guerra irregular só ganham significação com a relação psicológica que extraem do adversário... Grande parte da condução da guerra irregular é guerra psicológica, ataque psicológico bem como defesa psicológica e armamento psicológico.
> [...] êxitos psicológicos definem o desfecho de guerras irregulares. A estratégia da guerra irregular deve ser psicológica. O combate – subterrâneo ou aberto, conduzido efetivamente ou apenas ameaçado – é somente um meio para aquele fim.[19]

Ausência de padrões rígidos de planejamento e execução

Em franca oposição à ortodoxia dos soldados profissionais, na guerra irregular predomina a informalidade de táticas, técnicas e procedimentos. Só existe uma regra a ser seguida: "não existem normas, o melhor argumento é o bom resultado". Os princípios cartesianos (quase inflexíveis) que caracterizam a metodologia acadêmica do planejamento militar tradicional são deixados de lado. Decisões cruciais devem ser tomadas com oportunidade em todos os níveis da cadeia de comando, sobretudo pelos escalões subordinados. Assim sendo, ações descentralizadas concebidas segundo um planejamento bem mais flexível, com ordens do tipo "missão pela finalidade", enfatizam a importância de se valorizar ao máximo a iniciativa, a liberdade de ação e a responsabilidade compartilhada.

As ações táticas fundamentam-se na necessidade de neutralizar o poder de combate superior das forças convencionais. Nos estágios iniciais de organização e expansão, quando as forças irregulares ainda contam com um poderio bélico insipiente, isso só se torna possível com a aplicação do conceito de "superioridade relativa" de William Harry McRaven, segundo o qual uma força inferior adquire a capacidade de realizar uma ação decisiva em um local específico, durante um espaço de tempo limitado. Para tanto, guerrilheiros e terroristas normalmente seguem os seguintes princípios gerais de ação:

- ataque a pontos fracos;
- maior familiaridade com o ambiente operacional e prévia preparação do terreno;
- oportunidade da ação ("onde e quando realizar o ataque"), obtida por meio de um adequado suporte de inteligência, fornecido por uma rede de informantes estruturada com o apoio da população local;
- surpresa obtida por meio do sigilo e da manobra;
- manobra simples e breve;
- rapidez da ação, seguida de uma retirada furtiva previamente planejada;
- capacidade de auferir efeito psicológico; e
- motivação exacerbada de seus militantes.

Insubordinação a restrições legais

O conflito assimétrico também é assimétrico quanto à aplicação do Direito Internacional Humanitário. Se hoje, graças ao poder crescente da mídia e da opinião pública, os exércitos regulares são impelidos a se subordinarem incondicionalmente às normas legais da guerra, forças irregulares não se sujeitam a nenhum tipo de restrição jurídica. A opinião pública, de um modo geral, mostra-se menos tolerante com forças convencionais que infringem as normas humanitárias dos conflitos armados do que com os crimes bárbaros perpetrados por guerrilheiros e terroristas.

É com notável habilidade também que as forças irregulares fazem uso desse fato a seu favor, gozando de maior liberdade de ação e explorando as oportunidades de propaganda oferecidas pelas unidades regulares, quando estas violam a lei da guerra ou fazem uso desproporcional da força. Como afirmou Von der Heydte:

> O poder que promove a guerra irregular não conhece quaisquer obrigações, pois nada o submete à obediência da lei civil, da lei internacional, e nada há que o submeterá à lei da guerra [...]. Mais que isso, o poder de promover a guerra irregular pode explorar totalmente as possibilidades jurídicas que lhe são proporcionadas.
> [...] É da natureza mesma da guerra irregular que ela não ocorra dentro dos limites traçados por normas aplicáveis à condução da guerra "grande".[20]

Individualidade

Por milhares de anos os exércitos combateram em formação cerrada, com seus homens perfilados ombro a ombro. Entretanto, a partir de meados do século XIX, com o advento da Revolução Industrial e o aperfeiçoamento contínuo dos diferentes sistemas de armas, o campo de batalha tem se tornado cada vez mais letal. Com isso, os soldados foram obrigados a retirar seus vistosos uniformes para se confundirem com o terreno e a se dispersar para fugirem da concentração dos fogos inimigos. Mas, ainda assim, as unidades regulares cultuam um forte sentimento de coletividade e espírito de corpo, contrastando com a individualidade que caracteriza o combate irregular. Von der Heydte nos fala do "jovem guerrilheiro solitário [...] que cumpre uma missão temerária sozinho":

O guerrilheiro opera, na maior parte das situações, isolado ou em grupos pequenos e muito pequenos. Tem de confiar totalmente em si mesmo, na batalha, e não pode depender de recompletamento ou apoio em hora de crise. Não pode exigir o apoio das armas pesadas nem esperar pelo emprego da reserva. Na maioria dos casos terá de entrar em combate numa situação em que o soldado regular desistiria sem, por isso, ser acusado de covardia. Nos intervalos entre os desdobramentos da batalha, ele é caçado pelo adversário como se fosse um animal selvagem. O guerrilheiro nada sabe de sistemática de suprimentos, de posições preparadas, de recompletamento. Nessa situação continuadamente de exceção, em sua terrível solidão e em meio ao perigo que o persegue por toda a parte, ele se agarra à ideia pela qual luta.[21]

Corroborando essa ideia, T. E. Lawrence fez afirmação semelhante ao analisar as peculiaridades da revolta da qual foi protagonista:

A guerra árabe deveria [...] ser simples e individual. Cada homem deveria servir na linha de frente e ser autossuficiente lá. A eficiência de nossas forças era a eficiência pessoal de cada homem [...]. Na guerra irregular, havendo dois homens juntos, um deles estava sendo desperdiçado.[22]

Maior proximidade entre os níveis político, estratégico e tático

Os militares parecem obcecados pela necessidade de definir claramente os níveis tático, estratégico e político da guerra. Com o tempo, elaboraram novos conceitos como "grande estratégia", "estratégia operacional", entre outros. Para os soldados profissionais, o tático tem se limitado, tradicionalmente, à destruição do inimigo e à conquista do terreno. Com a crescente pressão da opinião pública e a atuação cada vez maior da mídia e dos organismos de defesa dos direitos humanos, essa ideia, aos poucos, tem sido repensada, pois uma ação isolada de um pequeno grupo de combate pode gerar grande repercussão política, como o episódio de My Lai no Vietnã, por exemplo.

Entretanto, nos conflitos irregulares, a busca perene por resultados psicológicos nas ações de combate e a necessidade de explorar suas consequências políticas geram uma menor distinção entre o político, o estratégico e o tático. E frequentemente provocam uma sobreposição entre eles. Por esse motivo, "nas contrainsurreições, as ações militares conduzidas sem a devida análise de seus efeitos políticos serão, na melhor das hipóteses, ineficazes e, na pior, servirão de ajuda ao oponente".[23]

Não obstante, persiste uma assimetria de objetivos quando um exército regular defronta-se com uma força irregular no campo de batalha, pois ambos possuem parâmetros distintos para mensurar seu êxito. Porquanto, perseguem objetivos de natureza diferente. As unidades regulares, em geral, atêm-se a uma avaliação tática da batalha, enquanto as forças irregulares a julgam pelo seu resultado psicológico, estratégico e político.

O general William Garrison, comandante da força-tarefa norte-americana de operações especiais encarregada de aprisionar o líder miliciano somali Mohamed Farrah Aidid, demonstrou essa percepção ao afirmar que se seus homens entrassem no reduto de Aidid, nas proximidades do mercado Bakara, poderia perder a guerra, mesmo que não nutrisse dúvida alguma acerca do sucesso de seus *rangers* sob fogo.[24] No meio da tarde do dia 3 de outubro de 1993, Garrison determinou a captura de alguns nativos ligados ao clã Habr Gidr. O que era para ser uma simples ação tática com a prisão de uns poucos somalis foi convertida, pela perspicácia de Aidid, em uma importante batalha nas ruas de Mogadíscio, levando-o à consecução de seu principal objetivo político: a retirada integral dos contingentes militares dos Estados Unidos e das Nações Unidas.

Economia de forças

O combate irregular pode ser conduzido com o intuito de complementar, apoiar ou ampliar operações militares convencionais. Foi nesse contexto que os rebeldes árabes liderados pelo príncipe Faissal tomaram parte na campanha britânica contra os turcos no Oriente Médio durante a Primeira Grande Guerra, assim como os *partisans* lutaram na Segunda Guerra Mundial, contribuindo com o esforço de guerra aliado, por exemplo.

Entretanto, quando conduzidos independentemente, os conflitos irregulares dissipam o potencial inimigo, proporcionam economia de meios e evitam uma confrontação militar formal. Visto que patrocinar a guerra irregular em território alheio se torna economicamente menos oneroso, militarmente menos arriscado e politicamente menos desgastante do que empreender uma campanha convencional. Foi de acordo com esse preceito que, durante a Guerra Fria, Estados Unidos, União Soviética, China e Cuba fomentaram intensamente a guerra irregular no Terceiro Mundo. Da mesma forma que patrocinar o Hezbollah revelou ser uma excelente alternativa para o governo sírio – depois de amargar sucessivas derrotas impostas pelas proficientes Forças de Defesa de Israel, Damasco recorreu à organização xiita libanesa para desgastar o Estado judeu.

Desenvolvimento em fases

A guerra irregular, normalmente, é faseada segundo dois fatores: o nível de maturação das forças irregulares e o grau de deterioração dos cenários político, social e militar. As etapas iniciais da luta se caracterizam por:
- ênfase nos trabalhos de organização e expansão;
- primazia do combate subterrâneo e das ações clandestinas;
- execução de tímidas e esporádicas ações ostensivas;
- apoio inconsistente da população;
- carência de um sistema seguro de abastecimento; e
- grande vulnerabilidade em face da atuação das agências de inteligência do Estado.

Já os estágios posteriores do conflito, determinados por um significativo amadurecimento das forças irregulares, distinguem-se pela:
- condução de operações militares ostensivas de maior envergadura;
- disponibilidade de uma fonte segura de subsistência e obtenção de receita, como um patrocinador externo ou uma fonte de renda própria, como o narcotráfico, por exemplo;
- disponibilidade de áreas liberadas;
- capacidade de exercer o controle direto sobre parcela da população local;
- edificação de hierarquias paralelas que suprem, de forma explícita, a ausência do Estado e atendem às demandas básicas da população civil;
- obtenção de um *status* jurídico que assegura às forças irregulares o reconhecimento como organização de luta armada;
- capacidade de atuar ostensivamente na arena política.

Indefinição entre os campos da segurança interna e da segurança pública

As primeiras ações de guerra irregular, especialmente aquelas ligadas ao combate subterrâneo, são conduzidas dentro de um espectro nebuloso existente entre a segurança pública e a segurança interna. Uma resposta efetiva da sociedade tende a ser tardia e pode se tornar ambígua, pela dificuldade em estabelecer claramente a esfera de atuação dos diferentes agentes de segurança do Estado. Até que ponto a repressão às forças irregulares compete às corporações policiais? A partir de que momento se torna uma atribuição das forças armadas? Como conduzir operações conjuntas interagências e, sobretudo, como integrar seus esforços?

> Muitas das guerras insurrecionais ou revolucionárias ocorridas depois de 1945 foram lideradas por organizações guerrilheiras para as quais a agitação política é pelo menos tão importante quanto a ação militar. Reprimir essas rebeliões seria mais uma função da polícia civil que das Forças Armadas. Um policiamento civil efetivo está apto a combatê-las na fase de agitação, impedindo-as de evoluir até a ação armada. Apenas quando a polícia perde o controle da situação é que é requisitada a intervenção militar. Mas a definição sobre que força – civil ou militar – deve ter a primazia do combate às rebeliões tem se revelado objeto de controvérsia.[25]

Antes de empregar o Exército no aniquilamento do arraial rebelde de Canudos, o Estado brasileiro tentou debelar a insurreição camponesa com o envio de um contingente da polícia militar da Bahia. A Aliança Libertadora Nacional (ALN) foi desbaratada pela Polícia Civil de São Paulo durante a bem-sucedida Operação Bandeirantes (OBan), que culminou com a morte de Carlos Marighella, em novembro de 1969. Já a repressão às forças guerrilheiras do Araguaia do PCdoB coube essencialmente ao Exército brasileiro. Unidades do Exército britânico atuaram, na Irlanda do Norte, sob o comando direto de autoridades civis, no mesmo nível em que se encontravam as forças policiais do Ulster. Alguns dos mais afamados grupos contraterroristas do planeta, como o GSG-9 alemão, por exemplo, pertencem à Polícia, e não às Forças Armadas.

Dicotomia dos parâmetros operacionais

Existe uma assimetria não muito clara entre os parâmetros operacionais empregados por forças regulares e irregulares. Como já foi dito, a mais importante contradição está nos objetivos perseguidos por cada uma delas no campo de batalha. Segundo os critérios militares tradicionais, a avaliação inicial que se pôde fazer da ofensiva do Tet, por exemplo, indicou um enorme fracasso comunista, simplesmente porque o Exército vietcongue não conquistou a maioria de seus objetivos táticos e sofreu um número de baixas superior ao dos seus oponentes. Entretanto, o tempo revelou que o Tet foi, na verdade, uma contundente derrota para os Estados Unidos, marcando o início do ocaso norte-americano no Sudeste Asiático.

Além dos objetivos específicos de uma determinada ação e dos critérios para mensurar vitória ou derrota, outros "conceitos" também possuem significados distintos, quando interpretados segundo as premissas discrepantes dos dois tipos de conflito (regular e irregular), tais como:

- Tempo e oportunidade – em geral, em termos estratégicos, o tempo corre a favor das forças irregulares, o que é imediato para as tropas convencionais pode não o ser para as forças irregulares. Taticamente, acontece o contrário: o tempo corre a favor das unidades convencionais. Um combate que se prolongue em demasia tende a ser vencido pelas tropas regulares.
- Descentralização – aquilo que os militares profissionais aceitam como ações descentralizadas, concedendo liberdade de ação e autonomia aos comandantes subordinados, está muito aquém da efetiva descentralização praticada pelas forças irregulares.
- Limites éticos – enquanto unidades convencionais possuem seus limites éticos muito bem definidos por meio de normas jurídicas, a ética das forças irregulares é simplesmente vencer. Mesmo que contem com regras de conduta consagradas e uma disciplina austera para cumpri-las, a "moralidade" e a "justiça" implícitas em sua causa dão "sentido" a qualquer ato de violência, até mesmo àqueles mais bárbaros.
- Baixas aceitáveis – as milhares de vidas ceifadas nas praias da Normandia, em junho de 1944, durante a bem-sucedida invasão da Europa, por exemplo, foram razoáveis para os norte-americanos. Em contrapartida, as poucas dezenas de soldados mortos nas ruas de Mogadíscio foram inadmissíveis e bastaram para fazer a Casa Branca desistir da ajuda humanitária à Somália.

Para melhor ilustrar essa dicotomia, podemos recorrer aos "paradoxos de uma contrainsurreição", elencados por Eliot Cohen, Conrad Crane, Jan Horvath e John Nagl:[26]

- quanto mais se protege a força, menos segura ela pode tornar-se;
- quanto maior a força empregada, menos eficaz é o resultado;
- em algumas ocasiões, não responder é a melhor reação;
- as melhores armas para uma contrainsurreição não disparam balas;
- uma atividade mal executada pelo insurreto, às vezes, proporciona melhor resultado do que a bem realizada pelo contrainsurreto;

- se uma tática funciona esta semana, não funcionará na próxima; se funciona nesta província, não funcionará em outra;
- êxito tático não garante nada.

Outro bom exemplo pode ser extraído da abordagem realizada pelo coronel Thomas Hammes, da reserva do Corpo de Fuzileiros Navais dos Estados Unidos, acerca das operações ofensivas e defensivas em uma contrainsurreição:

> Nas contrainsurgências, prover a segurança para a população é uma ação inerentemente ofensiva. Ninguém contesta que durante as guerras convencionais os ataques que conquistam o território inimigo para negar-lhes recursos, impostos ilegais e bases de recrutamento são consideradas ações ofensivas. Mas, por outro lado, quando realizamos operações de controle da população em uma contrainsurgência, essas são consideradas defensivas, ainda que tenham o mesmo efeito: negam ao inimigo os elementos de que precisam para operar.
> Uma operação de controle da população é a ação mais ofensiva que se pode tomar em uma contrainsurgência.
> [...] Em uma contrainsurgência, incursões rápidas e ataques de surpresa pelas grandes unidades são operações inerentemente defensivas. Reagimos a uma iniciativa inimiga que deu a ele o controle de uma parte do país. Passamos pela área, talvez, capturamos ou matamos alguns insurgentes e logo retornamos às nossas posições defensivas. Em suma, cedemos o terreno principal – a população e seus recursos – aos insurgentes. Talvez tenhamos infringido um revés tático temporário ao inimigo, mas a um custo mais alto em relação a nossos objetivos operacionais e estratégicos. O fato de realizarmos incursões rápidas e não ficarmos com o terreno expõe a fraqueza do governo à população e à violência, numa demonstração de que está se fazendo pouco para melhorar a segurança ou criar perspectivas de uma vida melhor. É claro que as operações de controle da população são as verdadeiras operações ofensivas em uma contrainsurgência.[27]

Subordinação dos objetivos militares aos objetivos políticos

Guerra irregular é guerra, e, como tal, todos os objetivos militares devem se sujeitar integralmente a objetivos políticos claros e exequíveis. A história contemporânea está repleta de exemplos em que grupos irregulares incorreram no erro de permitir que "os meios monopolizassem o fim", fazendo a violência gratuita de suas ações comprometer metas políticas mais elevadas, como a OLP, o IRA e os Tigres de Libertação de Tâmil

Eelam (TLTE) fizeram em certas ocasiões, por exemplo. O próprio Carlos Marighella é acusado de lançar sua ALN em uma guerra desprovida de objetivos políticos plausíveis. Como dissidente do PCB, ele optou por uma revolução sem partido político, acreditando, ingenuamente, que a luta armada, por si só, bastaria para deflagrar e promover o grande processo de transformação social do Brasil. Acabou morto a tiros no banco de trás de um fusca enquanto contatava clérigos simpatizantes numa alameda da cidade de São Paulo.

Se, na guerra irregular, os aspectos puramente militares da luta são os de menor importância, guerrilheiros e terroristas devem ser os primeiros a reconhecê-lo. A enorme gama de atividades realizadas pelo bem-sucedido Hezbollah, que transcendem em muito os estreitos limites do campo militar, ilustram a habilidade política do Partido de Deus. Para o capitão Daniel Helmer, do Exército dos Estados Unidos, até mesmo suas operações de martírio são concebidas e executadas dentro de um contexto político mais amplo e, o que é mais importante, auferindo excelentes resultados:

> As pessoas do Ocidente continuaram a considerar esses eventos como evidência de um fanatismo islâmico sem propósito. Contudo, a decisão do Hezbollah de utilizar ataques suicidas foi tudo, menos irracional [...]. Os líderes do Hezbollah identificaram cedo as metas políticas que queriam realizar no Líbano. [...] O Hezbollah empregou os homens-bomba em uma série limitada de circunstâncias das quais planejou tirar mais vantagens. Frequentemente, o uso judicioso da tática evidentemente resultou na consecução bem-sucedida das metas político-militares.
> [...] Estas táticas assimétricas – um ataque suicida seguido por uma ameaça de executar prisioneiros – demonstram a capacidade do Hezbollah de adaptar e inovar para conseguir seus objetivos militares e políticos.
> [...] O Hezbollah transformou a imagem dos ataques suicidas em paradigmas de resistência [...] Os profícuos louvores recebidos pelos mártires [...] inspiraram o reconhecimento internacional do Hezbollah como a resistência legítima do Líbano... Esse tipo de ataque transformou-se em uma ferramenta eficaz de propaganda, se tornou o símbolo que definiu um movimento e aqueles que apoiavam suas metas, legitimou os membros do Hezbollah como os representantes da resistência.
> [...] os ataques suicidas já se tornaram uma ameaça onipresente no campo de batalha moderno e uma ameaça que, para ser enfrentada, tem que ser compreendida pelo que ela realmente representa: uma tática eficaz e comprovada pelo tempo e que, quando em mãos competentes, pode ser usada para alcançar objetivos político-militares.[28]

OPERAÇÕES DE GUERRA IRREGULAR

Muitos textos, alguns deles célebres, destinaram-se a orientar a luta armada por meio de instruções técnicas e táticas ou, ainda, delinearam políticas e estratégias para a tomada do poder. Lenin, Mao, Marighella, Che, Régis Debray, dentre tantos outros, deixaram, como parte de seu legado, panfletos, cartilhas e outras publicações que fazem uma abordagem teórica da guerra irregular e, de certo modo, formulam uma "doutrina operacional". Os manuais militares de contrainsurgência também fazem o mesmo, quando analisam as peculiaridades, características e formas de atuação do inimigo não convencional. Ainda assim, nenhum conjunto de princípios normativos rígidos pôde ser considerado de aplicação universal. A capacidade de empregar táticas, técnicas e procedimentos que auferirem os melhores resultados é uma das principais virtudes das forças irregulares em todo o mundo.

Assim sendo, classificar as práticas do combate irregular, ordenando-as segundo um repertório de "operações de guerra irregular", tem a sua utilidade restrita a uma abordagem teórica, quase acadêmica, porquanto se presta a muito pouco, além de facilitar o estudo e proporcionar uma melhor compreensão desse tipo de beligerância como fenômeno político e militar. Para guerrilheiros, terroristas e organizações militantes, contudo, esse tipo de sistematização doutrinária pode ser inconveniente, pois, de certa forma, cerceia a liberdade criativa e restringe as inúmeras possibilidades decorrentes da natureza dos conflitos irregulares.

De um modo geral, as operações consagradas de guerra irregular são a guerra de guerrilhas, o terrorismo, a subversão, a sabotagem e as operações de fuga e evasão. Entretanto, unidades de guerrilha habitualmente recorrem ao terror, células terroristas realizam com frequência ações armadas típicas de grupos guerrilheiros, agentes subversivos perpetram atos de sabotagem etc. Isso se dá em razão de dois fatores principais. O primeiro, de ordem prática: a guerra irregular permite uma combinação ilimitada de formas de condução do conflito. O segundo, de cunho psicológico: tanto os atores quanto suas ações são "rotulados" de acordo com os objetivos ou os interesses das partes oponentes – um episódio pode ser descrito pela propaganda subversiva como um feito revolucionário heroico, enquanto as agências estatais tentam retratá-lo como um ato bárbaro de terror. Nesses casos, em geral, ambas as descrições estarão tecnicamente corretas, o que é irrelevante, pois a questão fundamental passa a ser como a opinião pública interpretará o fato e quais serão suas consequências. Portanto, definir as operações de guerra irregular requer uma abordagem mais flexível.

Inicialmente, há que se admitir que uma classificação puramente militar tende a ser inadequada, pois, como já foi visto, o limite entre os níveis político, estratégico e tático é mais tênue nesses conflitos, os aspectos militares são de menor relevância e as metas das ações de combate transcendem o campo de batalha. Assim sendo, persiste certo consenso quanto à conveniência de ampliar o escopo das operações de guerra irregular, abarcando, além das ações armadas, elementos políticos e psicológicos, o que compete essencialmente à prática subversiva.

O tenente-coronel Hermes de Araújo Oliveira, do Corpo do Estado-Maior do Exército de Portugal, identificou técnicas "construtivas" e "destrutivas" (simultâneas, complementares e ininterruptas), que se desenvolvem a partir das primeiras ações subversivas e avançam até o estabelecimento de uma "infraestrutura político-militar territorial".[29]

Tabela 12 – Técnicas destrutivas e construtivas para a tomada do poder

Técnicas destrutivas	Técnicas construtivas
Subversão, terrorismo, sabotagem e guerrilha orientados para os seguintes propósitos: – desagregação da ordem estabelecida; – desmoralização de todos os meios políticos e militares do adversário; – propaganda direcionada para a opinião pública externa; – intimidação (individual e coletiva); e – eliminação física dos irredutíveis.	Ações políticas e psicológicas orientadas para os seguintes objetivos: – recrutamento, seleção e formação de recursos humanos; – ampliação dos quadros; – difusão ideológica e impregnação psicológica; – enquadramento das massas; – edificação progressiva de hierarquias paralelas; – controle da população; e – administração sobre áreas liberadas.

Fonte: adaptado de Hermes de Araújo Oliveira, *Guerra revolucionária* (Rio de Janeiro, Bibliex,1965).

Grupos irregulares que se dedicam exclusivamente às práticas destrutivas, como fizeram as extintas Brigadas Vermelhas italianas ou a Fração do Exército Vermelho alemã, por exemplo, definham com o passar do tempo, absorvidos pela vulgarização da violência da qual são responsáveis. Em contrapartida, organizações militantes, como o Hamas e o Hezbollah – que se mostram capazes de combinar, com notável habilidade, ambas as técnicas –, tornam-se mais proficientes, gozam de maior longevidade e adquirem grande relevância por suas significativas conquistas.

Ainda assim, faltam elementos que permitam uma melhor compreensão das operações de guerra irregular propriamente ditas. Outra abordagem plausível, frequentemente utilizada, está relacionada às fases do conflito, procurando associar as operações de guerra irregular à contínua aquisição de capacidades e ao amadurecimento das organizações militantes. Von der Heydte formulou o seguinte entendimento sobre a evolução da guerra irregular moderna:

Tabela 13 – Fases da guerra irregular, segundo Friedrich August von der Heydte

Fase	Ações	Observação
Preparação	– Conspiração política. – Subversão. – Treinamento dos quadros. – Obtenção e estocagem de suprimentos.	– Ausência de ações armadas.
Combate subterrâneo	– Emprego da violência sem caracterizar ações de combate. – Emprego da "propaganda armada". – Realização de incursões armadas, emboscadas, assassinatos, sequestros, atos de terrorismo e sabotagem.	– Não caracteriza formalmente um conflito militar, pois para pelo menos uma das partes é conveniente negar a existência da beligerância. – Emprego de pequenos grupos ou células. – Os grupos irregulares detêm a iniciativa. – A maior parcela da população ainda é neutra em relação ao conflito.
Transição para o combate aberto	– Ampliação das formações irregulares com a criação de unidades e grandes unidades de guerrilha. – Aquisição da capacidade de realizar ataques sucessivos contra posições inimigas. – Realização de combates de maior envergadura, sem oferecer às forças convencionais batalhas decisivas.	– Não significa o fim do combate subterrâneo. – As forças irregulares passam a contar com a simpatia popular, exercendo o controle direto sobre parcela da população. – Ocorrência de áreas liberadas.
Combate aberto	– Combates convencionais de grande envergadura, com a realização de batalhas decisivas.	– Caracteriza o "conflito armado não internacional".

Fonte: adaptado de Friedrich August von der Heydte, *A guerra irregular moderna* (Rio de Janeiro, Bibliex, 1990).

O autor alemão prestou ainda o seguinte esclarecimento: "Em cada uma das novas fases, um novo tipo de comportamento é acrescentado aos anteriormente empregados, sem que os guerrilheiros renunciem ou abandonem ações e atividades que tenham sido características das fases precedentes."[30]

Cabe, ainda, destacar outro aspecto de singular importância. As operações de guerra irregular não são necessariamente conduzidas, de forma prioritária, contra as forças convencionais com as quais as organizações militantes se defrontam. Não raro, a população civil torna-se o principal alvo das ações irregulares. Se por um lado os comunistas chineses e os revolucionários cubanos pouparam seus patrícios da violência da guerra, orientando seus atos hostis contra as forças armadas inimigas, nas guerras de independência do Quênia e da Argélia e nas insurgências ocorridas na Malásia e no Iraque, por exemplo, guerrilheiros e terroristas vitimaram mais civis (não-combatentes) do que soldados inimigos.

Inseridas as práticas do combate irregular em um contexto mais amplo, podemos, agora, recorrer a alguns conceitos formais para tentar definir aquelas que são tradicionalmente aceitas como as principais "operações de guerra irregular".

Subversão

Trata-se de uma forma de guerra irregular baseada em ações essencialmente psicológicas, diretas e indiretas, ostensivas e cobertas, legais ou clandestinas, armadas ou não. São concebidas e conduzidas com o propósito de obter o enfraquecimento da estrutura psicossocial, política, econômica, científico-tecnológica e militar de um determinado regime, ao mesmo tempo em que despende esforços para difundir o proselitismo da organização militante e atrair para si, de forma progressiva, o apoio popular. A subversão busca, basicamente, agravar dissensões sociais preexistentes e cristalizar aspirações de mudanças no seio da sociedade, desestabilizando o poder central e o próprio modelo de Estado. Solapar, minar, enfraquecer, desgastar, desacreditar, desmoralizar, corromper, restringir, comprometer e aliciar definem as tarefas subversivas elementares.

As Revoluções Francesa, Russa e Iraniana, por exemplo, foram calcadas, sobretudo, nas práticas subversivas. Os diversos movimentos comunistas ao redor do mundo normalmente contavam com setores de "agitação e propaganda" para promover esse tipo de trabalho. As células de *"Agitprop"*, como eram mais conhecidas, desenvolveram técnicas refinadas e notável capacidade subversiva ao longo do século XX.

Guerra de guerrilhas

Forma de guerra irregular que abrange as operações de combate e todas as atividades de apoio correlatas. É conduzida por forças predominantemente locais, de modo ostensivo e coberto. Fundamenta-se na surpresa, rapidez, ataque a pontos fracos, familiaridade com o terreno e, sobretudo, no apoio da população. Compreende, de um modo geral, as incursões, emboscadas, ações de propaganda armada, operações de inquietação, destruição e eliminação. Quando corretamente empregada, a guerra de guerrilhas transcende seu caráter eminentemente militar, produzindo efeitos, também, nos campos político, econômico e psicossocial. A resistência iugoslava contra a ocupação nazifascista durante a Segunda Guerra Mundial e as Revoluções Chinesa e Cubana, por exemplo, empregaram a guerrilha como principal instrumento de guerra irregular.

Terrorismo

Pela relevância atual que o tema adquire, o terrorismo será abordado em um capítulo específico. Por ora, façamos uso do conceito empregado pelo Departamento de Estado dos Estados Unidos da América para defini-lo: "Violência premeditada e politicamente motivada perpetrada contra alvos não combatentes por grupos subnacionais ou agentes clandestinos, normalmente com a intenção de influenciar um público alvo".[31]

Sabotagem

Entende-se por sabotagem qualquer ação sub-reptícia, ativa ou passiva, direta ou indireta, destinada a perturbar, interferir, causar dano, destruir ou comprometer o funcionamento normal de diferentes sistemas nos campos político, econômico, científico-tecnológico, psicossocial e militar. De certa forma, a sabotagem, tal qual o terrorismo, pode ser vista tão somente como um conjunto de técnicas ou recurso operacional largamente empregado na subversão e na guerra de guerrilhas, não constituindo uma operação de guerra irregular por si própria. Todavia, seu emprego sistemático, pode, de fato, caracterizar uma forma específica de combate irregular, como o fez o Resistance Fer, por exemplo – organização clandestina que dirigiu a luta dos ferroviários franceses contra a ocupação alemã durante a Segunda Guerra Mundial. Para Nelson Mandela, a sabotagem possui três vantagens ponderáveis, a saber: provoca menos danos aos indivíduos, proporciona maior perspectiva de reconciliação posterior e requer "mão de obra mínima".

Carlos Marighella teceu as seguintes considerações sobre a sabotagem em seu *Manual do guerrilheiro urbano*:

> Tipo de ataque altamente destrutivo, necessitando poucas ou até uma só pessoa para obter o resultado desejado. Exige estudos, planejamento e execução cuidadosa.
> A primeira fase é a da sabotagem isolada, seguindo-se a esparsa e generalizada, conduzida por populares.
> Forma característica de sabotagem são as explosões a dinamite, os incêndios e a colocação de minas. Um pouco de areia, um vazamento de combustível, uma lubrificação malfeita, um parafuso retirado, um curto-circuito, pedaços de madeira e ferro, podem ocasionar desastres irreparáveis.
> O objetivo da sabotagem é danificar, avariar, inutilizar e destruir pontos vitais do inimigo, tais como a economia do país, a produção agrícola e industrial, o sistema de transporte e comunicações, o sistema militar e policial e seus estabelecimentos e depósitos, o sistema repressivo militar-policial, as firmas e propriedades dos norte-americanos no país.[32]

FORÇAS IRREGULARES

Em geral, as forças irregulares constituem o braço armado de organizações militantes que acalentam objetivos políticos mais elevados e possuem um espectro de atuação bem mais amplo do que os estreitos limites do campo militar podem oferecer. Muito embora tenhamos que admitir que parcela ponderável dessas organizações tenha surgido com o propósito explícito de conduzir operações de guerra irregular e que muitas delas, ainda, fazem da luta armada seu principal instrumento de ação, seria um grande equívoco reduzir as metas e o diversificado repertório de atividades de organizações como a Fatah, o Hamas, o Hezbollah ou as FARC-EP, por exemplo, aos ataques irregulares pelos quais são, direta ou indiretamente, responsáveis. De qualquer forma, a distinção entre os segmentos de luta armada e o comando político que os enquadra é quase sempre imperceptível e, por vezes, de fato não ocorre.

Obviamente, não há um padrão organizacional rígido que defina a estrutura, a composição e a articulação das forças irregulares. O que existe, na verdade, é um conjunto de missões, atribuições e funções essenciais a serem executadas, dentre as quais se destacam:

- assegurar o apoio da população;
- obter suprimentos;
- proporcionar segurança a sua vulnerável estrutura clandestina;
- produzir inteligência de qualidade;
- ampliar continuamente sua capacidade militar;
- desgastar política e militarmente o inimigo;
- sobreviver;
- expandir-se.

"Como", "quando" e "por quem" serão executadas essas tarefas vitais são variáveis determinadas segundo uma série de condicionantes. Portanto, cada força irregular tende a desenvolver uma dinâmica própria, adequada tanto à sua realidade militar quanto ao ambiente político-social dentro do qual está imersa. Flexibilidade e adaptabilidade devem ser suas características mais importantes. Dessa forma, tornaram-se inúmeros os modelos de estruturas organizacionais já adotados e, ainda hoje, existentes em todo o mundo; assim como permanecem ilimitadas as combinações possíveis de serem feitas em termos de composição dos meios no âmbito das organizações de luta armada.

Von der Heydte resumiu a constituição das forças irregulares em três segmentos, a saber: grupos de ações armadas, simpatizantes ativos e simpatizantes passivos. Para fins de ilustração, tomemos alguns exemplos:

- a Ação Libertadora Nacional (ALN), de Carlos Marighella, dispunha de um setor de imprensa, um setor de apoio logístico, um setor de massas (composto de subsetor estudantil e subsetor operário) e diversas células subterrâneas que constituíam os "grupos táticos armados" (GTA);
- a Vanguarda Popular Revolucionária (VPR), extinta organização de luta armada brasileira, possuía uma coordenação geral à qual se subordinavam três setores: logístico, urbano (imprensa, estudantil e operário) e de campo;
- já a Vanguarda Armada Revolucionária-Palmares (VAR-Palmares) dispunha de um setor de luta principal, que abarcava as atividades logísticas e de treinamento, e um setor de luta secundário, responsável pelos trabalhos de inteligência e propaganda;
- os Montoneros argentinos tinham como unidades básicas de combate os "Comandos Militares", os quais eram apoiados por diversos departamentos – "Manutenção" (logística), "Documentos" (falsifica-

ção), "Guerra" (planejamento e coordenação) e "Ações Psicológicas" (agitação e propaganda);
- a unidade básica de emprego das Brigadas Vermelhas italianas constituía-se nas "Colunas" (células estanques constituídas por cerca de seis militantes), as quais eram coordenadas por um órgão de direção nacional denominado "Controle Estratégico";
- o Comitê Central Nacional do peruano Sendero Luminoso dispunha de seis comitês regionais, os quais eram divididos em zonas, geridas por comitês de coordenação (cada zona abrangia subsetores, nos quais operavam células estanques de cinco a nove militantes);
- os vietnamitas (mais bem-sucedidos) estruturaram, em bases territoriais, "Forças Regionais" paramilitares, responsáveis por ações de combate, propaganda, doutrinação ideológica e controle da população, apoiadas por "Forças Populares" organizadas em "Guerrilhas de Aldeia", encarregadas de missões de apoio (*Dan Quan*), e "Guerrilhas de Combate", incumbidas de pequenas ações ofensivas (*Du Kich*). A estrutura guerrilheira vietcongue assemelha-se bastante ao consagrado modelo que concebe a subdivisão das forças irregulares em três segmentos distintos, conforme ilustra a tabela 14:

Tabela 14 – Constituição básica das forças irregulares (modelo geral resumido)

	FORÇAS IRREGULARES		
	Força de guerrilha	**Força de sustentação**	**Força subterrânea**
Ambiente operacional	Urbano ou rural		
Forma de atuação	Ostensiva	Clandestina	
Organização	Paramilitar	Compartimentada em comitês, normalmente definidos segundo bases político-administrativas e/ou territoriais.	Compartimentada em células estanques
Localização	Sobrepostas geograficamente		Desdobrada em áreas interditadas às unidades de guerrilha.
Autonomia	Dependente direta do apoio da população	Segmento de apoio	Autossuficiente
Atividades principais	Operações de combate	Apoio à força de guerrilha	Subversão Sabotagem Terrorismo

Em termos gerais, as maiores vulnerabilidades das forças irregulares residem em sua dependência vital do apoio da população, em seu sistema logístico e em sua enorme demanda por segurança orgânica. No decorrer das operações de contrainsurgência, tais aspectos passam a merecer particular atenção, pois, naturalmente, podem se tornar os "flancos expostos" de guerrilheiros e terroristas. Ainda assim, há que se reconhecer a grande capacidade de recuperação ou regeneração das forças irregulares decorrente, sobretudo, do ambiente político-social favorável e da inépcia de algumas unidades convencionais encarregadas da contrainsurreição.

Organização e expansão

Em tese, as forças irregulares submetem-se a um processo contínuo de desenvolvimento, associado ao grau de deterioração do quadro político-militar local. A crescente expansão de sua estrutura permite ampliar sua capacidade operacional, agregando novos recursos às práticas e métodos até então utilizados.

Em seus estágios iniciais de organização, as forças irregulares, em especial os grupos de guerrilha, normalmente necessitam de redutos que lhes proporcionem relativa segurança, porquanto ainda se encontram com poder relativo de combate insipiente. Centros urbanos superpovoados (sobretudo suas periferias desassistidas) e áreas remotas de selva ou montanhas têm, tradicionalmente, se prestado para tal fim. Yenan, o Viet Bac, as belas montanhas do Quênia, Sierra Maestra, as montanhas Cabílias, os bairros católicos de Belfast e Londonderry, as encostas íngremes do magnífico Hindu Kush são alguns dos inúmeros exemplos de áreas nas quais foram instalados refúgios ativos – posteriormente, convertidos em "santuários" pelos guerrilheiros.

Superada a fase preparatória e os estágios iniciais do combate subterrâneo, o proselitismo radical adquire maior poder de penetração, atingindo parcela cada vez maior da população civil. Nesse momento, torna-se mais intensa a combinação de técnicas construtivas e destrutivas, assim como os confrontos com os órgãos de segurança do Estado. A sobrevivência das forças irregulares deixa de depender tão somente de sua segurança orgânica, da disseminação da violência e dos êxitos táticos em pequenos combates, subordinando-se, também, à habilidade política da organização militante.

Redes de apoio

A estruturação de uma rede clandestina de apoios locais é imprescindível para a sobrevivência e a expansão das forças irregulares. Congregando quadros profissionais, simpatizantes ativos e passivos, com níveis distintos de comprometimento e motivação ideológica, essa rede desempenha o papel de elo entre os grupos de ação armada e a população civil. Dentro do seu vasto repertório de missões, destacam-se as seguintes tarefas:

- prover suporte logístico aos grupos armados, incluindo recrutamento de novos militantes; obtenção, estocagem e distribuição de suprimentos; aquisição de receita; apoio médico-sanitário; cessão de transporte, locais de homizio etc.;
- dispor de informantes que proporcionem segurança e alerta oportuno, mantendo as forças inimigas sob constante observação;
- contribuir com os esforços de coleta e busca de dados, especialmente quanto às atividades, vulnerabilidades e intenções do inimigo;
- disponibilizar processos alternativos de comunicações que auxiliem o pleno funcionamento do sistema de comando e controle das forças irregulares;
- realizar ações de agitação e propaganda (subversão, sabotagem e, eventualmente, propaganda armada);
- falsificar documentos oficiais, a fim de apoiar os militantes que vivem na clandestinidade, a livre movimentação de células subterrâneas, a prática do contrabando e outros ilícitos;
- oferecer guias nativos;
- auxiliar nos trabalhos de organização do terreno, como preparação de armadilhas e lançamento de minas, por exemplo;
- proporcionar vigilância sobre os moradores locais e auxiliar no controle da população;
- proporcionar segurança territorial local nas áreas liberadas, quando estas existirem etc.;

Os grupos de guerrilha estão condenados a partir do momento em que se veem privados do suporte proveniente dessas redes de apoio ou são isolados da população civil. Foi dessa forma que a coluna comandada por Che Guevara marchou sem esperanças pelas selvas da América do Sul, até ser finalmente derrotada pelo Exército boliviano.

Células terroristas

Sendo autossuficientes e difíceis de serem identificadas, células terroristas necessitam de muito pouco para subsistir e operar. Com um mínimo de logística, dispondo de alvos cuja importância e valor sejam compatíveis com os danos almejados e garantindo o acesso à mídia e à opinião pública, a fim de potencializar os efeitos de suas ações, esses pequenos grupos tornam-se extremamente eficazes, com um custo operacional muito baixo, se comparado com os resultados que podem auferir – 19 militantes da Al-Qaeda, por exemplo, bastaram para perpetrar os atentados de 11 de Setembro.

Marighella preconizava o emprego de "grupos de fogo" constituídos por quatro ou cinco militantes. O líder da ALN advogava em seu conhecido *Manual do guerrilheiro urbano* (1969):

> Um mínimo de dois grupos de fogo, rigorosamente compartimentados e estanques, articulados e coordenados por uma ou duas pessoas, constituem uma equipe de fogo.
> [...] Quando não dispõe inicialmente de nenhum apoio, sua logística expressa-se sob a fórmula MDAME, significando respectivamente Motorização, Dinheiro, Armas, Munições e Explosivos.[33]

Dentre os principais procedimentos de segurança das células clandestinas encarregadas do combate subterrâneo, destaca-se o conceito de estrutura compartimentada, segundo o qual o número de pessoas conhecidas e os contatos interpessoais devem se restringir a um mínimo imprescindível, assim como o fluxo e a difusão de informações devem se limitar, apenas, ao estritamente necessário. Cada membro da organização deve conhecer e relacionar-se com um universo muito pequeno de outros militantes (sempre inferior a uma dezena de pessoas). Dessa forma, a queda de um deles não comprometerá toda a estrutura, proporcionando tempo para que as medidas e os ajustes decorrentes sejam feitos com oportunidade. Falhas na compartimentação, em geral, são fatais. Dentre os muitos equívocos cometidos pelos grupos de luta armada brasileiros nas décadas de 1960 e 1970, pode-se assinalar com clareza erros primários de compartimentação:

> A falta de segurança da ALN e do movimento revolucionário brasileiro foi permanente, em todas as horas e situações. No Rio de Janeiro, por exemplo, todos os militantes da ALN conheciam a casa do largo da Tijuca onde os dirigentes se reuniam. Pelos mais variados motivos ou razões todos os militantes passavam pela casa.[34]

Grupos de guerrilha

Grupos e unidades de guerrilha, em tese, contam com um poder relativo de combate superior e, assim sendo, tornam-se capazes de empreender ações de maior envergadura. Atuando de forma predominantemente ostensiva, esse segmento das forças irregulares tende a ser mais facilmente identificado. Portanto, erros na concepção de uma campanha guerrilheira, em princípio, são mais danosos e acarretam grandes prejuízos, como a malfadada Campanha dos Cem Regimentos conduzida pelos comunistas chineses contra as forças japonesas de ocupação, os infrutíferos ataques do Vietminh em Vinh Yen, Mao Khe e Phat Diem no ano de 1951, ou a catastrófica aventura foquista na Bolívia em 1967.

A tabela abaixo resume os pré-requisitos fundamentais para que os grupos de guerrilha possam, inicialmente, se instalar em uma determinada área:

Tabela 15 – Pré-requisitos para a instalação de grupos de guerrilha

Força de guerrilha	
Atrativos operacionais	**Condições de subsistência**
– Presença de alvos e objetivos que deem razão tática à sua existência.	– População local: densidade demográfica, tendências políticas e suscetibilidade ao proselitismo radical. – Disponibilidade de recursos locais. – Acesso ao apoio externo. – Menor capacidade de ingerência do aparelho de segurança do Estado. – Adequação da fisiografia da área de operações: existência de áreas de homizio, refúgios ativos e espaço para manobra.

Constitui tarefa crítica para qualquer força de guerrilha a obtenção de um fluxo regular de armas, munição e medicamentos. Além de serem extremamente úteis como ato de propaganda, as emboscadas contra comboios militares, as incursões contra instalações policiais, quartéis, paióis e depósitos das Forças Armadas tornaram-se o recurso consagrado, segundo o qual guerrilheiros buscam atender à demanda por suprimentos nos estágios iniciais da luta. São, também, utilizadas com frequência a cobrança de "impostos", a extorsão e a "expropriação" de bens estatais e privados, especialmente, por meio de assaltos a bancos. Porém, trata-se de um processo paliativo, que não substitui a necessidade de um patrocinador externo ou de uma substancial fonte de renda própria, como o narcotráfico, por exemplo. Tanto o Hezbollah, com o apoio de Teerã e Damasco, quanto as FARC-EP, com os enormes lucros provenientes do tráfico internacional de drogas, ilustram essa realidade.

Todavia, mesmo que o fluxo de abastecimento esteja assegurado, a expansão e as perspectivas de sucesso das unidades de guerrilha permanecem ainda diretamente associadas à capacidade de seus líderes fortalecerem os vínculos existentes com a população civil e converterem em ganhos políticos palpáveis seus pequenos êxitos táticos.

A GUERRA IRREGULAR E O DIREITO INTERNACIONAL HUMANITÁRIO

Entende-se por Direito Internacional Humanitário o "domínio do direito voltado aos métodos e meios de combate permissíveis, ao respeito e à proteção das vítimas da guerra (em mãos inimigas), e à proteção internacional dos direitos humanos nos conflitos armados".[35] Suas origens se perdem na história, pois regras de comportamento consuetudinárias têm pautado a conduta da guerra desde a remota Idade Antiga. No século XVII, ao observarem a ignóbil Guerra dos Trinta Anos, juristas como Hugo Grotius, Thomas Hobbes e Emmerich de Vattel acreditaram não apenas ser necessário como também possível codificar leis internacionais que estabelecessem os limites segundo os quais os conflitos bélicos seriam travados. Mas foi somente em agosto de 1864, com a conclusão da primeira Convenção de Genebra (Convenção Relativa aos Militares Feridos nos Campos de Batalha), que o Direito Internacional Humanitário consubstanciou-se em termos formais, sendo esse evento considerado seu marco inaugural.

A relevância adquirida pelo Direito Humanitário, no combate moderno, não se limita somente a seus aspectos legais. Isto é, não se trata, apenas, da subordinação do Estado e suas Forças Armadas a um arcabouço jurídico internacional, sendo suas decisões, ações e omissões, em todos os níveis da cadeia hierárquica, passíveis de serem enquadradas como crimes de guerra, levando, portanto, seus autores a sofrerem as sanções decorrentes. Sua fiel observância também encontra-se intimamente associada à luta pelo apoio da opinião pública, pois o zelo e a sujeição aos preceitos humanitários auferem legitimidade às operações militares e à própria política do Estado.

Tratando-se de guerra irregular, há que se admitir que o conflito assimétrico também é assimétrico quanto à aplicação do Direito Internacional Humanitário. Seguindo uma tendência natural, a opinião pública se mostra muito menos tolerante com forças convencionais que infringem as normas humanitárias dos conflitos armados do que com os crimes bárbaros perpetrados por guerrilheiros e terroristas. Portanto, se hoje, graças ao crescente poder da mídia e da opinião pública, os exércitos regulares são impelidos a se subordinarem incondicionalmente às normas legais da guerra, forças irregulares não se sujeitam a nenhum tipo de restrição jurídica e, ainda, exploram habilmente esse fato a seu favor, gozando de maior liberdade de ação e aproveitando as oportunidades de propaganda oferecidas pelas unidades regulares, quando estas violam a lei da guerra ou fazem uso desproporcional da força, vitimando civis inocentes.

O episódio envolvendo militares norte-americanos e prisioneiros sob sua custódia na prisão iraquiana de Abu Ghraib ilustra a enorme vulnerabilidade, sobretudo dos Estados democráticos diante de flagrantes violações das normas de conduta legalmente definidas no escopo do Direito Internacional Humanitário. A despeito de todos os crimes perpetrados deliberadamente contra a população civil pelos diferentes grupos insurgentes nativos, a mera difusão pela mídia de fotos que revelavam o tratamento humilhante imposto a alguns prisioneiros provocou danos significativos aos objetivos militares definidos por Washington para a força de ocupação no Iraque; minou o apoio da opinião pública interna à política da Casa Branca e, principalmente, desacreditou, ainda mais, diante da comunidade internacional, os controversos argumentos morais com os quais os Estados Unidos pretendiam justificar sua Guerra Global Contra o Terror.

Muito embora possa ser considerado uma das maiores conquistas da humanidade, o Direito Internacional Humanitário nunca conseguiu antever as características da "guerra do futuro", o que seria útil para antecipar-se às exigências e às necessidades das vítimas de cada novo conflito. Seu desenvolvimento foi marcado, essencialmente, por reformulações e aperfeiçoamentos introduzidos após a traumática constatação de uma nova realidade decorrente da evolução da conduta da guerra. Dentro desse contexto, o combate irregular passou a adquirir importância crescente para o Direito Internacional Humanitário a partir da segunda metade do século xx.

Artigo 3: a miniconvenção

Com o fim da Segunda Guerra Mundial, o Conselho Federal Suíço, administrador das Convenções de Genebra, convocou a "Conferência diplomática para elaborar convenções internacionais destinadas a proteger as vítimas da guerra". Em 12 de agosto de 1949, chegava-se ao texto final das quatro Convenções de Genebra:

I. Convenção para a melhoria das condições dos feridos e enfermos das forças armadas em campanha;
II. Convenção para a melhoria das condições dos feridos, enfermos e náufragos das Forças Armadas no mar;
III. Convenção relativa ao tratamento dos prisioneiros de guerra; e
IV. Convenção relativa à proteção dos civis em tempo de guerra.

Apenas o artigo comum 3 das Convenções de 1949, cognominado "convenção dentro da convenção", "convenção em miniatura" ou "miniconvenção", versava sobre os conflitos armados de caráter não internacional, reconhecendo a existência de "um mínimo de princípios humanitários aplicáveis aos conflitos internos":

> **Artigo 3.** Em caso de conflito armado de caráter não internacional que ocorra em território de uma das Altas Partes Contratantes, cada uma das Partes em conflito deverá aplicar, pelo menos, as seguintes disposições:
>
> 1) As pessoas que não participarem diretamente do conflito, incluindo membros das Forças Armadas que tenham deposto as armas e pessoas que tenham sido postas fora de combate por enfermidade, ferimento, detenção ou qualquer outra razão, devem em todas as circunstâncias ser tratadas com humanidade, sem qualquer discriminação desfavorável baseada em raça, cor, religião ou crença, sexo, nascimento ou fortuna, ou qualquer outro critério análogo. Para esse efeito, são e permanecem proibidos, sempre e em toda parte, em relação às pessoas acima mencionadas:
>
>   a) os atentados à vida e à integridade física, em particular o homicídio sob todas as formas, as mutilações, os tratamentos cruéis, torturas e suplícios;
>   b) as tomadas de reféns;
>   c) as ofensas à dignidade das pessoas, especialmente os tratamentos humilhantes e degradantes;
>   d) as condenações proferidas e as execuções efetuadas sem julgamento prévio por tribunal regularmente constituído, que ofereça todas as garantias judiciais reconhecidas como indispensáveis pelos povos civilizados.

2) Os feridos e enfermos serão recolhidos e tratados.

Um organismo humanitário imparcial, tal como o Comitê Internacional da Cruz Vermelha, poderá oferecer seus serviços às Partes em conflito.
As Partes em conflito deverão esforçar-se, por outro lado, em colocar em vigor por meio de acordos especiais, totalmente ou em parte, as demais disposições da presente Convenção.
A aplicação das disposições anteriores não afeta o estatuto jurídico das Partes em conflito.

Certamente, chama a atenção do leitor o quão dissociado da realidade encontra-se o texto do artigo 3 da Convenção de 1949. Todavia, no momento em que fora elaborado, parecia atender às necessidades de sua época. Equivoco que não tardou a se tornar claro, com a erosão do Império colonial europeu e as lutas de cunho ideológico que caracterizaram o período da Guerra Fria. Campanhas cruéis como a guerra de independência do Quênia, a Guerra da Argélia e a Guerra do Vietnã provocaram grande comoção junto à opinião pública internacional. Guerrilhas na América Latina, guerras de independência na África e na Ásia, lutas nacionalistas na Irlanda e na Palestina e os choques ideológicos que permeavam toda a violência no Terceiro Mundo deixaram claro que as leis da guerra haviam se tornado obsoletas.

O Protocolo Adicional II de 8 de junho de 1977

Com o propósito de adequar as normas jurídicas internacionais a essa nova realidade, entre 1974 e 1977 ocorreram quatro sessões da Conferência Diplomática sobre a Reafirmação e o Desenvolvimento do Direito Internacional Humanitário Aplicável nos Conflitos Armados. Os representantes dos diversos Estados presentes elaboraram, por fim, dois protocolos adicionais às Convenções de Genebra de 12 de agosto de 1949, a saber:

– Protocolo I (1977): protocolo adicional relativo à proteção das vítimas dos conflitos armados internacionais;
– Protocolo II (1977): protocolo adicional relativo à proteção das vítimas dos conflitos armados não internacionais.

De acordo com Christophe Swinarski, consultor jurídico do Comitê Internacional da Cruz Vermelha (CICV):

Na atualidade é, portanto, rara a situação na qual dois Estados enfrentam-se abertamente em um conflito armado, enquanto que é muitíssimo mais frequente a situação na qual a guerra se realiza sem que seja dado esse nome, ou na qual se opõem, em território de um Estado, as autoridades estabelecidas e as suas Forças Armadas a uma parte da população. Não obstante, estes conflitos, que não são abertamente internacionais, podem extravasar as fronteiras do território no qual se desenrolam, por causa dos interesses políticos e das alianças [...].
[...] As comoções que sacudiram o mundo como resultado do processo de descolonização e como consequência das crescentes tensões ideológicas e políticas em muitos Estados trouxeram à tona, de maneira cada vez mais crucial, o problema da aplicação do Direito Humanitário em uma situação de conflito armado não internacional. Com efeito, uma das principais razões para a convocação da Conferência Diplomática de 1974, cujo objetivo era adaptar o Direito Internacional Humanitário às situações contemporâneas dos conflitos armados, foi a preocupação em contemplar este direito e estendê-lo, de maneira mais idônea, às situações de conflitos não internacionais.[36]

Com 28 artigos, o Protocolo Adicional II desenvolve e completa, "mediante normas mais precisas, o artigo comum 3 das Convenções de 1949, que até então era o único dispositivo convencional a estipular proteção às vítimas de conflitos armados não internacionais".[37] Todavia, sua abrangência é restrita, pois logo em seu artigo 1 esclarece: "O presente Protocolo não se aplica às situações de tensão e perturbação internas, tais como motins, atos de violência isolados e esporádicos e outros atos análogos, que não são considerados conflitos armados."

O mesmo artigo apresenta os elementos constitutivos do conflito armado não internacional, quais sejam:

– caracterização geográfica interna, isto é, restringir-se ao território de um Estado;
– a existência de grupos armados ou parte dissidente das Forças Armadas que não reconheçam a autoridade do Estado e se oponham a ele;
– a existência de uma liderança que responda, efetivamente, pelo comando dos grupos acima mencionados;
– por fim, o fato de exercerem um controle territorial que os permita conduzir operações militares contínuas e coordenadas e ainda aplicar dos preceitos do Direito Humanitário.

Portanto, diante da complexidade da guerra irregular, o Protocolo II permanece como um instrumento jurídico bastante limitado, pois não se estende às situações de "Distúrbios Interiores" e "Tensões Internas". Ademais, somente em seus estágios mais avançados, a guerra irregular preencherá os pré-requisitos que a qualificarão como conflito armado não internacional.

A prática torna, ainda, mais inconsistente os preceitos do Protocolo II, colocando em dúvida seu mérito como dispositivo legal capaz de impor limites ao combate irregular. No corpo de seu texto, estão proibidos os atentados contra a vida, o assassinato, a tortura, as mutilações, as punições coletivas, a tomada de reféns, os atos de terrorismo, o recrutamento de crianças menores de 15 anos de idade, as execuções sumárias e a violência direcionada contra a população civil. Ou seja, tudo aquilo que é largamente empregado por guerrilheiros, terroristas e unidades de contrainsurgência na obscuridade da guerra irregular.

> Na definição de guerra interna ou guerra civil constatamos, novamente, um divórcio entre a definição e a realidade entre direito internacional e política internacional. O direito internacional, de acordo com os ensinamentos tradicionais, só passaria a ser invocado a partir do momento em que os revolucionários fossem reconhecidos como beligerantes, sendo em consequência, equiparados aos combatentes numa guerra internacional.
> A diferenciação entre guerra interna e a guerra internacional é, hoje em dia, cada vez mais difícil [...].
> [...] Seja como for, a guerra civil sai da alçada exclusiva do direito interno, ingressando na do direito internacional em decorrência do reconhecimento expresso ou tácito de beligerância e que pode resultar de uma manifestação do próprio Estado onde a revolta se verifica ou de pronunciamento de terceiro ou terceiros Estados desejosos de assumir uma atitude de neutralidade em face das duas partes em luta.
> [...] Assim, situações provocadas por tensões políticas, sociais, religiosas ou raciais, levantes de grupos minoritários ou atos de terrorismo isolado, não justificam a aplicação de nenhuma das quatro Convenções.
> [...] Verifica-se que para esta nova geração de revolucionários não existem princípios jurídicos ou morais, mas apenas um objetivo político, a ser alcançado independente de quaisquer considerações. Dentro de tal filosofia todos os recursos são válidos, como o assassinato ou o sequestro de diplomatas ou de funcionários graduados, os assaltos a bancos, hospitais ou empresas privadas sob o pretexto de obter fundos destinados a financiar as atividades subversivas, o sequestro de aeronaves e o pedido de resgate, a sabotagem seletiva visando à implantação do terror e da insegurança, ataques a quartéis para a obtenção de armas, uso de uniformes das forças armadas regulares e as tentativas de envolver todos os meios universitários e até os membros do clero, muitos deles iludidos na sua boa-fé. E esta violência gera a violência por parte dos órgãos governamentais, geralmente os primeiros a serem

atingidos e, portanto, sujeitos permanentemente a uma ameaça contra a sua própria vida. Nesta segunda hipótese, verifica-se de imediato uma reação internacional contra a violação dos direitos humanos e as acusações de prisões arbitrárias e torturas.[38]

Dessa forma, somente o Estado constituído parece estar efetivamente ao alcance dos dispositivos legais do Direito Internacional Humanitário. Sua aplicabilidade, portanto, tende a restringir-se tão somente às Forças Armadas nacionais, deixando de impor-se às organizações militantes.

Os significativos esforços despendidos com o intuito de aplicar os preceitos humanitários nos conflitos irregulares são coroados com êxitos modestos. Na América Latina, por exemplo, o CICV foi relativamente bem-sucedido na Nicarágua e em El Salvador, pois a partir de um determinado momento o comando da Frente Sandinista de Libertação Nacional e da Frente Farabundo Martí de Libertação Nacional, respectivamente, comprometeram-se a observar os princípios do Direito Humanitário. Mas, ainda assim, as lutas na América Central serão lembradas por condutas desprovidas de limites éticos e legais, por execuções criminosas, pela atuação dos esquadrões da morte e pela tortura. Permanecerão na memória o assassinato do jornalista norte-americano Bill Stewart, executado nas ruas de Manágua por um membro da Guarda Nacional nicaraguense, em junho de 1979, e o atentado que vitimou o arcebispo de San Salvador, monsenhor Óscar Arnulfo Romero, morto a tiros, em março de 1980, enquanto professava a homilia.

Em termos práticos, graças à relevância de seu papel nos conflitos irregulares, a opinião pública pode, efetivamente, oferecer limites mais tangíveis aos métodos empregados por guerrilheiros e terroristas, desde que assuma uma postura franca e irredutível de condenação e intolerância em face dos crimes perpetrados indiscriminadamente contra a população civil, bens culturais, lugares de culto, prisioneiros de guerra e não-combatentes. De certo, as forças irregulares podem ser levadas a reavaliar seus métodos, quando a vulgarização da violência a torna contraproducente, levando à perda do apoio popular e ao comprometimento de objetivos políticos mais elevados, como aconteceu com a "Sexta-Feira Sangrenta" do IRA em julho de 1972, por exemplo. Para tanto, é necessário também que essa mesma opinião pública entenda como legítimas as operações de contrainsurgência e acredite que essas sejam rigorosamente pautadas pela observância da lei.

Abre-se, então, uma "nova frente" com trocas de acusações de ambas as partes. Nesse contexto específico, a história tem nos mostrado que, a partir do amadurecimento do combate subterrâneo, dificilmente as forças irregulares são derrotadas na guerra da propaganda.

O Hezbollah, por exemplo, viola o número 2 do artigo 13 do Protocolo II ao realizar ataques com foguetes contra a população civil de cidades israelenses, e o número 7 do artigo 51 do Protocolo I ao ocultar seus veículos lançadores em bairros residenciais no sul do Líbano. Mas, ainda assim, o Partido de Deus acusa, com profunda eloquência, Israel de infringir os números 4 e 5 do mesmo artigo 51, quando as FDI desferem contra-ataques para destruir o arsenal xiita.

Em um artigo intitulado "A lei internacional e o terrorismo", Davida Kellogg faz alusão a esse "tribunal da opinião pública", advoga uma "ofensiva moral e legal como uma arma contra as organizações terroristas", mas, ainda assim, admite:

> [...] a guerra moderna de terror transformou completamente a teoria do estrategista prussiano Carl Von Clausewitz: a guerra é a continuação das políticas por outros meios, mas o terrorismo é a transformação das políticas para uma forma de guerra; quer dizer, as políticas como a continuação da guerra por outros meios. [...] a guerra da lei é um tipo de guerra na qual as solicitações à Lei Internacional do Conflito Armado são utilizadas como um meio da influência da opinião pública nas políticas do inimigo.[39]

Distúrbios interiores, tensões internas e novos desafios

Não contemplados pelo Protocolo Adicional II, os distúrbios interiores constituem conflitos, porquanto resultam da aplicação sistemática da violência e produzem um número elevado de vítimas. Todavia, não caracterizam a existência de um "conflito armado não internacional", pois deixam de apresentar formalmente um ou mais de seus elementos constitutivos. Dessa forma, as guerras irregulares são, a princípio, consideradas perturbações ou ameaças à ordem pública e, ao se expandirem, permanecem, na maioria dos casos, enquadradas apenas como distúrbios interiores, fora, portanto, do escopo do Direito Internacional Humanitário e restritas à abrangência do direito interno. Nesse contexto, onde não existe um estado de beligerância legalmente reconhecido, o Direito Internacional dos Direitos Humanos (Human Rights Law) é comumente evocado com o propósito de assegurar a proteção das vítimas do combate irregular.

Em um patamar inferior aos distúrbios interiores, encontram-se as tensões internas, que são resultantes de fortes antagonismos de origem político ideológica, socioeconômica, étnica ou religiosa. Para fins conceituais, as tensões internas devem, necessariamente, apresentar pelo menos uma das seguintes características:

- encarceramento em massa, especialmente de presos políticos;
- prováveis maus-tratos ou condições inumanas de detenção;
- suspensão das garantias judiciais fundamentais;
- denúncia de desaparecimentos.

Com os atentados de 11 de Setembro, juristas de todo o mundo voltaram-se para novos e acalorados debates acerca da adequação das normas legais aplicáveis à guerra irregular, especificamente ao terrorismo internacional. Governos e institutos não governamentais têm difundido listas atualizadas contendo o nome das organizações rotuladas como terroristas, quando sequer existe uma definição comum de terrorismo útil como instrumento jurídico. Discussões também se formaram em torno da legitimidade das ofensivas militares convencionais desfechadas em nome da guerra contra o terror, bem como das represálias aos Estados nacionais que, direta ou indiretamente, fomentam essa atividade irregular.

Com tamanhos óbices à aplicação de preceitos humanitários elementares de parte a parte, é fácil compreender por que, em diversas ocasiões, um conflito irregular recebeu a alcunha de "guerra suja". Acredita-se que somente a complementaridade entre o Direito Internacional Humanitário e a proteção internacional dos direitos humanos seja capaz de reduzir a lacuna que separa os fundamentos jurídicos de uma prática desprovida de limites éticos e legais. Todavia, o amadurecimento e a "reeducação" da opinião pública nas questões afetas à Lei da Guerra também parece ser condição *sine qua non* para subordinar as organizações militares aos ditames do Direito Humanitário, por meio da censura, da reprovação e da condenação.

NOTAS

[1] Friedrich August Freiherr von der Heydte, A guerra irregular moderna em políticas de defesa e como fenômeno militar, Rio de Janeiro, Bibliex, 1990, pp. 18, 37-8.
[2] Carl von Clausewitz, Da guerra, São Paulo, Martins Fontes, 1979, p. 447.
[3] Citado por Enzo Pace, Sociologia do Islã: fenômenos religiosos e lógicas sociais, Petrópolis, Vozes, 2005, p. 269.

[4] Rui Facó, Cangaceiros e fanáticos, Rio de Janeiro, Bertrand Brasil, 1991, p. 36.
[5] Pierre Chaunu, História da América Latina, São Paulo, Difel, 1979, p. 93.
[6] Thomas A. Marks, "Um modelo de contrainsurgência: a Colômbia de Uribe (2002-2006) versus as Forças Armadas Revolucionárias da Colômbia – Farc", em Military Review, jul.-ago. 2007, edição brasileira, p. 32.
[7] Richard Pipes, História concisa da Revolução Russa, Rio de Janeiro, Record, 1997, p. 35.
[8] Idem, p. 13.
[9] Citado por David J. Whittaker, Terrorismo: um retrato, Rio de Janeiro, Bibliex, 2005, p. 186.
[10] Carl von Clausewitz, op. cit., p. 75.
[11] Idem, p. 91.
[12] Idem, p. 93.
[13] Idem, p. 91.
[14] Citado por J. F. C. Fuller, A conduta da guerra, Rio de Janeiro, Bibliex, 1966, p. 75.
[15] Carlos Alberto Pissolito, "La guerra contra el terrorismo internacional y los paradigmas estratégicos", em Military Review, set.-out. 2003, edição brasileira, p. 67.
[16] T. E. Lawrence, Os sete pilares da sabedoria, São Paulo, Círculo do Livro, p. 140.
[17] Friedrich August Freiherr von der Heydte, op. cit., p. 92.
[18] Thomas X. Hammes, "Oposição contra o aperfeiçoamento das redes insurgentes", em Military Review, jan.-fev. 2007, edição brasileira, p. 15.
[19] Friedrich August Freiherr von der Heydte, op. cit., pp. 71, 74 e 270.
[20] Idem, pp. 24 e 59.
[21] Idem, pp. 76-7.
[22] T. E. Lawrence, op. cit., p. 335.
[23] Eliot Cohen et al., "Os princípios, imperativos e paradoxos de contrainsurreição", em Military Review, jul.-ago. 2006, edição brasileira, p. 71.
[24] Mark Bowden, Falcão negro em perigo, São Paulo, Landscape, 2001, p. 36.
[25] Extraído de *Guerra na paz*, Rio de Janeiro, Rio Gráfica Ltda., p. 278.
[26] Eliot Cohen et al., op. cit., pp. 74-5.
[27] Thomas X. Hammes, op. cit., p. 22.
[28] Daniel Helmer, "O emprego de terroristas suicidas pelo Hezbollah durante a década de 80: desenvolvimento teológico, político e operacional de uma nova tática", em Military Review, nov.-dez. 2006, edição brasileira, pp. 67-8, 70-2.
[29] Hermes de Araújo Oliveira, Guerra revolucionária, Rio de Janeiro, Bibliex, 1965, p. 89.
[30] Friedrich August Freiherr von der Heydte, op. cit., p. 185.
[31] Citado por David J. Whittaker, Terrorismo: um retrato, Rio de Janeiro, Bibliex, 2005, p. 18.
[32] Carlos Marighella, Manual do guerrilheiro urbano, 1969, mimeo.
[33] Idem.
[34] Luís Mir, A revolução impossível, Rio de Janeiro, Best Seller, 1994, p. 363.
[35] Antônio Augusto Cançado Trindade, "A evolução do direito internacional humanitário e as posições do Brasil", em Direito Internacional Humanitário – Simpósio Organizado pelo Ministério das Relações Exteriores, Instituto de Pesquisas de Relações Internacionais (IPRI), Brasília, 1989, p. 13.
[36] Christophe Swinarski, Introdução ao direito internacional humanitário, Brasília, Escopo, 1988, pp. 47-8.
[37] Antônio Augusto Cançado Trindade, op. cit., p. 23.
[38] G. E. Nascimento e Silva e Hildebrando Accioly, Manual de direito internacional público, São Paulo, Saraiva, 2000, pp. 522-3 e 525-6.
[39] Davida E. Kellogg, "A lei internacional e o terrorismo", em Military Review, jan.-fev. 2006, edição brasileira, pp. 53-5.

Terrorismo

DEFINIÇÃO

O terrorismo não é um fenômeno recente. A palavra nos faz lembrar dos radicais jacobinos e a institucionalização do "terror de Estado" praticado durante a Revolução Francesa, por meio do Tribunal Revolucionário de Paris. Mas, antes deles, diversos déspotas já haviam recorrido a esse método. O czar Ivan IV, por exemplo, recebera o "terror" como alcunha, e séculos mais tarde esse ainda seria o principal recurso empregado por Stalin para dirigir a União Soviética.

A partir do final do século XIX, o terrorismo vem adquirindo uma importância crescente. Mikhail Bakunin, fundador do anarquismo russo, preconizava o uso do terror como ferramenta revolucionária. Em fevereiro de 1880, um atentado a bomba perpetrado pela organização Vontade do Povo vitimou o czar Alexandre II. Lenin e os bolcheviques, naturalmente, incorporaram o terrorismo a seu repertório sedicioso e, anos mais tarde, exportaram-no para todo o planeta, por intermédio dos agentes do Kominter. Outro atentado precipitou o início da Primeira Guerra Mundial, quando a Mão Negra (organização nacionalista bósnia patrocinada pela Sérvia) assassinou o arquiduque Ferdinando da Áustria durante uma visita a Sarajevo. No início dos anos 1920, Michael Collins não hesitou em empregar métodos semelhantes em prol da causa nacionalista irlandesa e militantes dos grupos Irgun e Lehi fizeram o mesmo durante o mandato britânico na Palestina.

Entretanto, assim como as demais formas de guerra irregular, o terrorismo sofreu notável expansão após o término da Segunda Guerra Mundial, com enorme incidência no Terceiro Mundo, abarcando as guerras de libertação nacional, as revoluções marxistas e as práticas de grupos reacionários de extrema direita. Em algumas lutas de independência, como no Quênia e na Argélia, o terrorismo desempenhou um papel realmente significativo. Nesse período, os militantes do IRA e os membros da OLP e da FPLP redefiniram os métodos terroristas. Os irlandeses tornaram-se responsáveis por atentados a bomba bem elaborados, que vitimaram propositadamente um número considerável de civis inocentes. Os palestinos internacionalizaram o terror, atacando alvos israelenses fora do Oriente Médio e estabelecendo estreitos vínculos com organizações de outros países. O Exército Vermelho japonês, a Fração do Exército Vermelho alemã, as Brigadas Vermelhas italianas, o basco ETA, entre tantos outros grupos, sofreram enorme influência de irlandeses e palestinos, sem nunca se igualarem a eles.

No final dos anos 1970, a Revolução Iraniana marcou o "surgimento" do terrorismo religioso. Desde então, organizações como o Hezbollah, o Hamas e a Jihad Islâmica Palestina têm alcançado notável projeção e obtido êxitos significativos, recorrendo às operações de martírio.

O vulto e as consequências dos atentados perpetrados pela Al-Qaeda em Washington, Nova Iorque, Madri e Londres; a "guerra global contra o terror" proclamada pelos Estados Unidos e a violência sectária no Iraque denotam o destacado papel que essa forma de guerra irregular vem assumindo no início do século XXI. Para o general da reserva Álvaro de Souza Pinheiro vivemos em "uma era de conflitos caracterizada pela presença intensiva do fenômeno do terrorismo".[1] No prefácio da obra *The Terrorism Reader*, seu organizador, David Whittaker, corrobora essa assertiva afirmando: "Sua incidência mais que dobrou nos últimos vinte anos. Jamais houve tão amplo interesse no terrorismo [...] O terrorismo se transformou num dos mais prementes problemas políticos do último meio século."[2]

Na década de 1970, o termo "terrorismo" encontrava-se associado, sobretudo, à tomada de reféns. Atualmente, sugere atentados suicidas com um número ponderável de vítimas inocentes. Entretanto, o público não necessita assistir ao desabamento de arranha-céus para ver-se diante de ataques terroristas. Sendo um ato de guerra irregular, abrange um enorme repertório de métodos, com objetivos, amplitude e características variáveis. Guerrilheiros, rebeldes e insurgentes sempre recorreram ao terror. Assim como os anarquistas do final do século XIX, Carlos Marighella, por exemplo, advogava abertamente seu uso e admitia ser um terrorista. Para ele, tratava-se de "uma arma a que jamais o revolucionário pode renunciar". Contudo, nos dias de hoje, esse rótulo sugere conotações muito negativas junto à opinião pública, no "*front* das notícias", qualificar seus oponentes como terroristas constitui por si só uma vitória (e o próprio Marighella não percebeu isso a tempo). Na verdade, guerrilha, subversão, sabotagem e terrorismo constituem ações de guerra irregular que se complementam. Segundo Von der Heydte:

> O terrorismo no combate subterrâneo é apenas um instrumento junto a outros. "O terrorismo" explica uma figura dirigente do movimento de guerrilhas da Guatemala M13, no começo dos anos 1960, "nunca destruiu uma classe (social) ou um governo. Ele deve somente ser usado como uma atividade intensificadora de apoio a outras ações".[3]

Por essa razão, um breve olhar sobre a história revela que poucas foram as organizações militantes dedicadas exclusivamente ao terror. Por vezes, vamos encontrá-lo, também, associado ao fenômeno do banditismo e ao crime organizado. De qualquer forma, o grande desconhecimento que o cerca contribui, principalmente, para fornecer-lhe maior publicidade e comprometer uma resposta rápida, coordenada e eficaz da sociedade.

Mas o que exatamente pode ser considerado um atentado terrorista? Qual o conceito de terrorismo? Por que é tão difícil defini-lo? Como um mesmo ato de violência suscita interpretações tão divergentes quanto à sua legitimidade?

O cerne dessas questões reside na dicotomia existente entre o que é, de fato, terrorismo e aquilo que decidiremos chamar de terrorismo, pois se trata de dois conceitos bastante distintos. O primeiro diz respeito, sobretudo, ao pragmatismo das organizações militantes que se valem desse recurso operacional, importando-se apenas com seus resultados práticos. O segundo é afeto ao Estado e à sociedade civil, visto que se molda a uma pretensa utilidade política, por meio de um enquadramento jurídico tipificado do crime de terrorismo. Assim sendo, conceitos formais buscam, necessariamente, contemplar aspectos políticos, jurídicos e, eventualmente, princípios éticos e morais. Eis algumas das mais importantes definições atualmente em uso:

- *Departamento de Estado dos Estados Unidos da América:* "Violência premeditada e politicamente motivada perpetrada contra alvos não combatentes por grupos subnacionais ou agentes clandestinos, normalmente com a intenção de influenciar uma audiência."
- *Departamento de Defesa dos Estados Unidos:* "O calculado uso da violência ou da ameaça de sua utilização para inculcar medo, com a intenção de coagir ou intimidar governos ou sociedades, a fim de conseguir objetivos geralmente políticos, religiosos ou ideológicos."
- *Governo do Reino Unido:* "O uso da força ou sua ameaça com o objetivo de fazer avançar uma causa ou ação política, religiosa ou ideológica que envolva violência séria contra qualquer pessoa ou propriedade, coloque em risco a vida de qualquer pessoa ou crie um risco sério para a saúde e segurança do povo ou de uma parcela do povo."[4]
- *Agência Brasileira de Inteligência:* "ato premeditado, ou sua ameaça, por motivação política e/ou ideológica, visando atingir, influenciar ou coagir o Estado e/ou a sociedade, com emprego de violência. Entende-se, especialmente, por atos terroristas aqueles definidos nos instrumentos internacionais sobre a matéria, ratificados pelo Estado brasileiro".[5]

Porém, em termos práticos, terrorismo constitui, tão somente, qualquer forma sub-reptícia de intimidação psicológica. Para Walter Reich, trata-se de "uma estratégia de violência concebida para promover resultados desejados pela instilação do medo no público em geral."[6] Com muita propriedade, portanto, o *Oxford English Dictionary* define terrorista como "quem quer que tente impor um sistema de intimidação coercitiva".[7] Todavia, esse "conceito" é politicamente inconveniente e juridicamente inútil, pois amplia de forma irrestrita o escopo de ações e atores passíveis de serem considerados terroristas. Muitos autores já reconhecem que a busca por um conceito formal de terrorismo não pode se restringir ao dogmatismo acadêmico, pois coloca em evidência uma série de paradoxos:

[Terrorismo] não é um termo descritivo neutro. Mesmo as definições acadêmicas são subjetivas porque têm que levar em conta que o linguajar comum o emprega com juízo de valor. Por causa disso, somos levados a indagar quem chama terrorismo de que, quando e por quê. Como "terrorismo" é um rótulo político, é também um conceito organizador que descreve o fenômeno como ele existe, ao mesmo tempo em que oferece um julgamento moral. O rótulo é uma simplificação útil [...].[8]

O ATO DE TERROR

O terrorismo compreende um vasto repertório de atividades que transcende o senso comum, associando-se, frequentemente, a um proselitismo demagógico com o intuito de atingir determinados objetivos psicológicos. A vaga ideia compartilhada pela grande maioria do público manifesta-se de forma mais intensa no embate silente ou ruidoso promovido pelas partes beligerantes através dos meios de comunicação de massa. A ocorrência sistemática de sequestros, assassinatos ou atentados a bomba é facilmente entendida pela opinião pública como sendo terrorismo. Não se contesta que o massacre promovido por militantes do Exército Vermelho japonês no aeroporto de Lod, em Israel, em maio de 1972, ou os atentados de 11 de Setembro em Washington e Nova Iorque, por exemplo, foram atos terroristas. Entretanto, um estudo um pouco mais acurado suscita questionamentos e dúvidas acerca de métodos menos evidentes, como as "invasões de edificações e terras públicas e privadas", as imposições para o fechamento de escolas e comércios, os incêndios criminosos de transportes públicos e os ataques sistemáticos a postos policiais. Assim sendo, a análise de um ato de terror pode tornar-se mais elucidativa se procurarmos identificá-lo por meio de seus elementos constitutivos, quais sejam:

- *Agente perpetrador*: trata-se das organizações militantes ou criminosas (qualificadas ou não como terroristas) ou, ainda, no caso do "terror de Estado", compreende as agências governamentais ou os grupos a elas associados, responsáveis pelo uso ilegítimo da força coercitiva, como as polícias políticas, os grupos de extermínio ou os esquadrões da morte, por exemplo.
- *Clandestinidade*: a ilegalidade ou seu "caráter sub-reptício" são importantes para distinguir um ataque terrorista de muitas das operações militares convencionais, como as campanhas de bombardeio

estratégico praticadas durante a Segunda Guerra Mundial ou a intimidação nuclear, por exemplo. Organizações militantes podem, ainda, valer-se do manto protetor de uma pseudolegalidade, a fim de levar a cabo atos de terror, especialmente quando o fazem dentro do contexto mais amplo de campanhas subversivas.

- *Violência real ou presumida*: o terrorismo caracteriza-se pelo emprego sistemático da violência ou pela ameaça de seu uso. Muitos desses atos poderiam ser considerados outras formas de ataques idiossincráticos, como incursões guerrilheiras, sabotagens, subversão ou propaganda armada, por exemplo. Contudo, se inseridos em um contexto específico, tipificam um atentado terrorista ou podem ser as duas coisas ao mesmo tempo – normalmente, os agentes subversivos e os guerrilheiros urbanos fazem uso irrestrito do terror.
- *Alvo(s) primário(s)*: constitui o objeto imediato da ação, podem ser pessoas ou grupos de pessoas (selecionados ou não); determinado segmento da sociedade; categoria profissional, como magistrados, policiais, militares e funcionários públicos; instalações civis ou militares; bens públicos ou privados; veículos etc. Eventualmente, pode coincidir com o próprio público-alvo.
- *Publicidade*: o terrorista age premeditadamente em busca de publicidade, pois é ela que fornece a ligação entre o efeito do ataque ao alvo primário e o público-alvo. Sem a divulgação do ato de violência e de seus resultados imediatos, um atentado terrorista é inócuo. Nesse contexto, a mídia opera como agente catalisador, sem o qual os danos nocivos da ação tornar-se-iam bem menores. Diz-se que, para o terrorista contemporâneo, a câmera de televisão tornou-se uma ferramenta tão importante quanto seus explosivos. Convém observar, contudo, que a publicidade precisa, apenas, ser proporcional ao efeito desejado. O terrorismo doméstico almeja divulgação nos níveis local e nacional. Dessa forma, um ato de violência que tenha por objetivo coagir os moradores de um bairro carente da periferia de um grande centro urbano, por exemplo, terá sua divulgação confinada àquela pequena área geográfica e restrita àquele contingente populacional (que, por suas características, não receberá destaque sequer na mídia local), mas, ainda assim, se for divulgado a contento por meio do contato interpessoal, caracterizará uma ação terrorista bem-sucedida. Por outro lado, o terror internacional

necessita de projeção mundial e, portanto, depende da magnitude de suas ações, da natureza e importância de seus alvos, da amplitude de seus danos e da oportunidade em que é perpetrado.
- *Público-alvo*: pessoas ou grupo de pessoas, opinião pública interna ou internacional, categoria profissional, agentes do Estado etc. Em suma, compreende a parcela da população sobre a qual o agente perpetrador busca exercer influência ou alterar comportamento. Em geral, um atentado é concebido para atingir, ao mesmo tempo, diferentes públicos-alvo.
- *Meta psicológica*: consiste na pretensa aceitação pública da ideia da força implícita ao ato de violência. Trata-se de como se espera afetar psicologicamente o público-alvo pela ação terrorista – como suas atitudes ou posturas poderão ser alteradas ou como suas tendências comportamentais poderão ser reforçadas diante dos resultados imediatos e dos danos nocivos decorrentes do ataque. Em termos práticos, traduz-se em ideias simples, como a incapacidade ou ineficiência de um Estado; a inutilidade da presença militar; o fracasso dos esforços para conter a violência ou erradicar as ameaças representadas pelas organizações militantes; a existência de um poder paralelo capaz de exercer efetivo controle sobre determinadas áreas e sobre parcela da população civil; a existência de uma oposição armada; a falência de uma política governamental etc. Portanto, conforme afirmou Charles Towshend: "a pergunta crucial sobre o processo do terror não é sobre quanto dano ele causou, e sim que mensagem o dano transmitiu".[9]

Frequentemente, planeja-se alcançar um determinado objetivo político por meio da pressão exercida pelo público-alvo afetado pelo ato de terror, como ocorreu com os atentados perpetrados pela Al-Qaeda em Madri no dia 11 de março de 2004, por exemplo. Por vezes, a intenção é provocar a adoção de medidas policiais preventivas impopulares, com o cerceamento de liberdades individuais, ou levar o governo a desencadear uma brutal onda repressiva, fomentando um ciclo crescente de violência. De acordo com Von der Heydte:

> O terror pretende induzir pessoas e grupos de pessoas a adotar um certo tipo de comportamento. Pretende, além disso, demonstrar influência num certo grau de intensidade. O terror, visto desta maneira, é uma demonstração de poder, o poder de uma minoria ativa e resoluta determinada a fazer qualquer coisa para atingir seus objetivos.[10]

O terrorismo não é uma prerrogativa dos centros urbanos, sua ocorrência também se dá no meio rural. Todavia, como as cidades oferecem maior audiência, facilidade de acesso à mídia e segurança aos agentes perpetradores (que podem se dissimular com facilidade na multidão de desconhecidos), os grandes adensamentos populacionais proporcionam maiores atrativos para a execução dos atentados. O campo, além de palco de campanhas específicas, é particularmente adequado para o treinamento preliminar das células clandestinas encarregadas dos ataques.

Fases de um ataque terrorista

Em um artigo para a *Military Review*, publicado na edição brasileira do segundo trimestre de 2003, o tenente-coronel Andrew Smith do Exército australiano descreveu a cronologia genérica de um atentado terrorista de forma bastante elucidativa:

Tabela 16 – Cronologia de um ataque terrorista

Fase preparatória ("antes")	Crise / Ataque ("durante")	Fase de consequência ("depois")
Atividades terroristas: – desenvolvimento de capacidades; – recrutamento; – treinamento; – arrecadação de verbas; – pesquisa e desenvolvimento; – aquisição de materiais; – coleta de inteligência; – planejamento; – deslocamento estratégico/bases; – estabelecimento de uma rede; – reconhecimento; – contrainteligência; – operações de informação.	Deslocamento final Reunião Montagem do equipamento Reconhecimento final Execução Extração	Exfiltração Regeneração das capacidades Avaliação das consequências Análise das operações Operações de informação

Fonte: adaptado do artigo "Combatendo o terrorismo", de Andrew J. Smith (*Military Review*, 2003).

De acordo com Smith:

> Esta breve análise sugere que um típico ataque terrorista global consiste em uma fase preparatória de vários anos, uma breve fase de crise e uma longa fase de consequências. O mesmo sistema cronológico poderia ser

aplicado a uma campanha terrorista em que são realizados vários ataques empregando táticas diversas. Em tal caso a fase de crise poderia ser prolongada com ataques e suas consequências sendo sobrepostas.[11]

Apesar de focar basicamente um ataque como o 11 de Setembro, as diversas atividades desenvolvidas durante as três fases por ele descritas adéquam-se perfeitamente a qualquer tipo de atentado terrorista.

Classificação corrente

QUANTO À AMPLITUDE

- Terrorismo internacional: "caracterizado por incidentes cujos preparação, financiamento, consequências e ramificações transcendem as fronteiras nacionais, ou seja, quando as vítimas, executantes e o local de um atentado, ou ainda, os meios utilizados, envolvem mais de um país ou nacionalidade".[12]
- Terrorismo nacional ou doméstico: "marcado pelos incidentes cujos atos de violência são praticados por terroristas em seu próprio país e contra seus próprios compatriotas".[13]

QUANTO À MOTIVAÇÃO

- Terrorismo de Estado: modelo de terror consagrado pelos jacobinos durante a Revolução Francesa de 1789, caracterizado pelo emprego ilegítimo da força coercitiva, aplicada por agências estatais de segurança, com o propósito de neutralizar ou erradicar a oposição política interna e assegurar a preservação do regime de governo vigente. Inequivocamente, o ditador soviético Joseph Stalin e todo seu enorme aparato repressivo ainda são apontados como os maiores expoentes da história nessa modalidade de terror. Cabe observar que a perseguição aos opositores políticos no contexto do terrorismo de Estado, contudo, não se restringe aos limites do território nacional. Assim como Stalin, o líder líbio Muamar Kadafi, por exemplo, também vitimou inimigos de sua autocracia que se encontravam no exílio.

No século passado, surgiu uma nova forma de manifestação do terrorismo de Estado, identificada como uma variante do modelo tradicional e conhecida como "terrorismo patrocinado pelo Estado". De acordo com David Whittaker:

> [...] na segunda metade do século XX, vários países começaram a usar organizações terroristas para promover os interesses desses Estados na arena internacional. Em alguns casos, os Estados estabeleceram organizações terroristas "fantoches", cuja missão é agir em nome do Estado patrocinador, avançar os interesses do mesmo e representar suas posições no *front* doméstico ou regional. Noutros casos, estados patrocinam organizações existentes com base em interesses mútuos.
>
> O Estado promotor proporciona à sua organização beneficiária apoio político, assistência financeira e patrocínio necessário para a manutenção e expansão da luta. Tal organização é empregada para perpetrar atos de terrorismo como meio de alastrar pelo mundo a ideologia do Estado ou, em alguns casos, o patrocinador espera que, no fim, a beneficiária assuma o controle do Estado onde opera ou difunda sua ideologia por parcelas significativas da população.
>
> O terrorismo patrocinado pelo Estado pode alcançar objetivos estratégicos onde o emprego das forças armadas é fraco ou não é conveniente.[14]

Os governos do Irã, Síria, Líbia e Sudão são, atualmente, acusados de manter (ou ter mantido recentemente) estreitos vínculos com organizações terroristas e dar suporte às suas operações de guerra irregular. O envolvimento estatal com o terrorismo compreende apoio ideológico, assistência financeira, suporte militar (incluindo assessoria técnica, treinamento e provisão de armas e munições), apoio operacional a ações específicas, iniciação de ataques terroristas e, por fim, envolvimento direto nesses ataques.

- Terrorismo político-ideológico (secular): modelo de violência política de caráter subversivo ou revolucionário, aplicado de forma sistemática pelo movimento anarquista no final do século XIX, dirigido contra o Estado, por meio de assassinatos seletivos e ataques ao patrimônio público e à propriedade privada. No transcorrer do século XX, essa forma de terror foi incorporada aos métodos utilizados por movimentos marxistas revolucionários, organizações nacionalistas radicais e grupos reacionários de extrema direita, permitindo, assim, diversificar e inovar seu tradicional repertório de táticas, técnicas e procedimentos, como os sequestros de aeronaves comerciais promovidos pela FPLP e os atentados a bomba perpetrados indiscriminadamente pelo IRA, por exemplo.
- Terrorismo político-religioso: ainda que, em tese, não possa ser considerado uma prerrogativa do mundo muçulmano, o terrorismo

religioso é tido como um subproduto da Revolução Iraniana de 1979, motivo pelo qual é usualmente associado à militância política islâmica fundamentalista. Embora ele tenha forte apelo religioso, é motivado (ou usa como pretexto) fatores causais de ordem política, como a existência do Estado de Israel, o poder de ingerência das potências ocidentais sobre o Oriente Médio, a existência de governos seculares dentro das fronteiras do Islã ou a questão nacional palestina, por exemplo. O Hezbollah, o Hamas, a Jihad Islâmica Palestina e a Al-Qaeda são alguns dos grupos militantes apontados nas listas de organizações terroristas que têm a devoção religiosa como base institucional.

– Narcoterrorismo: forma de terrorismo financiada pelo tráfico de drogas e, especificamente, orientada para a manutenção ou expansão dos lucros gerados por essa atividade. Em geral, insere-se no contexto da disputa entre facções rivais pelo controle de áreas de plantio e refino localizadas em zonas rurais e por mercados consumidores nos centros urbanos, ou, ainda, é empregado como recurso operacional no embate contra órgãos de repressão estatais e forças de segurança pública. Em maio de 2006, por exemplo, a facção criminosa Primeiro Comando da Capital (PCC) desencadeou uma onda de atentados terroristas contra policiais militares e agentes de segurança pública do estado de São Paulo. Em três dias, foram realizados 184 ataques na principal metrópole do país – 43 bombeiros, policiais civis e militares pereceram, 38 criminosos também morreram. Em dezembro do mesmo ano, na cidade do Rio de Janeiro, aproximadamente 20 ataques foram realizados, em menos de 48 horas, por organizações criminosas ligadas ao narcotráfico, contra instalações policiais, estabelecimentos comerciais, agências bancárias e transportes públicos, matando 18 brasileiros e ferindo outros 23. Na Colômbia, maior produtor mundial de cocaína, os cartéis de Cali e Medelim protagonizaram a guerra das drogas durante a década de 1980. Atualmente, são os grupos paramilitares de direita e os guerrilheiros das Forças Armadas Revolucionárias da Colômbia (Farc) que, traindo seus princípios ideológicos, destacam-se como organizações narcoterroristas.

– Terrorismo autotélico: considera-se assim a prática do terror desprovida de sólida motivação política, religiosa ou ideológica. Normalmente, está associado ao fenômeno do banditismo, à segregação racial, ao mero fanatismo de seitas radicais ou à disputa por poder local entre tribos e grupos étnicos distintos. Como exemplo dessa forma de terrorismo, podemos citar as cruzes incandescentes da Ku Klux Klan e o ataque empregando gás sarim, perpetrado pelos discípulos de Aum Shinri Kyo, da seita Verdade Suprema, a cinco estações do metrô de Tóquio, que matou 12 pessoas e feriu outras 5 mil, em março de 1995.

QUANTO AO ALVO OU À NATUREZA DO ATAQUE

– Terrorismo seletivo: forma de emprego do terror na qual as organizações militantes ou agências de repressão restringem seus ataques ou campanhas de atentados a alvos específicos, limitando, sobretudo, os danos colaterais a vítimas inocentes, com vistas a não atrair a reprovação generalizada da opinião pública. É o caso dos sequestros de diplomatas estrangeiros perpetrados por grupos revolucionários marxistas no Brasil e no Uruguai durante as décadas de 1960 e 1970 ou a represália desencadeada pelo governo de Tel Aviv contra militantes do grupo palestino Setembro Negro em resposta ao atentado terrorista executado pelo contra a delegação olímpica israelense em 1972.

– Terrorismo indiscriminado: compreende a execução de atentados concebidos com o propósito explícito de vitimar o maior número possível de "não-combatentes". As campanhas de atentados a bomba do IRA, a operação de martírio realizada pela Al-Qaeda contra os prédios do World Trade Center em Nova Iorque, a destruição da sede da ONU em Bagdá, em agosto de 2003, ou o ataque à mesquita xiita iraquiana Al-Askari, em fevereiro de 2006, ilustram o emprego indiscriminado do terror.

QUANTO AO CONTEXTO DAS ORGANIZAÇÕES TERRORISTAS

Recorramos uma vez mais ao general Álvaro de Souza Pinheiro:

> De uma maneira geral, segundo o contexto de suas formas de atuação, as atuais organizações terroristas se classificam em quatro grandes variantes distintas.
> Primeira – Constituída por organizações em que as ações terroristas estão inseridas no contexto de um movimento revolucionário, sendo normalmen-

te desencadeadas em conjunto a atos de subversão e guerrilha. O que se pretende é a perda da credibilidade e a consequente derrubada do sistema político vigente. Como exemplos característicos deste grupo existem as Farc e o Exército de Libertação Nacional (ELN), na Colômbia, o Exército Republicano Irlandês (IRA), no Reino Unido, e a Frente de Libertação Abu Sayaf, nas Filipinas.

Segunda – É aquela em que as organizações, apesar do engajamento em causas tidas como justas, em função do radicalismo de suas posições, se mostram incapazes de desenvolver um apoio popular de maior significado e promovem atos terroristas visando a retificação de comportamentos políticos. Um exemplo muito característico é o grupo separatista basco Euskadi Ta Askatasuna (ETA).

Terceira – Aquela na qual organizações conduzem ações em função de orientações emanadas de governos de Estados nacionais. Essas diretrizes, geralmente transmitidas de forma sigilosa, originam-se de diferentes governos, visando a concretização dos mais diversificados objetivos. O Hezbollah, o Hammas e o Jihad Islâmico estão nesse grupo.

Quarta – Onde se enquadram aquelas organizações que contam com o velado, porém significativo, apoio de diversos governos simpatizantes e operam de forma totalmente independente, não restringindo nem as suas bases nem as suas ações aos territórios de determinados países ou a determinadas filosofias políticas. Esse novo modelo tem como sua representante maior a Al-Qaeda. Seu alcance estratégico, obtido em função de uma rede instalada em todos os continentes, alçou-a a uma posição de liderança mesmo fora do mundo islâmico. Está instalada em mais de cinquenta países, atuando como organização que terceiriza meios em pessoal e material para adestramento, equipamento e execução de ações terroristas transnacionais.[15]

O uso do terror como arma

Muitos comentaristas procuram, em vão, respostas para o terrorismo no ato em si. O terrorismo é apenas uma arma. O uso que se faz dela compete àqueles que optam por empregá-la. Portanto, a moralidade, a motivação e os objetivos implícitos em um atentado não podem ser identificados e compreendidos pela análise exclusiva da ação. O termo "guerra global contra o terror", por exemplo, nada significa. Trata-se de uma expressão com forte apelo psicológico, cunhada para atingir a opinião pública, tornando questões complexas da política externa norte-americana inteligíveis para o cidadão comum.

Especialistas tendem a atribuir ao terrorismo um caráter hediondo, intrínseco à sua própria natureza. Mas até mesmo essa ideia é discutível. O Protocolo Adicional II de 1977 às Convenções de Genebra de 1949 proíbe os atos de terror. Entretanto, não existe consenso quanto à definição de terrorismo. Como qualquer ato de guerra que vitime não-combatentes, atentados que atinjam civis inocentes (intencionalmente ou não) são, sem sombra de dúvida, criminosos. Porém, o que dizer do ataque com carro-bomba perpetrado pela Vanguarda Popular Revolucionária contra o quartel-general do II Exército na cidade de São Paulo, em junho de 1968, que causou a morte de uma sentinela? O que dizer das operações de martírio realizadas pela Jihad Islâmica contra bases militares dos Estados Unidos e da França em Beirute, que deixaram o saldo de 58 paraquedistas franceses e 239 *marines* mortos, em outubro de 1983? Ou, ainda, o que dizer do ataque desferido com um bote carregado de explosivos contra o contratorpedeiro USS Cole, atracado no golfo de Aden, no Yemen, em outubro de 2000, que além de avarias no casco resultou em 17 marinheiros mortos e 39 feridos? Essas ações foram realizadas contra alvos militares legítimos e suas vítimas foram combatentes. Nesses três exemplos, havia um quadro de beligerância informalmente reconhecido, pois as organizações militantes responsáveis pelos atentados declararam-se hostis. Não parece razoável, portanto, qualificar ataques dessa natureza como aqueles que elegem civis inocentes como alvos.

O terrorismo é um recurso operacional que necessita de poucos agentes envolvidos diretamente na ação, independe do apoio ativo das massas, provoca forte impacto psicológico, custa pouco e pode causar danos físicos proporcionalmente grandes. Assim sendo, é empregado com maior frequência durante as fases iniciais de organização e expansão dos movimentos de luta armada, quando os recursos ainda são escassos e o apoio popular é insipiente. Recorrem, também, ao terror, com enorme ímpeto, aquelas facções que perdem gradativamente suas bases de sustentação junto aos moradores locais, em virtude de campanhas contrainsurgentes bem-sucedidas.

Não foram poucos os grupos radicais que obtiveram bons resultados valendo-se do terror como arma. Entretanto, muitos não souberam quando parar ou não identificaram a necessidade ou a oportunidade para redirecionar suas ações e tornaram-no contraproducente, pela desaprovação generalizada da opinião pública. O trágico desfecho do sequestro do ex-primeiro ministro italiano Aldo Moro, em 1978, levado a cabo pelas Brigadas Vermelhas, ilustra como um ato de terror pode voltar-se contra quem o promove.

Se naquela ocasião o que contava para o terrorismo secular era o número de pessoas prostradas diante da televisão, assistindo ao "show" protagonizado pelos "astros encapuzados" do terror, hoje parece que para os idealizadores das operações de martírio, artífices do terrorismo religioso, o que conta, de fato, é o número de pessoas mortas. Independentemente da consternação aplicada ao público-alvo que se identifica com as vítimas dos atentados, um outro público-alvo, aquele que se identifica com os mártires, regozija-se com o triunfo da vingança, que se presta como fonte de inspiração e motivação para aliciar novos voluntários, além de demonstrar toda a força das organizações militantes.

Em síntese, poderíamos apontar como principais tendências do terrorismo no século XXI a ocorrência cada vez mais frequente e diversificada desse fenômeno; o intenso uso de conexões internacionais, acentuando seu caráter transnacional; a adoção de estrutura de redes, mais complexas e versáteis, em detrimento das tradicionais organizações verticalmente hierarquizadas; o fortalecimento dos vínculos já existentes com o crime organizado e a associação cada vez mais íntima com o tráfico de armas, o comércio ilegal de drogas e a lavagem de dinheiro; a disseminação de táticas, técnicas e procedimentos, até então restritas às organizações terroristas de vanguarda; o advento de novas e alternativas formas de atuação, como o ataque cibernético, por exemplo; a capacidade crescente de ampliar o número de vítimas e, por fim, o acesso a armas de destruição em massa.

De qualquer forma, os terroristas continuam orientando o planejamento de suas ações segundo a análise de três elementos básicos, quais sejam:

– a mídia;
– a opinião pública;
– os tomadores de decisão.

O estudo pormenorizado dos dois primeiros permite aos perpetradores estabelecer metas psicológicas coerentes e exequíveis, selecionar potenciais alvos primários e dimensionar o efeito desejado do ataque, isto é, o dano físico necessário para sensibilizar o público-alvo e atingir o objetivo psicológico pretendido. A análise dos "tomadores de decisão" é necessária para a definição dos objetivos políticos da ação, ou seja, para criar uma expectativa de como a liderança do Estado reagirá, cedendo ou não, à pressão exercida pela mídia e pela opinião pública. Portanto, somente quando a mídia, a opinião pública e a cúpula governamental adquirirem uma maior compreensão do fenômeno terrorismo, a sociedade tornar-se-á, de fato, menos vulnerável a esse tipo de ameaça.

NOTAS

1. Álvaro de Souza Pinheiro, "Terrorismo: atual contexto estratégico mundial", em Tecnologia & Defesa, suplemento especial nº 15, ano 23, p. 4.
2. David J. Whittaker, Terrorismo: um retrato, Rio de Janeiro, Bibliex, 2005, p. 10.
3. Friedrich August Freiherr von der Heydte, A guerra irregular moderna em políticas de defesa e como fenômeno militar, Rio de Janeiro, Bibliex, 1990, p. 212.
4. Citados por David J. Whittaker, op. cit., pp. 18 e 422.
5. Conceito formulado pelo grupo de trabalho da Comissão de Relação Exteriores e Defesa Nacional (Creden) instituído pela Portaria nº 16 – CH/GSI, de 11 de maio de 2004.
6. Citado por David J. Whittaker, op. cit., p. 19.
7. Citado por David J. Whittaker, p. 22.
8. Citado por David J. Whittaker, pp. 30-1, 413-5 e 438.
9. Citado por David J. Whittaker, p. 196.
10. Friedrich August Freiherr von der Heydte, op. cit., p. 213.
11. Andrew J. Smith, "Combatendo o terrorismo", em Military Review, 2nd Quarter 2003, edição brasileira, p. 6.
12. Álvaro de Souza Pinheiro, op. cit., p. 6.
13. Idem, p. 6.
14. David J. Whittaker, op. cit., p. 72.
15. Álvaro de Souza Pinheiro, op. cit., p. 9.

Narcoguerrilha e narcoterrorismo

A redefinição de tensões ideológicas decorrente do término da Guerra Fria levou organizações militantes, em todo o mundo, a recorrerem a formas alternativas de financiamento. Nesse contexto, o tráfico internacional de drogas surgiu como uma opção atraente, graças à sua enorme rentabilidade. Com a redução ou a supressão do patrocínio oriundo de fontes externas, como, por exemplo, Moscou e Havana, muitos grupos irregulares foram, naturalmente, atraídos pelos lucros exorbitantes do comércio de entorpecentes.

No início do século XXI, consolida-se a tendência de fortalecimento dos vínculos (cada vez mais estreitos) existentes entre redes insurgentes, organizações terroristas e o crime organizado, especialmente o tráfico internacional de armas e de drogas e a lavagem de dinheiro. Dessa forma, as produções de heroína no Sri Lanka, cocaína na Colômbia, ópio e heroína no Afeganistão encontram-se associadas à intensa atividade de guerrilheiros e terroristas.

Com uma boa dose de antiamericanismo injetada em um discurso respaldado por elaboradas teorias sociais, muitos críticos, intelectuais e lideranças políticas insistem em negar a existência de um fenômeno denominado "narcoguerrilha" ou "narcoterrorismo". Consideram a associação entre os princípios de luta das organizações militantes, que se fundamentam em reivindicações sociais justas, e as práticas hediondas do tráfico de drogas absolutamente incompatíveis e, portanto, tais termos não passariam de uma falácia empregada como artifício destinado a "legitimar" a política belicosa de Washington e seus interesses escusos. Infelizmente, esse tipo de intransigência ideológica, que acaba obtendo considerável adesão do público em geral, ignora o pragmatismo e as necessidades prementes de sobrevivência das organizações de luta armada, revelando-se equivocado.

Obviamente, o narcotráfico não é a única força motriz por trás da violência perpetrada por organizações militantes e facções armadas que recorrem ao seu financiamento. De fato, quase nunca está associado às causas primárias dos conflitos irregulares que afligem sociedades atormentadas pelo sectarismo fratricida. Como já foi visto, o ambiente político-social dessas zonas de conflito constitui mosaicos complexos, com antecedentes históricos remotos, que não podem ser explicados ou compreendidos por meio de abordagens simplistas. Entretanto, não há como negar o efeito nocivo do narcotráfico em determinadas áreas, revelando-se uma fonte quase inesgotável de renda para a guerra irregular. De forma bem elucidativa, podemos afirmar, por exemplo, que a existência, a trajetória de luta e o enorme repertório de ações das Forças Armadas Revolucionárias da Colômbia não se resumem ao seu quinhão do tráfico da cocaína produzida na região andina. Contudo, é impossível refutar sua associação com essa atividade criminosa e a importância atual que representa para a organização colombiana.

COLÔMBIA: A AGONIA DE UM POVO

A Colômbia é palco de uma das mais longas campanhas irregulares da atualidade. O país possui uma tradição de violência profundamente enraizada em suas relações sociais. De certa forma, essa violência tem sido capaz de se renovar ao longo de décadas de conflito, impulsionada pela inserção de novas motivações em um ambiente político-social já bastante degradado. As disputas surgidas, ainda no século XIX, entre as elites locais, que se revelavam dissociadas das aspirações populares; a luta pela terra e pela redefinição das vis relações de trabalho entre o campesinato e as oligarquias rurais; a fragilidade e a impotência do governo central, dilapidado pelas obscuras relações de poder; as divergências entre conservadores e liberais; o bandidismo; a militância marxista revolucionária da década de 1960 e a ascensão vertiginosa da indústria da coca nos anos 1980 têm perpetuado o flagelo da população colombiana.

No século XIX, as duas grandes associações políticas nacionais – o Partido Conservador e o Partido Liberal – protagonizaram nada menos do que oito guerras civis. A pior delas, deflagrada em 1899, tornou-se conhecida como a Guerra dos Mil Dias e deixou o saldo de cem mil mortos. A disputa entre os dois grupos irrompeu o século XX e em meados da década de 1940 tornou-se a causa direta do célere processo de aviltamento do quadro interno. O ano de 1946 marcou o início de uma época de luta sectária generalizada, que corrompeu o tecido social colombiano. Para Mark Bowden:

> [...] um período de pesadelo e derramamento de sangue, tão vazio de significado que ficou chamado simplesmente de La Violencia [...]. Exércitos públicos e privados aterrorizavam áreas rurais. O governo combatia as guerrilhas paramilitares, os industriais combatiam os sindicalistas, os católicos conservadores combatiam os liberais heréticos e bandidos tiravam vantagem dos saques em uma terra de ninguém.[1]

La Violencia foi o resultado do colapso das instituições políticas e sociais da Colômbia, arrastando-se por vinte anos e consumindo cerca de duzentas mil vidas humanas em todo o país, sobretudo nas regiões produtoras de café e gado. Seu apogeu deu-se entre os anos de 1948 e 1950, quando aconteceram mais de 50% das mortes.

No dia 8 de abril de 1948, diplomatas de todo o continente, reunidos em Bogotá, compareceram à conferência de criação da Organização dos Estados Americanos (OEA). Nessa mesma data, o líder liberal Jorge Eliecer Gaitán, ferrenho opositor do presidente Mariano Ospina (do Partido Conservador), foi assassinado. Gaitán era um advogado que pregava ideais socialistas, condenando as "aristocracias feudais calcificadas da região". O discurso apaixonado de Gaitán contava com vigoroso respaldo popular. Sua morte foi responsável por uma erupção de fúria nas ruas da capital. A incontrolável onda de distúrbios, que se seguiu, tornou-se conhecida como "La Bogotazo" e alastrou-se, espontaneamente, por outras cidades, alimentando o ódio que permeava toda a sociedade colombiana. A população civil tornou-se vítima de crimes bárbaros e atrocidades perpetradas por rebeldes campesinos, milícias armadas das oligarquias locais, guerrilhas de esquerda, bandoleiros, unidades do Exército, órgãos de repressão e forças de segurança pública.

Em 1953, o general Gustavo Rojas Pinilla liderou um golpe de Estado. Com o intuito de dar fim ao caos e estabilizar o país, Rojas concedeu uma anistia que teve o mérito de refrear a tradicional violência política entre liberais e conservadores. Entretanto, não erradicou o banditismo nem conteve a crescente influência revolucionária marxista. Em 1955, o Exército desencadeou nova ofensiva militar contra os grupos rebeldes nas zonas rurais – a guerra civil estava longe de seu fim.

Extrema esquerda

Na década de 1960, nasceram os principais movimentos de luta armada colombianos de orientação marxista: as Forças Armadas Revolucionárias da Colômbia (Farc), o Exército de Libertação Nacional (ELN) e o Exército Popular de Libertação (EPL). No início dos anos 1970, surgiu o Movimento 19 de Abril, também chamado M-19.

As Farc despontaram em 1964, oriundas da região de Marquetalia – município rural localizado nos altiplanos andinos. Originalmente ligada ao Partido Comunista, a organização era uma espécie de "guarda civil rural", destinada a proteger a população campesina dos desmandos dos grandes estancieiros e das represálias do Exército. Ao contrário dos principais movimentos de luta armada latino-americanos, cujas origens estiveram ligadas aos círculos intelectuais urbanos e ao movimento estudantil, a organização liderada por Manuel Marulanda Vélez, vulgo Tirofijo, possui raízes genuinamente populares, provenientes das zonas rurais colombianas. As Farc autodenominam-se uma "organização político-militar marxista-leninista de inspiração bolivariana", evocando um discurso centrado na defesa do campesinato, contra a dominação das oligarquias rurais, a influência norte-americana e a voracidade insaciável das multinacionais.

O ELN emergiu do meio universitário no departamento de Santander, em 1965. Liderado por Camilo Torres, inspirou-se no Movimento 26 de Julho de Fidel Castro. Em 1966, surgiu o maoísta EPL e, em 1972, germinou, entre a classe média urbana e o movimento estudantil, o M-19.

Na década de 1980, as negociações dos grupos armados de extrema esquerda com o governo do presidente Belisário Betancur deram origem ao Acordo de La Uribe, firmado em 1984, o qual permitiu a articulação do movimento político União Patriótica (UP). Três anos depois, vários grupos insurgentes congregaram-se na Coordenação Guerrilheira Simon Bolívar (CGSM). No início dos anos 1990, o M-19 e parte do EPL declinaram da luta armada.

Nesse ínterim, a ausência e a fragilidade do poder central permitiram às Farc, presentes em cerca de 40% do país, exercer o controle efetivo sobre porção considerável do território colombiano. Nas áreas sob seu domínio, a organização edificou hierarquias paralelas – verdadeiras administrações autônomas, responsáveis pela gestão municipal, segurança da população, cobrança de impostos, aplicação da "lei", concessão de crédito, redistribuição de terras, saúde pública, construção e funcionamento de escolas etc. Sua estrutura organizacional sofreu notável expansão. Seu efetivo, hoje, varia entre 12 e 18 mil militantes. Em 1982, acrescentou a denominação Exército do Povo à sua designação histórica, tornando-se oficialmente conhecida por Farc-EP.

Entre 1986 e 1997, o ELN realizou 636 atos de sabotagem contra a indústria petroquímica no norte do país. Sem o porte ou a importância das Farc, o ELN conta, atualmente, com menos de cinco mil militantes.

Na segunda metade da década de 1990, os guerrilheiros das Farc infligiram inúmeras derrotas ao Exército. No ano de 1999, o presidente Andres Pastrana, empenhado em fazer avançar o débil processo de paz, cedeu-lhes o controle de uma zona desmilitarizada no sul do país, conhecida por "Zona de Despeje", cuja extensão era de 42 mil quilômetros quadrados. Entretanto, os esforços para estabilizar a Colômbia, mais uma vez, fracassaram e, em fevereiro de 2002, o governo retomou o controle da área franqueada aos insurgentes.

Extrema direita

Dentre as medidas destinadas a conter a crescente influência marxista e a proliferação dos movimentos de luta armada, o governo de Bogotá promulgou, em 1968, a Lei nº 48 – um dispositivo legal que permitia ao Exército organizar e prover grupos civis de autodefesa, com o propósito explícito de combater a "delinquência armada" e as forças guerrilheiras que atuavam nas zonas rurais. Na verdade, a Lei nº 48 apenas legitimava uma prática comum na tradição colombiana: o emprego de exércitos privados para atender às demandas imediatas das estruturas de poder locais. Dentro desse contexto, encontra-se a gênese dos grupos paramilitares de extrema direita, inicialmente encarregados de proporcionar segurança às grandes propriedades rurais.

Nos anos 1980, os principais produtores de coca também recorreram aos paramilitares para salvaguardarem suas plantações contra a inconveniente atuação de guerrilheiros comunistas. Em dezembro de 1981, o cartel de Cali subsidiou o surgimento da organização Muerte a Secuestradores (MAS). A partir de então, os grupos paramilitares se multiplicaram. Os irmãos Fidel e Carlos Castaño, cujo pai fora raptado e morto por militantes das Farc, criaram a Autodefensa Campesina de Córdoba y Urabá (ACCU). No início da década de 1990, ambos se associaram ao cartel de Cali e fundaram a organização Pessoas Perseguidas por Pablo Escobar, ou simplesmente Los Pepes – grupo terrorista concebido para eliminar o famoso líder do cartel de Medelim.

Entretanto, o Decreto nº 1.194 de 1989 revogou a Lei nº 48, tornando ilegal todas as forças paramilitares. Obviamente, em termos práticos, essa medida nada representou, pois os grupos armados de extrema direita permaneceram atuantes, gozando da cumplicidade de policiais, militares e funcionários do governo, além do suporte proveniente de traficantes e latifundiários.

Em abril de 1997, a ACCU deu origem às Autodefensas Unidas de Colombia (AUC) – "uma confederação de grupos armados que lutaram contra as guerrilhas de esquerda". As AUC figuraram nas principais listas de organizações terroristas de todo o mundo, especialmente nos Estados Unidos e nos países da União Europeia, sendo apontada como responsável por frequentes violações dos direitos humanos, acusada de perpetrar crimes e massacres contra a população civil, sobretudo nas zonas rurais controladas pelas Farc e pelo ELN. Diversas denúncias apontam, ainda, o envolvimento de militares das Forças Armadas, policiais, políticos e narcotraficantes com as obscuras ações das AUC.

Em 2003, um acordo de desmobilização firmado com o governo colombiano levou ao desarmamento de trinta mil paramilitares pertencentes a diversos grupos de direita. Os principais comandantes das AUC "encerraram" oficialmente suas atividades. Em abril de 2004, Carlos Castaño Gil foi justiçado. Entre os mandantes do crime, encontrava-se seu irmão Vicente

Castaño. Todavia, o fim declarado das AUC apenas rompeu o monopólio por ela exercido, fracionando o poder dos paramilitares, que continuam atuantes em todo o país.

A ideologia do narcotráfico

No final dos anos 1970, o consumo de cocaína cresceu de forma alarmante em todo o mundo. Bilhões de dólares afluíram para a Colômbia. Não tardou para que a cocaína se tornasse a principal indústria do país, que se transformou no principal produtor mundial.

No início da década de 1980, depois de ininterruptos anos de violência, a Colômbia revelava-se uma sociedade dilacerada por lutas internas. Suas instituições encontravam-se desacreditadas e o poder político, fragmentado. Na década anterior, a pobreza aumentara em todo o país. O número de habitantes também. Centenas de milhares de colombianos deixaram o campo e aventuraram-se em busca de melhor sorte nas grandes cidades. As favelas se multiplicaram.

Graças ao franco processo de decomposição política e social da nação, à debilidade do poder central, à longa tradição de violência fratricida, ao banditismo (fenômeno sempre presente na história colombiana) e ao farto subsídio proveniente do narcotráfico, edificaram-se notáveis impérios associados à droga. Os irmãos Orejuela comandavam o cartel de Cali, Pablo Emilio Escobar, o de Medelim. Essas e outras organizações menores exerciam o controle de toda a atividade relacionada ao comércio da cocaína colombiana, desde a produção nas zonas rurais até a sua distribuição nos Estados Unidos e na Europa.

A violência associada à droga agravou a crise interna. Na década de 1970, foram registrados 1.053 assassinatos políticos. Na década de 1980, esse número aumentou para 12.859. Inicialmente, as guerrilhas comunistas mantiveram-se contrárias ao tráfico dos grandes cartéis, reprovando seus efeitos nocivos sobre a desafortunada sociedade colombiana. Todavia, aos poucos, começaram a desenvolver vínculos mais estreitos com os plantadores e os traficantes da droga. A mais ousada ação do M-19, por exemplo, foi patrocinada por Pablo Escobar e outros malfeitores. Em novembro de 1985, militantes daquele grupo revolucionário invadiram o Palácio da Justiça, em Bogotá, e fizeram todos os 24 magistrados da Suprema Corte da Colômbia como reféns. Durante a ação de retomada do Exército, levada a cabo diante das câmeras de TV, quarenta guerrilheiros foram mortos. Cinquenta funcionários do governo, dos quais sete juizes, também pereceram.

As guerrilhas lucravam com o dinheiro proveniente de extorsão, cotas de produção, proteção de plantações e laboratórios de refino. Progressivamente, foram assumindo o rentável negócio. O mesmo aconteceu com os grupos paramilitares de extrema direita. De acordo com Mark Bowden:

> Uma estimativa secreta da CIA, de junho de 1983, relatou: "Esses grupos guerrilheiros inicialmente evitaram qualquer conexão com os plantadores da droga ou com traficantes, a não ser para condenar a corruptora influência das drogas na sociedade da Colômbia. Agora, no entanto, vários desenvolveram elos ativos com o comércio da droga, outros extorquem dinheiro de proteção de traficantes e outros, aparentemente, usam o lucro das drogas para comprar armas". Ao mesmo tempo em que Pablo [Escobar] e os narcos estavam colaborando com o Exército colombiano contra as Farc, ELN e M-19, arranjos de conveniência estavam sendo feitos em várias regiões. Os guerrilheiros estavam achando mais rentável juntar-se aos narcos do que combatê-los. Em vez de atacar o cartel de Medelim, os insurgentes começaram a fazer negociações para proteger as plantações de coca e os laboratórios de refino. "Na verdade, as Farc, em algumas áreas, estabeleceram cotas, salários e regras para trabalhadores, produtores e proprietários de plantações de coca", dizia o relatório da CIA.[2]

Segundo o professor Thomas Marks:

> [...] as Farc progressivamente deslizaram rumo a um vago populismo "bolivariano" de pouco apelo na Colômbia. As pesquisas consistentemente mostravam o baixo apoio ou simpatia popular ao movimento. Após seu ápice durante a metade da década de 1980, os esforços de propaganda armada despencaram ao nada. Progressivamente corrompidos pelo suporte financeiro garantido por atividades criminosas – drogas, sequestros e extorsão (nesta ordem, talvez US$ 250 milhões no total).[3]

No início da década de 1990, os grandes cartéis entraram em declínio. O narcotráfico, não. O M-19 e o EPL renunciaram à luta armada. As Farc e o ELN, não. A Guerra Fria chegava a seu fim. O conflito interno colombiano, não. O Exército amargava o descrédito público. Os grupos paramilitares de direita eram vistos, por muitos, como a única alternativa capaz de conter a ameaça representada pelas guerrilhas de esquerda. Dessa forma, a Colômbia permanecia como um problema sem solução. Entre 1989 e 1993, os esquadrões da morte e os grupos de extermínio ligados às forças paramilitares de direita foram responsáveis por 1.926 atentados. Em 1998, o país tornou-se o líder mundial em sequestros, com 1.658 casos.

Farc, ELN e AUC disputavam entre si o controle das áreas de plantio de droga. Estima-se que, no ano de 1997, 67% da receita das Farc foram provenientes do tráfico de entorpecentes, garantindo um orçamento muito superior aos parcos recursos de que dispunham durante a Guerra Fria. O restante de sua renda era gerado, sobretudo, por extorsões, "impostos revolucionários" e sequestros. As AUC tinham 70% de seus rendimentos oriundos do narcotráfico.[4] Segundo William Mendel:

> Quando a Guerra Fria terminou, e com ela o apoio em material por parte dos comunistas, muitos guerrilheiros abandonaram a ideologia comunista e se voltaram às drogas como fonte de renda. Os narcoguerrilheiros tornaram-se o principal pilar financeiro das Farc, rendendo-lhes aproximadamente US$ 500 milhões por ano – mais da metade de sua verba anual – ajudando-a a infiltrar-se e enfraquecer as instituições governamentais. Até mesmo o ex-presidente colombiano, Ernesto Samper, viu-se envolvido em um escândalo de corrupção quando foi descoberto que o dinheiro originário do narcotráfico era uma das principais fontes de financiamento de sua campanha para presidente da República.[5]

Em 2002, o general James T. Hill, do Exército dos Estados Unidos, comandante do Comando Sul, cuja área de responsabilidade compreende a América Latina, afirmou:

> [...] apesar do progresso na redução da violência, mais de 28 mil colombianos foram assassinados, mais de 2,9 mil foram sequestrados incluindo muitas crianças, e mais de 450 colombianos perderam suas vidas devido a minas – a grande maioria colocada não por militares, mas por narcoterroristas. Um milhão e meio de colombianos teve de abandonar seus lares por causa da guerra. Ocorreram mais ataques terroristas na Colômbia no ano passado do que em todas as outras nações do mundo combinadas.[6]

De acordo com a avaliação do coronel Luis Alberto Villamarín Pulido do Exército da Colômbia: "o conflito colombiano é o processo de guerra irregular mais longo da história moderna. A presença do narcotráfico tem fortalecido as guerrilhas e prolongado sua subsistência".[7] Da mesma forma, o tenente-coronel Paul S. Burton e o capitão Robert Lee Wilson, ambos do 7º Grupo de Forças Especiais do Exército dos Estados Unidos, afirmaram que "mais de 80% da cocaína consumida no mundo vem da região andina da América do Sul, e a maior parte dessa cocaína vem da Colômbia. Os lucros deste comércio ilícito ajudam a financiar as insurreições que têm ocorrido ao longo de três décadas e que têm causado a morte de milhares de colombianos".[8]

A guerra contra as drogas e a contrainsurgência colombiana

Durante a Guerra Fria, os Estados Unidos envidaram esforços significativos com o propósito de erradicar a ameaça, representada pelos movimentos de esquerda, a seus interesses políticos e econômicos na América Latina. A Casa Branca estava determinada a impedir o surgimento de novos bastiões comunistas como Cuba. Porém, na maioria dos casos, Washington apoiou os esforços locais de contrainsurgência, evitando o seu envolvimento direto em conflitos de baixa intensidade.

Com o intuito de atender aos desafios que emergiam de um ambiente difuso, os Estados Unidos foram, naturalmente, obrigados a rever sua política de defesa, após a erosão do Império Soviético. Dentro desse contexto, a Colômbia passou a ter um novo e destacado papel no conjunto da diplomacia norte-americana para a América Latina.

> O presidente [Reagan] assinou a National Security Decision Directive 221, que pela primeira vez declarava o tráfico de droga uma ameaça à segurança nacional. A diretiva permitia que houvesse envolvimento militar na guerra às drogas, que colocava ênfase crescente no combate ao cultivo, laboratórios e traficantes da América do Sul e Central. Foi um misto sem precedente de aplicação da lei e missões militares; Reagan também recomendou que quaisquer leis americanas ou regulamentações que proibissem esse tipo de aliança fossem reinterpretadas ou emendadas. Os Departamentos de Defesa e Justiça foram orientados a "desenvolver e implementar quaisquer modificações necessárias a estatutos, regulamentos, procedimentos e diretivas para possibilitar que as forças militares dos Estados Unidos apoiassem os esforços contra os narcóticos". Começando naquele verão, tropas do Exército dos Estados Unidos juntaram-se a agentes do DEA [Drug Enforcement Agency – Agência de Repressão às Drogas] e à Polícia boliviana e estouraram quinze laboratórios de refino de cocaína na Bolívia.
> [...] o presidente [George] Bush, em sua campanha de 1988, havia dito que era favorável a fazer uma ação militar direta contra traficantes em outros países. Estava claro que "outro país" tinha em mente. A Colômbia era a fonte de quase 80% da cocaína que chegava aos Estados Unidos. Em abril de 1986, o presidente Reagan havia assinado uma Ordem Oficial de Segurança Nacional que declarava que o fluxo de drogas através das fronteiras dos Estados Unidos era uma "ameaça à segurança nacional", o que deixava margem para o envolvimento militar dos Estados Unidos. Bush havia liderado uma força-tarefa, em nível de gabinete, contra as drogas quando era vice-presidente. Como presidente, declarou guerra às drogas [...]. Bush liberou US$ 250 milhões para assistência militar, de defesa das leis e de inteligência para combater os cartéis andinos durante cinco anos. Uma semana mais tar-

de, autorizou mais US$ 65 milhões para auxílio militar emergencial apenas para a Colômbia, além de autorizar o envio de um pequeno número de Forças Especiais para lá treinar a Polícia e o Exército a aplicarem táticas rápidas de ataque. Um mês depois lançou sua "Iniciativa Andina", que exigia uma "redução maciça no fornecimento de cocaína". Bush disse aos repórteres que "As regras mudaram. Quando necessário vamos, pela primeira vez, fornecer os recursos adequados das forças armadas dos Estados Unidos".[9]

Agentes do DEA e membros das comunidades de inteligência e operações especiais dos Estados Unidos trabalharam em estreita colaboração com a polícia e o governo de Bogotá na obstinada perseguição ao "barão da droga" de Medelim, Pablo Escobar. Todavia, logo se tornou claro que o desmantelamento dos grandes cartéis não era suficiente para suprimir o fornecimento de cocaína aos principais mercados consumidores mundiais, nem tampouco para erradicar a violência interna que consumia a sociedade colombiana por décadas a fio. Em termos práticos, Farc, ELN e AUC assumiram o controle sobre a maior parte das áreas de plantio e produção da droga.

Desse modo, o auxílio norte-americano passou a focar a contrainsurgência de forma ainda imprecisa. Concebido para tal fim, o chamado Plano Colômbia alocou US$ 1.318,60 milhão para o combate às drogas e às guerrilhas. Em 2001, unidades colombianas, treinadas pelos Estados Unidos, destruíram sessenta toneladas de cocaína e estouraram 1,4 mil laboratórios destinados a transformar as folhas de coca em pasta-base, além de outros 84 laboratórios responsáveis por refinar a pasta-base e transformá-la em cocaína. Segundo Thomas Marks:

> A contribuição dos Estados Unidos para o Plano Colômbia – um esforço multifacetado de identificação das áreas críticas para ação visando auxiliar a revitalização nacional – foi inteiramente estruturado para apoiar a luta contra os narcotraficantes.
> [...] Em uma América forçada a focalizar seu próprio problema com a produção de drogas e dedicada a auxiliar da única forma politicamente viável, os oficiais dos Estados Unidos, suas forças e indivíduos tendiam a aderir à lógica errônea de que o problema da Colômbia eram os narcóticos, sendo a questão da segurança meramente um subproduto deste. A realidade da insurgência estava sendo vista da maneira invertida.[10]

Em agosto de 2002, Álvaro Uribe Vélez assumiu o cargo de presidente da República da Colômbia, propondo, por meio de um documento intitulado *Segurança democrática e política de defesa*, uma nova abordagem para a questão da violência interna do país. Em detrimento da primazia das operações militares (que caracteriza o enfoque norte-americano), Uribe ampliou o escopo das ações governamentais, abrangendo essencialmente a retomada e a consolidação do controle territorial; a recuperação da presença do Estado, sobretudo, nas áreas tradicionalmente desassistidas; o atendimento às demandas sociais da população (incluindo segurança) e a adoção de modelos autossustentáveis de desenvolvimento econômico. As perspectivas mostraram-se favoráveis. Entretanto, a segurança interna colombiana e seus riscos decorrentes para a estabilidade regional permanecem diretamente associados às duas faces de um mesmo conflito: a guerra contra as drogas e a contrainsurgência. Vencer uma e perder a outra significa postergar as chances de paz.

Tabela 17 – Financiamento norte-americano à Colômbia no período compreendido entre os anos de 1998 e 2005

Assistência norte-americana à Colômbia (1998 - 2005): US$ 4.322,9 milhões								
Ano	1998	1999	2000	2001	2002	2003	2004	2005
Valor (em milhões de dólares)	113,4	314,6	971,3	225,8	492,6	827,2	686,8	691,2

Fonte: adaptado do artigo "Um modelo de contrainsurgência", de Thomas A. Marks (*Military Review*, 2007).

BRASIL: A GUERRA OCULTA

A análise do desenvolvimento de ações ostensivas de agentes do crime organizado, especificamente do narcotráfico, nos grandes centros urbanos brasileiros, conjugado com a deterioração da capacidade de o Estado responder de forma eficaz à questão, tem sofrido diferentes abordagens por parte da sociedade nacional. O tema tem sido tratado sob óticas distintas, dentre as quais se destacam:

- abordagem socioeconômica – identifica as verdadeiras causas da escalada da violência urbana, associando-a, sobretudo, às históricas distorções na estrutura social do país;
- abordagem comercial – refere-se à relação direta entre procura e oferta e aos extraordinários lucros provenientes do tráfico de drogas e de armas de fogo;
- abordagem legal – versa sobre aspectos jurídicos, como a inadequação das leis e a impunidade;
- abordagem institucional, que trata da ineficiência das forças policiais e do colapso do sistema carcerário.

Tais abordagens costumam, contudo, serem feitas de forma simplista e dissociadas umas das outras, convergindo, naturalmente, para a crise na segurança pública, que acaba se tornando o objeto da análise final, muito embora devesse ser considerada, apenas, mais um elemento do problema. Mais grave, porém, é a mera depreciação do quadro atual, como a frequente e superficial comparação com os "sindicatos do crime" da cidade de Chicago dos anos 1930, por exemplo.

A questão da violência urbana no Brasil é algo bem mais complexo, decorrente da interação de um conjunto de fatores de diferentes ordens, complexos em si mesmos (como os citados anteriormente), que não podem ser dissociados uns dos outros e que se desenvolvem segundo uma perspectiva histórica.

Quando perguntado sobre qual era a maior ameaça à segurança nacional, o mexicano Adolfo Aguilar Zinser respondeu simplesmente: "Pobreza!".[11] Ou seja, as verdadeiras origens da violência urbana vão muito além do narcotráfico ou do crime organizado. Porém atualmente são estes, sem dúvida, os seus mais importantes catalisadores, pois as cidades proporcionam restrita capacidade de ingerência dos poderes constituídos em áreas *territorializadas*[12] por facções criminosas, farta disponibilidade de mão de obra, acesso a um mercado consumidor interno em expansão, redução dos custos operacionais e facilidades para o estabelecimento de conexões transacionais.

A correlação e interdependência de diferentes fatores, aliados aos óbices à atuação efetiva do Estado, evidenciam que a sociedade nacional encontra-se empenhada, involuntariamente, em uma guerra na qual está sendo derrotada.

O poder público não dispõe de políticas e recursos orçamentários que lhe permitam combater efetivamente a violência em sua origem. As corporações policiais não acompanharam a evolução organizacional e tecnológica do tráfico de entorpecentes e de armas. A legislação brasileira é inadequada. O sistema carcerário tornou-se parte delicada do problema. O mercado consumidor interno de drogas ilícitas se expande e com ele o patrocínio aos segmentos armados do narcotráfico. O crime organizado amplia gradativamente, de forma tangível e intangível, sua esfera de influência. Milhares de jovens aguardam a oportunidade para ingressar na hierarquia dessas organizações clandestinas. Seus principais líderes tornam-se populares ao acrescentar um falso apelo social às suas práticas criminosas. Apesar do parco orçamento destinado à defesa, o país empenha aproximadamente 14%

do PIB (cerca de US$ 55 bilhões) com questões afetas à segurança. Milhares de brasileiros naufragam, diariamente, no caos da violência social urbana.

Os números da violência no país são assustadores e exigem uma profunda reflexão a respeito. Segundo dados do IBGE, entre os anos de 1980 e 2000, o índice de homicídios cresceu 130%. Aqueles provocados por perfuração por arma de fogo cresceram de 43,6% para 68,3%, no mesmo período. Entre 1985 e 1991, ocorreram no Brasil 70.061 mortes violentas. Estima-se que cerca de trezentas pessoas morrem por semana nas regiões metropolitanas do Rio de Janeiro e de São Paulo. Em seu trabalho "A macroeconomia da violência", o professor Ib Teixeira afirma que o número de mortes violentas no Brasil supera conflitos armados como no Vietnã, na Bósnia, na Irlanda ou no Peru conturbado pelo Sendero Luminoso.[13]

Até mesmo destacadas organizações terroristas, com longa trajetória de luta, tornam-se inexpressivas se comparadas com algumas das facções criminosas brasileiras ligadas ao narcotráfico, como o Primeiro Comando da Capital, o Comando Vermelho ou o Terceiro Comando. Estima-se, por exemplo, que o grupo separatista basco ETA tenha sido responsável por seiscentas mortes entre 1968 e 1991 – um número irrisório para os padrões da violência urbana no Brasil. Somente em São Paulo, no ano de 1999, foram registrados 12 mil casos de homicídio (500% a mais do que em 1990). A Polícia Militar de São Paulo, naquela década, foi responsável pela morte de 6,2 mil pessoas.

A partir do ano de 1998, a Organização das Nações Unidas passou a adotar o conceito de responsabilidade compartilhada para definir a dinâmica das relações internacionais no comércio ilegal de drogas, em detrimento da antiga classificação de países produtores, de trânsito e consumidores. No entanto, num contexto regional e global mais amplo, a divisão internacional da "economia da droga" subsiste. O narcotráfico tem edificado poderosas oligarquias, patrocinando, ao mesmo tempo, revoluções e contrarrevoluções.

A produção e o tráfico de drogas tornaram-se itens essenciais para a economia de alguns países sul americanos. A cocaína, por exemplo, "tornou-se a principal indústria da Colômbia".[14] Já o "Suriname vive do comércio com a Holanda, o ingresso de capital no país é de 1,4 bilhão de dólares por ano, que proveem em noventa por cento do tráfico de drogas".[15]

Segundo Marcelo Lopes de Souza, os produtores primários sul-americanos vendem o quilo de coca por 1,2 a 3 dólares. No mercado consumidor norte-americano, o quilo da cocaína, no varejo, com 65% de pureza, chega a custar 100 mil dólares, dos quais 92 mil permanecem nos Estados Unidos. Na Europa e na América do Norte, onde se encontram os maiores mercados consumidores, encontram-se também os maiores fornecedores de armas. Entretanto, o enorme custo social (sobretudo, em vidas humanas) cobrado da América Latina não atinge esses países. Essa feição regional dos danos do crime organizado transnacional, sobretudo do tráfico de armas e de drogas, exige dos Estados nacionais sul-americanos uma resposta particularizada. Assim sendo, soluções idênticas são incompatíveis em ambos os hemisférios.

Apesar de cada vez mais comum, a abordagem do problema sob o enfoque da segurança nacional tem sido frequentemente rejeitada, sobretudo pelo próprio Estado brasileiro e suas instituições. "Militarizar" o tema, sem dúvida, representaria um grave erro, mesmo porque o risco do extremismo e a vã ilusão de que uma solução definitiva possa ser obtida pela simples aplicação da força coercitiva possa ser obtida, via de regra, contribuem tão somente para agravar os antagonismos já existentes e degradar, ainda mais, o quadro interno. Entretanto, não há mais como negar a existência de uma face (secundária) da violência social urbana que transcende o escopo da segurança pública e orbita no espectro da expressão militar do poder nacional.

Demografia e urbanização

A urbanização foi uma das principais consequências da Revolução Industrial. Deslocando o centro do poder econômico do campo para a cidade, trouxe consigo a grande mão de obra necessária para a proliferação das fábricas. Famílias, que até então dedicavam-se a atividades primárias no meio rural, abandonaram seus lares rumo às zonas urbanas.

No início do século XIX, Londres possuía 864 mil habitantes. No início do século XX, esse número passou para 6,6 milhões de habitantes. Nesse mesmo período, o número de cidades inglesas com população superior a 100 mil habitantes aumentou de 2 para 30.[16] À medida que a industrialização se difundia pela Europa, América do Norte e pelo resto do planeta, a urbanização fazia o mesmo. Em 1800, as cidades abrigavam apenas 2% da população mundial. Em 2000, somente dois séculos depois, esse percentual já era de 47,2% e espera-se que seja superior a 60% no ano de 2030.[17]

No Terceiro Mundo, esse processo migratório iniciou-se um século depois e de forma bem mais agressiva. Apesar de um quinto da população londrina, em 1900, viver em estado de absoluta miséria, cem anos depois a urbanização do Terceiro Mundo trouxe consigo componentes mais perigosos que ainda geram uma significativa propensão a conflitos:

- elevadas taxas de crescimento vegetativo, provocando em muitos casos explosão demográfica;
- insuficiente produção de riqueza;
- ineficiência e fragilidade dos governos centrais, gerando, por vezes, instabilidade política.

O quadro abaixo ilustra o supercrescimento das cidades dos países pobres ou em desenvolvimento:

Tabela 18 – População metropolitana estimada nas maiores cidades do mundo (em milhões de habitantes)

1900	População	2001	População	2015	População
Londres	6,6	Tóquio	29	Tóquio	29
Nova Iorque	3,4	Cidade do México*	18	Bombaim*	26
Paris	2,7	São Paulo*	17	Lagos (Nigéria)*	25
Berlim	1,9	Bombaim*	17	São Paulo*	20
Chicago	1,7	Nova Iorque	16	Karachi (Paquistão)*	19
Viena	1,7	Xangai	14	Daca (Bangladesh)*	19
Tóquio	1,5	Los Angeles	13	Cidade do México*	19
Wuhan (China)	1,5	Lagos (Nigéria)*	13	Xangai	18
Filadélfia	1,3	Calcutá*	13	Nova Iorque	18
São Petersburgo	1,3	Buenos Aires*	12	Calcutá*	17

Fonte: revista *Veja*, 2001, nº 1.684 (*) Países pobres ou em desenvolvimento.

Atualmente, estima-se que mais de um bilhão de pessoas, em todo o mundo, residam em bairros irregulares e em áreas urbanas sem infraestrutura básica.

Em sua obra *América Latina: uma história de sangue e fogo*, Jonh Charles Chasteen afirma que:

> [...] a urbanização esgotara as moradias e serviços urbanos existentes. Favelas, erguidas por migrantes do campo em busca de empregos industriais, espalharam-se nas periferias das grandes cidades latino-americanas. Esperava-se que fossem temporárias; mas, nesse ínterim, apagões e falta d'água tornaram-se rotineiros [...]. Mais empregos industriais faziam-se necessários para os migrantes do campo que chegavam dia após dia às favelas [...]. Argentina, Cuba, Colômbia e Brasil foram os países de maior crescimento populacional no mundo desde 1900. Em 1900, havia 61 milhões de latino-americanos; em 1950, essa cifra subira para 158 milhões e, apenas dez anos depois, para 200 milhões. A população urbana disparou. Buenos Aires, Rio de Janeiro, São Paulo, Cidade do México, Havana e Santiago ultrapassaram

um milhão de habitantes após a Segunda Guerra Mundial. Em 1960, Lima, Caracas, Bogotá e Recife também ultrapassaram. Logo os países latino-americanos estavam entre os mais urbanizados do mundo. As economias latino-americanas também se expandiram, mas não o suficiente para atender às necessidades básicas – e muito menos às esperanças e sonhos – dos novos milhões [...]. O crescimento populacional e urbanização rápidos estavam criando enormes déficits nas necessidades sociais mais básicas. Crianças nas ruas, bairros inteiros construídos sobre depósitos de lixo: o preço era (e é) indescritível [...].[18]

Mais sintético e mordaz, Eduardo Galeno afirmou, em sua consagrada obra *As veias abertas da América Latina*: "Nas ladeiras dos morros, mais de meio milhão de desvalidos contemplam, de suas choças armadas de lixo, o desperdício alheio."[19]

A população urbana brasileira ultrapassou a população rural em 1970. Na década de 1990,

"a população das oito regiões metropolitanas (Rio de Janeiro, São Paulo, Belo Horizonte, Vitória, Porto Alegre, Curitiba, Recife e Salvador) saltou de 37 milhões para 42 milhões de habitantes [...] nesse período, a taxa de crescimento da periferia dessas cidades foi de 30% contra 5% das regiões mais ricas [...]. As 49 maiores cidades do país abrigam 80 milhões de pessoas [...] a periferia dessas cidades correspondia a um terço da população. Agora, equivale a quase metade do total de moradores. A renda *per capita* nas cidades médias brasileiras aumentou 3%. No caso da periferia das grandes cidades, a renda caiu 3%".[20]

Em 1990, dados do Banco Mundial revelavam que 56% da população urbana brasileira era pobre ou extremamente pobre.[21]

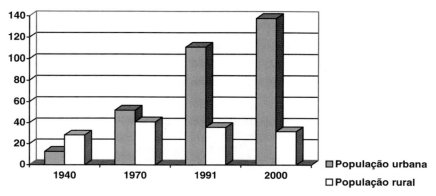

Gráfico 1 – População brasileira em milhões de habitantes.

Fonte: IBGE.

O uso do termo "favela" aplicado a loteamentos urbanos sem infraestrutura de base, resultantes de ocupação irregular, tem sua origem na Guerra de Canudos, no final do século XIX. Os militares que participaram da campanha, ao retornarem para a capital da República, a cidade do Rio de Janeiro, passaram a usar a palavra para designar as áreas urbanas mais pobres, numa alusão ao Morro da Favela – uma elevação adjacente ao arraial que se sublevara. Segundo o IBGE, entende-se como favela um aglomerado subnormal, assim definido: "conjunto constituído por um mínimo de 51 unidades habitacionais, ocupando ou tendo ocupado, até o período recente, terreno alheio, disposto, em geral, de forma desordenada e densa e carentes, em sua maioria, de serviços públicos essenciais". A definição do IBGE não é inquestionavelmente aceita, pois há divergências sobre o número mínimo de unidades habitacionais.

De qualquer modo, os "bairros clandestinos" sem infraestrutura básica, as favelas e os loteamentos irregulares, que se multiplicam nas periferias das grandes cidades brasileiras, caracterizam-se por:

- ocupação irregular do terreno, incluindo áreas de risco como encostas de barrancos, beira de rios etc. (em 2004, cerca de 30% dos domicílios em São Paulo, 33% em Salvador e 40% em Recife estavam construídos em áreas irregulares)[22];
- ligações clandestinas de água e luz (em sua grande maioria);
- falta de saneamento básico;
- falta de coleta de lixo;
- ambiente poluído e insalubre;
- falta de assistência médico-odontológica (hospitais, ambulatórios, postos de saúde etc.);
- falta de transporte, prevalecendo meios alternativos;
- incipiente atividade terciária (faltam escolas, bibliotecas, mercados, drogarias etc.);
- maiores índices de natalidade, analfabetismo, desemprego e mortalidade;
- menor média salarial;
- falta de policiamento;
- maiores índices de homicídio (em algumas áreas, atingem a média colombiana de 150 mortos para cada 100 mil habitantes[23]).

Nessas periferias desassistidas, desenvolve-se o componente básico da violência social (do banditismo à insurreição): a pobreza e, frequentemente, a miséria que irão contrastar com a riqueza de classes mais favorecidas.

O Rio de Janeiro foge desse padrão por não possuir apenas um "cinturão de indigência" em torno da cidade. Suas principais favelas encontram-se "encravadas" no meio de zonas residenciais privilegiadas. Em consequência:

- as favelas do Rio de Janeiro têm uma melhor infraestrutura se comparadas com as periferias de outras metrópoles brasileiras;
- há uma maior propensão à violência, na medida em que se colocam, tão próximos, contingentes populacionais com índices muito discrepantes de desenvolvimento econômico, aumentando o contraste social;
- a violência ganha maior repercussão, em particular junto aos órgãos de imprensa, pois a proximidade geográfica faz com que as classes média e alta sejam diretamente atingidas.

Na última década, a taxa anual de crescimento da população no município do Rio de Janeiro foi de 0,38%. No entanto, a população das favelas aumentou 2,4% ao ano. "A favela da Rocinha [considerada a maior do Brasil] cresceu 31,3% entre 1991 e 2000. Sua população passou de 42.892 para 56.338 habitantes". A favela do Vidigal cresceu 9% e, hoje, já ultrapassa os nove mil moradores. Atualmente, a cada ano são mais 25 novas favelas no Rio de Janeiro, que se juntam às mais de seiscentas cadastradas pela prefeitura da cidade.[24]

Entretanto, o maior crescimento percentual de favelas na última década, em todo o país, deu-se no estado do Pará, localizado na região norte, onde o número elevou-se de 17 para 140.[25] Ainda assim, é a cidade de São Paulo que detém o maior número de favelas do Brasil – são 612 de um total estadual de 1.548.

O crescimento vegetativo nas grandes metrópoles, associado ao célere e desordenado processo de urbanização, não é acompanhado ↩ uma ação efetiva do Estado, capaz de proporcionar condições de vida ad das e bem-estar social a toda a população. Hoje, a taxa de urbanização brasileira é superior a 80% e traz consigo um problema particular: "todas as nações que enfrentam o problema convivem com um, dois ou três casos de expansão da periferia. No Brasil, esse fenômeno pode ser constatado em quase cinquenta cidades".[26]

Tabela 19 – O crescimento das maiores cidades brasileiras

População em	1996	2000	Crescimento anual
São Paulo	9.836.066	10.406.166	1,41%
Rio de Janeiro	5.551.538	5.850.544	1,32%
Salvador	2.221.539	2.440.886	2,50%
Belo Horizonte	2.091.371	2.229.697	1,61%
Fortaleza	1.965.513	2.138.234	2,13%
Brasília	1.821.946	2.034.169	2,91%
Curitiba	1.586.898	1.476.253	1,82%
Recife	1.346.045	1.421.947	1,38%
Porto Alegre	1.288.879	1.359.932	4,94%
Belém	1.144.312	1.279.861	2,84%
Goiânia	1.001.756	1.090.581	2,15%

Fonte: IBGE (Retirado de *Almanaque Abril*, 2004).

Combate urbano: tendência para o século XXI

O modo como as cidades têm desenvolvido um ambiente propício à proliferação de tensões internas, a forma como ocorrem os rotineiros engajamentos entre as forças de segurança pública estaduais e os segmentos armados do narcotráfico, os confrontos entre facções rivais do crime organizado em disputa pelo controle absoluto de áreas edificadas, especificamente nas periferias e favelas, devem ser analisados, também, sob o enfoque das atuais perspectivas do combate urbano.

As operações militares sempre convergiram, naturalmente, para os núcleos ou adensamentos populacionais. Entretanto, durante a maior parte da história, mantiveram-se fora de seus limites. A Revolução Industrial, na segunda metade do século XIX, começou a mudar esse quadro, pois, além de implementar tecnologicamente o campo de batalha, levando as cidades (mesmo as não sitiadas) para dentro do alcance da recém-criada arma aérea, foi gradativamente urbanizando a população de todo o planeta.

Durante a Segunda Guerra Mundial, uma conjunção de fatores fez com que algumas das principais batalhas ocorressem essencialmente em áreas urbanas. A Batalha de Stalingrado, transcorrida na frente oriental nos anos de 1942 e 1943, tornou-se, dentre todas, a mais importante – constituindo um ponto de inflexão no próprio curso da guerra e consagrando-se como o grande referencial de "combate em localidade".

A guerra irregular durante o século xx, apesar de, então, encontrar-se fundamentalmente apoiada em áreas rurais, também foi aos poucos deslocando-se para as cidades. Em retrospecto, podemos constatar a incidência cada vez maior e relevante de ações não convencionais conduzidas em ambiente urbano, dentre as quais se destacam:

- a subversão urbana bolchevique vigorosamente comandada por Lenin e Trotski durante a Revolução de Outubro;
- a guerrilha urbana liderada por Michael Collins no início da década de 1920 e a sangrenta luta nacionalista do IRA nos bairros católicos dos seis condados do Ulster;
- os dois levantes urbanos ocorridos em Varsóvia, durante a Segunda Guerra Mundial;
- as ações de guerra irregular conduzidas por organizações judaicas, como a Haganah, a Irgun e o Grupo Stern, nas cidades da Palestina durante o mandato britânico;
- a intensa atuação dos guerrilheiros de Yacef Saadi da FLN, nos becos e vielas do Casbah em Argel;
- a guerrilha urbana renascida na América Latina com a ALN, no Brasil, os Tupamaros, no Uruguai, os peronistas Montoneros e os trotskistas do Exército Revolucionário do Povo, na Argentina;
- o obstinado ativismo de organizações terroristas internacionais nos anos 1970, como a FPLP e a RAF (Fração do Exército Vermelho), atuantes nas principais cidades do Oriente Médio e do Velho Mundo;
- a luta do Hezbollah contra os israelenses no sul do Líbano;
- a insurgência muçulmana na capital da Chechênia;
- as *intifadas* palestinas.

Foi dessa forma que, durante a segunda metade do século xx, a urbanização consolidou-se como tendência para o "combate do futuro", canalizando as operações convencionais, a guerra irregular (incluindo o terrorismo), as operações de paz ou "não-guerra", e as ações humanitárias. Dublin, Jerusalém, Argel, Beirute, Belfast, Londonderry, Sarajevo, Grósnia, Mogadíscio e até mesmo a experiência brasileira com a chamada "guerrilha urbana" nos anos 1960 e 1970 exemplificam o desafio da guerra em cidades.

Atualmente, o combate urbano é aceito como uma das principais tendências da guerra no século xxI, motivo pelo qual vem ganhando considerável prioridade no preparo dos principais exércitos do mundo. Os recentes acontecimentos no Iraque corroboram essa assertiva. De acordo com o Robert F. Hanh II, do Exército dos Estados Unidos, e Bonnie Jezior:

> Se demógrafos e estrategistas políticos estão corretos, a realidade é que muitas das operações militares, senão todas, nas próximas duas décadas, serão conduzidas em ou nos arredores de áreas urbanas. Cidades – e essas aglomerações de distritos urbanos – cada vez mais serão epicentros político, econômico, social e cultural em todo o mundo. O controle de grandes áreas urbanas será crítico para a consecução dos objetivos táticos, operacionais e estratégicos nos futuros conflitos [...].
> Operações urbanas terão muitas faces no futuro. Algumas se parecerão com as tradicionais operações de manutenção de paz; algumas, com as operações de imposição de paz, que atualmente exigem nossa atenção, e ainda algumas com o épico combate urbano tal como a Batalha de Stalingrado. O general Krulak descreveu o cenário das futuras guerras urbanas como "uma guerra travada no perímetro de três quadras". Segundo a sua descrição do espaço de combate urbano, estaremos providenciando assistência humanitária em uma parte da cidade, conduzindo operações de manutenção da paz em outra, e travando uma batalha de média intensidade, altamente letal, em uma terceira.[27]

Há que se questionar, portanto, sobre qual dessas muitas "faces" do combate urbano emerge como desafio diante do Estado brasileiro. Qual delas apresenta maior coerência com o passado histórico e com a realidade nacionais? Segundo Bevin Alexander, na América Latina:

> [...] as maiores ameaças não vêm de ambiciosas potências militares em expansão, mas do conflito perene entre os ricos e os pobres em toda a região. Disputas entre ricos e pobres têm sido o *leitmotif* da política latino-americana desde a expulsão do imperialismo espanhol e português no início do século XIX. Elas explicam a revolta dos camponeses maias no Estado mexicano de Chiapas em 1994 e a longa guerra civil empreendida pelo maoísta Sendero Luminoso no Peru.[28]

De fato, a história do Brasil respalda essa afirmação. A perspectiva da inserção brasileira na política internacional de forma mais ativa e decisiva, incluindo sua pretensa aspiração à condição de líder regional, não deve eclipsar essa realidade. De acordo com o coronel J. R. Nuñes, do Exército dos Estados Unidos:

> [Uma tendência significativa para o dilema da segurança nas Américas é que], do Canadá ao Chile, ele seja largamente interno, doméstico e intensificado por atores transnacionais não estatais. Presidentes, poderes legislativos, poderes judiciários e as forças militares estão mais preocupados com colapsos internos resultantes de patologias domésticas do que com um exército estrangeiro que atravesse suas fronteiras para conquistar suas pátrias.

Alimentando estes medos estão os problemas monumentais de narcotráfico, contrabando de armas, crimes violentos, insurreição, corrupção (lavagem de dinheiro para suborno) e terrorismo, bem como negócios obscuros e procedimentos políticos que atravessam fronteiras, regiões e continentes. Essencialmente, estes são os empreendimentos criminais estratégicos que os Estados consideram por si só difíceis de conter.[29]

Já em 1977, em sua obra *Guerrilheiros e terroristas*, Richard Clutterbuck chamava a atenção para "a multidão de camponeses desiludidos que abandonaram suas origens familiares e passaram a viver na periferia das grandes cidades", aquilo que descreveu como a "desastrosa emigração para as cercanias das superpovoadas cidades [...] um exemplo tristemente familiar à África e à América Latina, tanto quanto à Ásia":

[...] a maior parte da população rural é tremendamente pobre e aqueles de seus membros que são aspirados pelas cidades em rápida expansão, ante a esperança de encontrar algo melhor, o mais das vezes terminam em favelas, sem trabalho e, sob muitos aspectos, mais carentes do que eram em seus vilarejos.[30]

Esse quadro caótico não se reverteu, ao contrário, continua cada vez mais intenso. O major-general Reynolds Mendes, em um artigo intitulado "Guerra assimétrica, riscos assimétricos", alerta-nos para o fato de que:

O modelo de organização geral das sociedades modernas apresenta inúmeras vulnerabilidades. Uma delas resulta da cada vez maior concentração de pessoas em áreas urbanas, incluindo bairros clandestinos circundantes e com condições de vida muito degradadas.[31]

Também o general Henry H. Shelton do Exército dos Estados Unidos, em um artigo intitulado "Forças de operações especiais: visão futura", adverte sobre as potenciais ameaças do conflito urbano interno nos países pobres ou em desenvolvimento:

A população do Terceiro Mundo está se tornando a maior população urbana da história: no ano 2000, a população urbana total dos países em desenvolvimento será quase o dobro da dos países industrializados, uma estimativa que será quatro vezes maior pelo ano 2025. Um grande número de pessoas migra da zona rural para os centros urbanos em busca de uma melhor qualidade de vida somente para encontrar piores condições. Incapazes financeiramente de sustentarem moradias urbanas, estes migrantes habitam favelas ou cidades de palha erguidas nos arredores dos grandes centros criando um solo fértil para crises, conflitos, terrorismo, revolta e outras formas de violência política. Contribuindo também para a violência está a proliferação irrestrita de armas leves nos países em desenvolvimento. De acordo com os analistas Jennifer Taw e Bruce Hoffman, os futuros campos de morte dos países em desenvolvimento não serão as florestas impenetráveis em áreas montanhosas remotas, onde tradicionalmente as guerras de guerrilhas têm ocorrido, mas em áreas edificadas super-povoadas, no interior ou em torno de centros urbanos, que germinam nos países menos desenvolvidos, cujos moradores tornar-se-ão um inextricável emaranhado no conflito rebeldes-governo.[32]

Segundo Ralph Peters, os grandes centros urbanos tornaram-se "o equivalente pós-moderno das selvas e das montanhas – cidadela dos despojados e irreconciliáveis".[33]

Todas essas palavras estão muito próximas da realidade brasileira para não serem seriamente consideradas. Provavelmente, será essa "face" da guerra urbana que constituirá a mais grave ameaça ao Estado brasileiro. Dia após dia, as longas, e cada vez mais frequentes, rajadas de fuzis e metralhadoras provenientes do "morro" e da periferia incorporam-se à vida cotidiana das grandes metrópoles do país. Aquilo que para muitos pode parecer, apenas, uma hipótese plausível, para milhares de cidadão brasileiros trata-se de uma rotina diária real, de medo e incerteza.

Crime organizado (definição)

Um conceito formal é incapaz de abranger com efetiva utilidade jurídica e sociológica todo o espectro de atividades, organizações e práticas usualmente aceitas como crime organizado. Como ocorre com o terrorismo, por exemplo, seus agentes não sofrem qualquer espécie de limitação por nenhum parâmetro teórico-doutrinário. Por conseguinte, vigora certo consenso sobre a indefinição do que vem a ser crime organizado. De acordo com Luiz Flávio Gomes e Raúl Cervini:"a locução mais corresponde a uma 'figura de linguagem' que a um conceito [...]. No entender de Zaffaroni o conceito de crime organizado, no plano criminológico, na verdade fracassou".[34]

Segundo Rubem César Fernandes, o que existe é um "padrão anárquico de reprodução de micropoderes que se disputam no local e se protegem através de alianças maiores [...]. Chamá-lo de crime organizado diz pouco, pois a expressão oculta o principal, que está na informalidade de seus procedimentos".[35]

De qualquer forma, pela frequência com que o termo vem sendo empregado, convém transcrever os seguintes conceitos formais:

> Considera-se crime organizado as associações criminosas, definidas no código penal e na legislação especial, dotadas de estrutura empresarial dis-

simulada ou própria para a ocultação das atividades ilícitas, que utilizam meios materiais sofisticados, tecnologias e métodos avançados, além do eventual emprego de integrantes com nível de formação especializada.[36]

O conceito de crime organizado compreende a própria organização criminosa ou associação ilícita para o cometimento de crimes, de grande potencial ofensivo, alcançando os crimes resultantes dessa associação ilícita, nas suas diversas modalidades, tendo como motivação principal o controle das atividades, o domínio de áreas e o auferimento de vantagem financeira.[37]

Segundo o Departamento de Polícia Federal brasileiro, as principais características das organizações criminosas são:

– caráter transnacional;
– planejamento empresarial;
– estrutura organizacional;
– hierarquia piramidal;
– poder econômico-financeiro;
– poder de representação e de mobilidade;
– fachada legal;
– demanda de mercado;
– uso de meios tecnológicos modernos;
– corrupção;
– alto poder de intimidação.[38]

De acordo com o delegado Getúlio Bezerra dos Santos, "a lavagem de dinheiro é o suporte do crime organizado, sua finalidade maior, pois é a espinha dorsal de toda e qualquer atividade criminosa. Daí a necessidade de descapitalizar o crime".[39]

Não há dúvida de que o objetivo final do crime organizado é a obtenção de lucro financeiro. No entanto, suas práticas diversificaram-se segundo a natureza e a modalidade dos delitos, observando ainda condicionantes econômicas, políticas e sociais. E é sob esse aspecto que acaba adquirindo um caráter ainda mais nocivo. Atuando como catalisador de tensões preexistentes, interage com vetores históricos, políticos e sociais, fazendo com que seus danos se potencializem mutuamente. Por outro lado, como acontece particularmente nas áreas carentes dos grandes centros urbanos brasileiros, o crime organizado tem a capacidade de aglutinar em torno de suas atividades, orientar e, não raro, limitar temporariamente e em proveito próprio as manifestações de violência decorrentes de tensões sociais agudas.

O conjunto de práticas e procedimentos criminosos que estejam diretamente ligados a ações ostensivas urbanas de grupos armados organizados é apenas uma parte (muito importante) do problema. Entretanto, é inegável que essas ações estão inseridas num plano bem mais amplo de modalidades de delitos, estruturas organizacionais e inter-relação entre associações ilícitas naquilo que se convencionou chamar de crime organizado.

Banditismo *versus* insurreição

A guerra, em síntese, é uma atividade social. Ela não é da competência exclusiva de pessoas ou de exércitos, mas de sociedades. Portanto, as transformações pelas quais as sociedades estão sujeitas afetam diretamente a conduta da guerra.

Segundo J. F. C. Fuller, militares e estadistas, em todo o mundo, fracassaram ao tentar interpretar as grandes transformações sociais decorrentes das Revoluções Francesa, Industrial e Russa, mergulhando, dessa forma, o século xx numa desastrosa e ininterrupta sucessão de violência. Para o influente pensador militar britânico, essa teria sido a principal razão pela qual os conflitos armados, nos últimos cem anos, deixaram de ser um meio eficaz para a consecução de objetivos políticos que assegurassem uma paz vantajosa e duradoura.

As ideias de Fuller servem como uma contundente advertência, pois hoje persiste uma significativa propensão a limitar à tecnologia da informação e ao "capital globalizado" as profundas transformações, ora em curso em todo o planeta. Os difusos desafios do século xxi exigem uma análise coerente e profunda, a fim de evitar que os responsáveis por decisões políticas e estratégicas não incorram inadvertidamente no mesmo tipo de erro de avaliação cometido cem anos atrás.

Em um artigo intitulado "Perspectivas históricas sobre a guerra do futuro", Robert F. Baumann alerta sobre a inclinação natural e os riscos de "rotular" como transformações e mudanças a mera reinterpretação de paradigmas já consagrados.[40] Assim sendo, a primeira tarefa na formulação da política de defesa do Estado e, por conseguinte, da estratégia de defesa das Forças Armadas seria fundamentá-las na identificação clara e objetiva de quais são as verdadeiras ameaças ao Estado e priorizá-las segundo seus danos e suas probabilidades de ocorrência. Dessa forma, ambas, tanto a política de defesa do Estado quanto a estratégia das Forças Armadas, poderão adquirir algumas características essenciais como realismo, coerência, convergência de esforços e visão prospectiva.

As forças armadas não devem descuidar de suas "missões tradicionais". Porém devem permanecer capazes de redimensionar seu emprego e suas aptidões nos mais diversos espectros de conflitos. As operações de manutenção e imposição de paz, as ações humanitárias, as operações de estabilidade e apoio e a guerra contra o terrorismo ilustram muito bem esse fato. A visão ortodoxa que estereotipa a guerra apenas como um confronto formal entre dois exércitos regulares deve ser, finalmente, posta de lado.

Cada vez mais, o tênue limite que distingue a segurança pública da segurança nacional revela-se imperceptível. Onde começa uma e termina a outra? Esse dilema típico da guerra irregular atualmente é aceito por muitos especialistas como uma tendência já consagrada para os conflitos do século XXI. De qualquer modo, o ceticismo do pensamento militar ortodoxo, sem dúvida alguma, mostra-se inadequado e torna tal distinção ainda mais difícil.

Cientistas sociais, magistrados, políticos, militares e policiais advogam que as atividades ligadas ao crime organizado nos estados do Rio de Janeiro e de São Paulo, apesar de violentas e ostensivas, encontram-se restritas à abrangência do escopo da "segurança pública". Entretanto, no final dos anos 1960 e início dos anos 1970, as ações da Aliança Libertadora Nacional (ALN) e do Movimento Revolucionário 8 de Outubro (MR8), por exemplo, estiveram orientadas para o significado de "segurança interna". No entanto somos obrigados a admitir que as ações efetivadas pela militância de esquerda no período da chamada "luta armada" podem ser consideradas muito modestas diante das atuais investidas de determinadas facções criminosas.

Tabela 20 – Principais distinções entre os conceitos de segurança pública e segurança interna

Ordem pública	Ordem interna
– Segurança proporcionada pelo Estado aos indivíduos, incluindo seus bens e direitos, segundo as normas jurídicas estabelecidas.	– Segurança proporcionada ao próprio Estado, antepondo-se a ameaças internas, com vista a assegurar o pleno funcionamento de suas instituições políticas e sociais.
– As ameaças à segurança pública não agridem, diretamente, a estrutura político-social.	– Ameaça à estrutura político-social vigente.
– Compete, essencialmente, às forças policiais de segurança pública.	– Compete, também, às Forças Armadas.

Uma análise sumária da violência social no sertão nordestino no final do século xix oferece, de maneira bem pragmática, subsídio para uma diferente abordagem da questão "segurança pública *versus* segurança interna", facilitando sua compreensão no momento atual.

A deterioração dos sistemas político, econômico e social na região Nordeste, nas últimas décadas do século xix, produziu miséria e essa miséria produziu violência. A primeira forma de manifestação da "violência social" foi o banditismo. Os grupos de bandoleiros armados que percorriam o sertão, realizando saques, roubos, estupros e assassinatos, protagonizaram o movimento que ficou conhecido mais tarde como cangaço, atingindo seu ápice nas primeiras décadas do século xx com o notório bando de Virgulino Ferreira da Silva, o Lampião. O fenômeno do cangaço perdurou de 1879 a 1940.

Apesar dos crimes que perpetravam, jagunços e cangaceiros de certo modo integravam-se à ordem social que os gerara, sem agredir as consolidadas estruturas locais de poder: tinham seus "serviços" contratados pelos coronéis donos de terra, recebiam para "garantir" a segurança de suas vastas propriedades rurais, eliminar adversários políticos etc. Nunca ameaçaram a segurança interna. Ao contrário, chegou-se a esboçar seu emprego pelo governo federal, com o propósito de engajar a lendária Coluna Prestes em seu movimento pelo sertão.

> Nos relatórios oficiais do período, várias vezes são ressaltados os problemas atinentes à força pública estadual: indisciplina, inexistência de armamento em quantidade necessária, falta de alojamentos e baixos salários. Rodrigues Lima explica a indisciplina e a violência da polícia estadual, pois os soldados são "homens oriundos de classes incultas, que se irritam diante de quaisquer resistências e que só sabem muitas vezes vencê-las com a violência e o arbítrio". Para o chefe do corpo policial, devido aos baixos salários, "o oficial de polícia tem necessidade de ser caloteiro, razão por que esta corporação tem caído tanto no desprestígio do público".[41]

Apesar dos longos anos transcorridos, essa crítica mantém-se atualizada naquilo que o doutor Getúlio Bezerra denominou de "indigência crônica" das forças policiais.[42]

Pequenas revoltas também irromperam na região Nordeste, como o Quebra Quilos. Entretanto, uma grande insurreição rural eclodiu no interior baiano, tornando-se oficialmente conhecida por Guerra de Canudos.

No final da década de 1880, depois de um amargurante período de peregrinação pelo sertão, o pregador Antônio Vicente Mendes Maciel instalou-se no arraial de Belo Monte, a sudeste da cidade de Juazeiro, na Bahia.

O pequeno vilarejo passou a atrair centenas de famílias, que organizaram a incipiente atividade econômica local segundo preceitos comunitaristas. O arraial expandiu-se. De acordo com Marco Antônio Villa:

> No Belo Monte abriu-se a possibilidade aos sertanejos de materializar os desejos de uma nova vida, longe do coronelismo e suas sequelas. [Misturando religião ao protesto social], Antônio Conselheiro dava um sentido à vida dos sertanejos, demostrando no dia a dia os limites do poder autocrático do Estado, da Igreja e dos latifundiários e, mais ainda, a possibilidade de superação desta ordem social [...]. A permanência e o crescimento contínuo do arraial, o enfrentamento bem-sucedido das demandas surgidas com a chegada de novos moradores, a manutenção de canais de participação nos negócios da comunidade e o controle exercido sobre a produção de cada família transformaram Belo Monte em uma referência concreta para o sertanejo, oprimido secularmente pelo latifúndio e seus corolários. Além disso, o arraial permitiu integrar as necessidades econômico-sociais às religiosas, concretizando plenamente o que, para o sertanejo, nunca deveria estar dissociado: a religião e a vida. Assim, Canudos acabou se constituindo na materialização do sonho do sertanejo e, mesmo sem querer, em obstáculo ao pleno domínio do coronelismo. Cedo ou tarde, a República, depois de eliminar outros adversários, iria se voltar para o pequeno arraial à margem do Vaza-Barris. A simples existência de Belo Monte era uma ameaça aos novos donos do poder [...]. As pregações de Antônio Conselheiro e as repercussões religiosas e políticas não podem estar dissociadas dos conflitos oligárquicos do sertão.[43]

Canudos constituiu-se em uma ameaça à segurança interna e foi aniquilado ao fim de sucessivas e dispendiosas expedições militares. De forma simples e objetiva, podemos concluir que o cangaço não agredia a estrutura social vigente e por esse motivo nunca fugiu do prisma da ordem pública. Entretanto, Canudos "se tornou um problema para a estrutura de dominação coronelística"[44] e, assim sendo, foi tratado como uma questão de ordem interna.

Do mesmo modo com que o cangaço se integrava à sua sociedade, o crime organizado nos grandes centros urbanos brasileiros, no início do século XXI, se integra à ordem social que o originou. O comércio de armas e o tráfico de drogas são considerados, atualmente, as atividades econômicas mais rentáveis do planeta, superando até mesmo a produção e a exportação de petróleo. Estima-se que 3% de toda a riqueza circulante no mundo seja proveniente do tráfico de entorpecentes e da lavagem de dinheiro a ele associada. O enorme poder de corrupção e intimidação do crime organizado não poupa políticos, juristas, funcionários públicos, policiais ou líderes comunitários. Diante da ineficiência ou mesmo da ausência permanente do

Estado, facções criminosas tornam-se responsáveis pelo controle e pela segurança das áreas sob sua influência, onde estruturam hierarquias paralelas de poder, caracterizando aquilo que o prefeito da cidade do Rio de Janeiro, César Maia, denominou "dualidade legal".

Ou seja, o crime organizado tende a não agredir a estrutura social que o gerou e, por esse motivo, tende a ser encarado como mero problema de segurança pública. Porém, da mesma forma, evidencia que essa estrutura social constitui-se em "solo fértil para crises, conflitos, terrorismo, revolta e outras formas de violência política", como alertou o general Henry Shelton, todos prontos para eclodir.

Em um texto intitulado "Banditismo social", publicado pelo jornal *O Globo*, no segundo semestre de 2001, a então Secretária de Cultura do Estado do Rio de Janeiro, Helena Severo, discorre sobre os riscos da natural e crescente coexistência da "criminalidade com o discurso social":

> [...] Sabemos todos que o banditismo social dificilmente avança além da defesa dos próprios interesses. Basta observar o que ocorre no Brasil, especialmente nos grandes centros urbanos.
> Aqui se verifica [...] uma espécie de revanche dos vencidos, promovida por uma imensa parcela da população possuída de um vago desejo de impor a reparação de injustiças seculares.
> A tradução mais completa deste fenômeno expressa-se nas facções do crime organizado que atuam em favelas e áreas periféricas das grandes cidades. Geralmente ligados ao tráfico de drogas, esses grupos imprimem às suas ações algum tipo de apelo social. Falam em nome dos oprimidos, promovem atividades assistencialistas, arvoram-se em protestos das comunidades, combinando, em última análise, criminalidade com discurso social [...] Assim, crimes hediondos como tráfico de drogas e sequestros transfiguram-se, no limite, em protesto social.
> É dentro desse caldeirão paradoxal que desponta a força do crime organizado, poderosíssima válvula de escape para este exército de desvalidos [...].
> [...] Como num filme sem final feliz, restou à zona cinzenta de excluídos aliar-se ao "Robin Hood" mais próximo.[45]

É óbvia a existência de um processo de crescimento gradual da "violência coletiva", numa relação direta, à medida que a estrutura social se deteriora. A pobreza, apesar de importante componente, não motiva, por si só, a violência generalizada que se manifesta de diferentes formas e intensidade, que transcende, por vezes, a ordem pública e afeta a ordem interna. Os países mais pobres do mundo não são, necessariamente, os mais violentos. Uma série de outros fatores interage para produzir de facções criminosas a movimentos insurgentes.

O crime organizado, particularmente o narcotráfico nas regiões metropolitanas do Rio de Janeiro e de São Paulo, possui um segmento que atua ostensivamente nos morros, favelas e periferias desassistidas; dispõe de grupos armados e exerce o domínio efetivo de áreas específicas – verdadeiros "protetorados urbanos sem lei", segundo o coronel Joseph Nuñes, do Exército dos Estados Unidos.[46] Esses grupos contam com apoio interno e externo para suporte logístico, como provisões de armas e munição; atividades de inteligência; obtenção de receita, incluindo práticas comerciais ilícitas ou não. Narcotraficantes também têm demonstrado capacidade para conduzir ações típicas de guerra irregular dentro e fora de suas respectivas áreas de influência, como incursões armadas, emboscadas, controle da população, justiçamentos, demonstrações de força, atentados terroristas e distúrbios civis. Nos anos de 2001 e 2002, por exemplo, 70 ônibus foram depredados e incendiados na região metropolitana de São Paulo, enquanto no Rio de Janeiro, apenas em 2002 (até o mês de outubro), 48 ônibus foram queimados em distúrbios orquestrados por criminosos, em protesto contra ações policiais repressivas.

Na verdade, as facções armadas ligadas ao crime organizado não possuem uma motivação explícita e direta em reduzir a eficiência do Estado em suas expressões política, econômica, psicossocial e militar, com o propósito de afetar, particularmente, a estabilidade institucional. Seu objetivo precípuo é o lucro financeiro, carecendo, ainda, de métodos eficientes de seleção, formação, organização e emprego. Um militar do Exército, envolvido na Operação Rio em 1994, declarou: "achávamos que fossem mais organizados do que realmente eram". Ironicamente, um oficial do Batalhão de Operações Policiais Especiais da Polícia Militar do Estado do Rio de Janeiro (Bope/PMRJ) afirmou: "para nossa sorte, o crime organizado é desorganizado!". Mas, ainda assim, o Estado brasileiro não tem se mostrado capaz de contê-lo, tampouco erradicá-lo.

Guerrilha urbana é um termo comum na voz dos mais especializados policiais das forças de segurança pública do Rio de Janeiro. Talvez seja um indício importante da real situação existente nos becos e vielas dos morros e das periferias.

Em setembro de 2002, a agência inglesa BBC Mundo noticiou: "durante os últimos dez anos, o número de mortos pela violência no Rio de Janeiro é maior que o número das vítimas da guerra no Oriente Médio ou do recente conflito na ex-Iugoslávia".

Nos primeiros parágrafos de sua obra CV-PCC: *a irmandade do crime*, publicada em 2003, o jornalista Carlos Amorim retrata o cenário difuso e complexo no qual os conceitos de segurança estão imersos:

> No meio da noite, prédios públicos são atacados com rajadas de fuzis automáticos e metralhadoras. Bombas explodem em frente a repartições públicas. Comboios de homens armados percorrem as ruas depois da meia-noite. Param o trânsito em grandes avenidas, saqueiam – pessoas são mortas sem nenhuma razão. Magistrados são emboscados e mortos a tiro. Funcionários de alto escalão são ameaçados. Pelo mar chegam armas e drogas. É o cenário de uma guerra que não se quer admitir. Escolas, comércio e bancos fecham a mando de meninos descalços, que se dizem porta-vozes de grandes traficantes e bandidos. Todos obedecem. Inimigos dos bandos armados são apanhados, julgados e executados sumariamente. Os policiais escondem suas identidades e se protegem atrás de barricadas. Trinta mil presos chegam a se rebelar de uma só vez, atendendo ao comando de uma liderança de cinco homens.
> Agora não é mais uma ameaça. A sombra ganhou contornos próprios. Porque o crime organizado no Brasil é uma realidade terrível. Atinge todas as estruturas da sociedade, da comunidade mais simples, onde se instala o traficante, aos poderes da República. Passa pela polícia, a justiça e a política. A atividade ilegal está globalizada e o país é um mercado privilegiado no tabuleiro do crime organizado.[47]

Mas, desde então, o quadro interno continuou a deteriorar-se, superando até mesmo os prognósticos mais pessimistas. Em maio de 2006, a organização Primeiro Comando da Capital (PCC) desencadeou uma onda de atentados terroristas em São Paulo. Somente nas primeiras vinte e quatro horas da ofensiva criminosa, aconteceram 58 ataques, simultâneos à eclosão de 28 rebeliões em presídios de todo o Estado. Ao longo de três dias, foram realizados 184 atentados, especialmente contra policiais, agentes penitenciários e prédios públicos. Bombas incendiárias foram utilizadas contra agências bancárias. Dezenas de ônibus foram queimados. Até mesmo um quartel do corpo de bombeiros e uma escola tornaram-se alvos dos ataques. O número de mortos chegou a 81, dos quais 38 eram criminosos. Mais de 60 estabelecimentos carcerários foram tomados por rebeliões de detentos. A onda de violência alastrou-se para outros estados da Federação. No Mato Grosso do Sul, rebeliões em quatro presídios fizeram quinhentos reféns. No Paraná, presos amotinaram-se em cinco casas de detenção. Os acontecimentos ganharam destaque na imprensa internacional – "o terror parou São Paulo, a maior cidade brasileira".

Na verdade, o PCC já havia oferecido indícios anteriores de seu vigor como organização subterrânea. Em fevereiro de 2001, promoveu, simultaneamente, 29 rebeliões em todo o Estado. A um só comando, 30 mil presos amotinaram-se, o que denota seu elevado grau de coordenação e capilaridade. Em janeiro de 2006, foi responsável pela execução de quatro atentados em, apenas, quarenta e oito horas, evidenciando sua predisposição para ações ofensivas. Ainda assim, o PCC, com seus ataques de maio, surpreendeu a todos pela ousadia.

Em dezembro, na cidade do Rio de Janeiro, a organização criminosa Comando Vermelho (CV) também promoveu uma série de ataques contra postos policiais, delegacias, agências bancárias, ônibus e estabelecimentos comerciais. Dois policiais e nove civis morreram, trinta pessoas ficaram feridas. O caso mais dramático aconteceu com um ônibus interestadual incendiado por narcotraficantes. Sete passageiros não conseguiram fugir a tempo e morreram carbonizados no interior do veículo em chamas. A repercussão na mídia foi semelhante: "o terror toma conta do Rio". Acredita-se que os ataques tenham sido uma represália à crescente influência de "milícias" – grupos informais constituídos, sobretudo, por policiais que "vendem" segurança e disputam o controle de áreas até então dominadas exclusivamente pelo narcotráfico.

No ano seguinte, a violência no Rio de Janeiro ingressou em uma nova etapa. Combates esparsos entre narcotraficantes e policiais já haviam se tornado rotina na capital fluminense. Entretanto, uma grande batalha nunca havia sido travada. Em maio de 2007, o governo estadual decidiu retomar a cidadela do Comando Vermelho no Complexo do Alemão – um conjunto de 18 favelas superpovoadas, responsável por gerar aos criminosos um faturamento mensal estimado, à época, em R$ 3,5 milhões. Uma verdadeira área liberada onde residem 130 mil brasileiros. Foram necessários 57 dias para que 1.350 policiais, finalmente, ocupassem a fortaleza do tráfico.

Terrorismo em São Paulo, guerrilha urbana no Rio de Janeiro. Ao procurar responder à pergunta "que tipo de guerra é essa?", o major Mark P. Hertling, do Exército dos Estados Unidos, afirmou, com muita propriedade, que:

> De um lado, existe uma entidade política limitada pelas regras inerentes a uma sociedade democrática e civilizada. No outro, um adversário com as características de uma entidade social, econômica e, por vezes, anárquica. O combate ao narcoterrorismo pode somente ser considerado como guerra não convencional, possuindo muitas das características do conflito de baixa intensidade.[48]

Portanto, tentar reduzir um problema tão complexo a uma mera questão de segurança pública é um grande equívoco ou uma conveniente forma de omissão. Restabelecer a segurança e a presença do Estado, garantindo a lei, a ordem e o pleno funcionamento das instituições políticas e sociais, em áreas urbanas superpovoadas e carentes, que se encontram sob o domínio de grupos armados organizados, não merece uma abordagem tão limitada, nem pode aguardar passivamente pela alteração de profundas distorções socioeconômicas, que demandariam um tempo excessivo. Em oposição ao que muitos críticos advogam, as operações militares contra segmentos armados do crime organizado, particularmente o narcotráfico, não constituem um desvio da atividade fim das Forças Armadas. Ao contrário, são em sua essência a própria atividade-fim, pois guerrilha urbana e narcoterrorismo tornaram-se parte da realidade nacional.

O major Mark Hertling, ao tratar o narcoterrorismo como a "nova guerra não convencional", afirma que historicamente "poucas foram as nações que declararam guerra à existência do uso de drogas na sua sociedade".[49]

Porém, tanto no Brasil quanto na América Latina de um modo geral, o narcotráfico encontra-se intrinsecamente conjugado a uma série de outros fatores perniciosos, já mencionados de forma sucinta anteriormente. A desarticulação dos cartéis de Cali e Medelim, por exemplo, não erradicou o problema que aflige a Colômbia, pois aquele país possui aspectos sociais, econômicos, históricos e culturais que permitiram às AUC, às Farc, ao ELN e a outros traficantes menores preencherem o "vazio de poder" deixado por aqueles dois grandes cartéis. Da mesma forma, a simples interrupção do fornecimento de drogas às cidades brasileiras não bastaria para suprimir a crescente onda de violência urbana, pois logo floresceriam outras formas de manifestação da violência social. O desmantelamento de grandes facções armadas como o PCC ou o Comando Vermelho provavelmente criará uma fragmentação da atividade criminosa ainda mais difícil de se combater.

Gestão após gestão, as políticas de segurança pública estaduais têm se limitado a definir como meta, simplesmente, a redução dos índices de violência urbana a níveis "aceitáveis", buscando uma espécie de "coexistência pacífica". Entretanto, os fatores nocivos que a motivaram permanecem latentes e, o que é pior, se potencializam.

Diante de todas essas questões, talvez a forma mais simples de tentar definir papéis, diferenciando a missão que compete a cada um dos agentes de segurança do Estado e estabelecendo um limite entre segurança pública e segurança interna, esteja na lógica elementar do raciocínio de Richard Clutterbuck para a questão irlandesa:

O Exército tem sido regularmente empregado para apoiar a Polícia na garantia da segurança pública, isto é, na defesa contra ataques armados, sejam eles a bombas ou com armas de fogo. A defesa contra um ataque armado é a missão normal de um exército, venha esse ataque de um inimigo estrangeiro desembarcando nas praias, ou descendo de paraquedas, ou infiltrando-se em seu território, e isso é aceito, sem objeções, por parte da população [...]. Em que circunstâncias a Polícia deve solicitar a colaboração do Exército, para garantir a segurança pública? [...] Os soldados devem ser chamados a atuar quando parece provável que o ataque poderá levar a um combate tático envolvendo fogo e movimento; isto é, quando dois ou mais grupos de homens armados, bastante separados, têm de operar como uma só equipe – um grupo dando cobertura de fogo, enquanto outros se aproximam do inimigo de direções diferentes [...]. Seria possível treinar alguns esquadrões de policiais selecionados para lutar como pelotões de infantaria, mas neste caso seria aconselhável que a participação desses agentes fosse por tempo limitado, após o qual retornariam às suas atividades normais de policial. De outra forma, haveria o risco de criar um tipo diferente de homem vestindo o uniforme policial, dando origem a uma imagem muito diferente. O melhor mesmo seria deixar esta tarefa para o Exército.[50]

Ou seja, as operações de combate ("combate tático envolvendo fogo e movimento") são as atribuições naturais das Forças Armadas. Ao negarem esse papel, as três forças singulares fomentam a proliferação de "unidades militares" não subordinadas ao Ministério da Defesa. O Bope/PMRJ, por exemplo, é muito mais uma unidade militar de combate do que uma organização policial tradicional, diferindo até mesmo de tropas similares de outras corporações policiais do mundo, como, por exemplo, as equipes S.W.A.T. norte-americanas. Na verdade, suas arriscadas tarefas diárias impõem que não seja de outra forma. No combate aos segmentos armados do narcotráfico, são as forças policiais, com seu armamento, doutrina e emprego, que estão se desviando de sua atividade-fim e se militarizando. Não o contrário!

A história tem revelado, ainda, que unidades policiais, obrigadas a desempenhar o papel de exércitos contra grupos armados organizados, apresentam enorme propensão a procurar uma resposta estritamente militar, incidindo em grave erro. Graham Ellison, ao analisar a experiência britânica na Irlanda do Norte, afirmou que, durante um determinado momento: "[...] as organizações policiais envolvidas adotaram a postura de um exército que acreditava na possibilidade de uma ação em força para apertar o cerco sobre os terroristas e vencer a guerra em curto prazo".[51]

Diante de tais ameaças, acreditar que uma vitória definitiva possa ser obtida a curto ou médio prazo exclusivamente por meio de incursões repressivas é um enorme equívoco. Quando corporações policiais são submetidas a um processo casual de redefinição de suas atribuições institucionais e obrigadas a conduzirem operações militares contra forças de natureza assimétrica, em geral dão demasiada ênfase às ações de combate repressivas de cunho tático, em detrimento dos pilares básicos da contrainsurgência, quais sejam: a legitimidade do poder central e o apoio da população.

Portanto, as frequentes violações dos direitos humanos e as acusações de crimes e massacres perpetrados por policiais brasileiros não causam surpresa. Dentro desse contexto, destaca-se uma série de eventos trágicos. Na chacina da Candelária, ocorrida em julho de 1993, oito menores foram sumariamente executados nas ruas do centro do Rio de Janeiro. Em agosto do mesmo ano, 21 pessoas foram mortas na chacina de Vigário Geral. Em março de 2005, policiais envolvidos na Chacina da Baixada mataram, quase que aleatoriamente, 29 indivíduos. Em São Paulo, a famosa ação antimotim da polícia militar realizada no complexo penal do Carandiru, em outubro de 1992, deixou o sinistro saldo de 111 detentos mortos, além de outros 130 feridos. No ano anterior, 25% das 1.140 mortes violentas ocorridas naquele estado foram imputadas à repressão policial.

A adoção de uma verdadeira política de Estado, ante a escalada da violência urbana nas grandes metrópoles brasileiras, tem sido protelada. É essencialmente sob esse enfoque, o da "política paliativa", que Luís Flávio Gomes e Raúl Cervini concentram suas críticas ao emprego das Forças Armadas na cidade do Rio de Janeiro, em 1994 e 1995, durante a chamada Operação Rio:

> Nesse laboratório de experiências político-criminais malsucedidas que se chama Brasil, tivemos, há algum tempo, a maior operação militar contra o crime, especialmente o organizado (Operação Rio de Janeiro). Imediatamente após a "intervenção", enfocamos criticamente tal procedimento e procuramos salientar o amadorismo e a irracionalidade desta resposta estatal, dentro do contexto em que seria executada.
> [...] A intervenção militar "localizada", ademais, pode oferecer algum alívio, mas tem como efeito principal o seguinte: o crime só muda de lugar (sai do morro e desce para o asfalto, sai de um estado e passa para o outro etc.).[52]

Assim como qualquer outra forma de guerra irregular, o centro de gravidade das operações contra organizações narcoterroristas reside no apoio da população. Segundo Bevin Alexander, "a única maneira de se acabar com uma insurreição está na remoção das condições econômicas e sociais nocivas que deram origem à revolta".[53] Assim sendo, a mera execução de operações de combate repressivas, desacompanhadas de vigorosas ações nos campos político, social e econômico, apenas tornará o conflito mais agudo. De acordo com o major Mark Hertling:

> Planejar com vistas à obtenção de uma vitória militar em uma operação que, talvez, ignore ou subordine as ações empreendidas no palco político, econômico, ou diplomático é inútil e desconsidera a união estreita entre os meios militares e políticos, tão comum na guerra não convencional. A combinação da ação política com as operações militares exige uma perspectiva a longo prazo, com o olhar voltado para a dinâmica da evolução da sociedade em que as forças militares atuam [...]. Ações militares devem ser sincronizadas com bom entendimento diplomático, progresso econômico e evolução da política [...]. Conquistar, e não vencer, é a chave de todas as ações militares em qualquer guerra não convencional. O fator crítico para conquistar é assegurar-se de que as ações militares não sejam empreendidas no vácuo.[54]

Terrorismo e guerrilha urbana no Brasil: passado e presente

Sob a liderança de Luís Carlos Prestes, o Partido Comunista Brasileiro (PCB), principal organização marxista do país, manteve-se incondicionalmente subordinado aos ditames de Moscou. Seguindo orientação contida no memorável XX Congresso do Partido Comunista da União Soviética (PCUS), presidido por Nikita Kruschev em 1956, o PCB afastou-se da "luta armada" para alcançar o poder na década de 1960, declinando, ao menos temporariamente, dos preceitos contidos no famoso "Manifesto de Agosto". Assim sendo, o golpe de Estado articulado por setores de direita e liderado pelos militares, em março de 1964, surpreendeu a militância marxista que se encontrava, naquele momento, sem um "braço armado" capaz de conduzir, eficazmente, a guerra revolucionária. Prestes e o Partido Comunista, encontrando-se tão próximos de seu objetivo, sofreram uma derrota política decisiva.

Grupos dissidentes do PCB, associados ao movimento estudantil, lançaram-se prematuramente em uma guerra para a qual não estavam de fato preparados. Sem estrutura organizacional e carecendo de homens, armas e treinamento em quantidades suficientes, essas organizações clandestinas encontravam-se impedidas de travar a "guerra popular" no campo. Portanto, apelaram, a partir de 1968, para um expediente alternativo ao qual denominaram "guerrilha urbana", fundamentando-se no mito de que "só era dar o primeiro tiro; quem o fizesse, arrastaria o país inteiro".[55]

Dessa forma, diferentes grupos revolucionários emergiram do chamado "período da luta armada". Dentre eles, podemos destacar a Vanguarda Popular Revolucionária (VPR), a Vanguarda Armada Revolucionária-Palmares (VAR-Palmares), o Movimento Revolucionário 8 de Outubro (MR8), o Comando de Libertação Nacional (Colina) e o Movimento Nacional Revolucionário (MNR). Entretanto, coube, especialmente, à Aliança Libertadora Nacional (ALN), liderada por Carlos Marighella, protagonizar o combate subterrâneo.

Os atos de maior repercussão perpetrados pela militância subversiva aconteceram com os sequestros dos embaixadores norte-americano, suíço e alemão. As tímidas ações dos grupos armados nas décadas de 1960 e 1970 não podem ser comparadas às atuais investidas do crime organizado nas grandes cidades brasileiras. De forma análoga, a repressão desencadeada pelos órgãos de segurança estatais à época não se compara à violência empregada hoje por forças policiais incumbidas de combater narcotraficantes em seus redutos urbanos. O quadro interno atual é, certamente, bem mais crítico.

Ao contrário dos grupos revolucionários de esquerda que amargavam um parco orçamento durante a Guerra Fria, as facções do crime organizado dispõem, atualmente, de vultosos recursos. Somente o PCC movimentou, em 2006, R$ 36 milhões. Enquanto a ALN e as demais organizações de luta armada sofriam severas restrições para adquirir ou fabricar armamento, o narcotráfico mantém-se abastecido pelo vigoroso mercado ilegal de armas de fogo. Mesmo assim, ocorreram nos anos 2000, 2001 e 2002 (até 25 de novembro), 129 ações ou tentativas de ação contra instalações militares ou suas guardas na área de responsabilidade do Comando Militar do Leste (Rio de Janeiro, Minas Gerais e Espírito Santo). Quase sempre, seus objetivos são o roubo de armamento, particularmente fuzis e munição. Segundo a agência de notícias Band News, entre os anos de 1998 e 2004, 118 armas foram subtraídas das Forças Armadas. O destino da maior parte delas era o narcotráfico.

De acordo com o jornalista Luís Mir, "no total, cerca de 2,1 mil pessoas estiveram ligadas à ALN durante sua curta existência [...]. Foi a maior organização guerrilheira que o Brasil teve no século XX".[56] Em janeiro de 2007, as autoridades brasileiras acreditavam que o PCC possuía 15 mil membros filiados. Se esse número estiver correto, a organização criminosa paulista possui uma estatura semelhante à das Farc.

Em 2002, o estudo de Crianças e Jovens em Violência Armada Organizada (Children in Organized Armed Violence – COAV) realizou uma pesquisa denominada "Crianças do tráfico: um estudo de caso de crianças em violência armada organizada no Rio de Janeiro". Constatou-se que, apenas naquela cidade, cerca de cinco mil crianças sobrevivem em condições de trabalho semelhantes às de crianças recrutadas como soldados em outras partes do globo. Esses meninos que "praticam a violência armada fora das situações tradicionalmente reconhecidas como guerras e conflitos" chegam a ingressar em facções criminosas com idade de apenas 10 anos. E, o que é pior, para esses milhares de jovens o ingresso na hierarquia do tráfico representa a única perspectiva de ascensão social.

Entre 1987 e 2001, 467 crianças morreram na Palestina, no conflito entre árabes e israelenses. Nesse mesmo período, a violência no Rio de Janeiro tornou-se responsável pela morte de 3.937 brasileiros com menos de 18 anos de idade. Em 1983, 35% das mortes de jovens, com idade entre 14 e 24 anos, na capital fluminense, foram causadas por perfuração por armas de fogo. Em 2001, esse percentual elevou-se para 65%. Em novembro de 2006, a Organização dos Estados Ibero-Americanos (OEI) divulgou um estudo apontando o Brasil como o terceiro país no mundo com maior taxa de homicídio de jovens. De acordo com Geraldo Tadeu Moreira Monteiro:

> As pesquisas recentes mostram que a idade média de ingresso no tráfico de drogas é de apenas 13 anos e que aos 8 anos muitos meninos já atuam como olheiros ou fogueteiros. Com 15 anos já são soldados armados, com 19 anos gerentes de boca de fumo, aos 22 anos chefes de facção, para, aos 25 anos, serem presos ou mortos. Segundo dados do Datasus, na faixa de 15 a 24 anos a taxa de mortalidade equivale a seis vezes a média nacional, sendo que no Rio de Janeiro o índice é nove vezes maior. Nessa faixa etária são cometidos 44% de todos os homicídios por arma de fogo, o que, computado o número de assassinatos nos últimos dez anos no Estado do Rio, representa o incrível número de 33 mil jovens mortos.[57]

Nessa "guerra que não se quer admitir", sofremos a pior derrota. Segundo Percival de Souza, "uma pesquisa da Unesco [...] realizada no Rio de Janeiro e em outras 13 capitais brasileiras descobriu que [nas favelas] o traficante é o modelo de realização para adolescentes, assim como a violência é causa determinante de evasão escolar [...]. Traficantes seduzem alunos com propostas irrecusáveis para o padrão social do lugar".[58] Vinte e quatro por cento dos jovens com idade entre 15 e 24 anos, moradores de áreas carentes no Rio de Janeiro, não estudam, não trabalham e não procuram emprego. Eles simplesmente constituem a "reserva mobilizável" dos segmentos armados do narcotráfico. Talvez essa seja a face mais sombria e perigosa das raízes da violência social: o momento em que ela se torna uma herança cultural quase institucionalizada, o único legado deixado de uma geração para a outra, isto é, o momento em que ela incide diretamente sobre as perspectivas de vida de uma criança e o modo de compreensão que ela terá do mundo, tornando-se a única forma de cotidiano conhecida, absorvendo seus anseios e aspirações, definindo o seu presente e moldando o seu futuro.

Narcotráfico: um inimigo externo

A questão da violência urbana associada ao tráfico de entorpecentes nas grandes metrópoles brasileiras possui um importante e complexo componente externo. O Brasil, segundo maior consumidor mundial de cocaína, é limítrofe aos três grandes produtores mundiais: Colômbia, Peru e Bolívia. Aos problemas decorrentes dos países andinos produtores da droga soma-se o papel nocivo desempenhado pela região da Tríplice Fronteira, no Cone Sul, cuja anarquia contribui sobremaneira para a incidência de ilícitos transnacionais em larga escala, especialmente o contrabando, a lavagem de dinheiro, o comércio ilegal de armas e o narcotráfico.

Assim como o terrorismo, o tráfico de drogas não pode ser combatido isoladamente. Durante o IV encontro do Colégio Nacional de Secretários de Segurança Pública, realizado em outubro de 2003, na cidade de Manaus, o ministro do Superior Tribunal de Justiça, doutor Gilson L. Dipp, afirmou com muita propriedade: "no combate ao crime organizado, não se pode mais falar em fronteiras". Desse modo, torna-se impensável uma abordagem séria da questão da violência urbana brasileira desprovida de um enfoque regional.

Peru e Bolívia juntos produziram, em 1995, 75% da droga andina. Uma década depois, a Colômbia tornara-se, sozinha, responsável por 70% de toda a cocaína proveniente da América do Sul. De acordo com William Mendel:

> O uso do narcotráfico por parte da guerrilha para sustentar a insurreição colombiana reforça sua ameaça ao Brasil. As vastas áreas de selva amazônica, entrecortadas pela maior rede fluvial do mundo e adjacente a outros países produtores de drogas, têm feito do Brasil a principal rota de tráfico de drogas destinadas aos Estados Unidos e à Europa. O país é um fornecedor importante dos produtos químicos necessários à produção da coca. O meio de transporte fluvial é ideal para o embarque de grandes quantidades de

querosene, ácido sulfúrico, permanganato de potássio e acetona, necessários à produção dos cristais brancos de hidrocloreto de cocaína. O comércio químico é facilitado na Zona Franca de Manaus, onde 256 companhias transportam os produtos químicos usados na produção da droga.[59]

Na verdade, o conflito na Colômbia há muito tempo deixou de ser um problema de segurança localizado em uma longínqua fronteira na selva amazônica. Ele também se desenvolve nas ruas das principais cidades brasileiras. Somos, de fato, levados a admitir que ambas as realidades constituem frentes distintas de uma mesma guerra. Um estudo realizado em 1995 pela Organização Mundial de Saúde (OMS) colocava em patamares equivalentes os índices de violência nas periferias das grandes metrópoles brasileiras e as taxas de homicídios nas zonas de combate colombianas.

Ao se analisar qualquer perspectiva de integração regional, a Bolívia destaca-se graças à sua privilegiada posição estratégica, pois é o único país sul-americano que abrange, territorialmente, as regiões andina, platina e amazônica. Che Guevara levou esse fato em consideração ao conceber sua malfadada campanha de 1967, visto que pretendia deflagrar uma revolução continental. Hoje o narcotráfico, ao contrário dos Estados nacionais, tem se revelado capaz de explorar, com grande habilidade, essa importante característica fisiográfica boliviana.

Durante os anos 1990, a iniciativa norte-americana de promover o combate aos narcóticos na América Latina levou à destruição de aproximadamente 40 mil hectares de plantações de coca na Bolívia. Em cinco anos, a produção do país declinou de 240 para 60 toneladas. A crise socioeconômica, agravada nas zonas de cultivo pela guerra às drogas, fez despontar a liderança nacional de Evo Morales, destacado dirigente da Confederación Cocalera del Trópico de Cochabamba. Eleito presidente da República, Morales autorizou mais de trinta mil famílias a produzirem coca para uso tradicional, medicinal e ritual. Consentiu, ainda, a expansão das áreas de plantio, aumentando a oferta de matéria-prima. O embaixador dos Estados Unidos, Philip Goldberg, protestou, afirmando que "mais coca excedente significa mais cocaína". Morales, contudo, manteve-se irredutível. Em 2007, a superfície cultivada na Bolívia estava estimada em 25,4 mil hectares.

O cultivo tradicional é igualmente praticado no vale dos rios Apurímac e Ene no Peru, onde são frequentes colheitas superiores a quatro toneladas de folha de coca por hectare. Essa região é responsável por 32% da produção peruana. Entretanto, de lá também saem cerca de 104 toneladas de cocaína – o que corresponde a 58% de toda a droga produzida no país.

De acordo com dados de 2007, a área cultivada no Peru corresponde a 48,2 mil hectares. Legalmente, a Empresa Nacional de la Coca (Enaco) detém o monopólio do plantio autorizado. Todavia, sindicatos rurais contestam os privilégios exclusivos da empresa estatal. No vale dos rios Apurímac e Ene, a Confederación Nacional de Productores Agropecuarios de las Cuencas Cocaleras del Perú (CONPACCP), presidida por Nelson Palomino, vocifera contra as prerrogativas da Enaco. Com o mesmo propósito, surgiu, em 2004 na região do Alto Huallaga, a Junta Nacional de Cocaleros del Peru, liderada por Iburcio Morales.

O cultivo de coca, supostamente para restrito uso tradicional, nas regiões de Chapare e Los Yungas na Bolívia ou no vale dos rios Apurímac e Ene no Peru, já não diz respeito apenas aos governos de La Paz ou Lima. O enorme custo em vidas humanas cobrado da sociedade brasileira pelo tráfico da droga proveniente dos países andinos respalda a preocupação que deveria inquietar Brasília. Em contrapartida, o Estado brasileiro não deveria ignorar, no contexto da escalada da violência urbana, o papel desempenhado pelas chagas sociais que afligem as populações indígenas nas longínquas "zonas de cultivo", sobretudo a ausência de alternativas econômicas para o campesinato local.

Na vulnerável região da Tríplice Fronteira, o Paraguai, em especial, destaca-se como importante rota do tráfico de armas e entorpecentes, além de oferecer condições facilitadas para a "lavagem de dinheiro". Setenta por cento da maconha consumida no Brasil é importada. Boa parte dela vem do Paraguai. Portanto, as facções do crime organizado nas metrópoles brasileiras são abastecidas com drogas, armas e munição que circulam por aquele país platino. Assim sendo, é lícito supor que a segurança das cidades brasileiras também passa pelo resgate das instituições públicas paraguaias, dilapidadas, ao longo do tempo, pelo crime e pela corrupção.

A gravidade do quadro interno impõe, necessariamente, uma abordagem integral da problemática da violência urbana, transcendendo o enfoque simplista da segurança pública. Pelo mesmo motivo, a ação firme e decisiva do Estado não pode ser postergada sob o pretexto de que injustiças seculares só podem ser reparadas por meio de políticas públicas que demandam um tempo excessivo. Até lá, os esforços governamentais prioritários nos campos econômico e psicossocial devem ser acompanhados, também, por uma vigorosa política externa. Não se pretende subverter a lógica de uma patologia, eminentemente doméstica, imputando a terceiros a responsabilidade pela degradação do cenário interno. Todavia, há que se considerar o intrincado mosaico regional e seus reflexos na escalada da violência urbana brasileira. Alguns aspectos devem ser submetidos a uma análise criteriosa:

- o Brasil deve cooperar com a estabilidade de seus vizinhos, com vistas a promover sua própria segurança;
- a procura e o crescente consumo de drogas nas grandes cidades brasileiras encontram-se no cerne do problema que aflige o país, porém sua solução não pode prescindir da redução da oferta proveniente do exterior;
- os narcotraficantes que operam as "bocas de fumo" nos morros e periferias devem ser combatidos ainda nas áreas de plantio, nos laboratórios de refino e nas pistas de pouso clandestinas localizadas no interior da selva amazônica e nos altiplanos andinos;
- tornou-se imperativo promover a cooperação regional em termos de segurança;
- a segurança regional não deve ser trabalhada apenas em termos repressivos.

NOTAS

[1] Mark Bowden, Matando Pablo, São Paulo, Landscape, 2002, p. 21.
[2] Idem, p. 49.
[3] Thomas A. Marks, "Um modelo de contrainsurgência: a Colômbia de Uribe (2002-2006) versus as Forças Armadas Revolucionárias da Colômbia – Farc", em Military Review, jul.-ago. 2007, edição brasileira, pp. 18-9.
[4] "Abajo el Plan Colombia", em Correo Internacional, Bogotá, n. 83, set. 2000.
[5] William W. Mendel, "A ameaça colombiana à segurança regional", em Military Review, 4th Quarter 2001, edição brasileira, p. 4.
[6] James T. Hill, "O diálogo interamericano", em Military Review, 2nd Quarter 2003, edição brasileira, p. 74.
[7] Luis Alberto Villamarín Pulido, "Guerra irregular y guerra de guerrillas", em Military Review, set.-out. 2003, edição hispano-americana, p. 81.
[8] P. S. Burton e Robert Lee Wilson, "O 7º Grupo de Forças Especiais: duas décadas de excelência na América Latina", em Military Review, 4th Quarter 2002, edição brasileira, p. 73.
[9] Mark Bowden, op. cit., pp. 59 e 68.
[10] Thomas A. Marks, op. cit., p. 20.
[11] J. R. Nuñes, "Uma arquitetura de segurança para as Américas no século XXI: cooperação multilateral, paz, democrática e poderio flexível", em Military Review, 3rd Quarter 2003, edição brasileira, p. 59.

[12] O termo *territorialização* significa: "apropriação do espaço por um dado segmento social, sejam os grupos que vivem da venda ilegal de drogas nas favelas, sejam as associações de moradores". Andrelino Campos, Do Quilombo à Favela, Rio de Janeiro. Bertrand Brasil, 2007 p. 36.

[13] Ib Teixeira, "A macroeconomia da violência", disponível em <www.vivario.org.br>, acesso em 10 de março de 2004.

[14] Mark Bowden, op. cit., p. 30.

[15] Eleonora Gosman, "Viaje a un santuario de los narcos en el Amazonas", em Clarín, Buenos Aires, 10 set. 2000, (informe especial: Narcotrafico y guerrilla; primera nota: La zona que militariza Brasil para frenar la expansion del conflicto colombiano).

[16] Alexandre Secco e Larissa Squeff, "A explosão da periferia", em Veja, São Paulo, edição 1.684, 24 jan. 2001.

[17] "Um mundo mais urbanizado", Almanaque Abril: atualidades do vestibular, São Paulo, Ed. Abril, 2004, p. 73.

[18] John Charles Chasteen, América Latina: uma história de sangue e fogo, Rio de Janeiro, Campus, 2001, pp. 197, 203 e 216.

[19] Eduardo Galeano, As veias abertas da América Latina, Rio de Janeiro, Paz e Terra, 2000, p. 181.

[20] Alexandre Secco e Larissa Squeff, op. cit., p. 88.

[21] Joseph R. Nuñes, op. cit., p. 79.

[22] Almanaque Abril: atualidades do vestibular, op. cit., p. 150.

[23] O Globo, 19 maio 2002, p. 18.

[24] "A revolução impossível". Almanaque Abril: atualidades do vestibular, São Paulo. Ed. Abril, 2004, p. 143.

[25] Almanaque Abril: atualidades do vestibular, op. cit., p. 150.

[26] Alexandre Secco e Larissa Squeff, op. cit., p. 88.

[27] Robert F. Hanh II e Bonnie Jezior, "O combate urbano e o combate urbano de 2025", em Military Review, 2nd Quarter 2001, edição brasileira, p. 36.

[28] Alexander Bevin, A guerra do futuro, Rio de Janeiro, Bibliex, 1999, p. 25.

[29] J. R. Nuñes, op. cit., p. 58.

[30] Richard Clutterbuck, Guerrilheiros e terroristas, Rio de Janeiro, Bibliex, 1980, pp. 52, 59 e 63.

[31] Reynolds Mendes, "Guerra assimétrica, riscos assimétricos", em Military Review, 2nd Quarter 2003, edição brasileira, p. 49.

[32] Henry H. Shelton, "Forças de operações especiais: visão futura", em Military Review, 3rd Quarter 1997, edição brasileira, pp. 11-2.

[33] Citado por William W. Mendel, "Operação Rio: Retomando as Ruas", em Military Review, 1º trimestre 1998, edição brasileira, p. 78.

[34] Luiz Flávio Gomes e Raúl Cervini, Crime organizado, São Paulo, RT, 1997, p. 73.

[35] Rubem César Fernandes, "Violência no Rio: a história que sofremos e fazemos", disponível em <www.vivario.org.br>, acesso em março de 2003.

[36] Coordenação Geral de Repressão ao Crime Organizado da Polícia Federal, art. 2º da Instrução Normativa nº 03-DG, de 16 de fevereiro de 2001.

[37] Washington C. R. Magalhães e Getúlio Bezerra Santos, Polícia de prevenção e repressão a entorpecentes, Brasília, Departamento de Polícia Federal, 2003, p. 13.

[38] H. G. Magalhães et al., Crime organizado e lavagem de dinheiro, Brasília, Departamento de Polícia Federal, 2003, pp. 7-10.

[39] Getúlio Bezerra dos Santos, "Tráfico de drogas e violência urbana", em IV Encontro do Colégio Nacional de Secretários de Segurança Pública e III Seminário Nacional de Segurança Pública. Manaus-AM, outubro de 2003 (palestra).

[40] Robert F. Baumann, "Perspectivas históricas sobre a guerra do futuro", em Military Review, 3rd Quarter 1998, edição brasileira, p. 11.

[41] Marco Antônio Villa, Canudos: o povo da terra, São Paulo, Ática, 1999, p. 131.

[42] Getúlio Bezerra dos Santos, op. cit.

[43] Marco Antônio Villa, op. cit., pp. 18, 29, 68 e 83.

[44] Idem, p. 68.

[45] Helena Severo, "Banditismo social", em O Globo, 1º out. 2001.

[46] Joseph R. Nuñes, op. cit., p. 68.

[47] Carlos Amorim, CV-PCC: a irmandade do crime, Rio de Janeiro, Record, 2003, p. 15.
[48] Mark P. Hertling, "Narcoterrorismo: a nova guerra não convencional", em Military Review, 3º trimestre 1990, edição brasileira, p. 60.
[49] Idem, p. 52.
[50] Richard Clutterbuck, op. cit., pp. 118-119.
[51] Citado por Brian A. Jackson, "A inteligência contra os insurretos em uma guerra prolongada: a experiência britânica na Irlanda do Norte", em Military Review, jul.-ago. 2007, edição brasileira, p. 49.
[52] Luiz Flávio e Cervini Gomes, op. cit., pp. 44-45.
[53] Alexander Bevin, op. cit., p. 166.
[54] Mark P. Hertling, op. cit., p. 61.
[55] Luís Mir, A revolução impossível, Rio de Janeiro, Best Seller, 1994, p. 11.
[56] Idem, pp. 696-7.
[57] Geraldo Tadeu Moreira Monteiro, "Os filhos do tráfico", em O Globo, edição nº 26.442, 29 dez. 2005, p. 7.
[58] Percival de Souza, Narcoditadura, São Paulo, Labortexto, 2002, p. 63.
[59] William W. Mendel, op. cit., p. 9.

Vencendo a guerra irregular

Apesar da enorme incidência de conflitos de baixa intensidade durante o período da Guerra Fria, militares em todo o mundo mantiveram-se intransigentes ao considerar a guerra irregular um tipo de tarefa secundária, um desvio temporário e indesejável de suas funções principais. Porém, os atentados de 11 de Setembro e as campanhas para a estabilização e a reconstrução do Iraque e do Afeganistão revelaram que, ao menos nas primeiras décadas do século XXI, o pensamento castrense ortodoxo haveria de ceder, admitindo que a luta contra forças irregulares seria a regra e não a exceção no moderno campo de batalha. Em um artigo intitulado "Por que as grandes potências combatem mal em pequenas guerras?", o major Robert Cassidy, do Exército dos Estados Unidos, afirmou:

> [...] as Forças Armadas das grandes potências não respondem muito bem às inovações, particularmente quando as inovações e adaptações necessárias se encontram fora do escopo da guerra convencional. Em outras palavras, grandes potências não vencem pequenas guerras porque são grandes potências: suas Forças Armadas devem manter sua competência focalizada na guerra simétrica, para preservar seu grande poder diante de potências de igual poder; e suas Forças Armadas devem ser organizações muito grandes. Essas duas características se combinam para criar uma capacidade formidável nas planícies da Europa ou nos desertos do Iraque. Entretanto, essas mesmas características não produzem instituições e culturas que demonstrem propensão para a guerra de guerrilha.
> [...] A história apresenta muitos exemplos de fracassos de grandes potências no contexto de conflitos assimétricos: os romanos na floresta da Teutoburg, os britânicos na Revolução Americana, os franceses na Guerra Peninsular, na Indochina e na Argélia, os norte-americanos no Vietnã e na Somália, os russos no Afeganistão e na Chechênia.
> [...] grandes potências não perdem, necessariamente, pequenas guerras; elas deixam de vencê-las. Na verdade, elas conseguem, com frequência, muitas vitórias táticas no campo de batalha. Contudo, na ausência de uma ameaça à sua sobrevivência, a incapacidade das grandes potências em obter rápida e decisivamente seus objetivos estratégicos faz com que percam o apoio doméstico.[1]

Entretanto, mesmo diante dessa constatação, tornou-se claro que as guerras irregulares, no século XXI, não poderiam simplesmente ser evitadas. Todo e qualquer exército do mundo deveria estar apto a travá-las com proficiência. Até mesmo Forças Armadas competentes seriam atraídas para conflitos assimétricos em ambientes urbanos superpovoados, obrigadas a conduzir operações contra forças irregulares com a participação de atores não estatais, o assédio de organizações humanitárias, a onipresença da mídia, a pressão da opinião pública e, ainda assim, derrotar inimigos não convencionais e neutralizar grupos extremistas com conexões internacionais. Com isso, o tema contrainsurgência, comumente negligenciado, tornou-se objeto de novos e bem elaborados estudos. Manuais militares de contrainsurgência têm sido revistos e atualizados. Os tradicionais padrões e critérios de adestramento para as unidades de linha vêm sendo contestados, pois não se adequam integralmente a um ambiente de "quarta geração". De acordo com Brian Jackson: "no contexto atual, a habilidade de vencer um combate contra insurretos constitui-se em um importante elemento para uma força nacional".[2]

Um Estado nacional pode ser obrigado a conduzir operações contra forças irregulares em diferentes cenários e contextos: dentro ou fora de seu próprio território; lutando pela sua sobrevivência ou pela sobrevivência de um governo aliado; para impor a paz em um território conflagrado; para manter a posse de um território ocupado; defrontando-se com organizações militantes que acalentam as mais variadas motivações político-ideológicas, religiosas, sociais ou econômicas. Não importa. Os princípios gerais de ação nas campanhas contra forças irregulares serão sempre os mesmos. Basta adequá-los às peculiaridades locais. Assim sendo, o presente capítulo abordará alguns dos pressupostos básicos da contrainsurreição.

A LUTA CONTRA FORÇAS IRREGULARES

A legitimidade do Estado e o apoio da população como questões centrais

Todas as contradições sociais e o ambiente nocivo que fomentam a violência política organizada consubstanciam-se, de uma forma ou de outra, em torno da questão da legitimidade do Estado. Sendo o apoio da população o verdadeiro centro de gravidade dos conflitos irregulares, compete ao Estado assenhorar-se desse apoio por meio da ampla aceitação pública de sua legitimidade. Portanto, todos os esforços empreendidos nas campanhas contra forças irregulares devem possuir como objetivo principal assegurar, respaldar e fortalecer a legitimidade do poder central. Orientadas nesse sentido, as Forças Armadas e as corporações policiais devem:
– atuar dentro dos limites legais, dispondo, para tanto, de um arcabouço jurídico adequado às ações policiais e à condução das operações militares;
– apresentar conduta ética e, tanto quanto possível, transparente;
– fazer uso limitado da força letal;
– sobretudo colaborar para que sejam dadas respostas eficazes às necessidades básicas, aos anseios e às reivindicações da população local.

Se as forças irregulares mostraram-se capazes de se desenvolver além de seus estágios iniciais de organização e expansão, tornando-se uma ameaça factível ao poder do Estado, é lícito supor, portanto, que existe um ambiente político-social degradado o bastante para fomentar a violência coletiva. O poder central encontra-se, ao menos momentaneamente, em desvantagem. Dessa forma, para que tenha êxito, o Estado, necessariamente, deverá formular uma abordagem política e militar integrada, calcada em empreendimentos públicos destinados a atender às demandas sociais, invalidando o proselitismo radical e o apelo dos insurretos à luta armada.

O Estado só terá vencido quando contar com o apoio ativo da população, deixando as forças irregulares, permanentemente, isoladas dos habitantes locais. Se isso acontecer, os grupos armados ainda poderão permanecer ativos, conservar alguma capacidade operacional ou desenvolver intensas atividades, porém, a partir desse momento, estarão derrotados, absorvidos por um ciclo decadente e infrutífero de violência. Maria Aparecida Costa, ex-militante da ALN, nos conta que, ao ser presa no Rio de Janeiro, em dezembro de 1969, "ouviu gritos histéricos de um grupo de senhoras que assistiam a tudo exultantes: Morra terrorista!" – disse ela. "Me convenci de que tínhamos perdido a principal batalha"[3] (a organização de Marighella e Câmara Ferreira poderia agonizar por mais alguns anos, mas, sem dúvida, já estava derrotada).

De acordo com o general britânico Nigel Aylwin-Foster:

> A doutrina de contrainsurreição ocidental geralmente identifica a "campanha de corações e mentes" – conquistar e manter o apoio da população doméstica para isolar o insurreto – como a chave para o êxito. Por isso, percebe o povo como um instrumento potencialmente vantajoso. Além disso, reconhece que as operações militares têm que contribuir para a realização deste efeito e ser subordinadas à campanha política. Isso implica que, acima de tudo, uma força de contrainsurreição deverá ter duas habilidades que não são necessárias na guerra convencional: primeiro, tem de ser capaz de visualizar os assuntos e as ações sob a perspectiva da população doméstica; segundo, tem que entender o valor relativo de força e como a força excessiva, até quando for aparentemente justificável, poderá facilmente enfraquecer o apoio popular.[4]

Somos, portanto, obrigados a reconhecer que a legitimidade do Estado e o apoio da população constituem, de fato, as questões centrais das campanhas contra forças irregulares. Todos os militares e civis envolvidos, direta ou indiretamente, na erradicação de ameaças assimétricas devem ter em mente que qualquer ação deverá ser avaliada, necessariamente, pelo prisma da contribuição que prestará para o fortalecimento da legitimidade do Estado e para a conquista dos "corações e mentes" da população local. Por mais óbvias que essas palavras possam parecer, a prática tem demonstrado que nunca é demais repeti-las, pois se trata de um axioma muito citado e pouco aplicado.

Princípios gerais

Forças regulares operam, em ambientes de quarta geração, com restrições legais, políticas, geográficas e temporais, além de se verem privadas da plena liberdade de empregar seus recursos militares. A partir da análise de casos históricos, Kalev Sepp identificou alguns princípios gerais de ação que distinguiram as campanhas contra forças irregulares mal-sucedidas daquelas que obtiveram êxito.[5] A tabela 20 a seguir resume suas conclusões:

Tabela 21 – Práticas de contrainsurreição malogradas e bem-sucedidas

Contrainsurreição	
Práticas malsucedidas	**Práticas bem-sucedidas**
– Supremacia da direção militar da contrainsurreição. – Priorização em "matar/capturar" o inimigo, em vez de interagir com o povo. – Priorização das operações conduzidas no escalão batalhão. – Concentração de unidades militares em grandes bases para serem protegidas. – Priorização das forças especiais para incursões. – Baixa prioridade para a designação de assessores. – Criação e adestramento do exército nativo nos moldes do Exército americano. – Procedimento do governo igual aos tempos de paz. – Abertura das fronteiras, espaço aéreo e litorais.	– Ênfase nas operações de inteligência. – Enfoque na população. – Estabelecimento de maiores áreas de segurança. – Manutenção dos insurretos isolados da população (controle da população). – Adoção de uma autoridade central única (líder carismático/dinâmico). – Condução de operações psicológicas amplas e eficazes. – Concessão de anistia e reabilitação para insurgentes. – Apoio militar às lideranças policiais. – Aumento e diversificação da força policial. – Reorientação das forças militares convencionais para a contrainsurreição. – Estabelecimento de assessores das forças especiais junto às forças nativas. – Negação de refúgios para insurretos.

Fonte: adaptado de "As melhores práticas de contrainsurreição", de – Kalev I. Sepp (*Military Review*, 2005).

Na verdade, não existe muita divergência acerca dos fundamentos das operações contra forças irregulares. Os manuais militares de contrainsurgência, em todo mundo, versam basicamente sobre as mesmas ideias. Eles apontam, de um modo geral, para a necessidade de uma abordagem civil-militar integrada; a ênfase na promoção de reformas sociais e no desenvolvimento de políticas públicas focadas na melhoria das condições de vida da população, em detrimento da condução de operações de combate de maior envergadura; apontam para a necessidade preponderante de isolar os guerrilheiros e os terroristas da população civil; a necessidade de privar as forças irregulares de seus apoios domésticos, de seus locais de refúgios e de seus patrocinadores externos; enfatizam a importância das operações psicológicas, das atividades de inteligência e das missões tipo polícia; advogam o emprego moderado da força letal e o uso de forças nativas de segurança.

A dificuldade, portanto, reside em colocar essas ideias efetivamente em prática. Os maiores óbices encontram-se no grau de deterioração do cenário político-social (frequentemente irreversível); na capacidade, ou melhor, na incapacidade de o Estado promover as reformas necessárias; no potencial militar das forças irregulares e, ainda, na aptidão das forças convencionais de conduzirem a bom termo o combate aos rebeldes. A esse respeito, destacam-se como principais atributos de um exército qualificado para a contrainsurreição as seguintes características:

- cultura organizacional que fomente a liderança em todos os níveis da cadeia hierárquica, desenvolva a iniciativa dos comandos subordinados e permita a condução de ações descentralizadas de forma eficiente;
- capacidade de empregar força letal mínima e controlar seus danos colaterais;
- persistência, capacidade de operar por longos períodos de tempo, convivendo com a frustração, a ausência de resultados efetivos e com um número crescente de baixas, sem se desgastar politicamente ou amargar um colapso moral;
- capacidade de interagir com a população local, dando-lhe de forma tangível segurança e de forma abstrata esperança;
- capacidade de interagir com a mídia e com organizações não governamentais;
- capacidade de operar em conjunto com corporações policiais e forças de segurança nativas;
- capacidade de colaborar com outras agências estatais;
- disponibilidade de instrumentos jurídicos adequados e capacidade para fazer bom uso deles;
- grande adaptabilidade, ajustando-se às rápidas transformações das organizações militantes e às frequentes mutações do combate irregular;
- capacidade para aprender com a cultura nativa;
- disponibilidade de agências de inteligência e forças de operações especiais competentes.

A dinâmica de uma contrainsurreição

Partindo do pressuposto de que os aspectos puramente militares da luta revestem-se de menor importância, cria-se a perigosa tendência de negligenciá-los. Ao admitir a existência de um conflito irregular, o Estado e a sociedade civil assumem implicitamente que são incapazes de vencê-lo sem o inconveniente uso da força coercitiva. Quando ameaças assimétricas afligem democracias imaturas ou instáveis, podemos identificar outra perigosa tendência: a de seus dirigentes negarem a amplitude da crise, omitirem a gravidade do quadro político e, por fim, protelarem o início da campanha militar. Essa inação ou omissão certamente traz consigo efeitos nocivos, pois o tempo, em geral, corre a favor das forças irregulares. Todavia, uma vez chamadas a intervir na crise ou surpreendidas diante dela, as Forças Armadas, pela natureza sensível de seu trabalho, atraem uma atenção quase sempre desproporcional ao seu verdadeiro papel. Os soldados são cobrados por resultados que, na maioria dos casos, dependem mais da administração civil do que deles próprios. Ainda assim, suas ações são imprescindíveis. De acordo com Brian Jackson:

> As operações eficientes contra insurretos são o oposto da rapidez e decisão: essas operações são lentas e deliberativas; o sucesso chega com o uso paciente da segurança e não com a rapidez de outros tipos de enfrentamento; e o apoio político aos combatentes talvez seja o caminho mais rápido para a vitória, e não o enfrentamento.[6]

Muito embora a tarefa de uma força de contrainsurgência seja normalmente definida pelo verbo "pacificar", sua missão precípua consiste em erradicar a ameaça irregular, especificamente seu braço armado, isolando-o de seus apoios locais, desmantelando sua infraestrutura e neutralizando seu poder de combate. É claro, isso não será obtido por meio da distribuição gratuita de alimentos, panfletos e sorrisos. Porém focar exclusiva e excessivamente essas ações táticas provocará uma ênfase indevida nas ações de combate. Para desarticular as forças irregulares, é necessário atender a dois pré-requisitos básicos: vencer a guerra da informação e conquistar o apoio da população.

Vencer a guerra da informação, conquistar o apoio da população e atacar as forças irregulares são ações simultâneas, porém, para fins didáticos, convém ordená-las de forma linear e cronológica como ilustra a figura 3:

Figura 3 – Esquema gráfico da contrainsurreição no campo militar

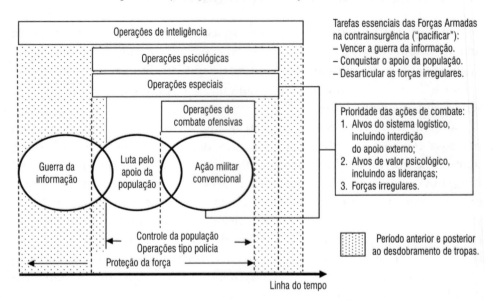

Em uma contrainsurgência ideal, as operações de inteligência e as operações especiais (incluindo as operações psicológicas) deverão ser conduzidas antes, durante e após o desdobramento das tropas. As unidades convencionais, por sua vez, também contribuirão com os esforços de coleta de dados e conquista dos "corações e mentes" na área conflagrada. Suas ações principais constituir-se-ão de operações do tipo polícia e controle da população, como patrulhamento ostensivo e controle de vias públicas, com vistas a proporcionar segurança aos moradores locais e isolar as forças irregulares. Os soldados também serão empregados em tarefas humanitárias e programas assistenciais bem elaborados. Quanto mais estreita for a convivência e a colaboração entre militares e civis no interior da zona de conflito, maiores serão as chances de êxito da contrainsurreição. Contando com um adequado suporte de inteligência e o apoio da população, as ações de combate poderão ser conduzidas com mais precisão e eficácia, reduzindo os efeitos colaterais que as tornariam contraproducentes.

Transcendendo os estreitos limites do campo militar, o doutor John Lynn melhor descreveu a dinâmica de uma insurreição ao representá-la graficamente.[7] O modelo elaborado pelo professor de História identifica corretamente os principais atores envolvidos e a correlação de forças existente entre eles:

Figura 4 – Modelo básico de insurreição e contrainsurreição de John Lynn

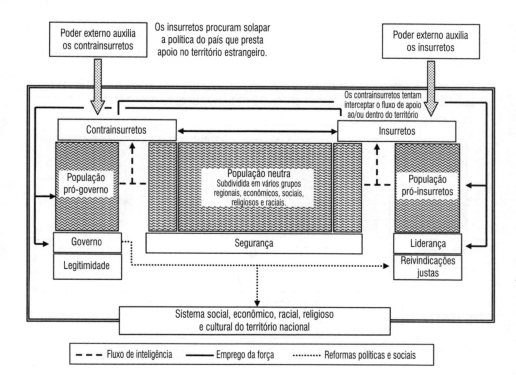

Quando os "contrainsurretos" enfatizam o uso da força e do poderio bélico convencional em detrimento das reformas políticas e sociais que deveriam promover, minam a legitimidade do poder central, comprometem o fluxo de inteligência proveniente da população neutra, fomentam um ambiente de instabilidade e insegurança e, ainda, perdem o apoio externo, em virtude do célere processo de degradação do quadro político-militar. As prisões em massa, o surgimento de "esquadrões da morte", o uso indiscriminado da tortura para obter confissões de simples suspeitos e a condução de grandes ofensivas militares são contraproducentes. Dessa forma, os insurretos ampliam sua influência sobre a população, ao mesmo tempo em que lhes é permitido manter suas ações agressivas focadas nos contrainsurretos, no governo e em seus partidários, abrindo caminho para a vitória rebelde.

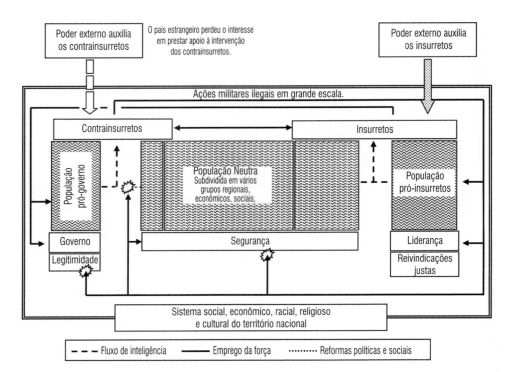

Figura 5 – Modelo de insurreição bem-sucedida (John Lynn)

Entretanto, quando reformas políticas e sociais têm êxito, os contrainsurretos conseguem solapar a causa de seus oponentes, ampliando sua própria influência sobre a população. Ações policiais bem executadas e o emprego de pequenas unidades preservam os moradores locais da destruição desnecessária. Essas vitórias combinadas com a supressão do fluxo de apoio aos insurretos levam ao isolamento definitivo das forças irregulares e asseguram o sucesso da contrainsurreição.

Figura 6 – Modelo de contrainsurreição bem-sucedida (John Lynn)

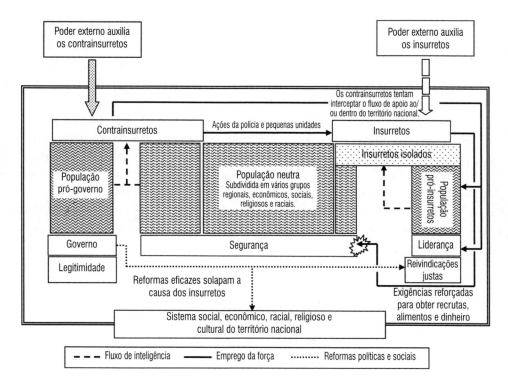

Em um texto intitulado "28 artigos: importantes fundamentos para uma companhia em operações de contrainsurreição", o tenente-coronel da reserva do Exército australiano David Kilcullen enfatizou a importância da iniciativa nas operações contra forças irregulares:

> Na contrainsurreição, a iniciativa é tudo. Se o inimigo está reagindo a você, você controla o ambiente. Se mobilizar a população, vencerá. Se estiver reagindo ao inimigo, mesmo que você esteja eliminando-o ou capturando-o em grandes quantidades, ele controlará o ambiente e você eventualmente perderá. Na contrainsurreição, o inimigo inicia a maioria dos ataques, repentinamente escolhe você como alvo e retrai rápido demais para você reagir. Não seja seduzido a realizar somente as operações reativas: concentre-se na população, forme seu próprio plano de ação e combata o inimigo somente quando ele o atrapalhar.[8]

Na guerra irregular, no entanto, para manter a iniciativa é preciso adaptar-se. No momento em que as unidades militares são desdobradas e inauguram suas operações, ocorre uma importante redefinição de forças no difuso e complexo campo de batalha assimétrico. Normalmente, os grupos irregulares sofrem reveses iniciais, em virtude dos quais retraem-se, reduzem a intensidade de suas ações, mas graças à grande adaptabilidade que lhes é inerente são capazes de reorganizarem-se, redefinirem sua conduta e retomarem a iniciativa. Então, em uma fase subsequente, as forças convencionais são obrigadas a rever suas táticas, técnicas e procedimentos que não mais se adéquam à luta. Agora é a sua capacidade de adaptar-se às condições mutantes do combate irregular que está sendo colocada à prova. Adaptar-se para manter a iniciativa é uma das exigências básicas da guerra irregular. Dentre as causas da longevidade do conflito entre palestinos e israelenses, certamente encontra-se a enorme capacidade de adaptação de ambos os contendores. Em outro exemplo, o Exército brasileiro, após sua malfadada primeira tentativa de erradicar o insipiente foco guerrilheiro instalado na floresta amazônica no início dos anos 1970, retirou-se e reformulou toda a sua conduta tática, enquanto os militantes do Partido Comunista do Brasil, iludidos por um sucesso efêmero, mantiveram-se fiéis a seus procedimentos e foram derrotados. Afinal de contas, "a capacidade de adaptação é sempre um fator fundamental para o êxito militar".[9]

Porém, a necessidade de manter a iniciativa e adaptar-se não pode obliterar ou distorcer o julgamento preciso que as forças de contrainsurgência devem fazer do campo de batalha assimétrico. Os princípios básicos de ação devem ser respeitados, assim como todos os esforços devem permanecer orientados para o objetivo de isolar os grupos rebeldes de suas bases de apoio popular. Segundo David Kilcullen:

> [...] se as coisas progredirem bem, os insurretos terão de tomar a ofensiva. Sim, a ofensiva, porque você criou uma situação tão perigosa para eles, ao ameaçar deslocá-los do ambiente, que eles têm de atacar você ou a população para manter sua presença na área. Por isso é normal, até nas operações bem-sucedidas, se ter um aumento de atividades ofensivas dos insurretos no final da campanha. Isso não necessariamente significa que você fez uma coisa errada, embora possa parecer isso, mas será consequência da eficácia de mobilização da população. Nesse momento, existe uma tendência de atacar a jugular do insurreto e tentar destruir suas forças numa batalha decisiva. No nível companhia, é raro que isso seja a melhor escolha porque, ao provocar um combate de grande escala, frequentemente, os insurretos se favorecem minando a confiança do povo. Ao invés disso ataque a estratégia do inimigo. Se ele quiser reconquistar a lealdade de um segmento da população, você deve motivar a participação desse segmento contra ele.
> [...] Nesta etapa, a deserção é melhor do que uma rendição, uma rendição é melhor do que uma captura e uma captura é melhor do que uma eliminação.[10]

Outro enfoque didático para as operações contra forças irregulares foi elaborado pelo doutor Gordon McCormick e recebeu a denominação de Modelo Diamante.[11] Ele destaca a importância da interação de ações promovidas tanto no ambiente doméstico quanto no cenário internacional; também reconhece o papel da população como o verdadeiro centro de gravidade do conflito e reitera a necessidade de fortalecer a legitimidade do poder central.

Figura 7 – Modelo diamante (Gordon McCormick)

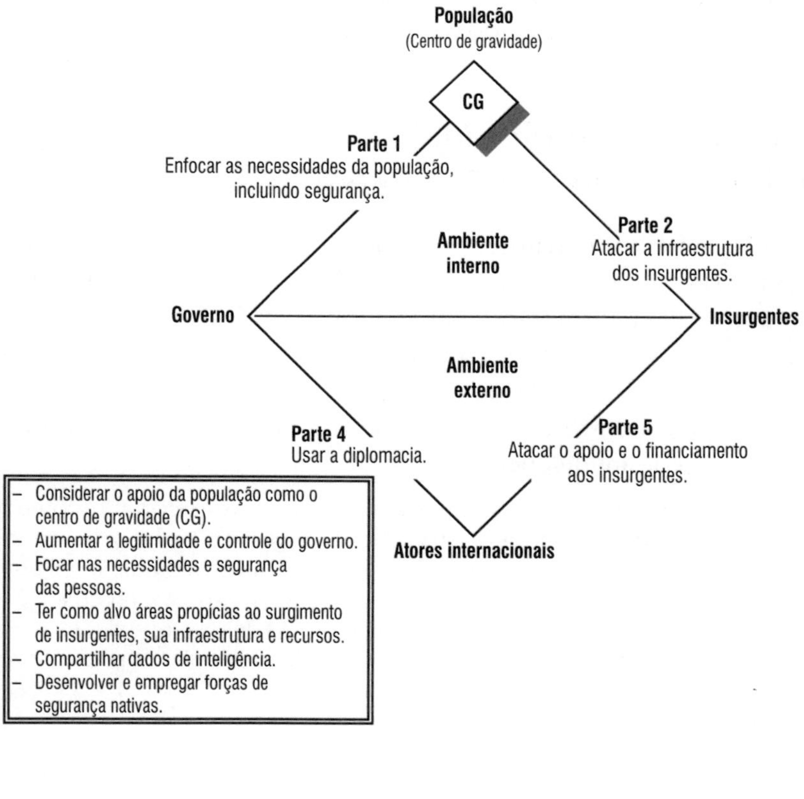

```
                         População
                     (Centro de gravidade)
                            CG

               Parte 1
      Enfocar as necessidades da população,
              incluindo segurança.
                                          Parte 2
                      Ambiente       Atacar a infraestrutura
                      interno            dos insurgentes.

   Governo                                         Insurgentes

                      Ambiente
                      externo

                 Parte 4           Parte 5
            Usar a diplomacia.   Atacar o apoio e o financiamento
                                      aos insurgentes.

                       Atores internacionais
```

- Considerar o apoio da população como o centro de gravidade (CG).
- Aumentar a legitimidade e controle do governo.
- Focar nas necessidades e segurança das pessoas.
- Ter como alvo áreas propícias ao surgimento de insurgentes, sua infraestrutura e recursos.
- Compartilhar dados de inteligência.
- Desenvolver e empregar forças de segurança nativas.

No ambiente militar, cedo ou tarde, até os mais céticos discípulos de Clausewitz se convencem da necessidade de abandonar a ortodoxia das ofensivas convencionais e adotar os consagrados preceitos da contrainsurreição. Todavia, entre os demais círculos da administração pública e, especialmente, entre os grupos políticos e econômicos dominantes, que representam a base de sustentação do poder do Estado, persistem outros óbices, dentre os quais se destacam:

- dificuldade em formular uma abordagem comum sobre as questões afetas à segurança;
- resistência às reformas na profundidade necessária, restringindo-lhes a abrangência;
- propensão a abandoná-las prematuramente, tão logo surjam os primeiros indícios de contenção ou redução da violência sectária;
- tendência a enfatizar ações que promovam o desenvolvimento econômico local em detrimento de verdadeiras reformas políticas e sociais, especialmente quando se tratam de minorias étnicas.

As atividades de inteligência no combate às forças irregulares

Independentemente da natureza do conflito, seja ele regular ou irregular, o sucesso está associado, sempre, a atividades de inteligência conduzidas a bom termo. Essa afirmação é particularmente válida para o campo de batalha assimétrico, onde vencer a guerra da informação é um pré-requisito para o êxito da campanha. Derrotar guerrilheiros e terroristas desmantelar suas redes de apoio dentro e fora do território nacional requerem um excepcional trabalho de inteligência.

> Sem uma boa rede de inteligência um contrainsurreto atua como um boxeador cego que desperdiça sua energia tentando bater num oponente não visível [e acaba atingindo inocentes]. Com uma boa inteligência, um contrainsurreto é como um cirurgião que ao extrair cânceres de um paciente mantém seus órgãos vitais intactos. Todas as operações devem ser planejadas e executadas com o apoio da inteligência, considerando-se cuidadosamente o que foi coletado e analisado em todos os níveis e depois disseminado no âmbito da força.[12]

Existem, portanto, algumas peculiaridades nas atividades de inteligência orientadas para o combate às forças irregulares que as distinguem das campanhas militares convencionais. Admitindo que a guerra irregular não se restringe aos aspectos militares da luta, a contrainsurreição pressupõe, necessariamente, uma maior colaboração interagências – tarefa difícil, pois abrange diversos níveis da administração pública em diferentes campos do poder, confrontando culturas organizacionais distintas e interesses conflitantes. Ao contrário das operações convencionais, nesse tipo de beligerância, a ênfase não é dada ao terreno e à ordem de batalha do inimigo, mas ao conhecimento da cultura nativa, à interpretação do ambiente político-social e à identificação da estrutura organizacional dos grupos irregulares, especialmente suas lideranças e suas redes clandestinas de apoios locais e internacionais.

> [...] muitas atividades de inteligência contra os insurretos não produzem resultados militares claros, que podem ser medidos pelo número de ações efetivas contra adversários ou de material destruído.
> [...] Paciência e disciplina, entretanto, sem vitórias táticas diversificadas, podem vencer os insurretos.
> [...] Os ciclos prolongados de coleta e análise de informações e, algumas vezes, o uso dos dados tornam difícil avaliar os resultados da inteligência no combate contra insurretos em termos puramente militares.
> [...] Considerando que os combates contrainsurretos são concluídos por meios políticos, a missão das forças de segurança talvez não seja destruir a organização de insurretos e seus membros. Talvez, seja simplesmente prevenir que os insurretos transformem o ambiente em violento. Quando as forças de segurança efetivamente neutralizam os insurretos, tornando-os impotentes, uma ação mais abrangente na esfera política e em outras frentes pôde alcançar importância e levar à rendição.[13]

As fontes humanas adquirem notável relevância, porquanto a população torna-se o principal manancial para a coleta e a busca de dados. John Paul Vann, reconhecido crítico da conduta norte-americana durante a Guerra do Vietnã, observou à época: "Nós precisamos de dados de inteligência a partir de civis e soldados da área que entendam o idioma local, os costumes e a dinâmica do lugar, que podem facilmente identificar estranhos na área, mesmo que eles falem o mesmo idioma."[14] Richard Clutterbuck abordou o problema de forma semelhante: "Um trabalho policial contra o terrorismo, feito com eficiência, depende, acima de tudo, das informações e estas dependem da cooperação do público."[15]

Além de fundamentar-se em um sólido trabalho de inteligência, toda ação militar, mesmo aquela que não é necessariamente uma ação de combate, deve ser concebida, planejada e executada considerando sua possível contribuição para os esforços do sistema de inteligência como um todo. Dessa forma, até os menores escalões deverão estar orientados para a coleta de dados e aptos a colaborarem com a produção de conhecimento. Segundo Mark McNeilly:

> Em organizações militares bem administradas, as infraestruturas de coleta de dados incluem processos que treinam soldados individuais para procurar informações-chaves do inimigo e trazê-las de volta para equipes de analistas de inteligência, que visitam as unidades de linha de frente com regularidade.[16]

Em uma análise sobre a experiência britânica na Irlanda do Norte, Brian Jackson reitera a importância dos pequenos escalões no conjunto dos esforços de inteligência:

> De onde vem a força das operações de inteligência nos menores escalões? A principal fonte são as forças de segurança que fazem a atividade de observação e integração com os integrantes da população.
> **Cada soldado como elemento de busca de informações.** A coleta direta de informações nos menores escalões das forças de segurança confia nos olhos e nos ouvidos de toda a sua tropa e não apenas nos da força de inteligência. A ideia de que uma boa inteligência apoia-se nos olhos e ouvidos da força ecoa nos esforços atuais do Exército fazendo "de cada soldado um sensor"; na realidade, entretanto, o soldado é mais do que um simples sensor, dado que os indivíduos possuem a capacidade de processamento e a habilidade de avaliar a informação, para diferenciar o que representa algo importante e diferente de um falso positivo. O sistema tecnológico simples não é capaz de fazer essa discriminação. Considerando que os insurretos e terroristas se misturam com a população, estar familiarizado com as atividades normais da população permite que se identifique quando existe alguma alteração relacionada com as ações dos insurretos.[17]

Ao reconhecerem a importância do papel desempenhado pela população local no combate irregular, os comandantes militares têm, aos poucos, se convencido da necessidade de compreenderem, verdadeiramente, a cultura nativa, a fim de superar a complexidade das idiossincrasias regionais. Essa percepção tem promovido o surgimento de uma nova vertente da inteligência denominada "inteligência cultural", "inteligência etnográfica" ou "inteligência social". Para Megan Scully: "[...] o conhecimento da cultura e da sociedade do inimigo talvez seja mais importante do que o conhecimento de sua ordem de batalha".[18]

Dessa forma, os soldados têm acertadamente recorrido a antropólogos e outros cientistas sociais com vistas a obter assessoramento especializado. O ambiente político, estratégico, operacional e tático do século XXI não permitirá aos militares, tão somente, aplicar seu poder letal de combate. O advento da inteligência cultural, da qual T. E. Lawrence foi precursor, destina-se a subsidiar o processo decisório e a orientar a conduta da tropa com a finalidade precípua de assegurar o irrestrito apoio da população, fator crucial para a vitória. A publicação doutrinária atualizada do Corpo de Fuzileiros Navais norte-americano (FM 3-24 Counterinsurgency) destaca:

> A sensibilidade cultural tem se tornado um aspecto de importância crescente para líderes de frações. Líderes modernos perceptivos aprendem como a cultura afeta às operações militares.

[...] Soluções diferentes são requeridas em contextos culturais diversos. Eficientes líderes de frações adaptam-se a novas situações compreendendo que suas palavras e suas ações poderão ser interpretadas de modos diversos quando em diferentes culturas.[19]

Até mesmo sociedades multiétnicas comumente negligenciam a análise cultural, apegando-se a preceitos etnocêntricos inadequados, em detrimento do uso hábil e competente da "ferramenta cultural". No século XXI, esse tipo de postura obtusa e intransigente pode afetar decisivamente o curso de uma campanha militar, antes mesmo do desdobramento de tropas no terreno. De acordo com o major R. Sargent do Exército dos Estados Unidos:

[...] não pode mais haver tolerância à ignorância cultural de jovens oficiais e soldados na linha de frente, cujas palavras e ações podem afetar os resultados estratégicos.
[...] No decorrer da história, as forças militares convencionais raramente tiveram êxito em operações realizadas nas regiões onde as culturas nativas eram significativamente diferente das suas.[20]

As atividades de coleta, busca e análise de dados são imprescindíveis em qualquer etapa da guerra irregular. Entretanto, na fase que antecede a transição para o combate aberto, isto é, no auge do combate subterrâneo, os principais esforços da contrainsurreição concentram-se, necessariamente, nas atividades de inteligência. É por esse motivo que a neutralização de células terroristas (grupos irregulares que se valem, sobretudo, do combate subterrâneo) exige mais das agências de inteligência do que qualquer outro segmento de segurança do Estado.

Como derrotar grupos de guerrilha e desmantelar células terroristas é mais fácil do que alterar o ambiente político-social que propiciou o surgimento da violência coletiva, os analistas de inteligência devem dedicar parte de sua atenção ao "dia depois de amanhã", ou seja, às consequências indesejáveis que poderão advir desse ambiente nocivo após a erradicação da principal ameaça irregular. Vale a pena lembrar que o fundamentalista Hezbollah surgiu quando os israelenses procuravam causar danos aos nacionalistas da OLP durante a guerra civil libanesa; a desmobilização dos guerrilheiros *mujahidin*, cuja luta contra as forças soviéticas foi em parte patrocinada por Washington, deu origem a organizações jihadistas internacionais, como a Al-Qaeda de Osama bin Laden, e a desarticulação do cartel de Medelim, na Colômbia, permitiu a expansão das Farc e das AUC.

Todavia, há que se admitir que a atividade de inteligência, por mais importante que seja, constitui, apenas, um meio sem o qual não se pode vencer na guerra irregular. Trata-se de uma ferramenta imprescindível para o estadista resoluto e o hábil comandante militar, destinada a subsidiar o processo decisório, em todos os níveis, e a orientar as ações em todos os campos do poder. Porém inteligência sem ação é inócua. Acima de tudo, é necessário que o Estado esteja, de fato, orientado segundo o firme propósito de erradicar as ameaças que lhe desafiam, determinado a assumir riscos e predisposto a suportar o enorme desgaste inerente a uma campanha contra forças irregulares.

Lutar nas sombras

Um conceito permeia a comunidade internacional de operações especiais, do Mossad (o serviço secreto israelense) à Força Delta norte-americana: "guerra nas sombras se vence nas sombras!" – o que equivale a admitir que guerra irregular se vence com guerra irregular, guerrilha se vence com guerrilha e o terrorismo se vence, também, com o uso do próprio terror. Portanto, a garantia de resultados concretos encontra-se nas atividades de inteligência, na guerra eletrônica, nas operações psicológicas e, é claro, nas operações especiais. A caçada realizada pelos israelenses contra os militantes do Setembro Negro que perpetraram o atentado contra a delegação israelense na Olimpíada de Munique em 1972; as operações de inteligência e de combate desencadeadas pelo Exército brasileiro durante as duas últimas fases da campanha do Araguaia ou a perseguição ao "barão da droga" de Medelim, Pablo Escobar, levada a cabo pelos governos da Colômbia e dos Estados Unidos, culminando com a eliminação do megatraficante em dezembro de 1993, são alguns exemplos que parecem respaldar essa afirmação.

Mas, para Thomas Hammes, coronel da reserva do Corpo de Fuzileiros Navais dos Estados Unidos:

> [...] a insurgência e a contrainsurgência são dois tipos de conflitos muito diferentes. O resultado do emprego de forças especiais contra os insurgentes no Vietnã para "eliminar os guerrilheiros com suas próprias táticas de guerrilha" foi, sem dúvida, a solução errada para o problema ao supor-se que o insurgente e o contrainsurgente podem empregar o mesmo método para alcançar objetivos muito diferentes.[21]

Na verdade, ambas as teses estão em parte corretas. Operar de forma heterodoxa, obscura e destituída de regras propicia ao Estado lançar-se no mesmo espectro de conflito dentro do qual as forças irregulares atuam, revelando seu firme propósito de erradicar a ameaça representada por guerrilheiros e terroristas; surpreendendo-os onde e quando poderiam crer-se seguros, restringindo-lhes a liberdade de ação, causando-lhes forte impacto psicológico, infligindo-lhes danos severos à sua estrutura organizacional e à sua liderança política e militar. O atentado que vitimou Yahya Ayyash, militante do Hamas, em janeiro de 1996, ilustra esse fato. Todavia, o uso desse expediente atrai a atenção da mídia, sugere questionamentos éticos sobre os princípios morais que distinguem os agentes da lei de vis terroristas. Podem até minar a legitimidade do Estado e contribuir para a perda do apoio da opinião pública, sobretudo, se ações dessa natureza forem empregadas indiscriminadamente, como aconteceu com o Programa Fênix no Vietnã, a ditadura militar argentina ou os esquadrões da morte salvadorenhos. Para Albert Bandura:

> Combater o terror com o terror gera com frequência novos terroristas e proporciona justificativa para a violência que provavelmente mais escalará do que diminuirá o terrorismo. De fato, algumas atividades terroristas são planejadas exatamente para gerar limitações para as liberdades individuais e outras medidas repressivas domésticas que possam semear a insatisfação pública com o sistema. As reações extremadas contraterroristas podem, assim, fazer o jogo dos terroristas.[22]

O cerne do problema, portanto, consiste em definir uma margem de atuação aceitável, por meio da existência de dispositivos legais capazes de fornecer o suporte jurídico necessário para que um segmento muito restrito do Estado e das Forças Armadas (como a comunidade de inteligência ou a comunidade de operações especiais) possa atuar de forma mais invasiva e agressiva, dentro e fora do território nacional. Em uma democracia, a sociedade civil dificilmente mostrar-se-á propensa a outorgar tamanho poder ao Estado, alimentando o receio de que represente uma iminente ameaça aos seus direitos fundamentais inalienáveis. Porém, as inovações tecnológicas e as significativas transformações sociais vividas no século XXI trouxeram consigo novos desafios à segurança. Ignorar necessidades reais de ordem prática impele os agentes de segurança do Estado para uma informalidade ou, pior, para uma ilegalidade, ainda mais nociva. De qualquer forma, nenhuma ação, seja ela ostensiva ou não, deverá comprometer os esforços despendidos com o propósito de fortalecer a legitimidade do poder central e conquistar o apoio da população.

Mídia, opinião pública e guerra irregular

Em sua obra *Da guerra*, Clausewitz fez referência a uma "surpreendente trindade" que congregaria com igual grandeza o "povo", o "comandante e seu exército" e o "governo". Para o ilustre prussiano, "a teoria que pretendesse pôr de parte alguma delas, ou que estabelecesse entre elas uma relação arbitrária, incorreria imediatamente numa tal contradição com a realidade que só por essa razão seria preciso considerá-la como nula".[23] Muito antes, porém, Sun Tzu já havia identificado, dentre os cinco fatores fundamentais da guerra, a "influência (ou lei) moral" – aquilo que "faz com que o povo fique de completo acordo com seu governante, levando-o a segui-lo sem se importar com a vida, sem temer perigos".[24] Na verdade, ambos destacaram, com muita sabedoria, a necessidade e a importância de a política do Estado e a campanha militar desfechada em seu nome respaldarem-se no apoio da opinião pública interna.

Durante a era industrial, intensas campanhas de propaganda, destinadas a promover a mobilização nacional, precederam o início dos combates. Elas tinham por objetivo instigar "as paixões chamadas a incendiarem-se na guerra de preexistir nos povos em questão".[25] Porém, a partir da segunda metade do século XX, a universalização do acesso ao rádio e à televisão, o poder ascendente da mídia, a perda do controle estatal sobre os meios de comunicação de massa e o culto à liberdade de expressão nos países democráticos redefiniram o papel que compete à opinião pública nos assuntos de Estado, especialmente nos conflitos armados.

A influência da mídia e o veto decisivo do público estadunidense à Guerra do Vietnã condenaram ao insucesso a política delineada por Washington para o Sudeste Asiático e geraram um trauma aparentemente incurável na sociedade norte-americana. Esse conflito foi considerado um marco, a partir do qual estadistas e militares passaram a aceitar as tendências da opinião pública como um importante fator de decisão. Durante a Guerra das Malvinas (1982), a primeira campanha do Golfo (1991) e a invasão do Iraque (2003), significativos esforços foram despendidos com o intuito de cercear a liberdade irrestrita dos correspondentes de guerra, cujas notícias e imagens isentas de qualquer censura poderiam produzir efeitos indesejáveis no curso das operações militares. Todas essas questões tornaram-se bem mais complexas na era da informação digital, sobretudo se considerarmos o desdobramento de tropas em ambientes de riscos assimétricos.

A mídia e os organismos de defesa dos direitos humanos tornaram-se elementos indissociáveis do moderno campo de batalha. Não é exagero afirmar que a difusão das imagens de uma execução sumária perpetrada pelo chefe de polícia de Saigon, em 1968, causou mais danos à política norte-americana no Vietnã do que qualquer ofensiva comunista. Da mesma forma, imagens de crianças palestinas enfrentando com pedras na mão os modernos tanques israelenses Merkava fizeram mais pela causa palestina do que qualquer ataque *fedayin*. Portanto, combater no século XXI significa, também, interagir com órgãos de imprensa e organizações humanitárias – as operações militares que ignoram essa realidade tornaram-se tão obsoletas quanto as cargas de cavalaria.

Para os Estados nacionais, os conflitos irregulares são, naturalmente, impopulares, pois arrastam-se por anos a fio de forma inconclusiva, contrariando a expectativa de uma vitória rápida e decisiva. A violência bárbara e primitiva que, quase sempre, atinge civis inocentes é amplamente repudiada pelo cidadão comum, que passa a questionar tanto a capacidade das Forças Armadas de conterem as atrocidades, quanto as próprias justificativas morais segundo as quais o Estado tenta legitimar a guerra. Ademais, nesse tipo de beligerância, os órgãos de imprensa não podem ser controlados tão facilmente quanto o são em uma curta campanha convencional. Como, na guerra irregular, tudo o que afeta a postura da população deve ser considerado prioritário, o papel desempenhado pela mídia demonstra extrema relevância, em virtude do enorme poder de influência que exerce sobre a opinião pública doméstica e internacional. Tais argumentos forçam-nos à percepção da mídia como um *front* prioritário, senão o mais importante, nos conflitos assimétricos.

Em franco contraste com a tradicional inépcia dos soldados no trato com os órgãos de imprensa, guerrilheiros e terroristas são, em geral, exímios propagandistas e têm revelado, repetidas vezes ao longo da história, uma invulgar habilidade para fazer da liberdade de imprensa um instrumento valioso para a consecução de seus objetivos políticos e militares. De acordo com Richard Clutterbuck:

> Os meios de comunicação de massa desempenham um papel vital; tanto podem atrapalhar como ajudar [...]. No contexto da violência política, a câmera de televisão pode ser comparada a uma arma caída na rua, que qualquer lado pode apanhar e usar. De fato é mais poderosa do que qualquer outra arma.

[...] A televisão é, sem dúvida, um dos fatores que mais pressionam os governos a cederem às ações terroristas, dentro e fora do país [...] os governos podem permanecer firmes em suas posições enquanto contarem com a opinião pública a seu favor.
[...] O governo só deveria ir até o ponto em que pudesse levar consigo a opinião pública [...].Portanto, a liberdade de ação do governo depende, em grande parte, da abertura que os meios de comunicação de massa dão aos acontecimentos – principalmente por parte da televisão.
[...] Os meios de comunicação podem desempenhar um papel decisivo. Os terroristas sabem disso e se especializaram em explorar esses meios de comunicação para dar publicidade à sua causa e para divulgar seus atos de terror. Se pretendem sobreviver a esse tipo de ataque, os governos, as forças de segurança e o povo das sociedades democráticas devem, também, compreender o quanto os meios de comunicação podem ser valiosos para eles [...] [os meios de comunicação] não devem, portanto, ser tratados como inimigos, mas como amigos e aliados – e bem poderosos aliados poderão ser eles.[26]

T. E. Lawrence, como visionário que era, já havia afirmado: "a imprensa é a melhor arma no arsenal do comandante moderno".[27]

Na guerra, em especial na contrainsurreição, o Estado deve implementar medidas que fortaleçam o controle civil sobre as Forças Armadas e ampliem a aquiescência da opinião pública interna, pois os "ataques" das forças irregulares visam, necessariamente, a destruição da tríade de Clausewitz, forçando, sobretudo, a ruptura dos vértices que unem seus elementos constitutivos (governo, exército e povo). Nesse contexto, a mídia pode, inadvertidamente ou não, atuar como o agente catalisador que tornará célere e irreversível o processo de degradação do quadro político-militar.

Figura 8 – Representação gráfica da tríade de Clausewitz no combate irregular

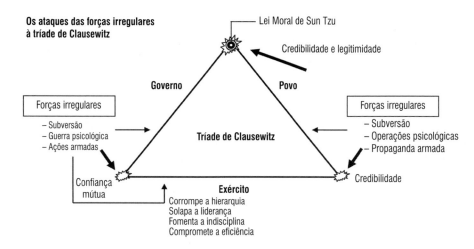

Com muita propriedade, portanto, Brian Jackson afirmou: "Em uma operação de combate contra insurretos a imagem é importante. A probabilidade de a população prover informações valiosas [ou qualquer outro tipo de apoio] depende da percepção que ela tem das forças de segurança e de suas atividades."[28]

De um modo geral, na guerra irregular, os órgãos de imprensa podem ser reunidos em três categorias, a saber:

– neutra;
– ideologicamente alinhada a uma das partes em conflito, mas que conserva sua nominal autonomia;
– diretamente controlada por uma das partes beligerantes, como é o caso da emissora de televisão libanesa O Farol, pertencente ao Hezbollah.

Na verdade, não há mídia completamente isenta ou imparcial, mas existem aquelas organizações que, por mais poder que detenham, permanecem afastadas dos extremos da luta. Por razões óbvias, todos os contendores dedicam-se à conquista do apoio, controle ou influência desse importante segmento, recorrendo aos mais variados artifícios, tais como infiltração, defecção, aliciamento de formadores de opinião, influência psicológica, patrulhamento ideológico, intimidação e censura.

Os interesses corporativos que vinculam as agências de notícias aos grupos econômicos dominantes, os quais também representam a base do poder político local, conspiram contra as forças irregulares. Entretanto, na luta pela aprovação dos meios de comunicação de massa, o fato de o proselitismo das facções rebeldes fundamentar-se, em geral, em reivindicações sociais justas, que igualmente são reconhecidas e aceitas pela mídia, favorece os grupos de luta armada. De forma semelhante, o laicismo dos profissionais de imprensa acerca dos aspectos peculiares do combate irregular permite às organizações militantes dissimularem, mais facilmente, suas intenções hostis e belicosas – afinal, trata-se de um tipo indefinido e obscuro de conflito, que transcende o campo militar sem sequer possuir um começo perceptível ou uma declaração formal de guerra. A tendência natural da mídia de contrapor-se ao Estado, desempenhando o papel, por ela avocado, de mandatária da sociedade contra as arbitrariedades e desmandos do poder público, constitui outro entrave à ação repressiva.

Na guerra irregular, toda ação armada tem por finalidade atingir um determinado objetivo psicológico. De forma despercebida, a imprensa pode veicular notícias que contenham mensagens e imagens previamente planejadas por guerrilheiros ou terroristas e ainda fazê-lo quando e onde desejarem, levando-os à consecução de suas metas. Torna-se, portanto, imprescindível que os profissionais de imprensa assenhorarem-se de seu destacado papel nos conflitos irregulares, sob pena de assumirem uma postura passiva, meramente técnica, nas mãos de hábeis propagandistas. Nas sociedades democráticas, o direito de liberdade de imprensa deve ser acompanhado por uma consciência ética-profissional ou pela autorregulamentação do setor que limite ou impeça a propaganda inadvertida do ato de terror além da necessidade da informação e da notícia, evitando que a mídia contribua sem dolo para a estratégia terrorista.

Por outro lado, as Forças Armadas devem adquirir a capacidade de melhor interagir com os órgãos de imprensa. Valer-se eficazmente do apoio dos meios de comunicação de massa tornou-se um imperativo operacional. Não basta apenas neutralizar os possíveis efeitos nocivos da mídia sobre as operações de combate. É necessário ir além, romper com os estereótipos e barreiras que persistem de parte a parte, tornar evidente que ambas as instituições compartilham um objetivo comum, pautam suas condutas pelos mesmos valores éticos e morais, servem à mesma sociedade. Alguns paradigmas precisam ser quebrados, começando pela ideia de que o trabalho da imprensa invariavelmente constitui um infortúnio para os comandantes e um óbice para a consecução das tarefas atribuídas aos soldados. A seleção, educação e instrução militares devem ser coerentes com essa "nova" realidade e ainda não o são:

> Em 1971, na Irlanda do Norte a decisão do governo de permitir às praças – de qualquer graduação –, desde que assim o desejassem, falar diretamente ao microfone, frente às câmeras de televisão, rendeu tremendos dividendos. Até então só os porta-vozes oficiais – oficiais, autoridades e políticos – e populares (simpatizantes ou não) podiam falar. Desde que graduados e soldados começaram a falar livremente, ainda que em certas ocasiões "marcassem seu próprio gol", o efeito sobre a opinião pública, tanto na Grã-Bretanha como na Irlanda, foi dramático. Na tela da televisão das salas de estar, o cabo era mais bem-sucedido do que o coronel, o general ou o ministro e anulou por completo a imagem de porcos fascistas que, nas ruas, seus inimigos tentavam apresentar. O resultado foi que o público britânico deu, ao soldado, seu apoio integral.[29]

Por diferentes motivos, ainda hoje muitos poucos exércitos do mundo ousariam atribuir a seus soldados tamanha responsabilidade. Certamente, homens despreparados e desmotivados, compartilhando publicamente suas incertezas e lamentando, diante das câmeras de TV, as privações do combate, a perda de alguns companheiros, a distância do lar e os motivos que os levaram a estar ali farão ruir todo e qualquer apoio doméstico. Entretanto, na guerra irregular, todo soldado, independentemente de seu posto ou graduação, deve ser visto também como um vetor de operações psicológicas, apto a corresponder a essa expectativa, até mesmo em contato com a população da área conflagrada, sob fogo ou perante os órgãos de imprensa.

Ofensiva é um consagrado princípio de guerra, igualmente importante no "*front* das notícias". No trato com a mídia, os militares devem procurar arrebatar a iniciativa que tradicionalmente tem pertencido às organizações militantes. Não fazê-lo significa correr o risco de permitir que o proselitismo radical de grupos extremistas pareça justificável aos olhos da opinião pública local, nacional e internacional. Após a intervenção dos Estados Unidos no Afeganistão em 2001, a coronel Melanie Reeder constatou: "Quando os jornalistas receberam acesso às operações, foi contada a história correta. Quando os mesmos não receberam informações, o resultado foi especulação, desinformação e inexatidão da matéria."[30]

O programa de "mídia embutida" empregado pelos norte-americanos durante a Operação *Iraqi Freedom* – que permitiu a aproximadamente quinhentos jornalistas, fotógrafos e repórteres "incorporarem-se" às unidades do Exército e dos fuzileiros navais – proporcionou ótimos resultados. Alguns críticos condenam a ideia de mídia embutida, acusando-a de provocar a perda de autonomia da imprensa, cujos profissionais, compartilhando com os soldados as agruras da rotina de treinamento e combate, passam naturalmente a se identificar com as tropas. Todavia, compete, exclusivamente, aos órgãos de imprensa e a mais ninguém assegurar sua idoneidade, imparcialidade e credibilidade, enquanto cobrem as diferentes faces de um mesmo conflito.

Critérios para uma avaliação inicial

Em síntese, diante das ideias apresentadas neste capítulo, poderíamos tentar avaliar as perspectivas iniciais de sucesso de uma determinada campanha contra forças irregulares, recorrendo a uma série de questionamentos objetivos:

Tabela 22 – Critérios para a avaliação da concepção de emprego das Forças Armadas na contrainsurreição

	Concepção da campanha contra forças irregulares (critérios para uma avaliação inicial):
01	– O objetivo político da campanha é relevante, foi claramente definido pelo Estado e é exequível?
02	– A estratégia das Forças Armadas está incondicionalmente subordinada a esse objetivo?
03	– O emprego das Forças Armadas contribui para o fortalecimento do Estado?
04	– O emprego das Forças Armadas contribui efetivamente para assegurar um ambiente político-social favorável após a neutralização das forças irregulares oponentes ou servirá, apenas, para fomentar os antagonismos já existentes?
05	– A estratégia das Forças Armadas identifica e é coerente com o caráter não convencional (irregular) da contrainsurreição em ambiente urbano e/ou rural?
06	– A postura da população, suas tendências e suas necessidades foram corretamente avaliadas?
07	– Foram identificadas as chagas sociais que fomentam a insurreição e traçadas políticas públicas para erradicá-las?
08	– O emprego das Forças Armadas está intimamente associado a significativas ações empreendidas pelo Estado nos outros campos do poder nacional, a fim de transformar o ambiente político-social que gerou a insurreição?
09	– A integração interagências está assegurada também no nível tático?
10	– Existe (ou foi desenvolvido) um ambiente psicológico favorável à mobilização da opinião pública nacional?
11	– Está assegurada a coesão da tríade fundamental de Clausewitz (Estado-povo-Forças Armadas)?
12	– O apoio da opinião pública à política do Estado é sólido o bastante para suportar reveses iniciais, a ausência de efetivos resultados imediatos e o desgaste natural de uma política desenvolvida a médio e longo prazos?
13	– O Estado está apto a arcar com os custos políticos e orçamentários da campanha?
14	– As Forças Armadas são capazes de operar com níveis e padrões de risco mais elevados e suportar um número crescente de baixas sem se desgastarem politicamente?
15	– O Estado dispõe de instrumentos legais capazes de assegurar o adequado emprego das Forças Armadas, sem minar a legitimidade do poder central?
16	– O Estado estabeleceu ou fortaleceu alianças políticas e militares nos cenários interno e internacional, a fim de obter legitimidade, respaldo popular e apoio político internacional?

17	– As Forças Armadas dispõem de liderança, recursos humanos e materiais, doutrina e adestramento compatíveis com as ações táticas necessárias para se atingirem os objetivos estratégicos, ou seja, estão aptas a travarem a contrainsurreição?
18	– A estratégia das Forças Armadas identifica o apoio da população como o centro de gravidade do conflito e é capaz de isolar as forças irregulares dos habitantes locais?
19	– As vulnerabilidades das forças irregulares oponentes foram claramente identificadas?
20	– A estratégia de emprego das Forças Armadas ataca as fraquezas tangíveis (físicas) e explora as vulnerabilidades não materiais (psicológicas) das forças irregulares oponentes?
21	– A estratégia das Forças Armadas combina processos diretos e indiretos para atacar tais fraquezas?
22	– A liderança nas Forças Armadas, em todos os níveis, é eficiente?
23	– A estrutura de comando e a metodologia aplicada ao processo decisório proporcionam respostas rápidas e oportunas?
24	– A estratégia das Forças Armadas fundamenta-se em sua maior capacidade operacional, em um sistema de inteligência superior, cerceando a iniciativa e a liberdade de ação da força oponente, imprimindo seu próprio ritmo às ações, ou limita-se apenas a responder aos estímulos táticos das forças irregulares?
25	– A estratégia e a tática das Forças Armadas fundamentam-se no logro e na dissimulação ou são óbvias e previsíveis?
26	– A estratégia das Forças Armadas privilegia, no nível tático, as atividades de inteligência, as operações psicológicas e as operações especiais?
27	– O suporte de inteligência, em todos os níveis, é suficiente (quantidade) e eficiente (qualidade)?
28	– Na atividade de inteligência, existe integração das fontes e colaboração entre as agências?
29	– O ramo contrainteligência nega à força oponente o conhecimento da intenção das Forças Armadas?
30	– As Forças Armadas vencerão a guerra da informação?
31	– As operações de combate no nível tático fundamentam-se na surpresa, na rapidez, na precisão, no menor emprego da força letal e na restrição aos danos colaterais?
32	– Os comandantes militares, em todos os níveis, estarão aptos a interagirem com a mídia, com organismos de defesa dos direitos humanos e com agências não governamentais?
33	– Os comandantes militares farão uso adequado das forças de segurança locais e das unidades policiais?
34	– As Forças Armadas, as unidades policiais, as forças de segurança paramilitares e a administração local dispõem de instrumentos objetivos para fazer face às ameaças de intimidação, corrupção, infiltração e defecção das forças irregulares?
35	– As operações militares e policiais privarão as forças irregulares de seus refúgios ativos?
36	– As forças irregulares terão cerceadas suas fontes de obtenção de receita e serão isoladas de seus apoios externos, políticos e econômicos?
37	– No decorrer da luta, as Forças Armadas estarão aptas a redefinir sua estratégia, táticas, técnicas e procedimentos sem comprometer sua eficiência, antecipando-se e adaptando-se a possíveis mudanças e transformações na conduta das forças irregulares?
38	– O Estado dispõe de alternativas políticas e as Forças Armadas dispõem de alternativas estratégicas?

NOTAS

[1] Robert M. Cassidy, "Por que as grandes potências combatem mal as pequenas guerras?", em Military Review, 2nd Quarter 2003, edição brasileira, pp. 55-6.
[2] Brian A. Jackson, "A inteligência contra os insurretos em uma guerra prolongada: a experiência britânica na Irlanda do Norte", em Military Review, jul.-ago. 2007, edição brasileira, p. 37.

[3] Citado em Luís Mir, A revolução impossível, Rio de Janeiro, Best Seller, 1994, p. 466.
[4] Nigel Aylwin-Foster, "Mudar o exército para as operações de contrainsurreição", em Military Review, mar.-abr. 2006, edição brasileira, p. 21.
[5] Kalev I. Seep, "As melhores práticas de contrainsurreição", em Military Review, set.-out. 2005, edição brasileira, p. 4.
[6] Brian A. Jackson, op. cit., p. 37.
[7] John A. Lynn, "Os modelos de insurreição e de contrainsurreição", em Military Review, nov.-dez. 2005, edição brasileira, pp. 38-40.
[8] David Kilcullen, "28 artigos: importantes fundamentos para uma companhia em operações de contrainsurreição", em Military Review, set.-out. 2006, edição brasileira, p. 64.
[9] Nigel Aylwin-Foster, op. cit., p. 29.
[10] David Kilcullen, op. cit., p. 63.
[11] Gregory Wilson, "Anatomia de uma operação bem-sucedida contra insurgentes", em Military Review, mar.-abr. 2007, edição brasileira, pp. 15-7.
[12] Eliot Cohen et al., "Os princípios, imperativos e paradoxos de contrainsurreição", em Military Review, jul.-ago. 2006, edição brasileira, p. 71.
[13] Brian A. Jackson, op. cit., p. 50.
[14] Citado por Gregory Wilson, op. cit., p. 16.
[15] Richard Clutterbuck, Guerrilheiros e terroristas, Rio de Janeiro, Bibliex, 1980, p. 115.
[16] Mark McNeilly, Sun Tzu e a arte da guerra moderna, Rio de Janeiro, Record, 2003, p. 123.
[17] Brian A. Jackson, op. cit., pp. 41 e 51.
[18] Megan Scully, "Social Intel, New Tool for U.S. Military", em Defense News, Springfield, abr. 2004.
[19] "Manual de Campanha 3-24 Contrainsurgência", Capítulo VII, publicação doutrinária do Corpo de Fuzileiros Navais dos Estados Unidos, em Military Review, jul.-ago. 2007, edição brasileira, p. 5.
[20] Ron Sargent, "Esclarecedores estratégicos para cabos estratégicos", em Military Review, jul.-ago. 2005, edição brasileira, p. 15.
[21] Thomas X. Hammes, "Oposição contra o aperfeiçoamento das redes insurgentes", em Military Review, jan.-fev. 2007, edição brasileira, p. 14.
[22] Citado por David J. Whittaker, Terrorismo: um retrato, Rio de Janeiro, Bibliex, 2005, p. 10.
[23] Carl von Clausewitz, Da guerra, São Paulo, Martins Fontes, 1979, pp. 89-90.
[24] Sun Tzu, A arte da guerra, Rio de Janeiro, Record, p. 17.
[25] Carl von Clausewitz, op. cit., p. 89.
[26] Richard Clutterbuck, op. cit., pp. 11, 15-6, 113-4, 122-3.
[27] Citado por Eliot Cohen et al.,op. cit., p. 74.
[28] Brian A. Jackson, op. cit., p. 43.
[29] Richard Clutterbuck, op. cit., pp. 114-5.
[30] Tammy L. Miracle, "O exército e a mídia embutida", em Military Review, 3rd Quarter 2004, edição brasileira, p. 30.

Conclusão

Em sua consagrada obra *Da guerra*, Carl von Clausewitz formulou, por meio de uma abordagem quase filosófica, um extenso arcabouço teórico sobre a guerra. Suas ideias, de certa forma, exerceram, e ainda exercem, um rígido monopólio sobre o modo castrense de pensar. De Foch a Lenin, de Ludendorff a Westmoreland, do incêndio de Dresden ao bombardeio do Vietnã do Norte, de Tannenberg à Operação *Desert Storm* é possível identificar as características essenciais da "guerra absoluta" conforme a descreveu Clausewitz. Sua célebre frase "A guerra não é somente um ato político, mas um verdadeiro instrumento político, uma continuação das relações políticas, uma realização destas por outros meios" constitui a síntese de um preceito fundamental, repetidas vezes, enfatizado ao longo dos oito livros que compõem *Da guerra*. Para muitos estudiosos, o dogma que subordina a ação militar das Forças Armadas à direção política do Estado representa a maior contribuição do ilustre prussiano para a compreensão da guerra. Não é de se surpreender, portanto, que no decurso do último século, estadistas e militares tenham tratado os conflitos armados (ao menos teoricamente) apenas como um fenômeno político.

Muito embora seja incontestável a subordinação da guerra à política, limitar seu entendimento a essa relação de subordinação obscurece o fato de que, antes de ser um fenômeno político, a guerra é um fenômeno social. Essa assertiva, aparentemente trivial, nos leva à conclusão de que transformações na conduta da guerra são, antes de mais nada, decorrentes de transformações sociais. Ao admitir que o mundo deixa a era industrial para ingressar na era da informação, passando por rápidas e profundas alterações, devemos procurar entender como todas essas mudanças afetarão a conduta da guerra no século XXI.

Tabela 23 – Quadro comparativo: a guerra na era industrial e na era da informação

A guerra na era industrial	A guerra na era da informação
– Conflitos de 2ª e 3ª gerações.	– Guerra de 4ª geração.
– Número restrito e definido de ameaças, com predomínio de ameaças estatais. Ideia de monopólio estatal sobre a aplicação da força coercitiva. Ocorrência de cenários previsíveis, elaborados segundo ameaças permanentes e predefinidas.	– Fragmentação das ameaças, com predomínio de ameaças não estatais. Quebra do pretenso monopólio estatal sobre a aplicação da força coercitiva. Ambiente de incertezas e configuração difusa.
– Confronto de identidades nacionais, moldado por interesses políticos e econômicos. Em termos práticos, o conflito armado é visto como mero recurso da política do Estado-nação (Clausewitz).	– Confronto de identidades culturais locais, moldado por aspectos políticos, econômicos, sociais e ambientais. O conflito armado é visto, simultaneamente, como fenômeno político e social.
– Uma vez esgotados os esforços diplomáticos, constata-se a primazia das ações no campo militar (complementadas por pressões políticas e embargos econômicos).	– Multiplicidade de meios (militares e não militares) empregados na condução da guerra, com ênfase em ações nos campos político, econômico e psicossocial, em detrimento dos esforços no campo militar.

CONCLUSÃO 371

– Defesa: tema essencialmente restrito à atuação das forças armadas. Ações em outros campos do poder nacional são orientadas para a mobilização da estrutura militar de guerra. A política de defesa do Estado e a estratégia militar de defesa são concebidas segundo uma lógica cartesiana, linear e mecanicista.	– Segurança & Defesa: conceito mais amplo e complexo, de caráter permanente, que transcende a esfera militar, caracterizando a interdependência de todos os campos do poder nacional. Incorpora, necessariamente, ações de outras agências de segurança do Estado (forças policiais, defesa civil, agências de inteligência, aduana etc.). O uso exclusivo da lógica cartesiana tradicional já não se adéqua integralmente a toda complexidade implícita às formulações da política de defesa e da estratégia militar. Porquanto, reconhece-se a existência, nos âmbitos interno e externo, de múltiplas realidades, interesses, crenças e valores. Recorre-se ao pensamento complexo (ou integrador), a fim de "administrar" todo esse pluralismo nos níveis macro (global, regional e nacional) e micro (local). Assim sendo, a estratégia das Forças Armadas deve ser conjugada com a implementação de políticas públicas preventivas nos campos político, econômico, psicossocial e científico-tecnológico, a fim de moldar o ambiente (interno e externo), reduzindo antagonismos e erradicando ameaças em sua origem.
– Forças oponentes (regulares e irregulares): estruturas verticalmente hierarquizadas.	– Estruturas de redes de amplitude transnacional, abrangendo governos legítimos, partidos políticos legalmente reconhecidos, organizações não governamentais (ONG), movimentos sociais, instituições filantrópicas, companhias militares privadas, forças irregulares, organizações terroristas, facções criminosas (ligadas ao tráfico de drogas e de armas e à lavagem de dinheiro) etc.
– Intensas campanhas de propaganda antecedem os conflitos armados e permitem ao Estado mobilizar a opinião pública interna.	– Comunicações globais: a perda absoluta do controle sobre os meios de comunicação de massa e o acesso irrestrito à informação digital limitam a capacidade estatal de moldar a opinião pública interna e fortalecer a vontade nacional.
– Desdobramento permanente de forças com pré-posicionamento de tropas (prévia ocupação geográfica).	– Projeção de poder: flexibilidade e mobilidade permitem o pronto desdobramento de forças para atender contingências específicas e situações de crise localizadas.

– Exércitos de conscrição de massa, com baixa qualificação técnica e baixo critério seletivo. Fileiras constituídas por "cidadãos-soldados". Ênfase na disciplina, em detrimento da iniciativa. Ciclos decisórios excessivamente lentos e burocratizados.	– Núcleo de efetivos profissionais permanente com elevada qualificação técnica e criteriosos processos de seleção e formação. O soldado passa a ser visto como uma plataforma de combate semiautônoma, capaz de avaliar a situação tática, decidir e agir por conta própria – ênfase na iniciativa, em detrimento da disciplina militar formal; maior liberdade de ação, em detrimento de ordens de missão excessivamente restritivas. Redução do ciclo decisório, com delegação de competência aos escalões subordinados.
– Ênfase na aplicação do poderio bélico convencional para destruir as forças militares do inimigo.	– Ênfase na luta pelo apoio da população.
– Compartimentação dos níveis decisórios, com clara distinção entre os componentes políticos, estratégicos e táticos da luta.	– "Cabos estratégicos": a sobreposição, no tempo e no espaço, dos aspectos políticos, estratégicos e táticos permeia toda a estrutura de comando, até os menores escalões. Pequenas ações adquirem repercussão política e divulgação global.
– Delimitação temporal do conflito armado.	– Indefinição dos marcos temporais de início e término do conflito.
– Delimitação geográfica do campo de batalha.	– Indefinição do campo de batalha (ausência de limites). – Transcendência do teatro de operações.
– Simetria na aplicação do poder de combate, com ênfase nos conflitos regulares.	– Assimetria na aplicação do poder de combate, com ênfase nos conflitos irregulares.
– Evolução sequencial do conflito (faseamento da campanha militar).	– Simultaneidade de ações de naturezas distintas: operações de combate, ações humanitárias, contrainsurgência, reconstrução de Estados falidos etc.
– Predomínio das forças armadas no interior da área de operações, com modesta participação de atores não estatais.	– Intensa atuação de agências estatais civis no mesmo ambiente em que se encontram desdobradas as forças militares (cooperação interagências). Destacada participação de atores não estatais antes, durante e após o desdobramento de tropas: mídia, organismos humanitários e agências do terceiro setor. Necessidade de interação com ONG. Presença de companhias militares privadas como a sul-africana Executive Outcomes ou a norte-americana Black Water.
– Aplicação do poder de combate em toda sua plenitude. Pequena incidência de restrições legais sobre as operações militares. Ampla liberdade para o emprego da máxima força letal.	– As restrições legais para a aplicação do poder de combate e a pressão da opinião pública sobre as forças nacionais permanentes induzem à aplicação seletiva e precisa da capacidade destrutiva com maior controle de danos e redução dos efeitos colaterais.

– A guerra absoluta e a batalha decisiva de Clausewitz: a economia de guerra e a mobilização nacional exaurem os recursos do país; operações de combate ofensivas e defensivas de larga escala orientam a campanha militar para a realização de grandes batalhas de atrito (quase sempre genocidas). A definição da guerra é obtida, essencialmente, no campo de batalha pelo emprego das Forças Armadas.	– Operações de inteligência. – Operações especiais. – Guerra eletrônica. – Operações de informações (operações psicológicas, assuntos civis, cooperação civil-militar, comunicação social). – Assistência humanitária. – Operações de estabilidade e apoio.
– Campanha militar calcada no estudo tático do terreno.	– Inteligência cultural (ou etnográfica): o mapeamento e a análise do "terreno humano" tornam-se tão importantes quanto o estudo tático do terreno.
– Clara definição da vitória no campo militar.	– Indefinição da vitória.

Obscurecida durante a maior parte da história pela tradição militar grega, a guerra irregular subsistiu, ao longo do tempo, como o modelo de luta dos "fracos". Para os soldados profissionais ela se tornou um afastamento temporário e indesejável daquilo que convencionaram chamar de "arte da guerra". Debelar revoltas, erradicar insurreições ou conduzir expedições punitivas contra bandoleiros, proscritos e guerrilheiros possuía um caráter secundário para os exércitos regulares que mantinham a ênfase do preparo e emprego orientada para as grandes batalhas de atrito. Essa concepção ortodoxa, compartilhada por estadistas e militares, contribuiu também para moldar a própria percepção da opinião pública sobre a natureza da guerra, estimulando o desenvolvimento de um "arraigado convencionalismo".

Entretanto, a partir da segunda metade do século xx, a guerra irregular passou a suplantar as tradicionais formas de beligerância. Essa alteração não possuiu o mero caráter quantitativo, mas sim qualitativo, pois não se limitou, simplesmente, a uma maior incidência de conflitos de baixa intensidade em detrimento da proliferação de guerras convencionais. A relevância do papel que o combate irregular passou a desempenhar em um contexto político e estratégico mais amplo constituiu, de fato, a grande ruptura paradigmática.

A guerra no século xxi vem assumindo a feição do combate irregular. A maioria dos autores tem feito largo uso do termo "assimétrico" para dar-lhe uma conotação atual, embora seu real significado permaneça o mesmo. A constatação da supremacia das práticas qualificadas como "irregulares" impõe uma reavaliação dos preceitos de segurança e defesa, muito além da simples capacitação de forças convencionais para a contrainsurgência. Uma nova abordagem deve, necessariamente, ter como ponto de partida a redefinição das ameaças à sociedade, incluindo atores não estatais de atuação doméstica e transnacional. Há, também, que se considerar uma maior proximidade dos níveis político, estratégico, operacional e tático e, ainda, admitir a duplicidade de funções afetas à segurança pública e à segurança nacional, pois ambas encontram-se hoje intimamente associadas. Em suma, há que se repensar a guerra, sem a utopia vazia de que podemos erradicá-la.

As Forças Armadas não devem jamais descuidar de suas "missões tradicionais", sob pena de se tornarem débeis e ineficazes, perdendo seu poder dissuasório. Contudo, devem redimensionar seu emprego e suas aptidões nos mais diversos espectros de conflitos. A visão dogmática que estereotipa a guerra apenas como um confronto formal entre dois exércitos regulares deve, finalmente, ser posta de lado. As operações de manutenção e imposição de paz, as ações humanitárias, as operações de estabilidade e apoio, a guerra contra as drogas e contra o terrorismo ilustram muito bem esse fato.

As exigências do futuro campo de batalha não se limitarão às armas inteligentes, ao domínio do espectro eletromagnético ou ao monopólio da alta tecnologia. Dentre algumas tendências apontadas por especialistas em todo o mundo, para compor o complexo cenário do século XXI, destacam-se:

- depreciação da "guerra total" fundamentada nos preceitos de Clausewitz, conforme juízo predominante no decurso da primeira metade do século XX;
- compreensão e condução dos conflitos armados além dos estreitos limites do campo militar;
- ampliação dos prazos necessários à obtenção de resultados decisivos;
- urbanização;
- predomínio da guerra irregular sobre os conflitos convencionais, mantendo-se como a principal forma de beligerância;
- aceitação e difusão do conceito de "guerra de quarta geração";
- crescente participação de atores não estatais;
- fragmentação das ameaças com a adoção de estruturas de redes em detrimento de organizações verticalmente hierarquizadas;
- íntima associação entre forças irregulares e organizações criminosas;
- acesso de organizações terroristas a armas de destruição em massa, incluindo as ditas "bombas sujas";
- necessidade de cooperação internacional;

- presença da mídia, organismos humanitários e organizações não governamentais como elementos indissociáveis do moderno campo de batalha;
- necessidade de atualização do Direito Internacional Humanitário, com vistas a melhor se adequar às exigências dos conflitos assimétricos;
- ampliação e integração das agências de inteligência, com maior equilíbrio no emprego de diferentes fontes (humanas, imagens e sinais);
- advento e consolidação da inteligência cultural (ou inteligência etnográfica) como importante ferramenta destinada a subsidiar o processo decisório em todos os níveis;
- crescente demanda por forças de operações especiais;
- maior interação entre operações convencionais limitadas e operações de guerra irregular;
- condução simultânea de operações militares de naturezas distintas, com destaque para as operações de estabilidade e apoio;
- destacada presença e atuação de outros segmentos do Estado no mesmo ambiente em que serão conduzidas as operações militares, impondo a necessidade de maior integração, coordenação e sincronização interagências;
- adequação dos exércitos nacionais permanentes por meio da disseminação de táticas, técnicas e procedimentos, até então, restritos às forças de operações especiais; expansão de seus núcleos profissionais; maior qualificação de seus recursos humanos; ampliação de seus repertórios de missões; aquisição de maior capacidade para interagir com a mídia, organismos humanitários e agências do terceiro setor; adoção de estruturas organizacionais mais leves, versáteis e que proporcionem respostas mais ágeis; aperfeiçoamento de sua capacidade de aplicação do poder de combate com rapidez, precisão e maior controle de danos;
- redefinição do papel que compete às forças de operações especiais (de meras coadjuvantes das operações militares convencionais essas unidades estão se tornando, de fato, as grandes protagonistas do campo de batalha assimétrico).

É provável que os exércitos nacionais continuem sendo facilmente atraídos para lutarem, sob a ríspida censura da opinião pública, em conflitos prolongados, em que uma vitória rápida e decisiva não possa ser obtida simplesmente pela superioridade bélica convencional. Atuar em ambientes onde prevaleçam riscos assimétricos pode ser considerado o grande desafio imposto às Forças Armadas no século XXI. Portanto, políticas nacionais de defesa eficazes devem, necessariamente, transcender o escopo das ações militares, antecipando-se às ameaças advindas da degradação de ambientes político-sociais perniciosos. Pois, a partir de um determinado estágio de decomposição do quadro interno, qualquer esforço militar será inócuo e vazio de significado.

Aos poucos, estadistas e militares vêm se mostrando mais acessíveis a novas abordagens das questões afetas à segurança e predispostos a romperem com a intransigência doutrinária que tem caracterizado o pensamento castrense conservador. Entretanto, um importante componente da tríade de Clausewitz continua alheio a esse avanço dialético: a opinião pública. A sociedade permanecerá vulnerável à ameaça representada por guerrilheiros, terroristas e facções armadas, enquanto desconhecer os objetivos, métodos e peculiaridades que distinguem a guerra irregular das tradicionais formas de beligerância. Sem esse entendimento, a opinião pública dificilmente apoiará políticas governamentais de defesa impopulares, lentas e dispendiosas. Sem o respaldo da opinião pública e o incondicional apoio da população não se vence o combate irregular.

Bibliografia

Aboul-Enein, Youssef H. Al-Ikhawn Al-Muslimeen: a irmandade muçulmana. *Military Review.* Fort Leavenworth, edição brasileira, 2nd Quarter 2004.
Alexander, Bevin. *A guerra do futuro.* Rio de Janeiro: Bibliex, 1999.
Amorim, Carlos. cv – pcc: a irmandade do crime. Rio de Janeiro: Record, 2003.
Aylwin-Foster, Nigel. Mudar o exército para as operações de contrainsurreição. *Military Review.* Fort Leavenworth, edição brasileira, mar.-abr. 2006.
Barker, A. J. *Irlanda sangrenta.* Rio de Janeiro: Renes, 1979.
Baumann, Robert F. Perspectivas históricas sobre a guerra do futuro. *Military Review.* Fort Leavenworth, edição brasileira, 3rd Quarter 1998.
Bevin, Alexander. *A guerra do futuro.* Rio de Janeiro: Bibliex, 1999.
Bodansky, Yossef. *Bin Laden:* o homem que declarou guerra à América. Rio de Janeiro: Prestígio, 2001.
Bowden, Mark. *Falcão negro em perigo.* São Paulo: Landscape, 2001.
_____. *Matando Pablo.* São Paulo: Landscape, 2002.
Brown, Dee. *Enterrem meu coração na curva do rio.* São Paulo: Melhoramentos, 1996.
Bunker, Robert J.; Sullivan, John P. Atentados suicidas na operação Iraqi Freedom. *Military Review.* Fort Leavenworth, edição brasileira, maio-jun. 2005.
Burton, P. S.; Wilson, Robert Lee. O 7º Grupo de Forças Especiais: duas décadas de excelência na América Latina. *Military Review.* Fort Leavenworth, edição brasileira, 4th Quarter 2002.

CAMPBELL, James D. A legitimidade e o cumprimento da lei nos conflitos de baixa intensidade da Argélia francesa e da Irlanda do Norte britânica. *Military Review*. Fort Leavenworth, edição brasileira, jul.-ago. 2005.

CASSIDY, Robert M. Por que as grandes potências combatem mal em pequenas guerras. *Military Review*. Fort Leavenworth, edição brasileira, 2nd Quarter 2003.

CHASTEEN, John Charles. *América Latina:* uma história de sangue e fogo. Rio de Janeiro: Campus, 2001.

CHAUNU, Pierre. *História da América Latina*. São Paulo: Difel, 1979.

CLAUSEWITZ, Carl von. *Da guerra*. São Paulo: Martins Fontes, 1979.

CLUTTERBUCK, Richard. *Guerrilheiros e terroristas*. Rio de Janeiro: Bibliex, 1980.

COHEN, Eliot et al. Os princípios, imperativos e paradoxos de contrainsurreição. *Military Review*. Fort Leavenworth, edição brasileira, jul.-ago. 2006.

COORDENAÇÃO GERAL DE REPRESSÃO AO CRIME ORGANIZADO DA POLÍCIA FEDERAL. Instrução Normativa nº 03-DG, art. 2º, 16 fev. 2001.

CORPO DE FUZILEIROS NAVAIS DOS ESTADOS UNIDOS. Manual de Campanha 3-24 Contrainsurgência. *Military Review*. Fort Leavenworth, jul.-ago. 2007, edição brasileira, p. 5 (capítulo VII).

CORREO INTERNACIONAL. Abajo el Plan Colombia. Bogotá, n. 83, set. 2000.

COURTOIS, Stephane et al. *O livro negro do comunismo*. Rio de Janeiro: Bertrand Brasil, 1999.

DESCHNER, Günther. *O Levante de Varsóvia:* aniquilamento de uma nação. Rio de Janeiro: Renes, 1974.

FACÓ, Rui. *Cangaceiros e fanáticos*. Rio de Janeiro: Bertrand Brasil, 1991.

FERNANDES, Rubem César. Violência no Rio: a história que sofremos e fazemos. Disponível em: <www.vivario.org.br>. Acesso em: mar. 2003.

FIGES, Orlando. *A tragédia de um povo*. Rio de Janeiro: Record, 1999.

FULLER, J. F. C. *A conduta da guerra*. Rio de Janeiro: Bibliex, 1966.

GALEANO, Eduardo. *As veias abertas da América Latina*. São Paulo: Paz e Terra, 2000.

GUERRA NA PAZ. Rio de Janeiro: Rio Gráfica, 1984 (Coleção).

GIBELLI, Nicolás J. *A Segunda Guerra Mundial*. Buenos Aires: Codex S. A., 1966.

GOMES, Luiz Flávio; CERVINI, Raúl. *Crime organizado*. São Paulo: RT, 1997.

GOSMAN, Eleonora. Viaje a un santuario de los narcos en el Amazonas. *Clarín*, Buenos Aires, 10 set. 2000 (informe especial: Narcotrafico y guerrilla; primera nota: La zona que militariza Brasil para frenar la expansion del conflicto colombiano).

GUTMAN, Israel. *Resistência:* o Levante do Gueto de Varsóvia. Rio de Janeiro: Imago, 1995.

HAMMES, Thomas X. Oposição contra o aperfeiçoamento das redes insurgentes. *Military Review*. Fort Leavenworth, edição brasileira, jan.-fev. 2007.

HAMMOND, Thomas T. *Bandeira vermelha no Afeganistão*. Rio de Janeiro: Bibliex, 1987.

HANH II, Robert F.; JEZIOR, Bonnie. O combate urbano e o combate urbano de 2025. *Military Review*. Fort Leavenworth, edição brasileira, 2nd Quarter 2001.

HELMER, Daniel. O emprego de terroristas suicidas pelo Hezbollah durante a década de 80: desenvolvimento teológico, político e operacional de uma nova tática. *Military Review*. Fort Leavenworth, edição brasileira, nov.-dez. 2006.

HERTLING, Mark P. Narcoterrorismo: a nova guerra não convencional. *Military Review*. Fort Leavenworth, edição brasileira, 3º trimestre 1990.

HEYDTE, Friedrich August Freiherr von der. *A guerra irregular moderna em políticas de defesa e como fenômeno militar*. Rio de Janeiro: Bibliex, 1990.

HILL, James T. O diálogo interamericano. *Military Review*. Fort Leavenworth, edição brasileira, 2nd Quarter 2003.

HUNTINGTON, Samuel P. *O choque de civilizações*. Rio de Janeiro: Bibliex, 1998.

JACKSON, Brian A. A inteligência contra os insurretos em uma guerra prolongada: a experiência britânica na Irlanda do Norte. *Military Review*. Fort Leavenworth, edição brasileira, jul.-ago. 2007.

KEEGAN, John. *Dien Bien Phu:* derrota no Vietnã. Rio de Janeiro: Renes, 1979.

KELLOGG, Davida E. A lei internacional e o terrorismo. *Military Review*. Fort Leavenworth, edição brasileira, jan.-fev. 2006.

Kershener, Michael R. Forças especiais na guerra não convencional. *Military Review.* Fort Leavenworth, edição brasileira, 4th Quarter 2002.
Kepel, Gilles. *Jihad.* Rio de Janeiro: Bibliex, 2003.
Kilcullen, David. 28 artigos: importantes fundamentos para uma companhia em operações de contrainsurreição. *Military Review.* Fort Leavenworth, edição brasileira, set.-out. 2006.
Kinzer, Stephen. *Todos os homens do xá.* Rio de Janeiro: Bertrand Brasil, 2004.
Lawrence, T. E. *Os sete pilares da sabedoria.* São Paulo: Círculo do Livro, s. d.
Liang, Qiao; Xiangsui, Wang. *Unrestricted Warfare.* Beijing: People's Liberation Army Literature and Arts Publishing House, 1999.
Liddell Hart, Basil Henry. *Estratégia.* Rio de Janeiro: Bibliex, 1966.
Lind, William S. Compreendendo a guerra de quarta geração. *Military Review.* Fort Leavenworth, edição brasileira, jan.-fev. 2005.
Lynn, John A. Os modelos de insurreição e de contrainsurreição *Military Review.* Fort Leavenworth, edição brasileira, nov.-dez. 2005.
Magalhães, H. G. et al. *Crime organizado e lavagem de dinheiro.* Brasília: Departamento de Polícia Federal, 2003.
Magalhães, Washington C. R.; Santos, Getúlio Bezerra. *Polícia de prevenção e repressão a entorpecentes.* Brasília: Departamento de Polícia Federal, 2003.
Marighella, Carlos. *Manual do guerrilheiro urbano.* 1969 (mimeo).
Marks, Thomas A. Um modelo de contrainsurgência: a Colômbia de Uribe (2002-2006) versus as Forças Armadas Revolucionárias da Colômbia – Farc. *Military Review.* Fort Leavenworth, edição brasileira, jul.-ago. 2007.
Martin, Gilles. A Guerra da Argélia. *Military Review.* Fort Leavenworth, edição brasileira, maio-jun. 2005.
McInnis, Edgar. *História da II Guerra Mundial.* Porto Alegre: Globo, 1951.
McNeilly, Mark. *Sun Tzu e a arte da guerra moderna.* Rio de Janeiro: Record, 2003.
Meigs, Montgomery C. Ideias pouco ortodoxas sobre a guerra assimétrica. *Military Review.* Fort Leavenworth, edição brasileira, 1st Quarter 2004.
Mendel, William W. Operação Rio: retomando as ruas. *Military Review.* Fort Leavenworth, edição brasileira, 1º trimestre 1998.
_____. A ameaça colombiana à segurança regional. *Military Review.* Fort Leavenworth, edição brasileira, 4th Quarter 2001.
Mendes, Reynolds. Guerra assimétrica, riscos assimétricos. *Military Review.* Fort Leavenworth, edição brasileira, 2nd Quarter 2003.
Mir, Luís. *A revolução impossível.* São Paulo: Best Seller, 1994.
Miracle, Tammy L. O exército e a mídia embutida. *Military Review.* Fort Leavenworth, edição brasileira, 3rd Quarter 2004.
Muñoz, Luis Fernando Martinez. Cidadãos em combate: o ideal de Maquiavel e a sua realidade no Vietnã. *Military Review.* Fort Leavenworth, edição brasileira, jan.-fev. 2006.
Nascimento e Silva, G. E.; Accioly, Hildebrando. *Manual de direito internacional público.* São Paulo: Saraiva, 2000.
Nuñes, J. R. Uma arquitetura de segurança para as Américas no século XXI: cooperação multilateral, paz democrática e poderio flexível. *Military Review.* Fort Leavenworth, edição brasileira, 3rd Quarter 2003.
Oliveira, Hermes de Araújo. *Guerra revolucionária.* Rio de Janeiro: Bibliex, 1965.
Oren, Michael B. *Seis dias de guerra:* junho de 1967 e a formação do moderno Oriente Médio. Rio de Janeiro: Bertrand Brasil, 2004.
Pace, Enzo. *Sociologia do Islã:* fenômenos religiosos e lógicas sociais. Petrópolis: Vozes, 2005.
Paz, José Gabriel. El conflicto palestino-israeli: una difícil ruta hacia La Paz. *Military Review.* Fort Leavenworth, edição hispano-americana, mar.-abr. 2004.
Pinheiro, Álvaro de Souza. *Terrorismo:* atual contexto estratégico mundial. São Paulo: Tecnologia & Defesa, suplemento especial nº 15, ano 23.
Pipes, Richard. *História concisa da Revolução Russa.* Rio de Janeiro: Record, 1997.

Pissolito, Carlos Alberto. La guerra contra el terrorismo internacional y los paradigmas estratégicos. *Military Review*. Fort Leavenworth, edição hispano-americana, set.-out. 2003.

Pomar, Wladimir. *A Revolução Chinesa*. São Paulo: Unesp, 2003.

Pomper, Stephen D. A tentativa soviética para a construção do exército afegão. *Military Review*. Fort Leavenworth, edição brasileira, jan.-fev. 2006.

Portaria nº 16 - ch/gsi. Brasília: Gabinete de Segurança Institucional, 2004.

Pulido, Luis Alberto Villamarín. Guerra irregular y guerra de guerrillas. *Military Review*. Fort Leavenworth, edição hispano-americana, set.-out. 2003.

Santos, Getúlio Bezerra dos. Tráfico de drogas e violência urbana. iv Encontro do Colégio Nacional de Secretários de Segurança Pública e iii Seminário Nacional de Segurança Pública. Manaus-am, outubro de 2003 (palestra).

Sargent, Ron. Esclarecedores estratégicos para cabos estratégicos. *Military Review*. Fort Leavenworth, edição brasileira, 2005.

Severo, Helena. Banditismo social. *O Globo*. Rio de Janeiro, 1º out. 2001.

Schilling, Voltaire. *Ocidente x Islã:* uma história do conflito milenar entre dois mundos. Porto Alegre: L&PM, 2003.

Scully, Megan. Social Intel, New Tool for U. S. Military. *Defense News*. Springfield, abr. 2004.

Secco, Alexandre; Squeff, Larissa. A explosão da periferia. *Veja*. São Paulo, edição 1684, de 24 de janeiro de 2001.

Seep, Kalev I. As melhores práticas de contrainsurreição. *Military Review*. Fort Leavenworth, edição brasileira, set.-out. 2005.

Shubert, Frank N.; Kraus, Theresa L. *Tempestade do deserto*. Rio de Janeiro: Bibliex, 1998.

Shelton, Henry H. Forças de operações especiais: visão futura. *Military Review*. Fort Leavenworth, edição brasileira, 3rd Quarter 1997.

Skelton, Ike. As guerras da fronteira americana: lições para conflitos assimétricos. *Military Review*. Fort Leavenworth, edição brasileira, 4th Quarter 2002.

Smith, Andrew J. Combatendo o terrorismo. *Military Review*. Fort Leavenworth, edição brasileira, 2nd Quarter 2003.

Souza, Percival de. *Narcoditadura*. São Paulo: Labortexto, 2002.

Sun Tzu. *A arte da guerra*. 10. ed. Rio de Janeiro: Record, s. d.

Swank, Drew Allan. Armadilha para os soviéticos. *Military Review*. Fort Leavenworth, edição brasileira, maio-jun. 1989.

Swinarski, Christophe. *Introdução ao direito internacional humanitário*. Brasília: Escopo, 1988.

Teixeira, Ib. A macroeconomia da violência. Disponível em: <www.vivario.org.br>. Acesso em: 10 mar. 2004.

Trindade, Antônio Augusto Cançado. *A evolução do direito internacional humanitário e as posições do Brasil*. Direito Internacional Humanitário. Simpósio Organizado pelo Ministério das Relações Exteriores, Instituto de Pesquisas de Relações Internacionais (ipri), Brasília, 1989.

Veja. São Paulo, edição 1925, ano 38, nº 40, de 5 de outubro de 2005.

Villa, Marco Antônio. *Canudos:* o povo da terra. São Paulo: Editora Ática, 1999.

Waack, William. *Camaradas*. Rio de Janeiro: Bibliex, 1999.

Waghelstein, John D. A aventura de "Che" na Bolívia. *Military Review*. Fort Leavenworth, edição brasileira, 4º trimestre de 1979.

Weir, William. *50 batalhas que mudaram o mundo*. São Paulo: M. Books, 2003.

Wilcox, Greg; Wilson, G. I. Resposta militar à quarta geração de guerra no Afeganistão. *Military Review*. Fort Leavenworth, edição brasileira, 1st Quarter 2004.

Wilson, Gregory. Anatomia de uma operação bem-sucedida contrainsurgentes. *Military Review*. Fort Leavenworth, edição brasileira, mar.-abr. 2007.

Whittaker, David J. *Terrorismo:* um retrato. Rio de Janeiro: Bibliex, 2005.

O autor

Alessandro Visacro é oficial das Forças Especiais do Exército Brasileiro. Graduou-se pela Academia Militar das Agulhas Negras no ano de 1991. Exerceu as funções de oficial subalterno no 29º Batalhão de Infantaria Blindado (Santa Maria – RS) e no 26º Batalhão de Infantaria Paraquedista (Rio de Janeiro – RJ). Ingressou nas forças de operações especiais em 1997. Serviu no 1º Batalhão de Forças Especiais, onde foi instrutor dos cursos de ações de comandos e forças especiais. Na cidade de Manaus (AM), foi designado oficial de operações e, posteriormente, comandante da 3ª Companhia de Forças Especiais, tropa diretamente subordinada ao Comandante Militar da Amazônia.

Em memória de Cid Canuso Ferreira

A conclusão deste trabalho jamais teria sido possível sem o incondicional apoio de minha esposa Patricia e de nosso filho Pedro Ricardo, pois todo o tempo dedicado a este livro, cerca de três anos, foi subtraído exclusivamente do nosso convívio familiar.
Também sou grato ao Coronel do Exército Diógenes Dantas Filho, cujos conselhos me foram valiosos.
Gostaria de agradecer, ainda, a José Feliciano Farias de Senna, Cleverson Ney Magalhães, Fábio de Souza Negrão e Laurence Alexandre Moreira Xavier pelo incentivo à pesquisa e à reflexão.
Finalmente, minha gratidão aos meus pais.

GRÁFICA PAYM
Tel. [11] 4392-3344
paym@graficapaym.com.br